Hermann Schreiber
Casanova

Hermann Schreiber

Casanova

Eine Biographie

Droste Verlag

Die Deutsche Bibliothek – CIP-Einheitsaufnahme
Schreiber, Hermann:
Casanova: eine Biographie / Hermann Schreiber. – Düsseldorf:
Droste, 1998
ISBN 3-7700-1090-6

© 1998 Droste Verlag GmbH, Düsseldorf
Schutzumschlag: Petra Schneider
unter Verwendung eines Fotos
»Le baiser à la dérobé« von Jean-Honoré Fragonard
(Agence Photographique Roger Viollet, Paris)
Abb. auf Vor- und Nachsatz:
Archiv für Kunst und Geschichte, Berlin
Gesamtherstellung: Clausen & Bosse, Leck
ISBN 3-7700-1090-6

Inhalt

Zanetta

Eine hübsche junge Frau, die vor etwa dreihundert Jahren lebte und den abenteuerlichen Verhütungsmitteln jener Epoche mißtraute, hatte nur eine gute Chance sich vor Schaden zu bewahren: Sie mußte die Väter ihrer Kinder mit größter Sorgfalt auswählen.

Im Paris Ludwigs XV. erzählte man sich von einer Dame ungewisser Herkunft, die vier Kinder von vier Herren geboren hatte, aber keineswegs geächtet wurde oder gar in Armut lebte; es handelte sich nämlich um zwei Grafen, einen Herzog und einen Steuerpächter von kleinstem Adel bei größtem Vermögen.

Mit dieser Virtuosin der seidenen Betten und weichen Kissen vermochte Zanetta Farussi nicht Schritt zu halten, denn Marzia, ihre Mutter, war eine einfache Frau und ihr Vater bürgerlicher Schuhmacher von einigem Stolz, bei durchaus begrenzter Intelligenz. Aber Zanetta war mit ihren sechzehn Jahren eine jener verführerischen Schönheiten, wie sie nur an der Adria in so früher Vollendung gedeihen: mit einem Liebreiz, dem die Naivität noch nicht völlig abhanden gekommen war, und von der Natur mit einem jener harmonischen Körper ausgestattet, die das Entzücken nicht nur der venezianischen Maler waren.

Als die eben ins Blickfeld der Kenner aus dem Hochadel der Lagunenstadt geratene Zanetta Farussi den Patrizier Michele Grimani eher spielerisch denn bewußt in ihre Netze lockte, vollzog sich das Unvermeidliche ziemlich schnell und mit jener unbarmherzigen Routine, der auch die Herren aus den Ratsgeschlechtern oder aus den Dogenfamilien sich nicht entziehen konnten. Für Verhütungen zu unerfahren, war Zanetta bald schwanger geworden. Eine Abtreibung kam in einer Stadt, in der jeder von jedem alles wußte, keinesfalls in Frage, und so bot sich als erprobter Ausweg nur die schnelle Heirat mit einem Mann, für den solch eine Fügung eine Chance bedeuten mußte und der darum nicht viele Fragen stellen würde; und es sollte, nach Möglichkeit, ein Fremder sein, ein Mann ohne venezianischen Anhang, ohne Familie, die Erklärungen verlangen konnte.

Diesen jungen Mann gab es, vielleicht sogar schon im Umfeld der jungen Schönen: Er war achtundzwanzig oder neunundzwanzig Jahre alt, sah gut aus, gab Liebhaberrollen auf den venezianischen Bühnen und war, wie er sagte, aus Parma gebürtig, was immerhin besser war als Genua oder gar eine Stadt an der slawischen Seite der Adria. In den auf französisch geschriebenen Memoiren erhält dieser Retter der Familienehre die französischen Vornamen Gaëtan Joseph Jacques. Papa Farussi stimmte wohl oder übel zu, und Mama Marzia vergoß viele Tränen, offensichtlich, weil sie sich für ihre einzige Tochter trotz allem eine bessere Partie erhofft hatte. Man schritt zum Altar, und am 2. April 1725 kam, eben noch in schicklicher Frist, ein Knabe zur Welt, der die unschuldige Ursache dieser keineswegs ungewöhnlichen Intrige gewesen war: Giacomo Girolamo Casanova. Papa Farussi starb über all diesen Aufregungen, er scheint das versöhnliche und eigentlich unerklärliche Ereignis nicht mehr erlebt zu haben – nämlich die Patenschaft des Abbate Alvise Grimani für den Schuhmacher-Enkel. Erst, als er auf die sechzig zugeht, wird Casanova sich als Bastard erklären, was freilich nicht schlimm ist, wenn man damit das Blut einer so alten Familie in den eigenen Adern endlich benennen darf, haben doch die schon 1297 in den Adel der Lagunenstadt aufgenommenen Grimani insgesamt drei Dogen gestellt und einundzwanzig Prokuratoren von San Marco. Verdiente Seeoffiziere und hohe Kleriker machten den Namen Grimani weit über Venedig hinaus berühmt und spielten vor allem in den venezianischen Kolonien im östlichen Mittelmeer eine große Rolle. Gegenüber diesen unbestreitbaren, auch von anderen Zeitgenossen bestätigten Verbindungen nimmt sich die ein wenig phantastische Ahnenreihe des angeblichen Vaters reichlich vage aus, und das Interessanteste an ihr bleibt der

Umstand, daß der junge Schauspieler Gaëtan Casanova sich bemüßigt fühlte, einen Stammbaum zusammenzuzimmern, zweifellos in aussichtsloser Rivalität zum Hause Grimani. Da gab es, von historischen Irrtümern, Verwechslungen und Unmöglichkeiten geziert, einen Obristen Casanova, der unter Alessandro Farnese gegen Heinrich IV. gekämpft hatte, was immerhin die Beziehung zu Parma erklären konnte, einen älteren Bruder des Gaëtan, der Giovanni Battista hieß und verschollen war, und als beinahe einzige Gewißheit die angesehene Komödiantentruppe, die das *Teatro San Samuele* in Venedig allabendlich füllte.

In einer Zeit, da die leichte Muse die Bühnen beherrschte, waren Jugend, Grazie und Schönheit bereits wichtige Garantien für den schauspielerischen Erfolg: Zanetta hielt es nicht lange in Venedig, vor allem, da man, wo immer sie auftauchte, doch munkelte und früher oder später wohl die wahren Sachverhalte herausbekommen hätte. Giacomo Casanova war erst ein Jahr alt, als seine Mutter ihn der Obhut der Großmutter Marzia übergab und ein Engagement in London annahm, ihr erstes: Sie debütierte an der Themse, was für eine junge Venezianerin ebenfalls ungewöhnlich war und sich nur daraus erklärt, daß sie in ihrer Heimatstadt nicht bekannt werden und kein Aufsehen erregen wollte. Ihr schneller Erfolg in London kam nicht von ungefähr. Zwar war es damals üblich, daß die italienischen Komödianten, wo immer sie auftraten, in ihrer Sprache spielten, aber als Fremde, als vazierendes Völkchen brauchten sie Protektoren, bedurften sie des Schutzes hochgestellter Persönlichkeiten. Eine solche war der mit seinem Vater im Streit liegende Prinz von Wales, der noch im Jahr von Zanettas Debut als Georg II. König von England wurde. Selbst von begrenzter Intelligenz, mehr hannoveranischer Feldwebel als britischer König und mit Vorliebe mit dem Geldzählen beschäftigt, ließ er sich von seiner klugen Frau Caroline von Ansbach gouvernieren, rächte sich aber an ihrer Überlegenheit durch amouröse Beziehungen, wenn auch nicht mit gefälligen Britinnen: Des Englischen immer noch unkundig, brachten sich die ersten Könige aus Hannover ihre Mätressen bekanntlich aus der Heimat an der Leine mit oder bedienten sich derjenigen, die herumziehende Theatergruppen anboten.

Die Frucht der nie mit letzter Gewißheit erwiesenen Beziehungen zwischen dem künftigen zweiten Georg und Zanetta Casanova wurde ein Halbbruder, von dem der berühmtere Abenteurer sein Leben lang nur mit größter Hochachtung sprach: Francesco Giuseppe, 1727 in London geboren, im Jahr 1802 in Brühl (Sachsen) gestorben. Er wurde in Venedig ein Schüler des großen Guardi, hielt sich 1753 bis 1761 in Dresden auf, danach zweiundzwanzig Jahre in Paris, wo man ihn in die Akademie aufnahm, und lebte schließlich noch beinahe zwanzig Jahre in Wien als einer der an verschiedenen Höfen hochgeschätzten Schlachtenmaler. Seine Zeichnungen sind so freizügig, daß man dabei unwillkürlich an den leichtfertigen älteren Giacomo denkt, doch gibt es von ihm auch Schäferszenen und liebliche Landschaften. Was ihm an Originalität fehlte, machte er durch Schwung und Temperament wett, so daß er zahlreiche Aufträge großer Herren erhielt, wie zum Beispiel des Fürsten Condé: ein Kolossalgemälde der Schlacht von Rocroi in den Ardennen, wo 1643 ein Condé eine spanische Armee besiegt hatte. Auch Katharina II., Fürst Kaunitz und sogar die vielgeschmähte Dubarry waren unter seinen Auftraggebern, woraus man schließen muß, daß diese einstige Spielsalon-Animatrice einiges von Kunst verstand. Bereits entmachtet, bestellte sie bei Francesco Casanova vier Wandgemälde für ihre Rückzugsresidenz Louveciennes (Gewitter, Sturm, Überfall durch Räuber, Brückeneinsturz).

Ein weiterer Maler (Halb-)Bruder hieß Giovanni, wurde Zanetto gerufen und lebte von 1730 bis 1795. Er war ein geschickter Zeichner und gehörte durch Jahre zum Haushalt des Malerfürsten Raphael Mengs in Rom, arbeitete aber auch für den deutschen Archäologen Winckelmann. Zanetto machte dem Ältesten manchen Ärger, die Lebenswege von Giacomo und Francesco kreuzten einander häufiger, meist in Paris oder in Wien.

Zu den ersten Erinnerungen Casanovas gehört ein böser Streich, den er Francesco gespielt hat. In der kleinen häuslichen Werkstatt des Vaters, der sich neben seiner Schauspielerei mit optischen Versuchen beschäftigte, gab es einen schönen Kristall, durch den zu sehen, die Farbwechsel und Blitze zu beobachten, dem kleinen Giacomo große Freude bereitete. Er brachte die Kugel heimlich an sich, rückte sie auch nicht heraus, als Papa Gaëtano sie suchte und ließ sie vor der angedrohten Leibesvisitation in die Tasche des jüngeren Bruders gleiten, der denn auch mit dem Riemen verdroschen wurde und Giacomo diese Bosheit nie verzieh.

Daß derlei in der Seele des Abenteurers ein Leben lang nagte, daß er es uns auf den ersten Seiten seiner Erinnerungen freimütig auftischt, spricht für seinen Charakter. Seine lebenslange Vorliebe für magische Rituale und sein Hang zum eindrucksvollen Brimborium gehen möglicherweise ebenfalls auf sehr frühe Erlebnisse zurück: Giacomo litt unter dem in der Vorpubertät nicht ganz seltenen Nasenbluten, wohl ohne Bluter zu sein, wenn ihm der Blutaustritt aus dem Penis nach extremen geschlechtlichen Aktivitäten auch lebenslang erhalten blieb. Giacomo schildert uns, wie seine Großmutter ihn auf die Insel Murano brachte, seit dem 13. Jahrhundert durch ihre Glasbläser bekannt, damals aber auch Zufluchtsort von Zigeunern aus dem Friaul, die sich in österreichischen Landen zu sehr kontrolliert fühlten. Eine offenbar wohlunterrichtete alte Frau sperrte Giacomo in eine Kiste, beräucherte ihn dann mit allerlei Narkotika und gebot strengstes Stillschweigen, andernfalls werde Tod und Verderben über ihn kommen (aber wohl eher über sie, und zwar von seiten der venezianischen Inquisition). Giacomo schwieg, empfing zur Belohnung das Traumgesicht einer strahlend schönen Frau, die eine Feuerkrone auf dem Haupt trug und aus dem Kamin auf den Jungen zukam, und hatte fortan nur noch wenig unter dem lästigen Nasenbluten zu leiden. »Es wäre lächerlich«, schreibt Casanova, »wollte ich meine Heilung diesen beiden besonderen Erlebnissen zuschreiben, aber die Mittel gegen die schlimmsten Übel finden sich nicht immer in den Apotheken.

Jeden Tag zeigt uns irgendeine Begebenheit, wie wenig wir doch wissen. «

Casanova glaubte nicht an Hexen und Zauberer, aber er bekennt sich in dem Kommentar, den er an diese Vorfälle anschließt, zur Phantasie der Gelehrten und deutet an, daß er dem bedingungslos skeptischen Verstand nur wenig schöpferisches Vermögen beimißt.

Sechs Wochen nach Giacomos Betrug an seinem jüngeren Bruder starb Vater Gaëtano an einer Schädelöffnung, durch die ein Arzt ein eitriges Abszeß im Ohr hatte heilen wollen. Zwei Tage vorher hatte er seine Familie um sein Krankenlager versammelt, bekannt, daß er nur einer unseligen Leidenschaft wegen zum Theater gegangen sei und Zanetta beschworen, keine ihrer Töchter diesen Weg gehen zu lassen. Zeugen dieser Szene waren drei Herren aus dem patrizischen Hause Grimani, unter ihnen nach aller Wahrscheinlichkeit auch der Vater Giacomos.

Der Abenteurer, dessen Agilität und Lebenslust uns in den zwölf Bänden seiner Memoiren immer wieder verblüffen, war allem Anschein nach ein Spätentwickler und durch körperliche Schwäche am rechtzeitigen Schulbesuch gehindert, ein blasser Junge, der mitunter geistesabwesend wirkte und mit seinen verlegenen und ungelenken Antworten den Eindruck eines jungen Dummkopfes hervorrief. Problemfälle dieser Art gab man zu allen Zeiten außer Haus, am besten in die Schulstadt Padua.

Es scheint bis heute das Recht der Großeltern zu sein, die Enkel mehr zu verwöhnen als zu erziehen. Marzia war eine einfache Frau, sie konnte weder schreiben noch lesen, aber sie hatte die natürliche Würde des rechtschaffenen Menschen, sie liebte das Problemkind Giacomo und sah ihn zweifellos mit Bedauern scheiden, um so mehr, als auch er sich abgeschoben, verlassen, ja verraten fühlte.

Was ihn in Padua erwartete, ist uns aus vielen Lebensläufen bekannt und bis in unser Jahrhundert kaum seltener geworden. Für das geringe Kostgeld, das die verwitwete und oft von Venedig abwesende Mutter augesetzt hatte, fand sich ein Unterkommen nur bei einer aus Istrien eingewanderten Familie. Giacomo schlief mit anderen Schülern in einem Raum, in dem die Ratten über den Boden huschten, und *les trois insectes assez connus* peinigten ihn die ganze Nacht, also wohl Flöhe, Wanzen und Kakerlaken. Wenn er dann morgens mit den drei Jahre jüngeren Elementarschülern (die sich über ihn lustig machten) dem Unterricht folgen sollte, schlief er tief ein.

Ein junger Priester brachte ihm sehr schnell Lesen und Schreiben bei und sorgte auch in der Schülerpension für frische Bettwäsche und Sauberkeit, was freilich zur Folge hatte, daß der nun stets ausgeschlafene Giacomo einen unmäßigen Appetit entwickelte. Er deutet an, daß auch die Luft in Padua besser war als in Venedig, was sein Verlangen nach reichlicher Nahrung steigerte, aber nur die Fässer mit in Salz eingelegten Fischen waren für seine nächtlichen Streifzüge erreichbar. Während die Pensionswirtin eine Magd nach der anderen wegen des offensichtlichen Diebstahls hinauswarf, hungerte sich Giacomo von einer Mahlzeit zur anderen durch und fand Trost nur in seinen schnellen Fortschritten in der Schule. Bald war er im Lateinischen so tüchtig, daß er gegen gutes Geld Nachhilfeunterricht geben konnte, diese Machtposition zu Erpressungen nutzte und – schließlich entdeckt – als *Decurio* abgesetzt wurde. Aber auch in dieser Stunde der Schande half ihm der junge Priester: Er entwarf drei Briefe, die Giacomo inzwischen schon ins reine schreiben konnte. Sie gingen an die Großmutter in der Annahme, daß sich schon jemand finden würde, der ihr vorlas, an einen Freund der Familie und an den Abbé Grimani, Giacomos Taufpaten. Nur der Abbé reagierte erbost und mit der Androhung von Strafen, Großmuttter Marzia aber schnürte den Geldsäckel, kam nach Padua und führte den ewig hungrigen Enkel zunächst einmal in einen Gasthof, wo er sich sattessen konnte. Der Priester stieß hinzu, vierundzwanzig Zechinen als Pension für ein Jahr wurden überreicht und bestätigt, ein geistliches Schülergewand gekauft und das verlauste Haar des hochaufgeschossenen Jungen ratzekahl abgeschnitten, so daß er eine Perücke tragen mußte. Dies alles brauchte drei Tage, dann erst konnte Marzia wieder den *Burchiello* besteigen, das Schiff, das auf dem Brenta-Kanal nach Venedig verkehrte. Für Giacomo aber begann eine freundlichere Lebensphase im Haus des Doktors Gozzi und seiner Familie, wenn auch unter ein wenig seltsamen Umständen: Er schlief mit dem Doktor in einem Bett, und die anderen Schüler Gozzis verloren sich nach und nach, weil er sich nur noch für Giacomo Casanova interessierte ...

Doktor Gozzi hatte einen skurrilen, regelmäßig betrunkenen Vater und eine senile Mutter, die sich vor Stolz wegen des studierten Sohnes nicht zu fassen wußte. Eigentliches Zentrum der Familie aber war Bettina, acht Jahre älter als Giacomo, ein schönes Geschöpf, das Kindlichkeit vorgab, um ihr erwachtes Interesse für das andere Geschlecht verbergen zu können. Ein Besuch Gozzis in Venedig, als er Zanetta Farussi den Sohn vorführen sollte, brachte die ebenso verblüffende wie kennzeichnende Tatsache ans Licht, daß der Doktor noch nie in der Lagunenstadt gewesen war. In Gegenwart der schönen Schauspielerin betrug er sich so linkisch und mit so tödlicher Verlegenheit, daß man eine zumindest platonische Neigung zum eigenen Geschlecht vermuten darf: Frauen jedenfalls erschienen ihm als die übermächtigen Werkzeuge des Teufels.

Gelegentlich dieses Treffens in Venedig hatte Zanetta den Lehrer und offensichtlich erfolgreichen Erzieher ihres Sohnes reich beschenkt und auch für Bettina kostbaren Lüsterstoff und zwölf Paar Handschuhe mitgegeben, damit sie sich vor allem der Körperpflege Giacomos annehme. Das Mädchen brachte es auch durch tägliches Kämmen zustande, daß die Kopfläuse sich empfahlen und statt der Perücke eine normale Frisur getragen werden konnte. Aber es geschah noch mehr: Sie kam zu diesen Verrichtungen stets am frühen Morgen, wenn Giacomo – damals einziger Zögling des Hauses – noch im Bett lag, sie wusch ihn und ließ bei dieser Gelegenheit ihrer pubertären Neugierde freien Lauf.

Die Situation, die das Entzücken eines Peter Altenberg gewesen wäre, stürzte Giacomo in tiefste Verwirrung. Er empfand diese Vorspiele als Fleischessünden, schalt sich aber, den Verlockungen nicht nachgegeben zu haben und geriet in Wut, als Gozzi drei

Schüler aufnahm, von denen einer so alt war wie Bettina. In der Enge damaliger Wohnverhältnisse blieb nichts verborgen, der Rivale kam eines Nachts aus Bettinas Zimmer, und Giacomo, der um dies festzustellen eine kalte Nacht auf einer Treppe zugebracht hatte, wälzte düsterste Gedanken, unter denen eine Massenvergiftung noch der harmloseste war.

Die Lösung kam auf eine uns bizarr erscheinende, für die erste Hälfte des achtzehnten Jahrhunderts jedoch eher alltägliche Weise: Bettina infizierte sich mit Windpocken (manche Übersetzer der Memoiren sprachen von Pocken, aber Casanova sagt ausdrücklich *la petite vérole*), wohl auf eine ungewöhnlich heftige Weise mit anhaltenden Fieberanfällen und visionären Zuständen, die man, da die Blattern noch nicht zu sehen waren, dem Teufel zuschrieb, wem sonst. Der Reigen der Teufelsaustreiber, über die sich das seine Rolle genießende Mädchen durchweg lustig macht, ist ein köstliches Sittenbild der Zeit. Als dann klar wird, woran sie erkrankt ist, nimmt Reißaus, wer die Krankheit noch nicht gehabt hat. Giacomo läßt sich von Pusteln und Gestank nicht abschrecken, nimmt die Chance wahr, mit der bis dahin so aussichtslos Geliebten allein zu sein, pflegt sie und kommt mit elf Pusteln davon, an die ihn zeitlebens drei Narben erinnern werden.

Damit war nun zwar der Rivale ausgestochen und die vermeintliche Besessenheit der jungen Schönen als hysterisches Getue erwiesen, aber Giacomo kam dennoch nicht zum Ziel, war wohl auch zu jung dafür. Das eigentlich Interessante an der Episode Bettina ist die Frage, warum sie in den Memoiren so ausführlich geschildert wird: Nicht weniger als dreißig der ersten fünfzig Seiten des großen Memoirenwerkes sind den Peripetien jener frühen Leidenschaft gewidmet, und man muß sich wundern, daß Casanova, der ein gutes literarisches Urteil besaß, einen Auftakt wählte, der zu den schwächsten Partien seines Lebenswerkes zählt und kundige Leser vom Weiterlesen abhalten mußte.

Die Erklärung gibt uns der Satz: »Ich hatte den Eindruck, daß sie ihr Spiel mit mir treibe, und das mit einer unverschämten, beispiellosen Frechheit.« Es geht also nicht primär um Portnoys Beschwerden *à la venitienne*, sondern um das Alpha in einem Lebenslauf, in dem die Charpillon das Omega setzen wird. Der große Frauenheld, der noch mancher seiner Eroberungen übel mitspielen wird, beginnt und endet als Opfer der Frauen, er fordert ihre Übermacht, ihre Grausamkeit und ihren Spieltrieb heraus, als ahnten sie, wen sie vor sich haben, wobei der halbkindlichen Bettina zuzubilligen ist, daß sie ihre Macht über andere eben erst erproben wollte, während die Charpillon, eine berüchtigte Londoner Dirne, vor der Casanova gewarnt worden war, ganz bewußt zu Werke ging und den Venezianer an den Rand des Selbstmords trieb. Dennoch hätte Giacomo nach all dem in aller Ruhe die Universität beziehen können (was damals schon mit vierzehn Jahren möglich war), wäre in der neuen Umgebung nicht die leidige Frage des Geldes aufgetaucht. Giacomo versucht, mit seinen Kommilitonen Schritt zu halten, suchte nicht immer die beste Gesellschaft und geriet in ausweglose Situationen. Die Schilderungen sind so detailliert und überzeugend, sie stimmen so genau mit anderen zeitgenössischen Berichten überein, daß die Zweifel, die manche Biographen an Casanovas Studium hegen, kaum zu begreifen sind. Was er über die vor allem rechtliche Autonomie der Universität schreibt, über den Schutz, den sie den Studenten gegen die Sbirren gewährte, oder über das kollektive Auftreten der Studentenschaft immer dann, wenn einer der paduanischen Hörer gefährdet war, das erklärt unter anderem vor allem den Freiheitsdrang und den Unabhängigkeitsdünkel, die Casanova zeit seines Lebens von einer schwierigen Situation in die andere führen werden.

Daß er dennoch zwei – wenn auch dem Umfang nach unbedeutende – Thesen verteidigen konnte und sich fortan innerhalb läßlicher Grenzen als Doktor der Rechte bezeichnen durfte, erklärt sich nur aus den geringen Anforderungen an einer einst berühmten Universität, die ihre beste Zeit schon lange hinter sich hatte. Im Römischen Recht schrieb und sprach Casanova über das Testament, also eine überschaubare Materie, im Kanonischen Recht sollte er die Frage studieren, ob man den Juden gestatten dürfe, weitere Synagogen zu bauen (*Utrum hebrei possint construere novas Synagoges*) woran nicht nur das Thema interessant ist in einer Handelsstadt, die nur drei Prozent jüdischer Bevölkerung aufweist, sondern auch der Zeitpunkt, dreißig Jahre vor der antisemitischen Wendung in der venezianischen Politik. François-Maximilien Misson, der als Präzeptor eines jungen Grafen Arran an der Wende zum achtzehnten Jahrhundert Venedig besuchte, zeigt sich in seinem erfolgreichen und oft aufgelegten Reisebericht von der Toleranz besonders beeindruckt, die in der Lagunenstadt hinsichtlich der verschiedenen Religionen und Bekenntnisse herrschte (er selbst hatte nach der Aufhebung des Edikts von Nantes Frankreich verlassen müssen): »Ich kann Ihnen sagen, daß Griechen, Armenier und Juden ihren Kult öffentlich ausüben dürfen, die anderen Religionen und Sekten sind immerhin geduldet und man tut so, als bemerke man ihre Zusammenkünfte nicht.«

Eine Handelsstadt wußte, was ihr nützte, und vermutlich hatte man aus der Ferne beobachtet, wie die slawischen Handelsstädte an der Ostsee geblüht hatten, weil jeder dort willkommen war, und wie das christliche Regiment so manchen ertragreichen Handelszweig zum Erliegen gebracht hatte. Die Judenverfolgungen des fünfzehnten Jahrhunderts in Deutschland, aber auch in Italien, hatten einen beträchtlichen Zustrom jüdischer Familien in die neutrale und tolerante Lagunenrepublik zur Folge gehabt, und so wurde kurz vor Pfingsten 1516 auf dem Gelände einer alten Kanonengießerei das erste venezianische Ghetto geschaffen, nach dem venezianischen Wort *ghetar* für das Schmelzen von Metallen. Dem ersten Ghetto folgte das Nuovo Ghetto und schließlich das Nuovissimo Ghetto, in dem im achtzehnten Jahrhundert mangels Raum die Häuser bis zu acht Etagen hatten und die hygienischen Verhältnisse jeder Beschreibung spotteten.

Neben den etwa dreitausend dort lebenden minderbemittelten jüdischen Familien gab es jedoch einige Sippen, die zu großem Vermögen gelangt waren, weil sie sich der Möglichkeiten, die Venedig mit seinen Kolonien bot, mit Geschick bedient hatten. Norbert Jonard berichtet in seinem Buch über das Alltagsleben im Venedig des achtzehnten Jahrhunderts, daß vier jüdische Familien zwei Drittel des gesamten Ölhandels in ihrer Hand hatten und drei andere den Getreidehandel beherrschten. Die christlichen Kaufmannsfamilien versuchten dagegen vorzugehen, doch konnten die Juden einflußreiche Anwälte wie Zorzi Angorant und Carlo Contarini für sich gewinnen. Letztendlich aber machten Verbote, die zum Teil erstaunlich jenen ähneln, die tausend Jahre zuvor die westgotischen Könige gegen die spanischen Juden ausgesprochen hatten, den bis dahin ungefährdet agierenden Firmen die Weiterexistenz unmöglich: Sie durften keine christlichen Angestellten haben, nicht mit Lebensmitteln Handel treiben, bei Versteigerungen nicht mitbieten und so weiter, so daß ihnen schließlich nicht viel anderes blieb als der Altkleiderhandel. Um 1790 war die Zahl der venezianischen Juden auf 1500 gesunken. Den Vorteil dieser Maßnahmen hatte Österreich, wohin die Juden sich nach den ersten Judengesetzen des Jahres 1766 wandten. Maria Theresia gestattete ihnen die Ansiedlung in Triest und in der Grafschaft Görz. 1777 wurde ihnen sogar der Erwerb von Grund und Boden erlaubt.

Die These über den Synagogenbau, von Casanova kaum aus eigenem Antrieb gewählt, scheint zu beweisen, daß die Republik ihre berühmte Universität Padua als Forschungsstätte einsetzte, ehe sich der Doge und seine Berater zu Maßnahmen entschlossen, die den Ruf einer Handelsstadt im ganzen Mittelmeerraum und bis hinauf nach Holland ruinieren mußten, saßen jüdische Firmen doch seit der Austreibung aus Spanien gegen Ende des sechzehnten Jahrhunderts an allen Ufern des Mittelmeeres, aber auch in den Niederlanden und in England.

Das etwas absonderliche Thema seiner These scheint im Familienkreis der Casanova und Farussi niemanden befremdet zu haben. Giacomo, jahrelang als Idiot der Familie mit zärtlicher Scheu umhegt, kam aus Padua zurück ins Haus der Großmutter und schien allerlei studiert zu haben; sein Italienisch allerdings war noch nicht vollkommen und ein Abbé Schiavo übte mit ihm vor allem das fehlerfreie Schreiben.

Da die Entscheidung für ein einheitliches Italienisch natürlich noch nicht gefallen war, hatte das Toskanische als Sprache Dantes ein gewisses Übergewicht, um so mehr, als man sich auch in der Korrespondenz gerne in Versen ausdrückte und auch die Poeten der Antike kannte und häufig zitierte. Das brachte für Giacomo, der als armer, aber lernfähiger Jüngling kaum anderes werden konnte als Geistlicher, schon früh Konflikte mit sich, denn nicht alles, was Horaz geschrieben hatte, vertrug sich mit dem Charakter einer christlichen Predigt, und predigen mußte Casanova bald: Er hatte die niedersten Weihen empfangen, er visierte eine Laufbahn als Notar der Kirche an und er mußte sich in einer der siebzig Pfarren seiner Heimatstadt zum Wort Gottes bekennen.

Wenn einem sehr jungen Menschen eine gewisse Suada zur Gewohnheit geworden ist, wenn er seiner biederen Umgebung überlegen ist und das Feuer vermeintlicher Genialität in sich fühlt, dann sind die Katastrophen unausweichlich und besonders grausam als Konfrontation mit einer Wirklichkeit, die von den hochfliegenden Träumen dann nichts mehr übrig läßt. Als Casanova erfährt, daß er am 19. März 1741 von der Kanzel herab ein Loblied auf den heiligen Joseph singen muß, erfüllt ihn das mit mehr Stolz als Sorgen, hat er doch vor einem kleinen Kreis schon einmal mit Erfolg gepredigt und sogar ein paar Zitate antiker Autoren dabei an den Mann gebracht. In solcher Sicherheit nimmt er eine Einladung zum Mittagessen an, ißt reichlich und trinkt noch viel mehr und hat, als der Messner ihn um vier in die Kirche holt, einen ungewohnt vollen Bauch und einen gefährlich leichten Kopf. Dennoch: Es ist ja sein Text, er brauchte nichts auswendig zu lernen, was kann da schon schiefgehen?

Auf der Kanzel legt Giacomo mit schwerer Zunge los, zwar weiß er noch, was er sagt, aber das fromme Auditorium ist doch deutlich skandalisiert von diesem Sechzehnjährigen, der am hellen Nachmittag betrunken zu sein scheint. Murmeln erfüllt die Kirche,

Casanova wird unsicher, der Faden reißt, und der junge Kleriker rettet sich in Rodomontaden, die schließlich mit dem heiligen Joseph, Bräutigam der Gottesmutter, um so weniger zu tun haben, als der schlichte Zimmermann zu Seneca, Boëthius und Origenes ganz und gar nicht paßt.

So alt die Kanzel auch ist, der Boden tut sich nicht auf, um Giacomo zu verschlingen, und wenn ihn auch schwindelt, eine rettende Ohnmacht stellt sich doch nicht ein. Also läßt er sich fallen, womit wenigstens das Auditorium unsichtbar geworden ist und auch ihn nicht mehr sieht. Mit dem Schädel knallt er so heftig gegen das Holz, daß er in seiner Verzweiflung einen Augenblick hofft, sein Kopf sei gespalten. »Ich kann meinen Lesern versichern«, sagt er im vierten Kapitel seiner Memoiren, »daß ich nie mit Sicherheit wußte, ob ich nur so tat, als sei ich in Ohnmacht gefallen, oder ob die Ohnmacht echt war« – jedenfalls brachte man ihn in die Sakristei, er sprach kein Wort, nahm seine Habseligkeiten und entfloh. Seine Großmutter, die offenbar nicht in der Kirche gewesen war, gab ihm Geld, und er entwich nach Padua, zu Gozzi, der ihn gewarnt hatte. Casanova traf dort noch einige Vorbereitungen für den Abschluß seiner Studien, den er wohl mit einer gewissen Übertreibung sein Doktorat nennt, und stellte, als er schließlich nach Venedig zurückkehrte, mit Erleichterung fest, daß der Zwischenfall längst vergessen war. Casanova wird sein Leben lang große Worte, spektakuläre Aktionen, die Inszenierung der eigenen Person und ihrer Auftritte als so selbstverständlich ansehen, daß dies alles wohl zu seiner Philosophie gehört, zu seiner Auffassung von Lebensweisheit und *savoir vivre*, so wenig weise, ja so gefährlich sich all dieses Brimborium auch oft erweist. Und er hat sich den Text dieser ersten und einzigen Predigt durch alle Wechselfälle seines Lebens aufgehoben und noch zur Hand, als er in Dux sein Mißgeschick mit dem heiligen Joseph niederschreibt.

Überraschend und unverständlich ist, daß nur der ferne Gozzi ihn beriet und warnte, während ein anderer Gönner ihn geradezu ins Messer laufen ließ, der Senator Malipiero (1664–1745), zu jener

Zeit also schon ein hoher Siebziger. Er hatte, wie damals üblich, den angehenden Kleriker für kleine Dienste und als Gesellschafter in sein Haus aufgenommen, in dem im übrigen jene jungen Mädchen den Ton angaben, die der wohlhabende alte Herr für die Bühne und damit für eine galante Laufbahn ausbildete. Der kecke Jüngling war für den Senator natürlich kein Rivale, aber es scheint Malipiero doch eine gewisse Befriedigung bereitet zu haben, daß Giacomo sich so denkwürdig blamierte.

Barthold schreibt im ersten Band seines Werkes über die geschichtlichen Persönlichkeiten in Casanovas Memoiren (Berlin 1846), daß Malipiero sehr reich gewesen sei. Das mag im Vergleich mit Casanova durchaus zutreffen, in der venezianischen Aristokratie zählte die Casa Malipiero jedoch nur zur dritten, also am wenigsten vermögenden Kategorie, obwohl die Familie mindestens seit 1297 adelig war und der Republik hohe Würdenträger und sogar Dogen gestellt hatte. Alvise-Gasparo Malipiero war, was immer man gegen ihn sagen kann, ein wichtiger Lehrmeister für Casanova in seinem großen Haus, in dem, angezogen durch den alten Namen und die jungen Frauen, zwar nicht die große Gesellschaft von Venedig verkehrte, aber doch eine Reihe bekannter Lebemänner, denen der linkische junge Kleriker mit großer Aufmerksamkeit manches abgewann: Gesten, Ausdrucksweise, Umgangsformen und freilich auch das unbändige Verlangen, bald so zu sein, wie diese Herren, die reisten, von anderen Städten erzählten und mit ihren Abenteuern prahlten.

Innerhalb der Gewohnheiten der venezianischen Aristokratie war Alvise Malipiero nicht eigentlich ein Sonderfall: Sein Sohn hatte zwar eine kinderlose Ehe, aber das mußte ja nicht so bleiben; der Senator verhielt sich also wie beinahe die Hälfte seiner Geschlechtsgenossen: War mit dem Fortbestand seiner Sippe zu rechnen, so war es schon wegen den Erbteilungen und angesichts des geschrumpften Familienvermögens klüger, ein Junggesellenleben zu führen – ein Leben, in dem Casanova alle seine Sehnsüchte erfüllt sah, wäre es das eigene gewesen.

Durch die Herren Grimani und durch Malipiero hatte Casanova eine frühe Verbindung zum ältesten, wenn auch nicht zum mächtigen, wirklich reichen Adel der Republik; beide Familien waren zum Zeitpunkt der *serrata*, der Schließung der Adelsregister im Jahr 1297, bereits adelig gewesen. Venedig war da sehr strikt: 1381 kamen noch ganze neun Familien hinzu, die sich im Krieg um Chioggia besonders ausgezeichnet hatten, danach waren die Aufnahmen in das Adelsregister zum Teil kostspielige Gnadenakte, die für die betroffenen Familien keinen besonderen Zuwachs an gesellschaftlicher Geltung bedeuteten. Wegen der geschilderten Selbstbeschränkung bei Heiraten starben einige ursprünglich breit vertretene Familien frühzeitig aus, so die Sippe Malipiero, die zeitweise in dreizehn Zweigen geblüht hatte, aber schon dem Senator Alvise keine männlichen Enkel mehr brachte.

Der Untergang so alter Familien nahm in gewissem Sinn den Untergang der Republik vorweg, eine Behauptung, die uns der alte Senator selbst mit seinem reichen Schatz an Menschenkenntnis und *savoir vivre* rechtfertigt. Die jungen Mädchen, die er mit sicherem Blick in seine Nähe zog, machten zum Teil das, was man unter damaligen Verhältnissen durchaus eine Karriere nennen kann. Terese Imer (1723–1797), Tochter eines aus Genua stammenden Theaterdirektors und Freundes von Carlo Goldoni, debutierte, von Malipiero protegiert, 1742 in Venedig. Casanovas aussichtslose Bemühungen um ihre Gunst führten zu seinem Bruch mit Malipiero, der übrigens die süße Frucht selbst kaum geerntet haben dürfte: Als er sie einmal zu küssen versuchte, als sie von der Kirche nach Hause kam, wehrte sie ihn zu seinem größten Ärger mit der Bemerkung ab, sie habe eben den Leib des Herrn genossen, da zieme sich eine so irdische Berührung nicht. Die also schon früh wortgewandte und schnippische Teresa, später Geliebte eines Herzogs von Lothringen, taucht in den Memoiren des Venezianers noch dutzende Male auf und wäre an sich schon eine Studie wert mit ihrem für das Jahrhundert ziemlich typischen Lebenslauf.

Eine zweite Entdeckung des kundigen Senators war *la petite*

Gardela, Tochter eines Gondoliere, was ihr den *nom de guerre* ›La Barcarole‹ eintrug, noch ehe sie überhaupt auf dem Markt war. Malipiero ließ sie zur Tänzerin ausbilden, was Casanova dazu veranlaßt, den alten Herrn, dessen Weisheit und Persönlichkeit er oft rühmt, als *spéculatif vieillard* zu bezeichnen, also als einen Greis mit unlauteren Absichten. Auch in diesem Fall fruchtete die Erziehung Malipieros, denn die Gardela stieg bis zur Fürstenmaitresse auf, und zwar an der Seite von Karl Eugen, Herzog von Württemberg, dessen Gunst sie sich allerdings mit einer Reihe anderer Damen teilen mußte. Immerhin trat sie als Tänzerin in Stuttgart, Straßburg und München auf.

Als junges Mädchen noch diskret, ließ sie einmal, nach einem reichlichen Mahl, Casanova und Teresa Imer allein, während der Senator seine Siesta hielt, was in der Regel drei Stunden dauerte. Irgendwelche verdächtigen Geräusche mußten Malipiero jedoch geweckt haben, denn plötzlich erhielt Giacomo, als er eben die kichernde Teresa von den letzten Hüllen befreien wollte, einige kräftige Stockschläge über Nacken und Rücken und tags darauf einen Brief von Malipieros Haushälterin, in dem ihm verboten wurde, die Schwelle des Palazzo noch einmal zu überschreiten.

Betrachten wir heute den Palazzo Malipiero am Campo San Samuele und die leuchtend helle Fassade zum Canal Grande hin, so müssen wir uns sagen, daß Casanova aus einem Paradies vertrieben wurde, und durchaus aus eigener Schuld. Die Schau-Fassade des im gotischen Stil erbauten Palastes war 1622 renoviert worden, die Fenster sind sehr hoch, der breite Balkon ruht auf stark vorspringenden Konsolen, in der Mitte der obersten Etage löst eine charmante Säulenflucht den etwas strengen Gesamteindruck auf und wirkt sommerlich-heiter.

Casanova antwortete mit einem Brief, den er an den Senator selbst richtete, wobei es offenbleibt, ob er den Wortlaut so genau im Gedächtnis hatte oder seinen Lesern eine Rekonstruktion servierte. Am Anfang des Billets deutet er an, den Vorfall vergessen zu wollen, weil Malipiero ein wahrer Weiser sei und er, Giacomo, sich die Erinnerung an ihn nicht trüben lassen wolle. Teresa wagt natürlich nicht, für den jungen Übeltäter zu bitten, und das Gesinde des Palastes sorgt dafür, daß die Gründe für den Hinauswurf Casanovas schnell bekannt wurden. Verwunderung scheinen sie nicht ausgelöst zu haben.

Freunde des Hauses hatten das kaum zu vermeidende Unglück wohl kommen sehen und Casanova nahegelegt, sich außerhalb des gastlichen Hauses Malipiero zu vergnügen, wenn es schon sein mußte. Es war ein Notar namens Giovanni Maria Manzoni, der Giacomo in den Salon einer jungen Kurtisane einführte. Der eben als Prediger gescheiterte Abbate konnte sie sich zwar zweifellos nicht leisten, aber sie war so jung wie er und duldete in ihrem Dunstkreis so manche ernsthaft nicht in Frage kommende Anbeter. Auch diese Schöne hatte bereits einen Branchen-Namen, und er war noch weit weniger schön als jener der Gardela, sie war nämlich die Tochter eines Kleiderpflegers oder Fleckputzers und hieß darum *La Cavamacchia*, wurde aber begreiflicherweise lieber mit ihrem bürgerlichen Namen Giulietta Preato (1724–1790) angeredet. Sie streute das Gerücht aus, daß Giacomo Antonio Marchese di Sanvitale für ihre Gunst 100 000 Taler ausgegeben habe. Obwohl Casanova natürlich den Ecu blanc, also den Silbertaler meint, ist die Summe völlig absurd und die erste Angabe dieser Art in den Memoiren: Casanovas Bestreben, die Welt der Amouren und der Liebesdienste aufzuwerten und in den Mittelpunkt des Weltgeschehens zu rücken, kündigt sich damit schon an. Sanvitale aber ist eine historische Figur, er war Botschafter von Parma bei der Serenissima und galt als Freund des Theaters, was einem Mann gut anstand, der sich junger Schönheiten fördernd annahm.

Bezeichnend ist immerhin, daß dieses zweifellos sehr schöne Geschöpf, nur ein Jahr älter als Casanova und kaum sonderlich gebildet, in der Lagunenstadt bereits eine Berühmtheit war, großzügig wohnte und Hof hielt.

Das achtzehnte Jahrhundert war das der Bildungsreisen, und zur gesellschaftlichen Bildung rechnete man die Bekanntschaft mit einem Milieu, das sich von der heutigen kriminellen Rotlicht-Szene himmelweit unterschied. Ob nun mit großem Apparat gereist wurde wie im Fall des Polenkönigs August, ob der Reisende hoch gebildet war wie Michel de Montaigne oder ein Bruder Leichtfuß wie James Boswell, ob er vermögend war wie der Président de Brosses aus Dijon oder arm wie Jean-Jacques Rousseau, sie sprechen in ihren Erinnerungen und Reiseberichten mit der größten Unbefangenheit von den schönsten Damen der besuchten Städte, als handle es sich um Gemälde, Statuen oder Altarschnitzereien. Kurz bevor Casanova die schöne Giulietta Preato kennenlernte, schrieb de Brosses an seine Stammtischgefährten nach Dijon:

»... ich will Ihnen verraten, daß nirgends in der Welt Freiheit und Läßlichkeit unbeschränkter herrschen als hier, in Venedig. Laßt nur die Regierung in Frieden, so könnt ihr im übrigen tun, wonach euch gelüstet ... Dabei ist der Volkscharakter so wenig bösartig, daß trotz der leichten Gelegenheit, die das Maskentragen, das Nachtleben, die engen Straßen und vor allem die Brücken ohne Geländer ... dem Verbrechen bieten, noch keine vier Morde während eines ganzen Jahres geschehen, und selbst dann sind meist noch Ortsfremde die Täter.«

Die beste Schilderung von Aussehen und Wesen der jungen Giulietta Preato verdanken wir aber nicht Casanova, der die für ihn Unerreichbare wenig freundlich behandelt, sondern Jean-Jacques Rousseau (1712–1778), der im Jahr 1743, also etwa zur Zeit von Casanovas Zerwürfnis mit Malipiero, als Sekretär des französischen Gesandten Grafen Montaigu in Venedig weilte. Ihm führte ein Kapitän, dem er einen bedeutenden Dienst erwiesen hatte, zum Dank Giulietta zu:

»Ich sah ein junges, blendend schönes, reizend gekleidetes und flinkes Frauenzimmer an Bord steigen, das sich mit drei Schritten in der Kajüte befand und ebenso schnell an meiner Seite Platz nahm, ehe ich noch gewahr geworden war, daß man dort ein Gedeck für sie eingeschoben hatte. Sie war eine Brünette von höchstens zwanzig Jahren (sie war damals neunzehn) und ungemein reizvoll und lebhaft. Sie sprach nur italienisch, und ihr Tonfall allein hätte genügt, mir den Kopf zu verdrehen … Ihre großen, schwarzen, morgenländischen Augen schleuderten ganze Feuerbrände in mein Herz, und obgleich mich die Überraschung zunächst etwas ablenkte, so erwachte meine Sinnlichkeit doch schnell genug, und zwar in einem Maße, daß trotz aller Zuschauer die Schöne sich bald gezwungen sah, mich in Schach zu halten, denn ich war trunken oder vielmehr rasend. Als sie mich so auf dem Punkte sah, an dem sie mich haben wollte, mäßigte sie zwar ihre Zärtlichkeiten ein wenig, nicht aber ihr Temperament … Sie ergriff Besitz von mir, als sei ich ihr Leibeigener, gab mir ihre Handschuhe, ihren Fächer und ihren Hut zu tragen … und ich gehorchte ihr.«

In der Gondel der französischen Gesandtschaft fuhr man nach Murano, wo Jean-Jacques und sein Freund die Ehre hatten, alles zu bezahlen, was die Schöne aussuchte, und dabei mit Trinkgeldern um sich warf, die mindestens ebensoviel ausmachten. Als man wieder in Venedig und vor dem Haus Giuliettas war, schied der Freund, und Rousseau kam in den Genuß, der Abendtoilette des Mädchens beiwohnen zu dürfen. Das eigentliche Abenteuer begann, als sie nur noch das *vestito di confidenza* trug, »ein mehr als galantes Nachtgewand, wie man es nur in südlichen Ländern kennt und mit dessen genauer Beschreibung ich mich vorsichtshalber nicht aufhalten will, obgleich ich mich seiner noch sehr genau erinnere … Man versuche nicht, sich die Anmut und den Liebreiz dieses berückenden Mädchens vorzustellen, man würde stets von der Wahrheit weit entfernt bleiben … Niemals hat sich dem Herzen und den Sinnen eines Sterblichen ein gleich süßer Genuß geboten. Hätte ich doch nur einen einzigen Augenblick verstanden, ihn bis auf den Grund auszukosten.«

Man sieht, Kummer und Reue über verpaßte Gelegenheiten machen beredt, das gilt für Rousseau ebenso wie für den zehn Jahre jüngeren Casanova, aber die Fehler und Tapsigkeiten, die dem jungen Philosophen nun unterlaufen, hatte der Venezianer schon früh zu vermeiden gelernt. Jean-Jacques, von der Schönen zärtlich Zanetto genannt, wird seines Glückes nicht Herr, er hält sich für unwürdig, dieses lebendige und nun kaum noch verhüllte Kunstwerk zu berühren, ja er sitzt schließlich weinend auf dem Bett und Giulietta gibt auf: »Sie ging, sich Kühle zufächelnd, im Zimmer auf und ab und sagte endlich kalten und verächtlichen Tones zu mir: ›Zanetto, lascia le donne e studia la matematica‹, ein Wort, mit dem die Preato, genannt *la cavamacchia*, nicht nur in das siebente Buch der *Confessions* einging, sondern in die europäische Geistesgeschichte. Sie war zu jenem Zeitpunkt nach dem Urteil des Charles de Brosses, in dessen Gegenwart sie nicht einmal das *vestito di confidenza* trug, die schönste Frau Italiens, ja sie machte sogar als Sängerin Karriere und errang jenen Ruhmestitel, der in Venedig am meisten geschätzt wurde: Die Keuschheitskommisison der Kaiserin Maria Theresia verbannte sie aus der glanzvollen Residenz an der Donau, ehe sie im dortigen diplomatischen Korps ähnliche Erfolge erzielen konnte wie in Venedig.

Casanova hatte zu diesem Zeitpunkt seine relative Unschuld längst verloren, hatte sich auf dem Lande bei einer wenig verwöhnten Pächterstochter ohne sonderliche Mühe durchgesetzt und in Venedig selbst mit seiner pubertären Suada gleich zwei junge Mädchen auf einmal davon überzeugt, daß die Frauen im Grunde dasselbe wollten wie die Männer – eine der Maximen, die ihm sein Leben lang das nötige Selbstgefühl und seine Siegeszuversicht geben werden.

Die äußeren Lebensumstände der Familie Farussi hatten sich ziemlich brüsk verändert, der Abbé Grimani hatte den Haushalt Giacomos und seiner Geschwister auflösen lassen und diese nach seinen Möglichkeiten verteilt, ein Vorgang, der die Verwandtschaft mit der Casa Grimani beweist.

Von Bruder Francesco, dem späteren Maler, und den Schwestern getrennt, mußte Giacomo ein Erdgeschoßzimmer in einem Haus beziehen, das der Abbé der Tänzerin Grisellini vermietet hatte. Möbel und Bücher Casanovas wurden in einem Boot dorthin gebracht und der zunächst durch die Brutalität des nicht abgesprochenen Vorgangs tief betroffene und nach seiner Art mit großen Worten aufbegehrende Giacomo dadurch versöhnt, daß er fortan täglich am Mittagstisch des Patriziers teilnehmen durfte. Schwieriger gestaltete sich der Umgang mit den neuen Mitbewohnern, denn die Grisellini, aus einer Familie von Färbern stammend und darum *La Tintoretta* genannt, sprach mit ihren Gästen und Verehrern nur französisch, eine Sprache, die Casanova damals noch nicht beherrschte.

Er schildert die Sängerin als angenehme Erscheinung, nicht schön und nicht häßlich und gegenüber dem Protektionskind der mächtigen Sippe Grimani naturgemäß freundlich und entgegenkommend eingestellt. Sie hatte einen alten Verehrer, der in Erinnerung an frühere Gunstbeweise noch den Cicisbeo spielen und ihr Gesellschaft leisten durfte, aber zu verschwinden hatte, wenn der Matador auftrat (wie Casanova sich in den Memoiren ausdrückt), der regierende Fürst Karl August Friedrich von Waldeck (1704–1763), der für die Tintoretta sehr viel Geld ausgab. Er fand offenbar Gefallen an dem jungen Abbate, ermunterte ihn, die Tänzerin zu bedichten, und entlohnte Casanova für ein Sonett zu Ehren der Tintoretta mit einer goldenen Tabatière. Die Familie der Tänzerin stieß übrigens – obwohl im wesentlichen vom etwas anrüchigen Färberhandwerk lebend – ebenfalls in die Geistesgeschichte vor, denn Francesco Grisellini (1717–1787) schrieb nicht nur als zukunftweisend geltende Abhandlungen über Fragen des wirtschaftlichen Lebens und des Handwerks, sondern übersetzte auch fleißig und verfaßte Komödien für das Teatro San Giovanni Crisostomo in Venedig. (Als Casanova in Dux über ihn schrieb, glaubte er ihn noch am Leben und in Mailand ansässig.)

Casanova fand die *Tintoretta* liebenswürdiger als Giulietta; sie hatte zweifellos einige Bildung und war durch den Umgang mit ihrem älteren Bruder an geistigen Dingen soweit interessiert, daß sie in dem jungen, armen und hilflosen Abbate ein Menschenwesen erkannte, das der Hilfe bedurfte, trotz aller Allüren und großen

Gebärden. Indessen wirkte wohl der Ärger des Senators Malipiero noch weiter, und die höchst angenehme Existenz in dem vom Fürsten Waldeck finanzierten Hauswesen endete, wie Casanova vielleicht wirklich glaubte, nach einem Brief seiner Mutter an den Abbé Grimani, in dem sie Bedenken dagegen äußerte, daß ihr siebzehnjähriger Sohn mit einer achtzehnjährigen Tänzerin von leichten Sitten unter einem Dach lebe. Sehr wahrscheinlich ist diese Version nicht. Zanetta Farussi, inzwischen als *La Buranella* bekannt, hatte weder in Dresden noch in Warschau, wo sie feste Engagements hatte, die Möglichkeit, sich über Einzelheiten von Giacomos Existenz zu informieren. Auch trägt alles, was nun folgt, die Handschrift eines aus dem Hintergrund wirkenden, rachsüchtigen Greises: Das absurde Zwischenspiel in einem Seminar auf Murano, wo der Student aus Padua zwischen Elementarschülern sitzt, dann aber mit gleichaltrigen Seminaristen Schlafsaal-Skandale provoziert und, alsbald aus dem Seminar wieder entfernt, im Fort Sant'-Andrea gefangen gehalten wird.

Seine Jugend, seine offensichtliche Harmlosigkeit gestalten auch diese Haft nach einer Festnahme auf offener Straße durchaus glimpflich, vielleicht, weil der Festungskommandant und die schlichten Slawonier, die hier Dienst tun, den beredten jungen Mann in seiner Entrüstung für halb verrückt halten. Gutwillig lauscht die zweifellos wenig verwöhnte Abendgesellschaft im Fort seiner langen Erzählung nur der Kommandant vermag nicht an die Unschuld seines Gefangenen zu glauben, sondern ist überzeugt, daß er mit dem Bettgefährten im Seminar gesündigt habe. Die Damen der Tischrunde protestieren, ebenso ein anwesender Geistlicher, und Casanova sieht sich wiederum als Hahn im Korb, seiner Lieblingsrolle. In diesem Fall, nach mannigfachen Erniedrigungen, nach dem Verlust des Heimes und der großen Ungewißheit über seine Zukunft, leitet er daraus eine Maxime ab, die er in allen Folgebänden seiner Memoiren verwirklichen will: Sagt man nur die Wahrheit, bekennt man sich offen zu dem, was man getan hat und versteht man, dies alles in wohlgesetzter Rede vorzubringen, so werden die Sympathien der Zuhörer und Leser stets auf der Seite des Autors sein. Jahrzehntelang hat keiner der kritischen Leser des großen Memoirenwerkes glauben wollen, daß dieser so anspruchsvoll proklamierte Grundsatz tatsächlich die Richtschnur geblieben, daß die Erinnerungen zumindest subjektiv aufrichtig verfaßt und um Wahrheit bemüht gewesen sind; heute steht dies fest, heute ist erwiesen, daß die wenigen Irrtümer Casanovas unabsichtlich, entschuldbar und meist unerheblich sind, daß er die Wahrheit in manchen Fällen gar nicht kennen konnte. »Nicht, weil Casanova schlechter war als andere, wurde er nach der Veröffentlichung seiner Memoiren geschmäht«, sagt Rives Childs 1977 in seiner maßgebenden Biographie des großen Venezianers, »sondern weil er die Wahrheit über sein Leben so freimütig bekannte. Durch seine Aufrichtigkeit hatte er sich buchstäblich selbst verdammt.«

Auf in den Süden

*Es ist kein Geheimnis mehr, daß so manches hoch-
gepriesene Werk der Dichtkunst oder der erzählenden Phantasie ret-
tungslos versunken und vergessen ist, während die Erinnerungen, die
der gleiche Autor oft kunstlos und gleichsam nebenher niederschrieb, so
hell strahlen wie am Tag, da sie beendet wurden: Die Zeit vermochte
ihnen nichts anzuhaben, ja sie hat ihren Wert nur noch erhöht.*

Luca Landucci etwa fehlt bis heute in den dicksten Literaturge-
schichten; sein Tagebuch aus dem Florenz des fünfzehnten Jahrhunderts ist uns jedoch kaum weniger wert als alles, was wir von
Petrarca besitzen. Das blutige sechzehnte Jahrhundert sah den verwöhnten und kränklichen Baron Michel de Montaigne auf einer
Reise durch Europa, und das Tagebuch, das er dabei führt, hat all
seine durchaus bedeutenden wissenschaftlichen Schriften und sogar die großartigen Essays überlebt. Die bitteren Kriege dieser Zeit
plagen nur noch die examinierten Schüler, aber die Erinnerungen, die der Feldherr Blaise de Monluc ihnen abgewann, sind eine
Zierde der berühmten *Bibliothèque de la Pleiade*: Der Mann, der nur
noch ein halbes Gesicht hatte und eine scheußliche Maske aus Ei-
sen tragen mußte, ist als Memoirenschreiber unsterblich geworden
wie im Jahrhundert darauf der spießbürgerliche Staatssekretär im
britischen Marineministerium, Sir Samuel Pepys.

Im schreibfreudigen achtzehnten Jahrhundert war die Konkurrenz groß; viele haben es gewagt, gegen die großen Geister der
Aufklärung in den Ring zu steigen, und doch sind es nicht die
Unsterblichen, die uns am besten unterhalten, sondern die Außenseiter, die Angeber, die Scharlatane, allen voran unser Casanova,
gefolgt von dem schottischen Tunichtgut James Boswell und dem
Operndichter, Priester und Spion Lorenzo Da Ponte. Erst die Brü-

der Goncourt werden im neunzehnten Jahrhundert dieses attraktive Trio übertreffen.

In dem Augenblick, da der paduanische Doktor, Priesterschüler und Adept allzufrüher Liebesfreuden sich von den Landmädchen und Hausmeisterstöchtern den Zieh- und Zierpuppen eines Senators aus der Dogenfamilie der Malipiero zuwendet, ja sogar ein wenig an ihnen vergreift, wird er ernstgenommen. Die Schonzeit für den pubertierenden Wirrkopf ist vorüber, die Prominenz jagt den Eindringling und hält dabei auf eindrucksvolle Weise zusammen: Senator, Abbé, Notare, Vollstreckungsbeamte und sogar Altwarenjuden bilden urplötzlich eine einzige Phalanx, die uns zeigt, wie klein dieses Venedig trotz seiner 150000 Einwohner ist, wie geschlossen sich diese etablierte Gesellschaft zu wehren versteht, wenn man nur ein wenig an ihren Gewohnheiten kratzt.

Sie sind eine einzige homogene Familie, deren Abwehrkraft der junge Giacomo unterschätzt, weil er die Statistiken noch nicht kennt, die Volker Hunecke 1995 vorlegen wird. Teilt man die Patrizierfamilien nach Alter, Vermögen und Bedeutung in fünf Klassen ein, so ergibt sich, daß in der von Hunecke untersuchten Zeitspanne von 1646 bis 1801 zweihundertundfünfzig Herren der obersten Patriziergruppe in diesem Zeitraum Ehen eingingen, dabei aber nur neun nichtadelige Bräute wählten. In der nächstniederen Gruppe waren es bei 289 Herren auch erst 18, die außerhalb ihres Standes heirateten, also bei mehr als einem halben Tausend untersuchter Ehen ganze 27 Mesalliancen, eine so gut wie lückenlose Adelsdisziplin.

Wieso Überzüchtung und Inzucht dennoch unter der erkennbaren Schwelle blieben, ist eine jener Fragen, die nur hinter der vorgehaltenen Hand beantwortet werden. Historisch bekannt ist nur ein einziger ebenso gewaltsamer wie massiver Zuschub frischen Blutes, der sich im Jahr 945 ereignete, vermutlich aber in kleineren Schüben in späteren Jahrhunderten wiederholte: Der 31. Januar war der beliebteste Hochzeitstag in der Republik Venedig. In der Kirche von San Piero di Castello versammelten sich die Hochzeitspaare, um an dem glückbringenden Jahrestag des Eintreffens der Gebeine des heiligen Markus die Ehe zu schließen. Wollte sich nun der Heilige dafür rächen, daß man ihn aus Alexandria kurzerhand geraubt und nach Venedig gebracht hatte, oder bestand bei den dalmatinischen Seeräubern damals ein besonderer Mangel an Bräuten – jedenfalls überfiel an diesem Fest- und Freudentag eine Piratenflotte unter dem gefürchteten Gaiolo das exponierte Kirchlein und brachte, was sich immer an Weiblichkeit dort fand, auf die Raubschiffe. Nicht nur die Bräute, sondern auch Brautjungfern und sogar die würdigen Mütter. Natürlich wurde auch der Schmuck und das Kirchengerät nicht vergessen.

Beinahe alle angesehenen Familien hatten auf diese Weise Töchter und Frauen verloren, und der Doge, er hieß Pietro Candiano, handelte mit ungewohnter Entschlossenheit. Alarm-Galeeren liefen aus und verfolgten die Räuber, es kam im Inselgewirr der östlichen Adria zu blutigen Kämpfen, danach aber waren die Bräute, ihre Brautjungfern und die geraubten Mütter weitgehend vollzählig wieder auf venezianischem Boden, das heißt an Deck der Galeeren. Um die Ehre der geraubten Damen zu retten, behauptet die Chronik, daß die Aktion am 2. Februar bereits wieder abgeschlossen war, was allenfalls mit Luftkissenbooten möglich gewesen wäre, keinesfalls mit geruderten Kriegsschiffen. Aber aus Achtung vor den alten Geschlechtern kamen nicht einmal gefürchtete Lästermäuler wie Pietro Aretino später auf das zurück, was den jungen Damen in den Händen der Piraten alles widerfahren sein mochte. Die alten Geschlechter freilich erfreuten sich in der Folge einiger ein wenig exotisch wirkender Erben und Erbinnen, gewiß nicht zum Schaden der Republik.

Mit dieser venezianischen Inkonsequenz – einem gepflegten und verwöhnten Adel und einer äußerst primitiven Söldnertruppe zum Schutz all der feinen Leute – wurde Casanova konfrontiert, als er im Fort Sant'Andrea gefangengehalten wurde. Die zweitausend Slawonier und Epirus-Albaner, die er dort antraf, begegneten ihm, dem Ausgestoßenen, mit brüderlicher Herzlichkeit. Es war die Welt der kleinen Leute, der Analphabeten, der Namenlosen, mit der Casanova im allgemeinen nichts zu tun hatte, was ihm vor allem neueste Untersuchungen gerne vorwerfen. Sant'Andrea war einst ein Kloster gewesen, dann hatten die weitläufigen Gebäude auf der kleinen Insel vor dem Hafen des Lido militärischen Zwekken gedient. Interessant ist Casanovas Mitteilung, daß dort im allgemeinen Veteranen und Invaliden der venezianischen Kriege und Eroberungszüge untergebracht waren, also Adria-Slawen, die für die Republik gekämpft hatten. Zu jenem Zeitpunkt aber (Gugitz nennt dafür das Jahr 1743) waren Hunderte von Chimarioten mit ihren Frauen dort im Quartier, so benannt nach dem Hafenort Chimara im südlichen Albanien, wo ein harter Menschenschlag zu Hause war, der manchen Strauß für die Serenissima ausgefochten hatte. Mit beträchtlicher Verspätung, nämlich ein Vierteljahrhundert nach dem Frieden von Passarowitz, sollten sie für ihre Dienste belohnt werden, und zweifellos hatte man so lange gewartet, damit die Zahl der Anspruchsberechtigten sich durch Todesfälle vermindere, eine bis heute befolgte Praxis.

Casanova war für diese Unmündigen in einer sie verwirrenden Fremde ungemein nützlich; er verfaßte Bittgesuche und Eingaben, sein Leben lang seine Lieblingsbeschäftigung; er beriet die schlichten Gemüter und besserte seine finanziellen Verhältnisse schnell auf. Der Abbé Grimani hatte bestimmt, daß er im Fort nur den Sold der einfachen Soldaten erhalten sollte. Die nicht durch ihren Sold, aber aus den Beutezügen wohlversorgten Offiziere sparten nun nicht mit Zechinen, wenn ihnen ein junger Mann Dienste erwies, die sie zumindest im Fort von niemand anderem erhalten konnten.

Die Frauen der Offiziere, unter ihnen einige wilde Schönheiten aus den Kosovo-Dörfern, hatten kein Geld, und man darf Casanova glauben, daß sie dennoch Mittel und Wege fanden, ihn zufriedenzustellen; da es sich um fünf- bis sechshundert meist junge Frauen handelt, bedeuten die wenigen, die seither auf Casanovas Leporello-Liste figurieren, keineswegs, daß es sich um besonders liederliche Frauenzimmer gehandelt habe. Eher muß man annehmen, daß die Gesamtstimmung etwas Kupplerisches hatte, man war unbeschäftigt, man wartete auf Geld und Auszeichnungen, man lebte auf dem relativ engen Raum der Isoletta mit Männern und Kindern zusammen, eine Situation, die dem jungen Einzelgänger fremd war und ihm gefiel. Mit leisem Erschauern musterte Giacomo die kampferprobten Offiziere, deren offene Blusen die Narben sehen ließen; einem Oberstleutnant (der übrigens auch nicht schreiben konnte) fehlte ein Viertel des Kopfes mit einem Auge. Er hatte sieben prächtige Söhne mitgebracht und zwei hübsche Töchter in albanischer Tracht, und wenn den verwöhnten jungen Abbate mit seiner paduanischen Bildung etwas störte, dann war es der intensive Knoblauchgeruch, der von all diesen Menschen ausging.

Eine schöne Griechin, die für ihren Mann, einen Fähnrich, um den Entwurf eines Gesuches bat, hatte es Casanova bald so angetan, daß er sich ihr drei Tage lang höchst intensiv widmete. Nun, es waren nicht gerade ›die Franzosen‹, die sie bei diesen Gelegenheiten auf ihn übertrug, aber doch der erste Tripper seines Lebens. Dank seines frühen Interesses für Medizin und weil ein Arzt im Fort war, überstand er die Infektion in wenigen Wochen, aber sie hinderte ihn sehr zu seinem Ärger, seine Conciergerie-Amouren aus Venedig weiter zu pflegen, was immerhin für sein Verantwortungsgefühl spricht.

In der Langeweile eines so erträglichen Gefangenendaseins gedeihen Pläne und Intrigen, und da Giacomo nun immerhin vierzig Zechinen besaß und ihm weiterer Schreiberlohn winkte, bestach er einen der Gondolieri und gewann ihn als Gefährten nächtlicher Unternehmungen. Es war ja nichts einfacher, als an jener Kloster- und nun Gefängnismauer anzulegen und dann lautlos nach San Marco zu rudern, und die Verschwiegenheit des Gondoliere war sein Kapital: Jeder Verräter wäre von seinen Kollegen in der Lagune ersäuft worden, hätte Verrat doch den Ruin der ganzen Zunft bedeutet.

Zweck der Nachtfahrten war die Rache an Antonio Lucio Razzetta, *homme de confiance* der Casa Grimani, ein Mann mit Narben-gesicht, der für die großen Herren der Sippe die Schmutzarbeit machte und Casanova vom ersten Augenblick an mit offener Antipathie und an sich unbegründeter Brutalität behandelt hatte. Die Vorkehrungen Giacomos, seine angebliche Fußverletzung, das malerische Gehumple durch das ganze Fort und andere Schauspielereien dienen nur seinem Alibi, und die Sorgfalt, das dreifache Absichern lassen erkennen, daß Casanova sich über die Gefährlichkeit Razzettas klar ist. Dennoch dürfen wir ihm glauben, daß er entschlossen war, den Mann, der ihn wiederholt gedemütigt hatte, nicht nur zu verprügeln, sondern umzubringen. Der Gondoliere kommt, Casanova verläßt lautlos sein Krankenzimmer, erwartet Razzetta gegen Mitternacht an dessen vorher erkundetem Heimweg, verabreicht ihm ein paar kräftige Stockschläge und stößt ihn in den Kanal. Er muß auch noch einem Furlaner – einem Mann aus Friaul – eine Laterne aus der Hand schlagen, ehe er wieder in die Gondel steigen und sich zurückrudern lassen kann.

Die Lage ist prekär, denn Razzetta ist nicht tot, und er hat Casanova erkannt; aber die Veteranen vom Fort schwören Stein und Bein, daß der junge Giacomo mit allen nur denkbaren Krankheiten zu Bett gelegen und das Inselchen nicht verlassen habe. Und da die Chimarioten inzwischen wieder abgezogen waren, gab es wenig Publikum auf Sant'Andrea. Razzetta, der drei Zähne verloren hat, bemüht die Justiz, auch der Furlaner hat Casanova erkannt und beklagt eine gebrochene Hand. Der Freispruch erfolgt ohne Glanz mangels sicherer Beweise, und Razzetta muß zu allem Ärger noch die Gerichtskosten tragen.

Casanova wird sein Leben lang solche Winkelzüge und Täuschungsmanöver lieben, doch interessanter sind zwei Begegnungen, die er im Fort Sant'Andrea hatte, weil sie Licht auf besondere und zum Teil absurde Verhältnisse des Jahrhunderts werfen und die Erinnerung an Personen festschreiben, die andernfalls in das große Vergessen abgeglitten wären.

Die eine dieser für ihre Zeit sehr typischen Gestalten ist Pietro

Mira, bekannter unter seinem Spitznamen Petrillo, ein venezianischer Geiger, der seit 1733 im Dienst der Zarin Anna Iwanowna nachgewiesen ist. Casanova wußte von ihm aus den Briefen, die seine Mutter während ihres langen, wenn auch nicht sehr erfolgreichen Gastspiels aus Petersburg geschrieben hatte, und Petrillo wiederum tauchte im Fort Sant'Andrea wohl nur auf, um den Sohn der *Buranella* kennenzulernen, jedenfalls ist kein anderer Grund dafür ersichtlich, daß Petrillo den verhaßten Razzetta begleitete. Die Szene wird denn auch sogleich giftig: Razzetta überreicht das von Giacomo schriftlich erbetene Paket Kleider mit den Worten ›Da hast du deine Lumpen‹, und Giacomo versichert ihm, er werde dafür sorgen, daß er bald das Hemd eines Galeerensträflings tragen werde. Petrillo, der bis dahin geschwiegen hatte, bedauerte, Giacomo nicht in der Stadt angetroffen zu haben, er hätte ihn sicher in ein Bordell führen können. »Gewiß«, antwortete Casanova, »dort hätten wir dann deine Frau angetroffen.« Petrillo beherrschte sich und stellte nur fest, er verstehe sich auf Gesichter: Das Casanovas sei das eines Galgenvogels, er werde früher oder später mit dem Strick um den Hals enden.

Es ist die Welt der Schauspieler, Abenteurer, reisenden Künstler und Hofnarren, in der ganz offensichtlich jeder jeden kennt. Casanova weiß, daß Petrillo eine Frau von abgrundtiefer Häßlichkeit hat, die ihn betrügt, so oft sie kann. Weniger richtig liegt er, wenn er Petrillo nur einen Hofnarren nennt, denn Mira hatte aus seiner Vertrauensstellung bei der Zarin, ohne zum eigentlichen Favoritenkreis zu gehören, so manchen Vorteil gezogen. Anna Iwanowna hatte ihn ausgeschickt, um Künstlertruppen nach Petersburg zu verpflichten, wobei er sich hohe Provisionen bezahlen ließ; Casanovas Mutter, der Schauspieler Vulcano und andere reisende Künstler gelangten auf diese Weise an die Newa. Das meiste Geld verdiente Petrillo jedoch beim abendlichen Glücksspiel, wenn er für die beleibte und bequeme Zarin die Bank hielt und es natürlich niemand wagte, die Herrscherin in Verlust zu bringen. Auch der Ankauf von Schmuck und Möbeln im Ausland brachte ihm Gewinn, so daß er sich in Petersburg eine kostspielige Mätresse leisten konnte, eine Schwester der Sängerin Davolio. Angeblich aus Neapel gebürtig, wurde er für Venedig wichtig, als er seine ergaunerten und ersparten Gelder 1762 in der Lagunenstadt anlegte und eine beliebte Herberge zum Weißen Löwen (*Al Leon Bianco*) eröffnete. Seine Erben verkauften das gut gelegene Haus 1922 an einen Giuseppe Dal Niel, der es nach Umbauten als Hotel Danieli eröffnete. Der *Leon Bianco* war in den letzten Jahrzehnten der Republik einer der berühmtesten venezianischen Gasthöfe; Joseph II. logierte dort, aber auch russische Großfürsten und hoher Adel aus allen europäischen Ländern. Petrillo hat auf seltsame Weise Casanovas Mutter auch auf weiteren Stationen ihres Lebens begleitet: Denn es scheint, daß er unter August III. von Sachsen in Dresden wieder zu jener Betätigung als Hofnarr zurückgekehrt ist, zu der ihn trotz seines bekannt guten Geigenspiels einst ein Zerwürfnis mit dem Orchesterchef in Sankt Petersburg gezwungen hatte.

Weniger skurril verlief die Begegnung mit dem Grafen Giuseppe Bonafede, einem Florentiner, und seiner Tochter Lorenza, die zwei Jahre jünger war als Giacomo und natürlich, trotz einer gewissen Schmächtigkeit, sogleich seine Begierden erweckte. Bonafede hatte in der Toscana, dann aber in Österreich selbst unter den Habsburgern gefochten, hatte in München eine junge Frau von kleinem Adel entführt und war schließlich wegen einer Ehrenaffäre völlig aus der Bahn geworfen worden. Er lebte von gelegentlichen Kundschafterdiensten für die Serenissima so schlecht, daß Casanova, als er nach dem Abschied von Sant'Andrea die gräfliche Familie besuchte, eine höchst ärmliche Wohnung und seine Gastgeber beinahe in Lumpen vorfand. Sie hatten, die Gräfin Bonefede selbst und die junge Lorenza, jeweils nur ein einziges präsentables Gewand, das sie für besondere Gelegenheiten schonten und darum zu Hause in äußerster Dürftigkeit erschienen. Lorenza hatte bei der ersten Begegnung mit Giacomo einen Reifrock getragen, ein keineswegs verbreitetes Kleidungsstück, das jedoch durch die Zarin ein wenig in Mode gekommen war. Als sie glaubte, sich beim

Rundgang durch das Fort den Fuß verstaucht zu haben, prüfte Giacomo die Beinahe-Verletzung so ungeschickt, daß er einen Blick unter den Reifrock werfen konnte, unter dem die junge Comtesse offensichtlich nichts anhatte. Trotz seiner Erlebnisse mit anderen Mädchen geriet Casanova als echter Voyeur in eine so starke Erregung, daß Lorenza ihn besorgt fragte, ob er auch gesund sei.

An solche lasziven Peripetien erinnert sich Casanova offensichtlich mit größter Genauigkeit. Den berühmten Feldmarschall von der Schulenburg, den heldenhaften Verteidiger der venezianischen Insel Korfu gegen die Türken, läßt er aber schon damals, also um 1743, tot und aufgebahrt in einem Kellergewölbe des Forts ruhen, in Erwartung des ihm zugebilligten Mausoleums, und das, obwohl Schulenburg erst vier Jahre später stirbt.

Zu den Bonafede ist noch zu sagen, daß ein Prior aus dieser alten florentinischen Familie schon bei Dino Compagni erwähnt wird, also bei einem Zeitgenossen des Dante Alighieri – allerdings in nicht sehr ehrenvollen Zusammenhängen, sondern als Überläufer von einer der Parteiungen in der Stadt am Arno zu einer anderen. Graf Giuseppe hatte also altes Abenteurerblut in den Adern.

Wenige Tage nach seiner Entlassung aus dem Fort wurde Casanova von einem ihm bis dahin unbekannten Gönner empfangen, einem Geistlichen namens Bernardo de Bernardis. Er war Süditaliener, dank der damaligen neapolitanisch-spanischen Verflechtungen ohne heimische Verbindungen und hatte als Mönch in Warschau ein eher klägliches Leben geführt. Da Casanovas Mutter als Dresdener Hofschauspielerin auch oft in Warschau auftrat, wo die Kurfürsten von Sachsen immer noch die Königswürde innehatten, wurde die schöne Italienerin für den heimwehkranken Mönch zu einer Brücke ins ferne Apulien, und die beiden schlossen einen Handel: Sollte es Zanetta Farussi-Casanova, genannt *La Buranella* gelingen, de Bernardis einen Bischofsstuhl in Süditalien zu verschaffen, so werde er den ältesten Sohn der Schauspielerin als seinen Sekretär dorthin mitnehmen. Zanettas Hoffnungen, dies zu erreichen, gründeten sich auf ihre persönliche Bekanntschaft mit der Kurfürstin Maria Josefa, deren Tochter Maria Amalie fünf Jahre zuvor Karl III. von Spanien und Neapel-Sizilien geheiratet hatte.

Man sieht, die Intrige mußte lange Wege gehen, und sie funktionierte im Grunde nur, weil es damals noch sehr viele Bistümer gab, die ohne nennenswerte Bedeutung waren, ja sogar solche, deren Inhaber sich mit dem Titel begnügten und ihre kläglichen Diözesen gar nicht aufsuchten, sondern in Rom lebten. Vermutlich wußte auch Bernardo de Bernardis nicht, worauf er sich eingelassen hatte, als ihm die Berufung an die Spitze des wohlklingenden Bistums Martorano verkündet wurde. Offenbar hatte der Herr an der Schwelle des Alters – er war 44 Jahre alt, obgleich Casanova ihm 34 bescheinigt – auch keine Wahl. Seine Reise aus Warschau über Wien nach Venedig ging mit einer gewissen Eile vonstatten; in Venedig hielt er sich nur wenige Tage auf und gab Giacomo, getreu seinem Versprechen an Casanovas Mutter, die nötigen Instruktionen, Adressen und auch ein wenig Handgeld. Und er war klug genug, nicht gemeinsam mit seinem jungen Sekretär zu reisen, von dem er offenbar mehr wußte als von seinem Bistum, sondern diesen getrennt auf den Weg zu schicken. Damit begann der erste von einem Dutzend jener Schelmenromane, die Casanova im Rahmen seiner Erinnerungen erzählt, und sie sind uns besonders sympathisch, weil keineswegs immer der Schelm triumphiert, sondern sich uns offenherzig als der Angeführte präsentiert.

Eine Reise durch Italien war insbesondere auf dem Gebiet des großen, ganz Mittelitalien erfüllenden Kirchenstaates problematisch. Denn während Venedig mit seinen Festlandsgebieten für jene Epoche gut verwaltet war und als sicheres Territorium gelten konnte, während auch in der Toskana das zuletzt chaotische Regime der Medici zu Ende gegangen war, zeigten die Päpste nur gelegentlich Interesse für die Sicherheitsverhältnisse auf den Straßen. Einige energische Päpste hatten ganze Räuberbanden aufknüpfen lassen, andere aber beschränkten ihre Interessen auf die heilige Stadt, und so schlossen sich die Reisenden in den Süden meist zu größeren Gesellschaften zusammen. Andrea VII. da Lezze war venezianischer Gesandter in Paris gewesen und nun in Rom akkreditiert, wohin er sich zunächst auf dem Seeweg begab. Casanova schloß sich bis Ancona seiner Gesellschaft an, da er bemerkt hatte, daß er dem Bischof Bernardis nicht sympathisch war und vielleicht auch das selbständige Abenteuer ohne Verpflichtungen einem Dasein als Sekretär vorzog, das noch früh genug beginnen würde. Der Abbé Grimani hatte ihm sechs Zechinen mitgegeben, vierzig Zechinen besaß er noch dank der Großzügigkeit der albanischen Offiziere, und da noch das Handgeld des Bischofs hinzukam, verfügte Casanova über mehr Geld, als er jemals besessen hatte – glückliche Verhältnisse, die allerdings nur von Venedig bis nach Chioggia vorhielten.

Von dieser vorgelagerten Insel mit ihrem anmutigen Hafen gingen die größeren Schiffe ab, so daß, wer aus Venedig kam, im allgemeinen hier umsteigen mußte. Es wurde eine in jeder Hinsicht ruinöse Etappe, denn Casanova lief gleich einem Studienkollegen aus Padua über den Weg, der sich in Chioggia allzugut auskannte. Er verschleppte den früheren Kommilitonen in ein schäbiges Bordell mit häßlichen Dirnen, was Giacomo in seiner Reise-Euphorie nicht abhielt, sich seinen zweiten Tripper zu holen. Und dann ging es an den Spieltisch, zum Vergnügen großer Herren, von dem Casanova sich nicht ausschließen wollte, schließlich war er nun jemand und hatte Geld. ›Es war mir bestimmt, in Chioggia immer nur Unglück zu haben‹, stellt Casanova im achten Kapitel seiner Memoiren fest; er ist nicht der einzige Venezianer, der die kleine alte Nachbarstadt nicht mochte.

Es kam, wie es kommen mußte: Nach dem Verlust von sechs Zechinen wollte Giacomo vom Pharao-Tisch aufstehen, aber man überredete ihn, den Versuch zu machen, alles zurückzugewinnen. Und als er schließlich alles verspielt hatte und mit Selbstmordgedanken zu dem Schiffskoch ins Bett kroch, machte auch diese Nacht ihn noch nicht weise: Tags darauf versprach man ihm einen reichen Neuling am Spieltisch, den man um beträchtliche Summen erleichtern könne. Casanova ging mit seiner ganzen Habe zu einem Pfandleiher, erhielt dreißig Zechinen und verspielte auch diese. In tiefster Verzweiflung vertraute er sich einem jungen Franziskanermönch an, der offensichtlich Erfahrung im Leben ohne Geld und eine Menge verborgener Taschen in seiner Kutte hatte, um Lebensmittel zu horten. Dieser Pater Steffano bewahrte in den nächsten Tagen Casanova wenigstens vor dem Hunger, ja es gab sogar Refosco am Tisch frommer Frauen. Nach und nach erholte sich Casanova soweit, daß er die unterschiedlichen Qualitäten dieses süßen und schweren, aber beruhigenden Weines für seine Erinnerungen festhalten konnte.

Die weitere Reise ging erstaunlich gemächlich vor sich. Zwischen Hafenorten Italiens und Istriens pendelnd, näherte sich das Schiff schließlich Ancona und damit der Quarantäne, durch die der Kirchenstaat sich gegen Seuchen schützte. Venedig als Handelsmetropole konnte sich nicht so rigoros zeigen, hatte zwar auch eine Quarantänestation, nahm es aber mit Schiffen aus der Levante nicht so genau. Die Provinzen des Papstes hatten also ein gewisses Recht, Ankömmlinge aus der Lagunenstadt zunächst einmal zu isolieren, und Casanova wie sein neuer Freund Steffano brachten die vorgeschriebenen 28 Tage mehr schlecht als recht hinter sich. Der Bischof, älter und erfahrener, hatte den Landweg gewählt und an der Grenze nur eine kurze Quarantäne absolvieren müssen, da Wanderer eine geringere Gefahr bedeuteten als ganze Schiffe voll von Menschen unterschiedlichster Herkunft.

Giacomo verkürzte sich die Zeit dadurch, daß er eine schöne Sklavin beobachtete, die mit ihrem Herrn, einem reichen Türken, komfortabel an einem Innenhof wohnte. Über den Balkon seines Quartiers konnte Casanova mit ihr in Verbindung treten und sich in jener Mischsprache der Seeleute mit ihr verständigen, die sich zwischen Levantinern, Maltesern und Italienern im Lauf der Jahrhunderte entwickelt hatte und heute noch auf den Mittelmeerinseln verstanden wird. Mühsame Vorkehrungen schufen schließlich Podeste, auf denen das Mädchen, eine Griechin von den Inseln, sich nachts bis zum Balkongemäuer emporrecken konnte, eine umgekehrte Romeo-Szene, aus der wohl nur ein Casanova etwas machen konnte: Eine Öffnung in der Brüstung, die Professor Hübscher in einer Anmerkung seiner unschätzbaren Casanova-Ausgabe mit 13,5 mal 16,2 Zentimetern berechnet, ließ immerhin einen Arm durch, die Phantasie besorgte das übrige, und Giacomo genoß die Liebkosungen in mitternächtlichen Minuten so lange, bis ein Quarantäne-Wärter ihn rüde von hinten packte und zu Boden warf. Die für den Augenblick schmerzliche Enttäuschung hatte Giacomo jedoch vor Schaden bewahrt oder vielleicht sogar das Leben gerettet, denn die Griechin hatte einen gefährlichen Plan: Sie wollte ihren Türken um seine Juwelen bestehlen und mit ihrem Balkonliebhaber fliehen, Aktionen, die zu jener Zeit noch mit der Todesstrafe geahndet wurden.

Tags darauf befreite sich der Lazarettkommandant von so gefährlichen Insassen wie Giacomo und Steffano, und der weite Weg über Rom und Neapel in den Süden begann mit einem endlosen Fußmarsch. Wenn wir Giacomo glauben dürfen, hatte er einmal sogar 24 Kilometer an einem Tag zurückgelegt, für ihn eine beträchtliche Leistung, vor allem, da Pater Steffano mit seinen Vorräten einen anderen Weg gewählt und Casanova nichts zu essen hatte. Aber unerwartetes Glück stellt sich ebenso oft ein wie unerwartetes Unglück, und so lief Casanova im Wallfahrtsort Loreto einem vornehmen Herrn in die Hände, der sich wohl von der Ausdrucksweise des Venezianers veranlaßt fühlte, ihm ein angenehmes Quartier zu verschaffen – ein Monsignore aus der angesehenen neapolitanischen Familie der Caraffa, die sich Casanova noch wiederholt als hilfreich erwies. (Welchem Mitglied dieser gräflichen Familie Casanova in Loreto begegnete, ließ sich nicht mit Sicherheit ermitteln; Hübscher vermutet, daß es sich um den späteren Cardinal Francesco Caraffa die Traghetto gehandelt habe, der später Nuntius in Venedig wurde.)

In der Folge überquert Casanova den umbrischen Apennin, er zieht von Macerata nach Foligno, gelegentlich gegen kleine Mün-

zen von Fuhrleuten mitgenommen, von kleinen Mißgeschicken ge-
plagt wie von einem verstauchten Fuß oder verdächtigen Gefährten. Die Nachtlager sind besonders gefährlich, man kann seine Barschaft loswerden, man setzt sich sexuellen Attacken aus, weil es nie
genug Betten für alle Schläfer gibt. Als die Not am größten ist,
taucht Pater Steffano wieder auf, von dem Giacomo sich hoffärtig
getrennt hatte.

Weiter geht es durch Landschaften und Orte, deren Namen uns
das Herz höher schlagen lassen, aber die beiden Wanderer haben
weder in Spoleto noch in Terni Interesse an anderen Dingen als an
gedeckten Tischen und gefüllten Gläsern. Offensichtlich wurden
die Adressen von frommen und gastfreien Häusern unter den Bet-
telmönchen weitergereicht, denn Pater Steffano weiß immer, wo
man gut empfangen wird, und als ihm eine schöne Wirtin in dieser
Gegend kostbarer weißer Trüffel stolz diese ihre Schätze zeigt, läßt
er davon ein Säckchen im Wert einiger Zechinen mitgehen. Schon
vor Otricoli entdeckt Casanova die undankbare Tat und behauptet,
ein Päckchen gemacht und es mit einem entschuldigenden Brief an
die schöne Wirtin zurückgeschickt zu haben, wohl mit der Vet-
turino-Post der den Nahverkehr besorgenden Fuhrleute.

Die Landkarte zeigt uns, daß Steffano und Giacomo der alten
Via Flaminia folgten, die auch vierzehnhundert Jahre nach dem
Untergang des Römerreiches die einzige Straße dieser Gegend war.
In Castelnuovo schließlich packt den Venezianer die Ungeduld: Er
läßt sich gegen ein paar Paoli das letzte Stück des Weges fahren,
bezahlt also inzwischen nicht mehr mit venezianischem Geld, sondern mit dem päpstlichen Groschen, den Papst Paul III. im sechzehnten Jahrhundert einführte. Casanova muß übrigens gewußt
haben, daß er sich auf Römerpflaster bewegte, denn unter den wenigen Sehenswürdigkeiten, die er erwähnt, befindet sich die Tiber-
brücke aus dem uralten Ocriculum, einem einst sehr wohlhabenden
Municipium.

In Rom hält Casanova seinen Einzug durch die Porta Flaminia,
wegen eines charakteristischen Pappelbaums später als Porta del

Popolo bezeichnet. Am angegebenen Treffpunkt zeigt sich, daß der Bischof längst abgereist ist, die kürzere Quarantäne hat ihm einen beträchtlichen Vorsprung verschafft, er reist als Mann von Welt und nicht als Bettelmönch. Immerhin liegt eine Anweisung vor, Giacomo kostenlos weiterzubefördern und das heißt für ihn: gemeinsam mit drei Bauernlümmeln, mit denen er kein Wort wechselt.

In Neapel dasselbe Bild: Seine Eminenz ist seit zehn Tagen nach Martorano unterwegs, und da zweifellos niemand weiß, wo das Städtchen liegt, kann wohl nur de Bernardis selbst den Hinweis hinterlassen haben, daß Giacomo seinen Weg über Salerno zu wählen habe. Man muß sich eigentlich wundern, daß Casanova unverdrossen weiter wandert, obwohl er nur noch ein paar kleine Münzen in der Tasche hat. Sie heißen inzwischen Karlinen, sind also jene *Carlins d'Argent*, die in Unteritalien bis zur Mitte des nächsten Jahrhunderts in Umlauf sein werden, und Casanovas ganzer Karlinenbesitz würde für vier Mahlzeiten reichen. Aber die wundersame Vermehrung seiner Barschaft läßt nicht mehr lange auf sich warten. Mit dem untrüglichen Instinkt des geborenen Hochstaplers sucht Casanova jene Orte auf, an denen man Leuten von Rang begegnet, die Spelunken, für die seine Reisekasse noch reichen würde, versprechen nämlich keine Lösung der Probleme.

Der Ort, den er in seiner ersten Etappe, dem charmanten Dorf Portici hoffnungsvoll aufsuchte, war das Schloß, das Carlos III. fünf Jahre zuvor mit aller Pracht hatte erbauen lassen. Und dort, in Portici, hundert Jahre später durch die Skandaloper *Die Stumme von Portici* in aller Munde, eröffnet Casanovas Suada ihm völlig unerwartete Möglichkeiten: Ein levantinischer Weinhändler, der sich höflich erbötig macht, dem jungen Abbate das Schloß zu zeigen, handelt nebenbei auch mit allerlei Chemikalien – Vitriol, Quecksilber, Zinnober, Antimon und anderen Ingredienzien, die vermutlich zur Herstellung von Kosmetika verwendet werden. Beim Quecksilber hakt Casanova ein und bezeichnet sich als Käufer.

Das ist nun etwas ganz anderes als das inszenierte Alibi oder die Schelmenstreiche im Seminar: Casanova wittert die Unsicherheit seines Gesprächspartners, dem die orientalische Höflichkeit verbietet, an einem Landeskind zu zweifeln, das sich obendrein gebildet ausdrückt, aus dem reichen Norden der Halbinsel stammt und irgendetwas mit der Kirche zu tun hat. So kann Casanova eine Aufführung durchspielen, die ihn in die Nähe des Cagliostro rückt, die Vermehrung einer ihm überlassenen Menge Quecksilbers durch eine Beimischung, die nicht sogleich zu erkennen ist. Jedem Betrüger hilft die Gier des Betrogenen, die Erwartung des schnellen und mühelosen Gewinns. Casanova pokert, brüstet sich, zieht sich gekränkt zurück und läßt den andern eine Nacht lang in Zweifeln leiden, ehe der Trick, den der naturwissenschaftlich und medizinisch früh interessierte Lateinschüler wohl in Padua aufgeschnappt hat, als das kostbare ›Geheimnis des Abbate‹ den Besitzer wechselt und Casanova, statt der knappen Wegzehrung, nicht nur dreitausend Karlinen in der Tasche hat, sondern als Abschiedsgabe des Beglückten ein Necessaire mit Rasiermessern und reichlich Muskatellerwein. Im Rückblick auf jene Zeit, in der die Jugend ohnedies so gut wie alles entschuldigt, räsonniert der Memoirenschreiber ein wenig: Es gebe Listen, die einfach als Klugheit gelten müßten, auch wenn sie wie Betrug aussehen, und im übrigen sei es eine Notlage gewesen. Er habe seinem Bischof nicht als zerlumpter Bettler gegenübertreten wollen, die Gelegenheit habe sich angeboten, und wer in solch einem Fall zu anständig ist, der ist eben ein Dummkopf. Das französische Original ist noch frecher, noch deutlicher in dem Bekenntnis zur *friponnerie*: *Celui, qui ne sait pas l'exercer est un sot.* Nur seine Jugend erkennt er als Milderungsgrund, denn *friponneau* ist der jugendliche Schelm, und vermutlich hat er im Lauf seines Lebens auch die Molière-Stelle kennengelernt, wo ein hübsches Mädchen zärtlich als *ma petite friponne* bezeichnet wird. Niedergeschrieben nach einem bewegten Leben, in dem ihm an Gutem nicht allzuviel widerfahren ist, muß dieses Bekenntnis als ein unerwarteter und enttäuschender Zynismus gewertet werden.

Unwillkürlich denkt man an den Apothekerlehrling Cagliostro, der als Giuseppe Balsamo in Sizilien einiges von dem gelernt hat, womit er später seine Zeitgenossen verblüffen und betrügen wird, und es ist verwunderlich, daß Casanova zwar über magnetische Phänomene, über Astronomie, über Milchkuren gegen Rheuma und ähnliches geschrieben hat, doch vergleichsweise selten und wenig über chemische Vorgänge. Ihre Kenntnis behandelte er offensichtlich nach diesem frühen Erfolg ein Leben lang als Geheimnis, obwohl es sich häufig nur um jene Tricks handelte, die bis herauf zu Variétézauberern wie Kalanagh in den sogenannten magischen Zirkeln stets bekannt waren.

Mit Geld reist es sich leichter. Casanova besaß einige hundert Zechinen, konnte sich zwei Priestern anschließen, die das Land kannten, und reiste binnen 22 Stunden von Portici nach Cosenza, also über 300 Kilometer weit, was der alten Küstenstraße ein gutes Zeugnis ausstellt. Und nun, da er sich nicht mehr um billige Mahlzeiten und verdächtige Gefährten kümmern muß, hat er auch einen Blick für die Landschaft, die Küste des Tyrrhenischen Meeres, die er hier, in ihrem südlichsten Teil, nach den alten Ausoniern benennt, einem vorrömischen Volksstamm. Er weiß auch (wenn auch vielleicht nicht schon damals), daß dieses südliche Italien der *Magna Graecia* zugerechnet wird, dem einstigen griechischen Kolonialgebiet, und er erwähnt Pythagoras als den Herrn der Geheimnisse und der großen Ideen, obwohl dieser sich ja eigentlich an der adriatischen Küste, in Crotone niedergelassen hatte. Und Casanova stellt fest, daß dieser durch Fruchtbarkeit berühmte Landstrich ihm nur arme Menschen und ärmliche Hütten zeigt, Menschen, die ihm die Schamröte ins Gesicht treiben, wenn er sich eingestehen muß, daß er vom gleichen Geschlecht ist – Eindrücke, die wir heute in so manchem auf den ersten Blick paradiesischen Landstrich ebenfalls haben, und das zu einer Zeit, da diese Gebiete noch nicht in den Händen der verschiedenen Mafia-Familien waren. Seine priesterlichen Reisegefährten nehmen dies alles offenbar leichter, sie teilen auch Giacomos Angst vor Taranteln und Skorpionen nicht und lachen den jungen Gefährten aus, als er aus der *Georgica* des Vergil zitiert.

Martorano, heute meist Martirano geschrieben, liegt fünfhundert Meter hoch über einem Tal und wäre von der heutigen Autobahn aus leicht zu erreichen, wenn es etwas zu sehen gäbe; auch Casanova hatte, als er mit einem kleinen gemieteten Wägelchen endlich ans Ziel kam, keine sonderlich erbaulichen Eindrücke, sondern fand seinen Bischof auf einem wackeligen Stuhl an einem armseligen Tischchen sitzen und schreiben. In der Abgeschiedenheit dieses Miniaturbistums scheint dem Prälaten selbst der junge Abbate willkommen gewesen zu sein, den er noch in Venedig gar nicht sympathisch gefunden hatte. Jedenfalls erhob er sich und umarmte den späten Ankömmling, sichtlich erleichtert, daß die Briganten des Kirchenstaates und des Königreichs Neapel seinen Adlatus am Leben gelassen hatten. Und er ließ, was Giacomo vermutlich besonders willkommen war, für ihn ein zusätzliches Gedeck auflegen.

Das Haus ist geräumig, aber schlecht gebaut, weil es an kundigen Handwerkern fehlte, und die veschiedenen Räume sind so gut wie leer, so daß Bischof Bernardo, um Giacomo eine Liegestatt zu verschaffen, eine der zwei harten Matratzen aus dem eigenen Bett nehmen und in einem Nebenraum auf den Boden legen muß. Überhaupt erhalten wir von dem Bischof ein durchaus positives, ja eigentlich anrührendes Bild. Er macht sich keine Illusionen über seine Diözese, in der es, nach seinen eigenen Worten, keinen einzigen Laien gibt, der lesen und schreiben kann, aber er bekennt, daß er fünfzehn Jahre in einem Kloster zugebracht hat, wo sich die Mönche gegen ihn verbündet und ihm das Leben zur Hölle gemacht hatten, eine Situation, die wir von Abaelard kennen und die durchaus der Wahrheit entsprochen haben mag.

Die erste Messe zeigt zwar, daß die Gläubigen kommen, daß sie die Kathedrale füllen, vielleicht auch, weil der neue Bischof die Neugierde weckt; aber der Gesamteindruck der Gemeinde ist für Casanova niederschmetternd. »Gibt es keine gute Bibliothek im Städtchen?«, will er wissen und »Gibt es einen Zirkel literarisch interessierter Leute und Korrespondenz mit einer der Akademien in Neapel oder Perugia?« Bernardo de Bernardis hätte auf solche

Wünsche eines Achtzehnjährigen, der gewiß noch eine Menge zu lernen hatte, durchaus auch unwirsch reagieren können, aber er wird nicht böse, sondern versichert dem Venezianer, von dem er ja gar nichts weiß, daß er sich bemühen werde, ihm eine gewisse geistige Atmosphäre zu schaffen, er habe auch schon Bücher in Neapel bestellt.

Aber Giacomo, der unter Beschwernissen aller Art den ganzen italienischen Stiefel entlanggereist ist in der Hoffnung auf eine angenehme Existenz als Kleriker und Adlatus eines Bischofs, Giacomo ist maßlos enttäuscht. Er fühlt sich eingesargt, er fürchtet, hier nie mehr wegzukommen, wenn er erst einmal Pflichten übernommen hat und in den bischöflichen Alltag eingespannt worden ist.

»Geben Sie mir Ihren bischöflichen Segen, Monsignore«, bittet er, »und lassen Sie mich ziehen. Oder am besten: Kommen Sie selbst auch mit, tun Sie sich mit mir zusammen, ich verspreche Ihnen, gemeinsam werden wir unser Glück machen. Verzichten Sie auf dieses Bistum, mit dem man Ihnen ein so übles Geschenk gemacht hat.«

Bernardo de Bernardis lacht, aber der Vorschlag geht ihm nicht aus dem Sinn, denn er lacht im Lauf des Nachmittags immer wieder darüber. Casanova glaubt, der Bischof sei zwei Jahre später gestorben, ein Schicksal, das ihm erspart geblieben wäre, hätte er mit Giacomo das traurige Nest am Fuß der Sila Piccola verlassen. Es ist einer der Irrtümer, für die der Memoirenschreiber nicht verantwortlich zu machen ist: Woher sollte er wissen, daß der Bischof immerhin noch bis 1758 gelebt hat, also beinahe sechzig Jahre alt geworden ist? Derlei ließ sich in jenen Zeiten schwer ermitteln, und da Giacomo die Situation in Martorano kannte und die Sterblichkeit in jener Malariagegend, hatte er dem Gerücht vom frühen Tod des Bischofs eben geglaubt.

Der Bischof hält den unnützen Esser nicht, der ihm in Martorano mit seinem Dauerlamento ohnedies nur lästig gewesen wäre. Er gibt ihm einen Brief an den Bischof von Cosenza mit, diesen großen Herrn bittend, für die Weiterreise des jungen Abbate zu sorgen, und händigt ihm eine Anweisung auf sechzig Dukaten aus, die ein Bekannter des Bischofs ihm in Neapel ausbezahlen wird. Das ist – wenn es stimmt – sehr großzügig, denn das ganze Jahreseinkommen des Bischofs betrug nur 500 Dukaten und war damit noch keineswegs das niedrigste unter den kleinen italienischen Bistümern. Casanova revanchiert sich mit dem Necessaire feiner Rasiermesser, das der Grieche trotz der Quecksilber-Affäre zur Versöhnung übereicht hatte, und gerührt bittet der Bischof den jungen Nichtsnutz um Vergebung dafür, daß er ihn aus dem glanzvollen Venedig in den tristen Süden gelockt habe.

Daß Casanova in dieser Abschiedsszene verschweigt, wieviel Geld er sich ergaunert hat, darf man ihm nicht übelnehmen: Noch hat er ja die sechzig Dukaten nicht, und wie die Neapolitaner mit Geldanweisungen umgehen, das ist auch durchaus fragwürdig. »So kam es«, schreibt Casanova, »daß ich Martorano schon sechzig Stunden, nachdem ich angekommen war, wieder verließ. Im Herzen bedauerte ich den Bischof, der mich beim Aufbruch segnete und unter Tränen ziehen ließ.«

Mit einiger Mühe und guten alten Landkarten läßt sich errechnen, daß die Zeitangaben, die Casanova in Dux rekonstruierte, nicht stimmen können; so schnell reiste man damals nicht. Bernardo de Bernardis richtete sich frühestens im Januar 1744 in Martorano ein, und Casanova war neunzehn, als er sich nach der Enttäuschung in Süditalien wieder nach Norden aufmachte, mit einer höchst angenehmen Etappe in Cosenza, die ihm eigentlich hätte zeigen können, daß es selbst in jenen Gegenden gebildeten Umgang, gepflegte Gastlichkeit und die Chance zur Errichtung eines provinziellen Musenhofes gegeben hätte. Aber so weit war der junge Mann, der die gemachten Betten den eigenen Mühen vorzog, noch lange nicht.

Französischunterricht mit Folgen

Befreit aus der Ödnis von Martorano atmet Casanova bereits in Cosenza auf und stellt fest, daß man dort eigentlich schon bleiben könnte. Aber er hat gute Empfehlungen nach Neapel in der Tasche und vor allem: Er hat Geld! Warum also sich gleich am Beginn des Weges bescheiden und das Glück nicht dort suchen, wo es zu jener Zeit jeder Geistliche zu finden hoffte, in der Heiligen Stadt am Tiber?

Neapel erweist sich als eine höchst angenehme und lukrative Etappe, es ist die Stadt, von der Casanova sagt, daß ihm dort sein Leben lang nur Gutes widerfahren sei. Wenn er seiner Erinnerung trauen konnte und wir ihm, dann wurde er in der schönen Stadt am Golf von einer Familie zur anderen weitergereicht und schließlich gar von Don Lelio Caraffa gebeten, gegen ein sehr hohes Gehalt als Erzieher der Caraffa-Jugend in Neapel zu bleiben. Immerhin scheint festzustehen, daß Giacomo in Neapel die ersten wirklich bedeutenden Menschen kennenlernte, unter denen Don Lelio als Freund des Herrschers das größte Ansehen genoß. Neapel befand sich in einem Übergang, der Casanova freilich nicht sonderlich interessierte. »Carl III. (von Spanien) eroberte Neapel im Jahr 1734«, schreibt Reumont in seinem berühmten Buch über die Caraffa. »Die österreichische Verwaltung, welche unter Carl VI. und nachmals namentlich unter Maria Theresia sich in ganz Italien einen guten Namen erworben, hatte schon begonnen, das Königreich (Neapel) aus seinem tiefen Verfall herauszureißen ... Carl III. ist der Schöpfer des neuen sizilianischen Königreichs gewesen. Die Thatkraft, der Unternehmungsgeist, der helle Blick, die Umsicht dieses Monarchen, der erst achtzehn Jahre zählte, als er sich sein Reich mit dem Schwerte gewann ... erregen die Bewunderung.«

Das geschah zehn Jahre vor Casanovas Rückkehr nach Neapel, und er war nur ein paar Monate älter als der geniale Monarch gewesen war, als er als Sieger in die Stadt einzog. Ein neuer Geist wehte Casanova entgegen; in Herculaneum hatten erstmals Ausgrabungen begonnen. Der junge Abbate wird einem Marchese Galiani vorgestellt, der etwa seines Alters ist, sich bereits mit der antiken Architektur beschäftigt, aber sein Leben lang im Schatten seines jüngeren Bruders stehen wird, des Abbés Fernando Galiani (1728–1787), eines der größten Briefschreiber dieser schreibfreudigen Epoche.

Man sollte meinen, derlei weckt den Geist, derlei schafft Hoffnungen, könnte einen begabten jungen Menschen verleiten, an dem großen Aufbruch unter einem hochbegabten Monarchen teilzunehmen, da ihm doch die Möglichkeit dazu geboten wird. Es wäre der Kontakt zur Aufklärung gewesen, die mit Carl III. und seinen großen Ministern Einzug auch in Neapel hielt, die Eindämmung des kirchlichen Einflusses, die Entmachtung der Inquisition. Aber Casanova bezieht schon hier Stellung, vermutlich, ohne es zu wissen: Hübsche Reisegefährtinnen interessieren ihn erheblich stärker als die neuen Ideen. Daß er in Ancona die schöne Griechin wiedersehen kann, die er von der Quarantänestation aus nur unzureichend genießen konnte, das alles füllt seinen Verstand und, schlimmer noch, auch seine Phantasie aus. Der Feuergeist, der in eine Diskussion darüber eintritt, ob Eindrücke während der Schwangerschaft Muttermale hervorrufen können, interessiert sich für das Schicksal seiner Heimat herzlich wenig.

Erst als er abermals in Rom einzieht, diesmal nicht durch die Porta del Popolo, sondern die Porta San Gennaro (nach Neapels Stadtheiligem benannt), und auch nicht auf einer Römerstraße, sondern auf der Strada di Toledo aus dem sechzehnten Jahrhundert, meldet sich jenes Fünkchen von Vernunft in ihm, das in so mancher Phase seines Lebens nicht viel mehr ist als Selbsterhaltungstrieb. Er sortiert seine Empfehlungsbriefe, er begibt sich zu dem weisen Antonio Agostina Giorgi, der als Bibliothekar, Schriftsteller und Jesuitengegner gerade im Begriff ist, eine graue Eminenz zu werden. Nur vierzehn Jahre älter, also durchaus noch kein alter Mann, hat Giorgi doch all jene Lebens- und Überlebensweisheit für den an ihn empfohlenen Abbate aus Martorano bereit, die Casanova gut und gerne bis zu bischöflichen Würden hätten führen können. Nur ein Rat, der eindringlichste von allen, die er Casanova gab, erwies sich als verhängnisvoll: Giacomo müsse unbedingt französisch lernen, schnell und gut, es sei unentbehrlich. Und da ihm Kardinäle und schöne Frauen in den nächsten Tagen eigentlich alle mit Nachdruck dasselbe empfehlen werden, ist nicht nur klar, daß im sprachlich zerrissenen Italien das Französische die gemeinsame Sprache der Gebildeten und der Gesellschaft war, sondern daß Giacomo seinem Schicksal nicht entgehen konnte.

Er hatte auf der Reise nach Rom die Familie eines Advokaten kennengelernt, der sich wegen einer wichtigen Entscheidung der päpstlichen Gerichte in die Heilige Stadt begab, und das mit Gemahlin und deren jüngerer, in Rom verlobten Schwester Angelica. Die Enge der Postgasthöfe, wo in einem Fall für die ganze Gesellschaft nur ein einziger großer Schlafraum zur Verfügung stand, hatte Giacomo in dem entbrennen lassen, was er poetisch Liebe nennt, was aber wohl jenes Begehren, jene leicht entflammbare Verfallenheit an das andere Geschlecht war, die sein Leben bestimmen sollte. In Rom wohnte die wohlhabende Advokatenfamilie großzügig, lud Giacomo zu häufigen Besuchen ein und schuf ihm ein zweites Milieu zum Palast des Kardinals Acquaviva d'Aragona. Von diesem Gesandten Spaniens in Rom wurde Giacomo eine angenehme kleine Dachwohnung eingeräumt und ein monatliches Salär ausgesetzt. Alles schien klar, alle Wege geebnet, nur die Verhaltensregeln des Protektors Giorgi verdüsterten den verheißungsvollen Beginn, denn sie lauteten: »Vermeiden Sie es, Bekanntschaften zu machen; in jedem Fall tun Sie am besten, mich zu fragen. Besuchen Sie weder Restaurants noch Kaffeehäuser, und wenn Sie es doch tun, so sprechen Sie möglichst wenig, sondern hören lieber zu. Antworten Sie stets ausweichend, ohne sich festzulegen ...«

Als Giacomo in den ersten Rom-Tagen vier Stunden darauf verwendet, die schönen Reisegefährtinnen zu besuchen, rügt Giorgi, daß Casanova ihm diese Bekanntschaft verschwiegen habe und weiß im übrigen schon alles: Es seien einwandfreie Leute, dennoch empfehle er, den Verkehr langsam abklingen zu lassen, immer seltener und schließlich gar nicht mehr hinzugehen. Hingegen sei es unerläßlich, bei den Abendessen des Kardinals zumindest kurz zu erscheinen und, falls Giacomo eingeladen werde, unbedingt die Marchesa G. aufzusuchen. Sie sei als Favoritin des Kardinals S. C. von allergrößtem Einfluß und mache das Wetter in Rom.

Lothar Tobias und Arthur Hübscher haben für uns aufgeschlüsselt, daß es sich um die Marchesa Caterina Gabrielli, eine geborene Trotti aus Ferrara gehandelt habe, die, von ihrem Gemahl mit einer berühmten Sängerin dauer-betrogen, sich dem geistvollen und reichen Kardinal Prospero Sciarra Colonna zugewandt habe. Aber um in diesen Gesellschaften zu verkehren, ist das Französische unabdingbare Voraussetzung, und so geht Giacomo allmorgendlich zu dem ihm genannten Französischlehrer in der Nähe, der natürlich – wie könnte es anders sein – eine hübsche Tochter hat. Da er häufig kränkelt, gibt dieses Mädchen die eine oder andere Lektion und vertraut Giacomo an, daß ein junger Mann sie aussichtslos liebe, daß ihr Vater einer Verbindung niemals zustimmen werde und daß der verzweifelte Geliebte, von dem sie ein Kind erwarte, sie zu entführen beabsichtige.

Wir dürfen Casanova glauben, daß er erschrak, daß er am liebsten mit solchen damals wie heute kriminellen Vorgängen nichts zu tun gehabt hätte, aber eines Nachts steht dann doch die schöne Französischlehrerin, als Abbate verkleidet, in seiner Dachwohnung und gesteht in höchster Aufregung, ihr Geliebter und eine vertraute Magd seien in dem Augenblick verhaftet worden, als sie auf der Piazza d'Espagne (verborgener ging's wohl nicht) den Fluchtwagen besteigen wollten. Sie habe alles aus der Entfernung gesehen und sich in den nächstgelegenen Palazzo gerettet, eben den des Kardinals Acquaviva, und sich Giacomos als ihres einzigen Freundes erinnert.

Der einzige Freund, wiewohl zitternd wegen der möglichen Folgen, die bis zur Todesstrafe gehen konnten, beruhigt so gut er kann das Mädchen und zieht sie, da sie wie erstarrt zu nichts fähig ist, auch soweit aus, daß sie sich in sein Bett legen und zunächst einmal erholen kann. Aber man hat einen jungen Abbate in den Palast huschen sehen, man weiß natürlich, daß Giacomo als Französisch-Schüler alle Beteiligten kennt, und so zieht sich über ihm, auch als das Mädchen sein Zimmer verlassen und sich dem Kardinal anvertraut hat, unweigerlich ein Gewitter zusammen. Denn die Fakten sind nicht zu leugnen: Die Schwangerschaft des in einem Kloster auf die Niederkunft wartenden Mädchens, die besinnungslose Wut des enttäuschten Vaters, die Nacht in den Räumen des jungen Abbate Casanova.

Wie sich der Knoten entwirrte, wie der Skandal behutsam aplaniert wurde, das ist für uns heute, da die Medien derlei ins Absurde hochspielen würden, die eigentlich faszinierende Farbe in diesem Bild aus dem päpstlichen Rom. Während der bürgerliche Vater noch tobt, entpuppen sich die eigentlichen Tugendwächter, nämlich die Prälaten, als die Herren von Welt, denen nichts Menschliches fremd ist. Der Kardinal eröffnet Giacomo in einem langen und väterlichen Gespräch, daß er an seine Unschuld ebenso glaube wie er seine verhängnisvolle Ungeschicklichkeit zur Kenntnis nehmen müsse. Er läßt dem jungen Venezianer eine hohe Abfindung zahlen und stellt ihm frei, einen Empfehlungsbrief zu erbitten, wohin immer er wollte, er, Acquaviva, habe überall Freunde.

Casanova reitet der Schalk und er nennt Konstantinopel. »Ausgezeichnet«, ruft Acquaviva, »da habe ich Bonneval-Pascha! Und dieses Reiseziel ist so unglaubwürdig, daß Sie es gar nicht geheimzuhalten brauchen.«

Das ist die eine Pointe, mit der die an sich triste Affäre endet, mit der Empfehlung an den Mann, der dem Großtürken – wie man damals sagte –, dem gefürchteten Hauptgegner der Christenheit seine furchtbare Artillerie aufgebaut hat. Die andere Pointe liefert Giovanni Patrizio da Gama de Silveira, der portugiesische Sekretär des Kadinals Acquaviva, indem er, der Giacomo gelegentlich in Kaffeehäuser geführt und mit allerlei Gerüchten bekanntgemacht hat, durchaus ernsthaft zu Casanova sagt: Über diesen Skandal, diese Entführung, das Verstecken eines als Abbé verkleideten schwangeren Mädchens, wären Sie noch im Konklave gestolpert. Jeder konnte Papst werden in dieser Welt, aber keiner, und sei er wer immer, war gegen die Knüppel gefeit, die man ihm auf diesem Weg zwischen die Beine warf.

Dennoch nimmt Casanova aus Rom schönste Erinnerungen mit, und sie sind natürlich amouröser Natur. Bei einem Familienausflug des Advokaten nach Tivoli, in das luxuriöse Heim von Angelicas künftigem Gemahl, einem reichen Direktor der *Banco di Santo Spirito*, wird nach einem angenehmen Tag den Gästen Nachtquartier geboten. Lucrezia und Angelica, die schönen Schwestern, haben ein Zimmer am Ende des Ganges, Casanova als beliebter Gast das Zimmer neben ihnen. Lucrezia, die sich auf Nachtstunden mit dem heimlich Geliebten freut, will ihn in Stimmung bringen und weiß, daß er durch die großen alten Schlüssellöcher des Hauses einen guten Überblick über das Damenzimmer hat. Sie nötigt ihre Schwester, als diese sich entkleidet hat, unter allerlei Vorwänden nackt im Zimmer herumzugehen. (Moravia hat in *La Noia* die gleiche Szene geradezu sadistisch ausgearbeitet.)

In kaum noch zu bezwingendem Verlangen läßt Casanova alle Vorsicht fahren und widmet sich Lucrezia, was Angelica, von Minute zu Minute verwirrter, miterleben muß. Um sicher zu sein, von der Schwester nicht verraten zu werden, ermuntert Lucrezia schließlich ihren Giacomo, sich auch Angelica zuzuwenden. Die Siebzehnjährige, die bis dahin dem Befehl ihrer Schwester gefolgt ist (*tais-toi et dors*: Schweig still und schlafe!) hat sieben Stunden hinter sich, in denen sie zwar schwieg, aber nicht schlafen konnte, sieben Stunden, in denen ihr die Hochzeitsnacht, die ihr bevorstand, als die schrecklichste und unbegreiflichste der Martern erscheinen sein mußte bis zu dem Augenblick, da Lucrezia die Laken zurückwarf und ihr lachend sagte: Schau uns an, so sind wir schon die ganze Nacht, und nun küsse meinen Engel.

Der Engel, der seit Venedig die Dreisamkeit im Liebesspiel besonders schätzt, ziert sich nicht, und so kommt die ohnedies halb tote und keineswegs zur Abwehr entschlossene Angelica zu einem Vorgeschmack jener Freuden, von denen man nur hoffen kann, daß auch der Direttore del Banco de Santo Spirito ihr gleichermaßen aufwarten wird.

Abgesehen von diesen unterhaltsamen und narrativen Elementen ist die Rom-Episode im ersten Buch von Casanovas Memoiren auch sittengeschichtlich besonders reizvoll. Alle auftretenden Personen sind historisch, namentlich bekannt und werden von dem damals doch noch sehr jungen Giacomo in durchaus zutreffender Weise erlebt, so daß sich das Rom des Papstes in der Zeit des vierzehnten Benedikt in lebendigen Farben vor uns präsentiert, mit auffälligen und instruktiven Einzelheiten aus dem Justizwesen der Heiligen Stadt.

Die Entführung der schönen Lehrerstochter, die tatsächlich, wie in den Memoiren, Barbaruccia hieß, war offensichtlich den päpstlichen Behörden bekannt, obwohl doch eigentlich nur der Geliebte, die Magd und Barbaruccia selbst davon wissen konnten. Der Abbé Gama kündigt die nächtlichen Ereignisse mit den Worten an *il y aurait une exécution dans la Place d'Espagne*. Die Exekution, das war keine Hinrichtung, sondern die Ausführung eines *ordine santissimo*, eines Befehls, der von Seiner Heiligkeit selbst ausging. Damit dies geschehen konnte, mußte der spanische Botschafter, also Kardinal Acquaviva, um Einverständnis gebeten werden, denn die Umgebung der Botschaft war exterritorial. Es gab also, ohne daß die Liebenden es ahnten, bereits eine Reihe von Aktivitäten, um ihrer habhaft zu werden, und Casanova hatte offensichtlich von vornherein keine Chance, seine Haut zu retten: Auch ihm folgte ein Sbirre – einer von 700 im Dienst des Papstes – auf Schritt und

Tritt, und bei der Verhaftung auf dem Platz griffen nicht weniger als zwei Dutzend Sbirren ein.

Aufwand und Energie dieser Aktion überraschen, geschahen doch im Rom des achtzehnten Jahrhunderts täglich vier bis fünf Morde, allerdings meist unter Angehörigen des kleinen Volkes, in Raufhändeln oder im Auftrag, als Vergeltung; diese Mörder wurden von der Justiz so nachlässig verfolgt, daß es viel gefährlicher war, seine Schulden nicht zu bezahlen, als jemanden umzubringen. Wurde doch schließlich ein besonders bekannter Mörder hingerichtet, so hob man das Spektakel für den Karneval auf. Festgäste und Masken begleiteten den Unglücklichen, für den zuvor sogar der Papst selbst gebetet hatte, zu einer bestimmten beweglichen Christusfigur, die vom Kreuz herab die hölzernen Arme um den Delinquenten schloß, um ihm Kraft zu geben, dann wurde er unter der zärtlichen Anteilnahme des Volkes auf einem Platz – dem Campo dei Fiori, vor dem Pantheon, seltener sogar vor Sankt Peter – säuberlich geköpft, wofür mitunter auch Köpf-Maschinen, also Vorläuferkonstruktionen der Guillotine, Verwendung fanden.

Selbst die Verurteilung zur Galeere entrechtete den Betroffenen nicht. Da der Papst gar keine Flotte hatte und somit keine einzige Galeere zur Verfügung stand, war die Strafe nichts anderes als Strafarbeit im öffentlichen Dienst und wurde bezahlt, meist besser, als im kleinen Volk der Tiberstadt verdient wurde. Kam solch ein Sträfling dabei in die Nähe seiner Familie, so begleitete ihn ein Sbirre gutwillig nach Hause, die Kinder umarmten ihren Papa und trugen ihm zuliebe Galeeren-Hemden – also keine Ächtung, keine Isolierung, keine seelische Belastung für die Angehörigen. Anders im Fall Barbaruccia: Sie verschwand im Kloster, der Entführer von der Bildfläche, und auch der unversöhnliche Vater versinkt im dunkel der päpstlichen Rechtsprechung, denn schon wenige Monate nach den Ereignissen bezieht der einflußreiche Sekretär des Botschafters Acquaviva, der Portugiese da Gama, das gut gelegene Appartement Piazza d'Espagna Nr. 31, in dem Barbaruccia gelebt hat, eine begehrte Wohnung im schmucken Pallazetto Belloni. Eine Justiz, in der es nicht weniger als 62 Wege und Möglichkeiten gab, gegen ein Urteil zu berufen (Maurice Andrieux in seinem Buch über *La Vie Qotidienne dans la Rome pontificale au XVIIIe siècle*), konnte dennoch hart und wohlinformiert zuschlagen, wenn es hochgestellte Interessierte an einem bestimmten Fall gab. Vielleicht erklärt auch dieser Umstand, daß Casanova keineswegs beschuldigt, verhört oder mit dem Odium eines Verdächtigen aus der Stadt abgeschoben wurde, sondern reichlich mit Geld versehen, huldvoll und mit einem Empfehlungsbrief an den Artillerie-Pascha des Großtürken, des gefährlichsten Feindes der Christenheit ...

Bleibt noch die Frage nach dem Papst und nach der Wahrscheinlichkeit eines langen, gelösten Gesprächs zwischen Seiner Heiligkeit und dem Abbate Casanova, wie die Memoiren es uns anteilnehmend, aber mit jener gelegentlich störenden Selbstgefälligkeit schildern, die man dem Unglücklichen von Dux lieber nachsieht als dem *farinato* in Rom (mit welchem köstlichen Wort, das soviel wie mehlbestäubt heißt, man in Italien wie in Frankreich die redseligen Halbgebildeten bezeichnet). Nun, seit 1740 herrschte Benedikt XIV. über Rom, aus einer verarmten Adelsfamilie von Bologna stammend und wegen seiner Integrität so ohne jeden Fürsprecher, daß das Enklave, aus dem er schließlich hervorging, mit sechs Monaten Dauer das längste der Neuzeit ist.

Die Begegnung zwischen dem Weltkind und Schauspielersohn aus Venedig und der Hauptstadt der Kirche fand dennoch in einem besonders günstigen Augenblick statt. »Das achtzehnte Jahrhundert«, schreibt Maurice Andrieux, »glich in Rom einem schönen Sonnenuntergang im Herbst. Warmes Goldlicht überflutete zärtlich die uralte Landschaft, während sich überall sonst in Europa die Wolken ballten. In einem Jahrhundert der Vernunft und der Dialektik blieb Rom dem Lächeln treu, das alle Dinge überglänzt, und die Greise, die es väterlich regierten, hatten nie zuvor soviel Duldsamkeit, Güte und Behutsamkeit bewiesen«.

Benedikt XIV. war eine Persönlichkeit von souveräner Ausgeglichenheit, selbstbewußt ohne jede Überheblichkeit, heiter, gütig und doch energisch, ein Mann, der die Erfordernisse der politischen Situation ebenso deutlich erkannte wie seine seelsorgerischen Pflichten. Man sagt von diesem Papst nicht nur, daß er einer der gelehrtesten Männer gewesen sei, die jemals auf dem Stuhl Petri gesessen, sondern auch, daß er sich in seiner Bibliothek am wohlsten gefühlt und die Montagabende seiner privaten Akademie, des privaten Gesprächs, am meisten geliebt habe. Es tut diesen Vorlieben keinen Abbruch, daß man sie etwa im glanzvollen Palast des Kardinals Acquaviva heimlich ein wenig belächelte und das römische Leben der reichen Würdenträger ohne besonders schlechtes Gewissen so fortsetzte, wie es sich seit den Renaissancepäpsten am Tiber entwickelt hatte, ja selbstverständlich geworden war.

Giacomo Casanova nimmt sich in dieser Atmosphäre noch sehr naiv aus, man könnte auch sagen provinziell. Die Gier seiner neunzehn Jahre ist auf das weibliche Geschlecht gerichtet; daß er in einer der vier Kulturmetropolen des Jahrhunderts leben darf, ja einen Platz gewonnen hat, veranlaßt ihn zu keiner noch so geringen Bemühung, und wir müssen annehmen, daß es in Wien, Paris oder London nicht viel anders gewesen wäre. Seine Berührung mit dem Theater, das damals am Tiber blühte, beschränkt sich auf ein dummdreistes und höchst indiskretes Gespräch mit einem Kastraten mit dem Versuch von Handgreiflichkeiten. Und das, obwohl das beliebteste Theater jener Jahre, das *Teatro delle Dame*, nur wenige Schritte von der Piazza d'Espagna, also Casanovas Domizil, erbaut worden war.

Es gab auch noch nicht das unter Clemens XIII. erlassene Verbot für Kleriker, die Theater zu besuchen, ja Benedikt XIV. hatte selbst in einer Privatvorstellung eine Komödie im Theater *Tor di Nona* angesehen, in jenem Jahr, in dem Casanova in Rom weilte. In den Orchestern spielten Geistliche und erhielten dafür Freikarten, die hohe Geistlichkeit wurde oft in Vorstellungen gesehen, die Mittelschicht der Priester betrug sich allerdings nicht immer vorbildlich. »Ich habe mit eigenen Augen gesehen«, schreibt der Président de Brosses an seine Freunde nach Dijon, »daß ein Abbé *talon rouge* (d. h. von der vornehmeren Art) sich bei einem öffentlichen Spektakel in Gegenwart von viertausend Zuschauern von einer stadtbekannten Kurtisane mit dem Fächer maltraitieren ließ.«

Das alles interessierte Giacomo nicht, obwohl sein Ratgeber Giorgi unter den verbotenen Orten kein Theater genannt hatte; auch die literarischen Zirkel, nach denen ihn in Martorano so brennend verlangte, sucht er nicht auf, nicht einmal die Dichterakademie, die im Jahrhundert zuvor von Christine von Schweden in Rom begründet worden war. Diese an sich überraschenden Tatsachen lassen sich zwar durch die relative Kürze von Casanovas Aufenthalt begründen, durch die vielen Briefe in französischer Sprache, die er zur Übung kopieren mußte und durch seine überaus bewegte private Existenz. Es scheint aber auch eine Rolle gespielt zu haben, daß er sich in dieser römischen Welt als Außenseiter fühlte, spielte man in Rom doch nicht einmal Goldoni, weil er aus Chioggia stammte, sondern zog ihm lokale Komödienschreiber mit römischen Stoffen vor. Es war die natürliche Rivalität der wichtigen italienischen Zentren, unter denen die stolze Lagunenrepublik durch ihren Reichtum, ihre Regierungsform und ihre Öffnung für andere Völker und Religionen in einen gewissen Gegensatz zum Papst geraten war, dessen Handelsverbote mit islamischen Ländern von den Dogen konsequent ignoriert wurden.

Wichtiger waren Casanova die Bedingungen, unter denen er die Tiberstadt, wo er es bis zum Bischof hätte bringen können, schließlich verlassen mußte: Mit einem Lederbeutelchen, in dem sich – wenn der Venezianer diesen Abschied nicht in der Erinnerung allzusehr vergoldete – hundert Golddublonen als Abfindung aus der Kasse der spanischen Botschaft befanden, ein Reisegeld also von achthundert Talern. Er setzte sich, wie wohlhabende Reisende es damals taten, in eine Berline, die angenehmste Kutsche für lange Strecken, und bedauerte nur, daß die Damen, die ihn begleiteten, als Loreto-Pilgerinnen wie es sich gehörte ohne jeden erotischen Eklat waren. »Ich habe mich also«, beschließt er das Kapitel, »während der ganzen Reise gelangweilt«. Daß die Berline auch Fenster hatte, daß er von Rom nach Ancona durch das malerische Mittelitalien gefahren wurde, scheint ihm nicht aufgefallen zu sein.

Abschied von der Kutte

Es gibt Jahrhunderte, in denen auch die ehrlich-
sten Memoirenwerke märchenhafte Züge gewinnen, in denen schlichte
Lebensläufe kaum möglich zu sein scheinen, weil die Verhältnisse zu-
mindest in den Städten noch jener Ordnung entbehren, an die wir uns
heute vertrauensvoll gewöhnt haben. Neben den siebenhundert Sbirren des Papstes waren am Tiber die persönlichen Polizei-Einheiten
der Botschaften, der mächtigen Adelsfamilien und der reichsten
Kardinäle am Werk. Und da jeder, der Macht und Einfluß hatte,
sich in seinem Bereich auch die Gerichtsbarkeit gesichert hatte,
waren Strafverfolgungen, Urteile, Rekurse und Entscheidungen
entweder Glückssache oder von sehr viel Schmiergeld abhängig.
Das erklärt zweifellos die Tatsache, daß sich ein offensichtlich
wohlhabender und erfahrener Advokat mit seiner ganzen Familie
in die Heilige Stadt begeben mußte, um seinen Prozeß zu gewinnen; das erklärt, daß die Sbirren einen auf frischer Tat ertappten
Verbrecher oft kurzerhand selbst aufknüpften, weil sein Prozeß unter Umständen Jahre gedauert hätte. Und das erklärt uns schließlich auch, warum das seltsamste Verfolgungsinstrument der Häscher, der waagrecht über das Pflaster und zwischen die Beine des
Flüchtenden geschleuderte Knüppel, bis heute sprichtwörtlich geblieben ist.

In einem Land wie Italien und einer Zeit wie dieser Jahrhun-
dertmitte konnte Casanova beste Absichten und hinreichende Bar-
mittel haben, die Zufälle sorgten für Bewegung, und so lesen wir
seine Erinnerungen auch weiterhin als einen jener großen Schelmenromane, an denen die Literatur nicht reich ist.

In Ancona, dem Adriahafen des Kirchenstaates, war man einer
Front jenes Krieges nahe, der zwischen Österreich und den vielen

Gegnern der Maria Theresia in ganz Europa dahinbrodelte. Casanova interessierte das zunächst überhaupt nicht, er hatte Verbindung zu einer Gauklertruppe mit hübschen Mädchen und einem jener jungen Geschöpfe, bei denen man in der Ära der Kastraten nicht sicher sein konnte, für welches Geschlecht sie sich entscheiden würden. Durch das Verbot weiblicher Auftritte auf den Bühnen des Kirchenstaates hatten die Unglücklichen, die schon im Kindesalter entmannt wurden, damals ihre große Zeit; spezielle Opernarien wurden für Kastratenstimmen geschrieben, und manche erfahrene Opern-Liebhaber behaupteten, der Schmelz jener Stimmen sei von Sängerinnen – die es in anderen Ländern natürlich gab – nie erreicht worden. Das Interesse für diesen Bellino (soviel wie ›kleiner Schönling‹) und andere, ähnliche Begegnungen ist eine der seltenen Abschweifungen unter den sexuellen Neigungen des Venezianers, und sie scheint ihn von der heiklen Situation an der Adria auf gefährliche Weise abgelenkt zu haben: Jener Künstlerfamilie nachreisend, mit ihr zusammentreffend, dann wieder von ihr getrennt, hat Casanova seinen unschätzbaren Paß aus der Spanischen Botschaft zu Rom verloren, oder man hat ihn ihm entwendet, und bei der in Frontnähe durchaus üblichen Identitätskontrolle helfen ihm seine großen Worte und der Brief des Kardinals an Bonneval überhaupt nicht – er wird verhaftet.

Zunächst sieht es düster aus, dann erweist sich ein französischer Offizier als gesprächsbereit, läßt sich am abendlichen Pharao-Tisch auf elegante Weise mit kleinen Summen bestechen und gewährt Casanova eine gewisse Bewegungsfreiheit auf Ehrenwort. Auf solch einer Promenade sieht Giacomo einen Offizier vom Pferd steigen. Er springt wie unter einem rätselhaften Zwang in den Sattel und vermag, da er noch nie geritten ist, den Renner auch nicht mehr zu zügeln: Roß und Reiter preschen nach Norden davon, quer über die lose Frontlinie, verfolgt von Schüssen der Grenztruppen und endlich aufgehalten von den Österreichern, wo zwei Posten das ob seines geistlichen Reiters höchst irritierte edle Tier zu bändigen verstehen.

Der gut gekleidete Kauz auf dem Sattel beginnt sogleich wieder mit seinen großen Worten, begehrt zum Oberkommandierenden geführt zu werden und hat damit Glück. Denn die humorlosen Haudegen sind bei der Armee der Maria Theresia relativ selten und Georg Christian Fürst von Lobkowitz läßt sich, im eben eroberten Rimini von Zwischenfällen nicht zu stark beansprucht, die Geschichte von dem ausgebrochenen Pferd gutwillig erzählen. Das Pferd wird freilich einbehalten, was soll auch ein Abbate damit. Das ihm zustehende Reisetier ist das Muli! Ein Offizier führt Casanova durch das gegen Cesena zu gelegene Tor aus der Stadt, nicht ohne den seltsamen Überläufer in einem Café auf eine Tasse Schokolade einzuladen.

Die enge Berührung mit der Weltgeschichte hat diese Szene zu einem Kriterium für die Aufrichtigkeit des Erzählers oder doch für sein Erinnerungsvermögen werden lassen, aber nach einigen Kontroversen hat sich nun doch herausgestellt, daß Casanova im Dusel aller Schelmenroman-Helden tatsächlich die österreichisch-spanische Frontlinie unbeschadet überquert hat. Trotz des Beginns einer österreichischen Offensive, die bis an die Grenzen des Königreiches Neapel vorgetragen wurde, blieb er davon absolut unbehelligt, wurde nicht der Spionage verdächtigt und nur für den Fall seiner Rückkehr an die österreichische Front mit ernsten Folgen bedroht. ›Il (Lobkowitz) *me ferait mal passer mon temps*‹ ist eine sehr vieldeutige Drohung und zeigt, daß der Feldmarschall auch anders konnte. Casanova begriff und machte sich aus dem Staub.

Der Fürst in der weißen Montur der österreichischen Feldmarschälle aber blieb ein starker Eindruck: Die ganze Welt der Offiziere hatte unversehens an Attraktion gewonnen, was galt im Krieg schon ein Abbate! »Aus dem Bereich von zwei Armeen kommend, indem ich nichts anderes geachtet sah, als die Uniformen, wollte ich für meine Person nun ebenfalls achtbar werden. Außerdem stellte ich es mir als eine wahre persönliche Festivität vor, im Waffenkleid in meine Heimat zurückzukehren, wo ich im geistlichen Gewand so schlecht behandelt worden war.« Zu dem Entschluß trug bei, daß Casanova bei seiner halb unfreiwilligen Flucht natürlich kein Gepäck mitgenommen hatte; ein paar Hemden ließen sich leicht beschaffen, aber für die *uniforme de caprice* ließ er, als er glücklich in Bologna eingetroffen war, einen Schneider kommen und ließ sich auch nicht von dessen seltsamem Namen beirren – der gute Mann hieß Morte, also Tod.

Bei der *uniforme de caprice* stand ganz offensichtlich das Erscheinungsbild des Fürsten Lobkowitz Pate, denn sie bestand aus weißen Beinkleidern, nur statt eines weißgoldenen Waffenrocks wählte der vorsichtige Venezianer doch eine blaue Litewka und goldene Schnüre auf den Schultern als Rangabzeichen. Er wollte es also nicht allzu martialisch, und Lobkowitz – falls Giacomo sich mit ihm näher beschäftigt hatte – zählte ja auch zu den eher gemütlichen Feldherren, jene von der Art ihres obersten Befehlshabers Franz Stephan von Lothringen, Gemahl der Maria Theresia, der vor Prag, wo auch Lobkowitz gelegen war, schon um die Stadt zu schonen, eher sanft taktiert hatte. Man munkelte bis nach Rimini, daß Lobkowitz keine furchterregende Erscheinung sei, jedenfalls habe er in der Nacht vom 16. auf den 17. November 1742 den französischen Marschall de Belle-Isle mit nicht weniger als 12.000 Mann aus Prag entweichen lassen und auch auf dem Marsch nach Westen nicht gestellt, so daß Belle-Isle zwar auf den Schleichwegen und in der böhmischen Novemberkälte 1200 Mann verlor, seine Hauptmacht aber doch nach Eger bringen und mit der französischen Ersatzarmee habe vereinigen können.

Die Phantasieuniform erwies sich als nicht sonderlich gefährlich; Offiziere dienten damals unbekümmert um die eigene Nationalität überall dort, wo sie mit der Verwendung und dem Sold zufrieden sein konnten. Bedenklicher war der Zufall, der die Romanhelden immer irgendwann einholt, eine Duellaffaire, die einen Offizier namens Casanova zur Flucht genötigt hatte, nachdem er in einem Duell zum Sieger über seinen Hauptmann geworden war.

Giacomo, nunmehr in glanzvoller Uniform und, wie er sagt, mit seinem Erscheinungsbild äußerst zufrieden, sonnt sich ein Weilchen im Ruf eines siegreichen Duellanten, reist dann aber doch über Mantua (wo es keine Quarantäne gibt) nach Venedig ein. Da er Bargeld und Kreditbriefe besitzt, logiert er in einem Gasthof im Herzen der Stadt, scheint sich aber – ohne es in den Memoiren zu erwähnen – um eine Position in der Heimatstadt bemüht zu haben. Erst, als er weder als Anwaltsgehilfe noch im diplomatischen Dienst unterkommt, besinnt er sich wieder auf den Empfehlungsbrief an Bonneval-Pasche und belegt eine Kabine auf einem Schiff, das über Korfu nach Konstantinopel fahren soll. Interessant ist, daß er auf eine Direktpassage Venedig–Konstantinopel zwei bis drei Monate hätte warten müssen, vielleicht eine Folge des kriegerischen Geschehens in Europa und am Westufer der Adria.

Natürlich versäumt er nicht, sich vor der Abreise noch in seiner neuen Pracht dem Abbé Grimani zu zeigen; ja er hatte sich auf seine Kopfbedeckung noch eine rote Kokarde nähen lassen, womit er sich der spanischen Partei zurechnet; die Anhänger Österreichs trugen schwarz.

Den armen Abbé traf beinahe der Schlag, hatte er sich doch bei dem Gedanken beruhigt, das *enfant terrible* der schönen *Buranella* weile am Hof des Papstes oder im Palazzo Acquaviva weit von Venedig und in aller Sicherheit. Immerhin kommt nun alles ins Lot, wo Geld ist, gibt es auch ein Fähnrichspatent, die Kokarde verschwindet, Casanova reiht sich in die venezianische Armee ein und zum ersten Mal scheint der Abbé – Vater oder Vatersbruder Giacomos – mit dem Sorgenkind zufrieden.

Die nun folgende Wegstrecke im Leben des großen Venezianers ist nur summerisch bekannt, denn in Dux begab sich folgendes: Eine junge böhmische Magd brauchte für irgendwelche Küchenzwecke oder gar noch anderes Papier, und da sie sich an die schönen glatten weißen Bogen im Zimmer des alten Herrn aus Venedig nicht heranwagte, nahm sie, was sie an bekritzelten, durch Durchstreichungen und Korrekturen entstellten Papieren fand. Sie entschuldigte sich auf Casanovas entsetzte Nachfrage eben mit der Unansehnlichkeit des Entwendeten. Das veranlaßt Casanova zu der verzweifelten Bemerkung *La bêtise d'une servante est beaucoup plus dangereuse que la méchanceté* (Dummheit einer Magd ist ungleich gefährlicher als simple Bosheit) und läßt uns an jenes biedere Geschöpf denken, das in den Weinkeller steigt, um Wein zum Einmischen in ein gutes Süppchen zu holen und die älteste, verstaubte Flasche dazu hernimmt, weil man wegen der Spinnweben doch ohnedies nichts anderes mehr mit ihr anfangen konnte.

Casanova hat die Geschehnisse also rekonstruiert, die Würze der ersten Wiederbegegnung mit der Vergangenheit fehlt. Dennoch wird, was er in Orsara erfährt, zu einem prächtigen Beispiel für das Wort von den kleinen Ursachen und den großen Wirkungen. Das Schiff, das Casanova nach Korfu bringen soll, erweist sich für die an diesen Tagen ein wenig stürmische Adria als zu wenig beladen; man nimmt in dem kleinen Hafen Orsara Ballast auf, ohne Ladegeschirr eine mühsame und zeitraubende Schlepperei von Steinen für den Schiffsbauch. Der promenierende Capitano Casanova wird von einem Mann angesprochen, den er zu kennen meint, doch der Schar seiner Gläubiger nicht zuordnen kann, und tatsächlich ist der höfliche Einheimische das genaue Gegenteil: Beim Refosco enthüllt er Giacomo, daß er seinen Wohlstand der Tatsache verdanke, daß Casanova einst der Haushälterin des Priesters Don Jeromino seine Gonorrhoë verpaßt habe, vor mehr als einem Jahr. Über den Geliebten der jungen Frau sei die Infektion weitergewandert, durch ganz Orsara und Umgebung. »Der Schwung ist nun abgeebbt«, bekennt der Mann und gibt sich damit als Arzt zu erkennen, »ich habe sie alle behandelt und dafür gutes Geld genommen. Inzwischen aber sind sie alle geheilt und es ist wieder still geworden in meiner Praxis ... wollen Sie nicht ein paar Tage bleiben?«

Beide lachen ob der Naivität dieses Ansinnens, und Casanova enttäuscht den Dorfarzt auch durch das Bekenntnis, daß er völlig gesundet sei; eine noch so lange Reise-Pause in Orsara würde die Patientenschar nicht vergrößern.

Von Segenswünschen begleitet, begibt sich Casanova wieder an Bord, aber die schon seit Tagen beunruhigenden Winde frischen zum Sturm auf, und auf der Höhe der Insel Korcula wird die Lage bedrohlich. Kein Venezianer liebt diese Insel, haben doch dort die alten Rivalen aus Genua die venezianische Flotte geschlagen. Diesmal aber geht es eigentlich nur für Casanova um Leben und Tod, denn während ein slawonischer Priester mit großen Gebärden den Sturm zu beschwören sucht, erklärt der Venezianer dies alles für Humbug, man solle sich lieber davor hüten, auf ein Riff zu laufen. Damit hat er sich als Ursache des Unheils deklariert, der Priester überzeugt die Matrosen, daß alles verloren sei, würfe man den geschniegelten Antichristen nicht sofort ins Meer, und Casanova rettet sich im letzten Augenblick, indem er mit großer Gebärde ein Pergament verbrennt, das er vor der Abreise im Hafen erworben hatte – einen Zauberspruch, um die Zuneigung der Frauen herbeizuhexen.

Casanova hat das Pergament, wie er behauptet, aus Jux gekauft, und betrachtet man sein Leben, so hätte er für zusätzliche Frauengunst wohl kaum viel Raum gehabt; damals aber stand es also noch ein wenig anders, und man hätte ihn um ein Haar geopfert, wie wir es aus der Vita des heiligen Gildas oder aus den Geschichten von Sindbad kennen ... Ein Matrose, der ganz sicher gehen und Casanova doch noch über Bord stoßen wollte, hatte keinen Erfolg: Eine Ankerspitze verfing sich in der schönen Uniform, und siehe da, das teure Tuch hielt, Giacomo blieb an Bord, ein exemplarisches Leben konnte seinen Fortgang nehmen.

Dieser bestand zunächst in einer Wiederholung, in einer Neuauflage des Desasters von Chioggia, denn Etappen haben ihre besondere diabolische Vehemenz: Man ist noch nicht angekommen, aber auch nicht mehr in der Heimat; im Zwischenreich scheint die Vernunft zu schweigen, in der vagen Erwartung des Kommenden, in der trügerischen Sicherheit des Schwebezustands. In dem Monat, den Casanova auf Korfu zubringt, auf das Schiff wartend, mit dem er die Reise nach Konstantinopel fortsetzen will, »habe ich mich keineswegs damit aufgehalten, mich mit der Natur der Insel zu beschäftigen oder mit dem Charakter ihrer Bewohner. Die Tage ausgenommen, an denen ich zur Wache eingeteilt war, lebte ich in den Kaffeehäusern, an den Pharaotischen, und unterlag, wie nicht anders zu erwarten, dem Spielerpech, das ich verblendet zu bezwingen hoffte.« An keinem einzigen Abend ging er zufrieden heim, weil er gewonnen hatte, und die einzige Genugtuung, die ihm zuteil wurde, war, daß man ihn einen guter Verlierer nannte. Vermutlich hätte er sich noch in Schulden gestürzt, wäre nicht endlich, Ende April 1745, das venezianische Kriegsschiff mit dem schönen Namen *Europeo* eingetroffen, bestückt mit 72 Kanonen, ein würdiges Fahrzeug für Francesco Venier, *Cavaliere della Stola d'oro*, den Botschafter der Republik bei der Hohen Pforte. Er hatte die Reise von Venedig nach Korfu in nur acht Tagen zurückgelegt, hielt sich auf der Insel weitere acht Tage auf und brach dann zur Weiterfahrt auf; nun etwas bedächtiger, denn der Botschafter hatte Admirale in seinem Gefolge, die allerlei zu sehen wünschten – jene Inseln und Küsten, die Venedig in seiner großen Zeit besessen hatte und die sich in diesem Jahrhundert schon beherzt gegen die Türken hatten wehren müssen.

Als man auf Cerigo anlegte, dem alten Kythera, traf Casanova auf Verbannte der Republik und lernte damit eine neue Form der Bestrafung kennen, die ihn nachdenklich stimmte, weil die Verbannten, beide aus angesehenen Familien, sich vor allem über die tödliche Langeweile auf der kleinen Insel beklagt hatten – und Langeweile, das war etwas, das Casanova in seinem ganzen Leben so konsequent zu meiden suchte wie die Pest.

Am Beginn der Dardanellen kamen türkische Barken und dienten dem großen venezianischen Schiff als Lotsen in den engen Gewässern. Im Juli ankerte man in Konstantinopel, aber erst Ende August 1745 überreichte der Cavaliere Venier sein Beglaubigungsschreiben. Die Annäherung an die alte Kaiserstadt am Goldenen Horn bewegt Casanova zu einer der wenigen Landschaftsschilderungen in seinem zwölfbändigen Werk, denn nirgends auf der Welt gebe es, ruft er aus, ein vergleichbar schönes Bild. »Eben diese Schönheit war es, die den Untergang des Römerreiches bewirkte und das griechische Kaisertum favorisierte, denn Konstantin der Große rief, als er wie ich vom Meer her die Stadt zum erstenmal erblickte, hier müsse künftig die Residenz des Weltreiches liegen. Und um seine Prophezeiung nicht selbst Lügen zu strafen, erwählte er (im Jahr 380) Byzanz zu seiner Hauptstadt.«

Casanova, der seinen Horaz so gut kannte, daß er sich von ihm durch das ganze Leben geleiten ließ, erinnert an die berühmte Prophezeiung des Dichters, daß die römischen Kaiser an ihrem eigenen übersteigerten Stolz zugrundgehen würden, sobald sie den Versuch machten, die alte Herrlichkeit Troias wiederzubeleben.

Immerhin: Die alte Stadt am Bosporus, seit dreihundert Jahren in den Händen der Türken, empfing die Venezianer freundlich. Zur Zeit herrschte keine Pest, was selten war, nur die Hitze nötigte den Botschafter, aus dem Palais in Pera in ein luftiges Landhaus zu ziehen. Casanova aber besann sich auf seinen inzwischen einige Monate alten Empfehlungsbrief, den Kardinal Acquaviva ihm für Bonneval-Pascha mitgegeben hatte.

Max Braubach, der in seinem Buch über die Gestalten rund um den Prinzen Eugen von Savoyen dem Grafen Bonneval ein ganzes Kapitel widmet, wundert sich zu Recht, daß diese selbst für jene bewegten Zeiten bizarr-herausragende Persönlichkeit noch nicht zum Gegenstand einer großen Romanbiographie geworden sei, und der unschätzbare alte Meyer bezeichnet Bonneval kurzerhand als Abenteurer, was in diesem Zusammenhang eine unzulässige Vereinfachung ist: Bonneval war kein Scharlatan, kein Hochstapler, kein Geheimagent, sondern einer der tapfersten und erfolgreichsten Offiziere seiner Zeit, von einwandfrei altadeliger Herkunft, wenn auch von ungezügeltem Temperament. Vermutlich gibt es auf der mittleren militärischen Ebene eine ganze Reihe ähnlicher Lebensläufe, aber sie wurden eben nicht so bekannt wie der des großen Kämpfers, auf den nach seinen Heldentaten Lieder gedichtet wurden und der sich des freundschaftlichen Umgangs mit den bedeutendsten Persönlichkeiten der Zeit erfreute, wie mit Eugen von Savoyen – den er sich später zum Feind machte – oder dem

Fürsten von Ligne, der ihm ebenso ein treuer Freund blieb wie dem alten Casanova.

Claude Alexandre de Bonneval wurde 1675 auf Schloß Coussac-Bonneval im Limousin geboren, ein jüngerer Sohn, was in jenen alten Familien meist eine geistliche Laufbahn, wenn auch mit hohen Würden, bedeutete. Doch er betrug sich schon auf dem Jesuitenkolleg so unbändig und verübte so schlimme Streiche, daß man froh war, ihn in jungen Jahren bei der Flotte unterzubringen – Verwandte halfen, und Verwandte hatte die Familie in allen Richtungen bis hin zum Königshaus. Bei den Jesuiten aber hatte Bonneval den Geschmack an der Bildung gewonnen, er hatte ein ausgezeichnetes Gedächtnis und verstand sein Leben lang in der Konversation in einer Weise zu glänzen, wie es bei Offizieren nicht alltäglich war. Große Tapferkeit in Seegefechten, zahlreiche Ehrenhändel und eine tiefsitzende Abneigung gegen den Beamtenadel kennzeichnen seine frühen Jahre. Im Spanischen Erbfolgekrieg (1701–1714) führte er ein Infanterieregiment und zeichnete sich in den Schlachten von Luzzara und Ivres so eindrucksvoll aus, daß selbst die Österreicher auf ihn aufmerksam wurden und ihn mit offenen Armen aufnahmen, als er nach einem schweren Zerwürfnis mit einem Heereszahlmeister des Sonnenkönigs die Fronten wechselte. Das brachte ihm zwar eine Verurteilung in Abwesenheit zum Tode ein und den Verlust seiner Ansprüche auf die Güter im Limousin, aber neuen Schlachtenruhm – nun an der Seite des Prinzen Eugen, bei Turin und Tortone, wo Bonneval den Sturmangriff persönlich anführte. Den Übertritt Bonnevals soll die Tatsache erleichtert haben, daß sein Vater einst dem Fürsten Salm nach einer Duellaffaire in Frankreich zu Hilfe gekommen war, in der bewegten Jugend des hochverdienten Premierministers des Kaisers Joseph.

Auf dem Höhepunkt seiner militärischen Erfolge war Bonneval schon über vierzig und somit kein junger Draufgänger mehr: Es war 1716 bei Peterswardein, in einem Augenblick, da die österreichischen Linien unter der türkischen Übermacht zu wanken begannen und Bonneval sich mit nur zweihundert ausgesuchten Reitern ins Getümmel warf und mehrfach verwundet wurde; er hatte aber den Durchbruch geschafft. Ein Jahr darauf, bei dem glorreichen Sieg der Österreicher von Belgrad, schrieben manche das Hauptverdienst an dem Erfolg Bonneval zu, der auf dem linken Flügel kommandierte, und der Kaiser dankte ihm, dem General aus Frankreich, in einem besonderen Schreiben.

Nun ist in einer Neid-Metropole wie Wien nichts so gefährlich wie der Erfolg und die Gunst der Mächtigen; man entsann sich der Tatsache, daß Bonneval französische Offiziere, die verwundet in Gefangenschaft geraten waren, stets mit großer Aufmerksamkeit behandeln ließ, man verübelte ihm ein Huldigungsgedicht, das Jean-Baptiste Rousseau auf ihn geschrieben hatte und schürte die Rivalität zwischen Bonneval und anderen Offizieren des Prinzen Eugen. Sie war unvermeidlich, denn Bonneval galt nicht nur als der nach dem Prinzen und dem Grafen Starhemberg bedeutendste Heerführer, er spielte auch in den literarischen und künstlerischen Kreisen Wiens und in dem hochgeistigen Zirkel des Prinzen im Palais in der Himmelpfortgasse eine große Rolle und wetteiferte als Mäzen, aber auch in intimeren Vergnügungen mit den führenden Kreisen der Donaustadt.

Der Eklat kam dennoch nicht hier zustande, sondern im fernen Brüssel, in den österreichischen Niederlanden: Die sehr junge Königin Elisabeth von Spanien war eine Tochter des ausschweifenden Regenten Philippe, Herzog von Orléans. Ihr Lebenswandel an der Seite König Ludwigs von Spanien wurde in Brüssel von losen Mäulern kritisiert, und Bonneval, der dem Regenten freundschaftlich verbunden gewesen war, fühlte sich verpflichtet, die Ehre der jungen Monarchin gegen den österreichischen Statthalter Prié zu verteidigen, einen Parvenu aus dem Geldadel, Sohn eines zwielichtigen Bankiers – aber leider mit besten Verbindungen nach Wien. Das Ergebnis war, daß Bonneval zwischen allen Stühlen saß; angestrebte Gouverneursposten in Flandern und Ungarn schwammen davon, der Prinz Eugen war verärgert, die Karrieren im Abendland, wo gerade einmal Frieden herrschte, rundum versperrt.

Bonneval hatte in Wien sehr viel Geld ausgegeben, aber mit Spekulationen am Mississippi eine halbe Million Livres verdient. Viel zu verärgert, um sich aufs Altenteil, in irgendeine Burg der habsburgischen Erblande zurückzuziehen, gab es für ihn nur noch die Pforte, den Feind der Christenheit, der aber auf das *Savoir Faire* seiner Gegner angewiesen war. Eine kurze Haft auf dem Spielberg, dem berüchtigten Gefängnis bei Brünn, hatte Bonneval zudem gegen Habsburg aufgebracht. So beginnen nach Aufenthalten in Venedig – der traditionellen Drehscheibe zwischen Abend- und Morgenland – Verhandlungen in Ragusa (dem heutigen Dubrovnik) und Sarajewo, die 1730 zum Übertritt des Grafen in die türkische Armee und zu seiner Konversion zum Islam führen.

Als Casanova sich in Konstantinopel bei Bonneval melden ließ, stand dieser also schon fünfzehn Jahre lang in den Diensten des Sultans, und obwohl viele seiner Reformen und Erneuerungsvorschläge in den bis dahin führenden Milieus der türkischen Streitkräfte mißtrauisch aufgenommen, ja gelegentlich sogar sabotiert wurden, hatte sich doch die Nützlichkeit seiner Ideen gezeigt und daß sie nicht nur gegen den Kaiser, sondern im gesamten Herrschaftsbereich des Sultans von Vorteil sein konnten. Bonneval, nun Achmed Pascha genannt, war Gouverneur von Karamanien und Rumelien, zwei nicht sonderlich reichen türkischen Provinzen, die Bonneval aber doch ein beträchtliches Einkommen sicherten (Rumelien umfaßte Teile Thrakiens und das alte Makedonien, Karamanien lag in Anatolien, also in der heutigen Türkei).

Casanova gewann jedenfalls den Eindruck, daß Bonneval in solidem Wohlstand lebte. Das helle Erdgeschoß, in dem der Venezianer empfangen wurde, war auf das feinste französisch möbliert, und Bonneval, der sich für seinen jungen Gast erhob, war nach französischer Mode gekleidet. Der Graf zeigte sich amüsiert darüber, daß Kardinal Acquaviva offensichtlich annahm, sein Einfluß reiche bis an den Bosporus.

Giacomo bemerkte höflich, wie immer dem nun sei, der Brief habe ihm immerhin die Bekanntschaft eines Mannes eingebracht, von dem ganz Europa sprach, noch spreche und wohl noch lange sprechen werde, ein Kompliment, in dem genaugenommen anklang, daß Bonneval am Ende seiner Laufbahn sei (und tatsächlich starb er ja schon zwei Jahre nach dieser bestenfalls amüsanten, sicherlich aber unbedeutenden Begegnung). Bemerkenswert ist, daß Casanova sofort empfangen, nicht nach Waffen durchsucht und nicht beobachtet wurde, als er mit Bonneval allein war. Die Phase, in der Achmed Pascha alias Comte de Bonneval die Mordagenten aus Wien und Venedig zu fürchten hatte, war also vorüber. Zumindest was Venedig betrifft, steht die Planung eines Anschlages fest, weil man fürchtete, Bonneval, der sich lange in der Lagunenstadt aufgehalten hatte, werde dem gefährlichen und übermächtigen Gegner der Republik militärische Informationen und Ratschläge geben. Die venezianische Staatsinquisition hatte Bonneval gleich nach seinem Übertritt in türkische Dienste zum Tod verurteilt und den venezianischen Residenten in Konstantinopel in einem vom 30. 6. 1729 datierten Schreiben aufgefordert, für die Vollstreckung dieses Urteils durch geeignete Personen zu sorgen. Die Aktion unterblieb, weil der Resident, er hieß Dolfin, bald darauf starb.

Der Monat in Konstantinopel, der damaligen Hauptstadt und Hochburg des Islam, ist ein großartiger Kontrapunkt zu der Zeit in Rom, und es spricht für die literarischen Ambitionen des alten Casanova, daß er diesen Gegensatz auch bemüht und aufmerksam herausarbeitet. Wir sehen den jungen Venezianer und ehemaligen Abbate ohne Vorbehalte und mit großem Ernst auf die andere Weltreligion zugehen, und die Diskussionen, in die Bonnevals türkische Freunde den jungen Gast nun verwickeln, entbehren glücklicherweise vollständig der großsprecherischen Selbstgefälligkeit, mit der Casanova jenen Jüngling, der er viele Jahre zuvor gewesen war, in vielen Szenen ausstattet. Natürlich kann Giacomo mit seinen bald zwanzig Jahren das alles, was er den weisen Türken entgegenhält, damals nicht gewußt haben; der alte Memoiren-Casanova läßt hier einen lebenslangen Umgang mit dem Islam mit einfließen, einer Religion, die für keine Stadt des Abendlandes so präsent und wichtig war wie für die Handelsrepublik Venedig.

Die Gespräche wurden ohne Dolmetscher geführt, da das Italienische als Sprache des Mittelmeerhandels in Konstantinopel offensichtlich sehr verbreitet war; die Gäste an Bonnevals Tafel, die des Italienischen nicht mächtig waren, sprachen untereinander nicht türkisch, sondern schwiegen, so lange man bei Tisch saß. Für die Türken wurde Hydromel serviert, ein alkoholfreies, leicht süßes Honiggetränk, Bonneval selbst, aber auch Casanova hatten in unverdächtig aussehenden Gefäßen Chablis neben dem Gedeck. Die beträchtlichen Weinvorräte Bonnevals waren in einem Gartenhaus untergebracht und als Bibliothek getarnt, was beweist, daß er mit seinen westlichen Neigungen kein Aufsehen erregen wollte. Bekannt war nur, daß der Großmufti ihn schon vor Jahren, beim Übertritt zum Islam, von der Beschneidung dispensiert hatte, aus Altersgründen und weil Bonneval seit der schweren Verwundung bei Peterwardein ein Suspensorium aus Silber am Unterleib trug.

In Bekenntnissen, die mangels anderer Zeugnisse aus dieser Zeit in die Geschichte eingegangen sind, berichtete Bonneval seinem jüngeren Gast vom völligen Bankrott seiner Lebensführung, als er nach der Haft auf dem Spielberg von Venedig aus nach einer neuen Existenz suchte. Und unumwunden gab er zu, daß er praktisch keine andere Möglichkeit mehr hatte, als sich im Machtbereich des Islam eine Altersexistenz aufzubauen. »Ich werde«, sagte er zu Casanova, »in Frieden sterben, und werde, wenn es soweit ist, glücklicher sein als der Prinz Eugen«, eine Anspielung auf die Tatsache, daß der Savoyer sich von seinem körperlichen und geistigen Verfall in den letzten Lebensjahren nicht Rechenschaft gegeben und zum Beispiel bei der Belagerung von Philippsburg nicht mehr auf der Höhe seiner früheren Leistungen agiert habe. Die Äußerung ist auch ein Indiz dafür, daß Bonneval, übergewichtig und zweifellos an den Folgen seiner vielen Verwundungen immer noch leidend, den Tod nicht mehr fern fühlte.

Aus der Reihe von Bonnevals Freunden werden uns zwei besonders nahegebracht, ein ehemaliger Außenminister des Sultans, der darum als Effendi angesprochen wird, und ein schöner Sechziger, eine europäische Erscheinung von größter persönlicher Kultur, ein Kaufmann von beträchtlichem Reichtum, wenn auch ohne erkennbare geschäftliche Aktivitäten. Casanova gibt ihm den Namen Jussuf.

Der Effendi entpuppt sich bald als Bilderbuchtürke, sehr den Traditionen verhaftet, aber voll dem Genuß ergeben. Einer frühen homoerotischen Attacke, der Giacomo sich behutsam entzieht, folgt in dieser Richtung nichts mehr, und Bonneval beruhigt seinen Gast: Der Effendi besitze zehn der schönsten Sklavinnen von Konstantinopel und habe es nicht nötig, beim eigenen Geschlecht Zuflucht zu suchen. Tatsächlich ist es jener Effendi, der Casanova, möglicherweise auf einen Hinweis von Bonneval, einen nächtlichen – geheimen Blick in die Badstube werfen läßt, wo sich die jungen Schönheiten seines Harems miteinander unbesorgt vergnügen.

Die Gespräche mit Jussuf hingegen bewegen sich so deutlich auf dem Niveau der philosophischen Auseinandersetzungen des Jahrhunderts, daß Gugitz und andere Casanova-Forscher die ganze Gestalt als erfunden ansehen, von Casanova eingeführt, damit er in unverdächtiger Weise seine Ideen ausbreiten und in einem Dialog mit einem Gebildeten aus einer anderen Welt vorführen könne. Aber selbst wenn die Gespräche damals nicht oder nicht mit diesem Charakter stattgefunden haben, so spricht doch manches für die Wirklichkeit der Jussuf-Episode. Am stärksten wohl das Angebot an Casanova, bei einem Verwandten des reichen Mannes auf dem Nordufer des Bosporus ein Jahr lang ohne Sorgen zu leben, sich auf den Übertritt zum Islam vorzubereiten und dann die einzige Tochter Jussufs zu ehelichen. Solch ein Anerbieten ist nicht unwahrscheinlich für einen Vater, der seinem einzigen Kind einen Gemahl von anderer als türkischer Herkunft und mit einem europäischen Verständnis für die Rolle der Frau geben will. Es ist eine bewegende Episode, die Chance eines Lebens in Sicherheit und

Reichtum und gewiß eine große Verlockung, hatte Casanova doch bis zu diesem Zeitpunkt noch nicht sehr viel Annehmlichkeiten in seinem Leben als Europäer erfahren.

Konstantinopel hatte ein kleines Nachspiel: Nach Casanovas wenig besagenden Abenteuern auf Korfu, Spieleraffairen mit der Entlarvung eines falschen Prinzen und Schlägereien, erhielt Giacomo mit der venezianischen Dilpomatenpost ein Paket von Jussuf, seinem teuren väterlichen Freund. Es enthielt neben allerlei Geschenken auch einen Brief, den Casanova in Gegenwart des neugierigen venezianischen Gouverneurs von Korfu öffnen mußte, so daß dieser zugleich mit Casanova vom Tod Bonnevals erfuhr. Er starb am 23. März 1747, Casanova hatte seine Offiziersexistenz mit wechselndem Spielerglück somit ziemlich lange ausgedehnt, und die Damen, denen er sich bei dieser Gelegenheit gewidmet hat, waren ebenso unterschiedlich wie seine Erlebnisse. Von Rang war dabei nur Andriana Foscarini, seit wenigen Jahren mit dem Venezianischen Nobile Vinzenzo Foscarini verheiratet, ein weiterer Hinweis darauf, daß Casanova in seiner Jugend vor allem verheiratete Frauen anzogen. Als skurriles Detail aus diesen Kapiteln wäre noch anzumerken, daß der Venezianer, bei aller Jugend, immer deutlicher beträchtliche medizinische Kenntnisse offenbart – und daß er, wenn die Patientin schön genug ist, keinerlei Ansteckung fürchtet.

Auf dem Tiefpunkt

*Was in Venedig undenkbar war, in der vermeint-
lichen Abgeschiedenheit der Insel Korfu wurde es möglich: Eine junge
Dame aus Venedigs erster Gesellschaft ergab sich einem zwanzigjährigen Abenteurer, von dem man inzwischen in der ganzen Flotte der
Republik und nicht wenigen Adriahäfen wußte, daß er ein Spieler war,
daß er äußerst verdächtige Liebschaften in Schauspielerkreisen pflegte
und sich je nach Bedarf als paduanischer Doktor der Jurisprudenz, als
Abbate oder als Offizier ausgab.*

Es scheint, daß Garnisonen und vor allem Hafenorte auf der
ganzen Welt auf eine besondere Weise enthemmen: durch die
Langeweile, durch die Entfernung von der zählenden Heimat,
durch das Beispiel der anderen. Und so läßt uns denn Casanova,
ohne zu flunkern, die Eroberung der schönen Patrizierin miterleben, buchstäblich von der Wade aufwärts, wo sie sich verletzt hat,
vom Verbandwechseln und den Assistenzdiensten am Krankenbett
bis zu den eigentlichen Liebesnächten. In den Memoiren noch
Madame F. genannt, ist die Ungetreue inzwischen durch die gna-
denlose Forschung völlig enthüllt: Andriana Lando, vielleicht auch
Longo, seit dem 4. 12. 1742 mit Vinzenzo Foscarini verheiratet, der
mit seinem Bruder den beinahe graziös wirkenden Palazzo am
rechten Ufer des Canal Grande besaß, dort, wo der Rio di San Staë
(nach der Kirche San Eustachio) in den Canal Grande mündet.

Andriana ist Mitte zwanzig, ihr Mann nur ein Jahr älter als Casanova. Die Huldigungen des zwielichtigen Cicisbeo läßt sie sich
offensichtlich gerne gefallen. Denn mehr als ein Cicisbeo ist Giacomo lange nicht, dann gewährt sie ihm, als vermeintlich läßliche
Sünde, *le plaisir des yeux*, die Voyeursgenüsse, muß aber bald einsehen, daß sie seine Glut damit nur angefacht hat. Zwischenstufen

lassen Casanova als verliebten Fetischisten erscheinen: Wenn er sich abgeschnittene Haare Andrianas als kostbaren Besitz in seine Kammer trägt, und er weiß, daß er gewonnen hat, als sie ihm selbst ein kleines Päckchen mit abgeschnittenen Haaren zusteckt.

Als es ernst wird, zeigt sich, daß die Dame, die sich so lange gesträubt, so lange ihre Tugenden verteidigt hat, spezielle Erfahrungen besitzt und sehr wohl versteht, sich gegen unerwünschte Folgen von Seitensprüngen zu schützen: Giacomo, der lichterloh Brennende, wird unbarmherzig zum *Coitus Interruptus* verurteilt, und daß sie mit kühlen Fingern seiner Erregung Herrin wird, zeigt, daß sie die Vernunft behält, wo er sie längst verloren hat.

Die nicht völlig befriedigten Liebhaber wurden zu allen Zeiten eine leichte Beute für Damen mit geringeren Hemmungen und ohne Verpflichtung, Rücksicht zu nehmen. Als Casanova mit heißem Kopf und anderen Hitzen in der lauen Adrianacht spazieren geht, ruft ihn aus dem ersten Stockwerk eines allzu bekannten Hauses eine Frauenstimme an. Es ist eine echte Schönheit, eine Frau aus Zakynthos, die dem Venezianer sanfte Vorwürfe macht: alle (!) hätten sie schon besucht, nur er nicht. Zwei Stunden verbringt er bei Melulla – wie sie wirklich hieß, weiß bis heute niemand –, dann ist sie so glücklich, daß sie seine Goldstücke zurückweist, und er hat sich wieder einmal eine Gonorrhoë eingefangen, die sein Verhältnis mit Andriana natürlich beendet.

Es hätte, soviel kann sie ihm noch anvertrauen, in Venedig ohnedies keine Fortsetzung dafür gegeben. Die hohe Wasserpforte des Palazzo Coccina Giunti Foscarini liegt vor aller Augen an der befahrenen Straße der Gondeln. Weiß man, was sich zwischen Giacomo und der Signora zugetragen hat? Die Offiziersstelle, die ihm beim Anbruch nach Konstantinopel zugesagt worden war, erhält jedenfalls ein anderer, Bastard eines einflußreichen Mannes, und Fähnrich zu bleiben und weiter zu warten wäre zu trostlos. Also quittiert Giacomo, als er mit der Flotte in die Lagunenstadt heimkehrt, den Dienst, hat Schulden im fernen Korfu und steht vor dem Nichts.

Sein letzter Auftritt in Uniform führt immerhin zur Befreiung des Bruders Francesco, den die Bosheit des unversöhnlichen Grimani-Sekretärs Razzetta in eben jenes Fort Sant'Andrea gebracht hat, in dem auch Giacomo gefangen saß. Francesco Casanova muß dort Gemälde kopieren, Riesenschinken von Schlachten und Pferden, und man versichert seinem entrüsteten Bruder, Francesco werde auf diese Weise wenigstens ein tüchtiger Maler.

Giacomo hat nun so ziemlich alles versucht, was in seinen Möglichkeiten stand, bis auf das Geigenspiel, von dem bisher so gut wie gar nicht die Rede gewesen war. Immerhin muß er es irgendwann erlernt haben, denn es reicht dazu, im Orchester des *Teatro San Samuele* mitzufiedeln, allerdings wohl nur, weil das Theater der Familie Grimani gehört. Der Bau ist beinahe hundert Jahre alt, man hat dort eigentlich immer nur Komödien gespielt, bis im Jahr 1710 die erste Oper in Szene geht und damit ein Orchester gebraucht wird. Das Werk ist heute vergessen, es stammte von Michelangelo Gasparini, dem jüngeren der Komponisten-Brüder, der als Sänger zur Musik kam und seine Opern nur für venezianische Theater schrieb; als Casanova ans *Teatro San Samuele* kam, war Gasparini schon lange tot.

Die Theaterleute, von denen Giacomo bis dahin vor allem die Schauspielertruppen kennengelernt hatte, waren ein Völkchen von schlechtestem Ruf und machten nach der Vorstellung die Lagunenstadt mit ihren Streichen unsicher. Die harmlosesten bestanden darin, Gondeln von der Vertäuung zu lösen, so daß sie mit der langsamen Strömung der Kanäle davontrieben. Mehr Ärger verursachte schon, wenn man Hebammen weckte und sie zu der einen oder anderen würdigen Dame schickte, oder wenn sie Ärzte aus dem Bett klingelten und hochgestellte Herren als Auftraggeber benannten. Rein kriminell waren die Überfälle auf kleine Gesellschaften einfacherer Leute, in denen eine hübsche junge Frau die Begierde der Nachtschwärmer geweckt hatte. Einen Fall, der ohne Folgen blieb, weil ein Patriziersohn die Bande anführte, wird von Casanova mit sichtlichem Behagen geschildert: Die jungen Männer in der Begleitung der Schönen wurden durch Drohungen mit der Geheimpolizei zunächst »verhaftet« und an einem entlegenen Ort abgesetzt, wo die Verschreckten sich beglückwünschten, nicht in den Bleikammern gelandet zu sein. Die junge Frau wurde in das Hinterstübchen eines Gasthofs gebracht, mit Speisen und Wein reichlich traktiert und schließlich mit ihrem Schicksal bekannt gemacht, vermutlich auch mit der Verhaftung ihres Gatten und ihrer Freunde erpreßt. Der junge Patrizier unterwarf sie sich als erster, woran sie vor allem zu stören schien, daß die anderen dabei zusahen; als zweiter machte sich Casanova an sie heran. Sein Bruder Francesco schützte vor, sich nicht wohl zu fühlen, andernfalls hätte er die gleiche Gewalttat wie die anderen begehen müssen, die stets dafür sorgten, daß jeder auf die gleiche Weise schuldig sei, um nicht verraten zu werden.

Es gab ein kleines Nachspiel, in dem jedoch von der Bandenvergewaltigung nicht die Rede war – die junge Frau hatte dies zweifellos verschwiegen, um ihre Ehre nicht zu gefährden. Sie klagte vor dem Rat der Zehn nur wegen der ausgestandenen Angst und behauptete im übrigen, gut behandelt und reichlich bewirtet worden zu sein. Es war einer jener pikanten Späße, die an der Lagune meist unbestraft blieben, und da es obendrein Karnevalszeit war, wurde die Schönheit von San Giobbe fortan zum Gegenstand einer gewissen lüsternen Neugierde und erhielt von allen, denen sie ihre Geschichte erzählte, Komplimente und Geschenke.

Die Wende in Giacomos Verhältnissen trat ein, als er nach einer vornehmen Hochzeit, der Verbindung der Häuser Cornaro und Soranzo di San Polo, einem alten und vornehmen Herrn beim Einstieg in die Gondel behilflich sein konnte. Es war der dritte Tag der Festivitäten, für einen nicht mehr jungen Patrizier also eine erhebliche Strapaze, und der Herr erlitt gleichsam in den Armen Casanovas einen Schlaganfall mit Lähmungen der linken Körperhälfte und der Zunge.

Ist es der rote Talar des Senators, ist es das Ingenium Casanovas, das ihm ein Leben lang den richtigen Augenblick signalisieren wird, der junge Orchestermusiker und Tunichtgut, der Mädchenverführer und Nachtschwärmer entfaltet jedenfalls Aktivitäten, von denen wir heute wissen, daß sie bei einem Schlaganfall wichtig und hilfreich sind, und er tut dies alles mit einer Geschwindigkeit und einem Nachdruck, als besäße er die medizinischen Kenntnisse vom Ende unseres Jahrhunderts. Ein erster Arzt wird geweckt und herangeholt zu einem ersten Aderlaß, eine Mannschaft von Eil-Ruderern schafft den Senator in seinen Palast, Casanova sorgt für einen zweiten Arzt und einen zweiten Aderlaß, zerreißt sein Hemd für Kompressen und wacht am Bett des alten Herrn, der gegen den Tod ankämpft.

Die Beruhigung in der Horizontalen, die vage Vermutung, in dem jungen Fremden einen Schutzengel erkennen zu dürfen und die eigene gute Natur eines alten Nobile wirken zusammen, und Matteo Giovanni Bragadino, Staatsmann, berühmter Redner und Patrizier der Lagunenstadt dämmert der Genesung entgegen. Da wir wissen, daß er erst 1767 stirbt, darf man sagen, daß Casanova ihm weitere fünfundzwanzig Lebensjahre geschenkt hat, trotz allem, was Bragadino in einer sehr bewegten Jugend angestellt hatte.

Es war ein Zwischenfall, der normalerweise mit einem Geldgeschenk und einer Einladung zum Essen abgetan gewesen wäre, aber Bragadino, der sich aus der Politik weitgehend zurückgezogen hatte, war Mitglied eines kleinen esoterischen Zirkels. Er nährte gemeinsam mit zwei weiteren hochgeborenen und vermögenden Freunden die Überzeugung, daß alle wesentlichen Geschehnisse und Wendungen unseres Lebens vorbestimmt seien, und daß geheime Mächte uns Helfer und Feinde zuführen nach einem nur mit Hilfe der Magie zu enträtselnden Ratschluß. Casanova war, als er diese besondere Lage erkannte, natürlich schlau genug, sich in den Sattel zu schwingen und kühn drauflos zu bramarbasieren, so daß zunächst die zwei Freunde und bald auch der Senator selbst fest überzeugt waren: Die Tatsache, daß Giacomo in dem Augenblick neben der Gondel stand, als der Tod nach Bragadino griff, lasse eine besondere und schicksalhafte Beziehung zwischen dem jungen

Venezianer und dem Kreis der Eingeweihten um Bragadino als durchaus gewiß erscheinen. Der eine der Freunde entstammte der Familie Dandolo, der andere war ein Barbaro, also allererste Relationen für einen jungen Habenichts und um so wichtiger, als sie, durch ihre esoterische Verranntheit des gesunden Urteils beraubt, der Suada Casanovas widerstandslos ausgeliefert waren. Da Giacomo aber – man weiß bis heute nicht so recht, woher – seinen Hausverstand mit einem gewissen medizinischen Ahnungsvermögen zu verbinden wußte, ging alles gut aus: Eine hitzende Quecksilbersalbe, die der zweite Arzt dem Leidenden auf die Brust gerieben hatte, wurde auf Casanovas Geheiß abgewaschen, und der Mann aus dem Nichts hatte damit seine zweite Rettungstat vollbracht. »Dies gab mir«, sagt Casanova in den Memoiren, »Mut und ich sprach wie ein Gelehrter über Dogmen der Heilkunde, und ich zitierte Autoren, die ich niemals gelesen hatte.« Es war die Zeit, da die Schulmedizin für den Patienten gefährlicher war als das gesunde Laienwissen vom Menschen und seinen Zuständen; der Quecksilberarzt mußte sich in Venedig, wo ja nie etwas geheim blieb, verspotten lassen, und Casanova erkannte, »wie leicht es den alten heidnischen Priestern gewesen sein mußte, die unwissende und daher leichtgläubige Welt zu betrügen ... Meine drei Freunde waren Leute von Geist, jedoch abergläubisch, dabei fromm und gewissenhaft. Sie waren nicht verheiratet, und da sie auf die Frauen verzichtet hatten, waren sie deren Feinde geworden.«

Damit kommt nicht nur eine zweifellos kontemplative homoerotische Komponente in diese neue Viereckbeziehung, es zeigen sich auch die Folgen des Prinzips, möglichst viele Reichtümer auf möglichst wenige Häupter der großen Clans zu vereinigen. Die Begegnung zwischen Bragadino und Casanova fand in jener Zeit statt, in der die mittlere Geburtenhäufigkeit im venezianischen Adel von 5,2 auf 3,7 absank (zwischen 1741 und 1760), und die solchermaßen mißachteten Frauen begründeten im Jahr 1750 die erste Akademie, deren Mitgliedschaft ausschließlich den Damen der Lagunenstadt offenstand. Jean Georgelin zitiert in seinem Buch über *Venise au Siècle des Lumières* einen Brief an Andrea Querini, in dem ein Mitglied der Familie Tron sich glücklich schätzt, Junggeselle bleiben zu dürfen, weil ein Bruder endlich geheiratet habe. Der Brief stammt aus dem Jahr 1746 und charakterisiert damit die Stimmung unter den Nobili in dem Augenblick, da Casanova beinahe fassungslos den Grad der Verschrobenheit, der bizarren Neigungen und des Aberglaubens einer Schicht registriert, die das Schicksal von Stadt und Republik in Händen hält.

Die konkrete und damit unschätzbare Folge bestand für Casanova darin, daß er fortan im Palazzo S. Marina wohnen konnte, eine Gondel und einen Diener zu seiner Verfügung hatte, täglich mittags mit dem Senator speisen durfte und ein Taschengeld von monatlich zehn Zechinen erhielt. Wichtiger aber war die Verbindung zu drei Herren aus führenden Familien, die über alle überhaupt denkbaren Verbindungen und Beziehungen verfügten; wichtiger war die Überzeugung des Senators, daß dieser junge Mann im Besitz besonderer, geheimer Fähigkeiten sei und daß Bragadino, wenn er gelegentlich noch im Senat erschien, alle Vorzüge Casanovas nicht genug zu rühmen wußte. Da konnte so mancher einwenden, daß dieser junge Tunichtgut längst bekannt und bar aller Geheimnisse sei, Bragadino hatte am eigenen Leib erfahren, daß es mit Giacomo Casanova eine besondere Bewandtnis haben müsse. Mit einiger Selbstbescheidung und Vernunft hätte Casanova fortan ein ruhiges, angenehmes Leben gehabt und in seiner Heimatstadt gewiß eine ansehnliche Position erreicht, aber ein Wandel der Situation bedeutet noch lange nicht die Verwandlung einer Natur oder eines Charakters ...

Obwohl retardierendes Element in der Erzählung, sind die Partien der Introspektion, so zahlreich sie sich auch in dem Memoiren finden, eine besonders reizvolle Lektüre und machen literarisch ein Gutteil ihres Wertes aus. Casanova in Dux ist keineswegs ein lächerlicher alter Lebemann, sondern ein erfahrener Zeuge des Jahrhunderts, der die bewegendsten Erkenntnisse über sich selbst gesammelt hat. Zwar ist auch ihm der Schmerz nicht fremd, den

Dante anspricht, die aufwühlende Erkenntnis, daß man in Zeiten des Glückes dieses nicht zu würdigen wußte, aber Casanova tröstet sich und uns auch immer wieder dadurch, daß er diese späten Gewissensbisse durch die behaglichen Schilderungen all jener Ereignisse unterbricht, die ihm sein unseliger Hang zum Abenteuer eingebracht hat.

Dank Bragadino hatte er ein sorgenfreies Leben in seiner Vaterstadt, arbeitete ein wenig als Schreiber bei einem Advokaten, was ihm eine Position gab und weitere Verbindungen eröffnete, und schaffte es zweifellos unter stetiger Selbstüberwindung, dieses bürgerliche Dasein drei Jahre lang ohne sonderliche Gefährdung der Freunde und der eigenen Person durchzustehen. Eine Reihe von Glücksfällen war dazu allerdings nötig, glückliche Wendungen an sich bedenklicher Situationen, wie sie im späteren Leben des Venezianers oft ausblieben.

Die Hauptgefahr für jede galante Existenz bedeutete in jenem Jahrhundert der Spieltisch, aber dank Bragadino, der auch im Alter noch großen Einfluß auf das Leben in Venedig hatte, gingen auch diese Eskapaden glimpflich aus, sei es, daß eine wohlmeinende Gräfin mit Casanova gemeinsam spielte und dadurch das Schlimmste verhinderte, sei es, daß ein Spieltisch-Gegner nach einem Riesengewinn tags darauf Bragadino wissen ließ, man habe keineswegs im Ernst gespielt, es sei alles nur Jux gewesen, ja Casanova habe sogar noch einen kleinen Gewinn erzielt.

Bedenklicher war die Begegnung mit der jungen Contessa A. S., eine der wenigen wichtigen Episoden der Memoiren, bei denen die Akribie der Enthüllungs-Biographik nicht ans Ziel gelangte oder in stillschweigender Vereinbarung aufgab, um das bekannte Geschlecht zu schonen. Wir haben also die Wahl, an die della Scala, die Sforza oder eine andere Familie zu denken, die alle im Lauf der Zeit mit den Este von Ferrara in Verbindung traten; denn aus Ferrara, das ist unbestritten, kam eines Abends eine tief verhüllte junge Frau, entstieg dem Marktboot, das auf dem direkten Kanal nach Venedig herangeschwommen war, und ließ sich von dem durch einen Zufall maskierten Casanova ansprechen, da sie völlig ratlos war und Auskünfte brauchte. (Man ging in Venedig aus guten oder weniger guten Gründen ein Gutteil des Jahres maskiert, wie heute nur noch im Karneval.)

Die geheimnisvollen Göttinnen schweben ein halbes Jahrhundert lang in Casanovas einzigartiges Leben ein; sie bringen Glück, Unglück, Leidenschaften und Schmerzen, auf jeden Fall aber Verwirrung, nur im Fall der jungen Contessa A. S. ging alles gut aus: Casanova war klug genug, sie nicht sofort in sein Bett zu holen, sondern ihr ein anständiges Zimmer zu mieten. Der Lüstling, der ihr in Ferrara die Unschuld geraubt hatte, ging durchaus zeitgerecht ins Kloster, und weder der schöne Bruder der Gekränkten noch Casanova mußten sich mit ihm duellieren. Beglückt von der Fürsorge des jungen Venezianers und seinen behutsamen Komplimenten ergab sich die Contessa A. S., als alle Gefahr vorüber war, doch noch Casanova und heiratete später, trotz dieser beiden Liebhaber, einen Marchese aus Ferrara.

Die Episode, eine von zahlreichen ähnlichen, ist historisch interessant, weil sie wie viele andere beweist, daß die venezianischen Behörden so gut wie alles erfuhren, sich in alle Verhältnisse einmischten, aber angesichts angesehener Familien vor allem aus den Nachbarstädten mit beachtlichem Takt vorzugehen verstanden. Es war eben eine Geheimpolizei am Werk, die für eine hochgebildete Oberschicht arbeitete, nicht für einen beliebigen Tyrannen.

Unser Interesse verdienen diese im ganzen glücklichen venezianischen Jahre Casanovas weniger wegen der Aktionen und Zwischenfälle, die sich als Muster noch jahrzehntelang in seinen Memoiren wiederfinden werden, als wegen der beteiligten Personen. Da ist zunächt der Senator selbst, Mattea Giovanni Bragadino, der sich nach dem schweren Schlaganfall und Tagen in Todesnähe nun wieder als ein Virtuose des typisch venezianischen *Savoir-Faire* erweist und Giacomo verschiedene Beispiele souveräner Lebenskunst gibt, ja ganze Lehrstückchen für ihn aufführt, eine Mühe, die unser Held ihm leider nicht gelohnt hat. Als Giacomo wieder einmal Spielschulden hat, rät Bragadino ihm, einen Franzosen, der Inspektor der venezianischen Marine werden will, ein Amt, das mit 3000 Dukaten jährlich dotiert ist, um 100 Zechinen anzugehen. Der Franzose drückt sich mit vielen Worten und Bragadino macht seinen Einfluß gegen ihn geltend, so daß er die schöne Position nicht erhält: Ein Mann, der in dieser Situation einem Vertrauten des Senators die vergleichsweise kleine Summe abschlägt, sei einfach zu dumm, um auf dem Intrigenparkett Venedigs Verantwortung zu übernehmen.

Die Welt, in der sich all diese Herren und Damen bewegen, ist erstaunlich klein, weil das Volk ja nicht mitzählt, weil die Bauern keine Rolle spielen, weil die Zahl der Akteure limitiert ist. Als die geheimnisvolle Contessa Casanova das schriftliche Heiratsversprechen ihres Verführers zeigt, erkennt er sofort die Schrift(!), und als er in einer Spielsaal-Intrige bei der berühmten Kurtisane Ancilla in Padua auf einen Grafen Medini trifft, ist dies keine einmalige Begegnung. Der Venezianer wird Medini, den er im Duell an der Schulter verwundet hat, ein Leben lang immer wieder treffen und er wird immer sein Feind bleiben, um welchen Ort und um welche Situation es sich auch handelt. Denn der Graf ist, wie Casanova es ausdrückt, ein *jeune étourdi comme moi*, ein junger Leichtfuß und unbesonnen wie er selbst. Aber er hatte ähnlich wie Casanova bedeutende geistige Interessen und brachte bei aller Leichtfüßigkeit die Übersetzung eines Riesenwerkes zustande: Er übertrug die *Henriade* von Voltaire ins Italienische, eine dichterische Verherrlichung Heinrichs IV. aus dem Hause Bourbon-Navarra in neun Gesängen, die in Frankreich wegen ihres antikatholischen Gehaltes verboten war. Obwohl wie die meisten Lehrgedichte literarisch nicht sonderlich aufregend, begründete das große und mutige Werk den Ruhm Voltaires, und die Beschäftigung mit dieser schwierigen und langwierigen Dichtung führt uns mit Tommaso Conte Medini eine jener Abenteuergestalten vor, die uns diesen, für das Jahrhundert so bezeichnenden Typus beinahe sympathisch machen.

Bei aller Unbedenklichkeit, bei aller Vertrautheit mit Spieler-tricks, Zuhälterei und Intrigen jeder Art, hatten sie dem Geist nicht abgeschworen, sondern huldigten ihm zwischen Duellen, Lieb-schaften, Fluchten und Kerkerhaft immer wieder, ein Leben lang. Der Adel der Medini war venezianisch, aber slawonischen Ur-sprungs und ist wohl auf militärische Verdienste bei Kriegen der Serenissima zurückzuführen. Tommaso Medini hatte eine Schwe-ster, die sehr schön gewesen sein soll; sie heiratete 1744 Leopoldo Gonzaga, Fürst von Solferino, was ihrem windigen Bruder naturge-mäß die wichtigsten Verbindungen schuf. Er wurde denn auch Ka-pitän der Stadtwache in der Gonzaga-Stadt Mantua und machte selbst eine gute Partie, als er schließlich heiratete. Im vorletzten Band der Memoiren steht das düstere Wort ›Medini war zu mei-nem Todfeind geworden‹, eine Feindschaft das ganze Leben hin-durch. Es gab *eine* Sprache – das Französische –, *eine* Gesellschaft: den echten oder angeblichen Adel, und *eine* Bühne: die Weltstädte mit ihrem gemischten Publikum, ihren unübersichtlichen Währun-gen und divergierenden Gesetzen. Man mußte einander begegnen, man konnte einander nicht mehr entrinnen. Interpol hätte leichtes Spiel gehabt, aber eben daran war damals niemand interessiert.

Hin und wieder, für unseren heutigen Geschmack viel zu selten, tritt freilich auch das kleine Volk in das Licht der Glitzerwelt, und bei Casanova natürlich vorzugsweise in weiblicher Gestalt. Da die starke venezianische Judengemeinde die Einrichtung eines öffent-lichen Leihhauses zu verhindern verstanden hatte, mußte Casa-nova eines Tages, als er einen Diamanten versetzen wollte, Venedig verlassen und sich in die *Terra ferma*, auf das zur Republik gehö-rende Festland begeben. Die Reisewege waren die Kanäle, und als Casanova vom Ufer aus auf dem Kanal nach Treviso ein hübsches Bauernmädchen in Begleitung eines Pfarrers entdeckt, hat die Epi-sode Cristina auch schon begonnen, eine der reizvollsten im ganzen Memoirenwerk, weswegen Hofmannsthal, so wählerisch er auch bei der Stoffsuche war, sich dem Zauber dieser Komödie zwischen Stadt und Dorf nicht entziehen konnte.

Die 1910 uraufgeführte Paraphrase von *Cristinas Heimreise* läßt das Wesentliche unverändert: Der Verführer erringt über das reizvoll-naive Geschöpf zwar schnell und leicht den erwarteten Triumph, fühlt sich dann aber verpflichtet, die Schöne nicht einfach zu verlassen, wie er es unzählige Male vorher getan hat, sondern arrangiert für sie eine vorteilhafte Eheschließung.

Casanova scheint selbst zu spüren, daß Cristina sich von den Salonschönheiten deutlich und vorteilhaft unterscheidet. Er schildert uns aber nicht nur ihr reizvoll-munteres und unbefangenes Wesen, sondern auch ihr Erscheinungsbild, als sei sie nicht eine natürliche und bodenständige junge Frau, sondern ein exotisches Erlebnis: »Als reiche Bäuerin geputzt, trug sie auf dem Kopfe für mehr als hundert Zechinen goldene Nadeln und Pfeile, die die Flechten ihres langen, ebenholzschwarzen Haares zusammenhielten. Lange, massivgoldene Ohrgehänge und eine zarte Goldkette, die sich zwanzigmal um ihren Hals legte, der so weiß war wie Carrara-Marmor, verliehen ihrem Lilien-und-Rosen-Antlitz einen Glanz, der mich betroffen machte. Nie zuvor hatte ich eine Dorfschönheit in so kostbarem Aufzug erblickt.« So kommt es, daß er sich in diesem Fall genaue Aufzeichnungen macht oder aber sich selbst nach Jahrzehnten in Dux an Einzelheiten erinnert: »Ihr Kleid war von schwerer Seide und mit goldenen Tressen besetzt, ein Luxus, der das Doppelte eines schönen städtischen Kleides gekostet haben mußte. Ihre Armbänder entsprachen ihrem Halsschmuck und ergänzten den reichsten Putz ... Ihr Gang war sicher und natürlich, alle ihre Bewegungen unbefangen, anmutig und frei.« Nach der Sitte der Zeit nächtigte man in Treviso (von Preganziol, dem Heimatort des Mädchens, nur sieben Kilometer entfernt) in einem gemeinsamen, großen Zimmer. Der Onkel Cristinas schlug als besorgter Tugendhüter vor, daß alle angekleidet schlafen sollten, aber Cristina schätzte ihr kostbares Seidenkleid offensichtlich höher ein als die Gefahren.

»Ich sagte nichts«, erzählt Casanova, »aber ich vermochte mich vor Verblüffung nicht zu fassen. Cristina, dieses reizende Mädchen und geschaffen, einen Schüler des Plato zu verführen, würde splitternackt mit ihrem geistlichen Onkel in einem Bett schlafen, der allerdings sehr alt und sehr fromm war.« Casanova versichert uns, daß dies unter braven Leuten damals gang und gäbe war, setzt aber hinzu, daß er sich zu diesen braven Leuten niemals gerechnet habe, und so geschieht, was geschehen mußte.

Cristina erlernt in der Hoffnung, den jungen Venezianer heiraten zu können, sogar das Schreiben (obwohl sie behauptet, daß sich in ihrem Dorf kein Mädchen darauf verstünde) und man begibt sich nach Erledigung der Geschäfte in Treviso zurück nach Venedig, wo Casanovas einflußreiche Freunde wenig Mühe haben, einen ansehnlichen Gatten für Cristina zu finden. Gewöhnt, in diesen Dingen ein wenig manipuliert zu werden, schluckt die Schöne die Enttäuschung hinunter. Denn auch der Ersatzmann ist jung und elegant, und so kommt es zur Hochzeit Cristinas mit Carlo, dem Mündel eines Grafen Algarotti. Die Mitgift Cristinas reicht dazu, Carlo Bernardi eine gute Stelle in der Verwaltung zu kaufen. Sympathisch berührt, daß Cristina sich weigert, ein städtisches Hochzeitskleid anzulegen: Sie wolle in der Mitte ihrer Gefährtinnen so erscheinen, wie stets und das wohl auch, weil sie wußte, daß sie die Schönste sein würde. Da viele Gäste, auch von Adel, aus Treviso angereist waren, fand Casanova zu seiner Überraschung kaum Platz in der Kirche und beschied sich auch bei der Hochzeitsfeier mit einem Platz ferne von der schönen Braut, um nichts zu verraten.

Casanova hat in dieser oder ähnlicher Weise noch oft für seine Amouren und deren weiteres Schicksal vorgesorgt; sein Ebenbild, das Hofmannsthal Florindo nennt, wird hingegen ungewollt zum Ehestifter. Man darf es bedauern, daß das ironische und ein wenig leichtfertige Stück nicht, wie ursprünglich geplant, zum Libretto für eine Richard-Strauss-Oper wurde.

Das siebzehnjährige Dorfmädchen aus Preganziol an der Serva, das erst Schreiben gelernt hatte, als eine Heirat nach Venedig dies nötig erscheinen ließ, geriet dank Casanova und seinen Freunden in eine Familie von größter Kultur. Die Algarotti waren nämlich preußische Grafen von Gnaden des großen Friedrich, den Francesco Algarotti auf der Rückreise von Sankt Petersburg in Potsdam kennengelernt hatte, als er noch Kronprinz war. Friedrich hatte schon in seinem ersten Regierungsjahr nicht nur seinen Freund zum Grafen gemacht, sondern auch dessen Bruder Bonomo, den Protektor von Carlo Bernardo und damit gleichsam Schwiegervater Cristinas. Graf Francesco (1712–1764) war auch mit Voltaire befreundet und hinterließ ein umfangreiches Werk an Poesien, Reisebeschreibungen und Briefen, das bei uns leider so gut wie unbekannt geblieben ist.

So oder ähnlich hätte es durchaus noch ein paar Jahre weitergehen können. Casanova amüsierte seine drei Beschützer, denen es offensichtlich nicht sehr schwer fiel, seine Eskapaden zum Guten zu wenden und die es seiner geheimnisvollen Verbindung zu einem allwissenden Schutzengel zuschrieben, wenn sich Affairen wie mit der jungen Contessa oder der hübschen Cristina auf wunderbare Weise in allgemeine Zufriedenheit verwandelten. Ein Marktschiff aus Ferrara und eine Barcarole nach Treviso, sie hatten Gutes gebracht; ein angesägter Balken aber brachte Unheil und vertrieb Casanova aus seiner Heimatstadt.

Irgendwann hatte er – Ereignisse dieser Art zählte und erzählte er gar nicht mehr – einem nicht sehr standfesten Fünfziger ein hübsches Zöfchen ausgespannt. Seither sann der Mann auf Rache und fand Gelegenheit dazu, als die stets fröhlichen Freunde Giacomos sich daran gewöhnt hatten, zu einem bestimmten Gasthaus eine Abkürzung zu nehmen. An einer Stelle des Weges überquerten sie einen Abwassergraben auf einem Balken. Immer wieder ging man drüber, lachend balancierend, heiter oder angeheitert, aber eines Tages – die anderen mußten wohl gewarnt gewesen sein – brach der Balken in der Mitte, und Casanova versank bis zum Hals im stinkenden Abwasserschlamm und den Fäkalien einer ganzen Gasse. Er zeigte seinen Ärger nicht, um den Spaß der anderen nicht noch zu erhöhen, sondern verhielt sich einige Tage ruhig, bis er gegen einen Dukaten von einer Magd erfuhr, wer hinter dem Anschlag steckte. Dann erst rächte er sich, wie er meinte, durch einen eben so üblen Ulk: Casanova grub einen tags zuvor Bestatteten soweit aus, daß er dem Toten mit großer Mühe einen Arm abtrennen konnte, versteckte sich dann im Schlafzimmer des gehörnten Zofenfreundes und zog ihm gegen Mitternacht immer wieder die Decke vom Leib, bis dieser – einen Schabernack der Zechkumpane vermutend – endlich wütend nach dem Ruhestörer griff. Aber nicht Casanova bekam er zu fassen, sondern den abgetrennten Arm des Toten.

Giacomo machte sich aus dem Staub, zog dann vorsichtig Erkundigungen ein und erfuhr, daß jener Mann einen Schlaganfall erlitten und die Sprache verloren habe, und daß er gelähmt sei. Und so, wie der Anschlag auf den Balken nicht geheim geblieben war, wurde auch Casanova schnell als der Schuldige entdeckt. Nach seiner Art schrieb er hochtrabende Briefe, leugnete alles ab, sah sich aber Behörden gegenüber, die nicht mit sich spaßen ließen, denn Grabfrevel, Störung der Totenruhe, Verstümmelung eines Leichnams, das war etwas ganz anderes als ein nächtlicher Streich unter Zechgenossen.

Bragadino erklärte sich außerstande, die Kirche zu besänftigen und riet zu schnellster Flucht, denn der Geschädigte, ein Grieche, sei in einem bejammernswerten Zustand und der Kanzler des Bistums Treviso habe Anklage erhoben. Vermutlich fürchtete der Senator auch, daß in diesem Zusammenhang das Gespräch auf die esoterischen und kabbalistischen Riten kommen konnte, mit denen Casanova, ohne Schaden zu stiften, die Herren Bragadino, Barbaro und Dandolo in ihrem Aberglauben bestärkt hatte.

»Nie habe ich«, schreibt Giacomo, noch in der Rückschau sichtlich betrübt, »Venedig mit so tiefem Bedauern verlassen. Ich hatte drei oder vier Beziehungen, die mein Herz wärmten; ich hatte eine Glückssträhne am Spieltisch. Meine Freunde versicherten mir, daß sie etwa ein Jahr brauchen würden, um meine Angelegenheiten zu regeln. *Tout s'accomode à Venise lorsque le pays a oublié l'affaire*: Alles kommt in Ordnung, wenn in der Stadt nicht mehr davon gesprochen wird. «

Die eilige Abreise über Verona nach Mailand – weiter mußte man zu jener Zeit nicht fliehen – setzt Casanova in seiner Erinnerung mit dem Januar 1748 an, doch muß es wohl später gewesen sein, denn er erscheint noch im August und sogar im Dezember 1748 auf Dokumenten als in Venedig anwesender Zeuge. Er war also vierundzwanzig Jahre alt, als sich sein Schicksal auf diese Weise wendete.

Die Stadt des Lichts

Im August des Jahres 1750 trifft Casanova endlich in Paris ein. Endlich, weil er sich mit erstaunlicher Intensität Italien und der Levante gewidmet hatte, obwohl in ihm alles nach einer Begegnung mit der Hauptstadt des Jahrhunderts verlangte, der leuchtenden Stadt an der Seine, in der d'Alembert und Diderot inzwischen zu Männern gereift waren und die sich anschickte, die Welt zu verändern, das Ancien Régime zu vergraben.

Nun ist der Abenteurer in seiner klassischen und reinsten Ausprägung, wie sie durch Casanova, Cagliostro oder den Grafen von Saint-Germain verkörpert wird, ohne die gesellschaftlichen Verhältnisse der alten monarchischen Ordnungen weder möglich noch überhaupt denkbar, und die Revolutionäre der Jahre nach 1789 werden auch – humorlos und gewalttätig, wie die Welt sie kennegelernt hat – für Spieler, Scharlatane und Hochstapler wenig Verständnis aufbringen. Im Augenblick aber, in jenem heißen August des Jahres 1750, ist die Welt, die ein Casanova braucht, noch in Ordnung.

Paris wird als die Hauptstadt des neunzehnten Jahrhunderts bezeichnet; sie war die eigentliche und keineswegs geheime Hauptstadt des ganzen Kontinents aber schon seit 1650 und blieb es bis 1950, also dreihundert Jahre lang, und sie hatte selbst in ihren düstersten Jahren unter der deutschen Besatzung 1940–1944 noch soviel magische Kräfte der Anverwandlung, daß sie als Metropole der Besiegten im Theater und im Film ihren größten Glanz entwickelte. Dieses Stadt-Wunder in einem absolutistischen Königreich hatte die Kriege des Sonnenkönigs ebenso überstanden wie die Ausschweifungen des Regenten Philippe von Orléans und die Korruption seines mephistophelischen Beraters, des Kardinals Dubois.

Sie litt nicht sichtbar unter einem König, der sich fast ausschließlich für Frauen interessierte und unter Ministern von exemplarischer Inkompetenz, die in der herrschenden Mätressenwirtschaft vor allem durch Intrigen in Anspruch genommen wurden. Ludwig XV., der als Urenkel des Sonnenkönigs in kindlichem Alter König geworden war, wußte vom Krieg nur soviel, wie er bei militärischen Spielen im Palastgarten von seinem Feldherrenhügelchen mitbekommen hatte. Als sich seine Minister dann zum erstenmal für eine französische Kriegsteilnahme in den mitteleuropäischen Erbstreitigkeiten aussprachen, antwortete ihnen Ludwig XV., daß er lieber auf seinem Hügelchen bleiben und von ferne zusehen würde – eine höchst weise Entscheidung, bei der dieser schöne, elegante und wohlerzogene Monarch leider nicht lange blieb.

Obwohl reisende italienische Theatertruppen die Bühnen ganz Europas bespielten, hatte sich das Französische als die Gemeinsprache des gebildeten Europa durchgesetzt, weniger wegen Corneille und Racine als durch Molière, Voltaire und die Autoren modischschlüpfriger Romane und absurder aber fesselnder Theaterstücke wie jene von Sohn und Vater Crébillon, in deren Schöpfungen die Panerotik der Régence in Büchern und auf den Bühnen weiterlebte. Mit welcher Emphase diese Unterhaltungskost der guten Literatur vorgezogen wurde, geht daraus hervor, daß Voltaire als Bühnenautor vor allem gegen die Alleinherrschaft des älteren Crébillon anzukämpfen hatte – eine Tatsache, die uns erklärt, warum Casanova, der in seiner Frechheit die Welt stets von oben herab betrachtete, in Paris eben jenen Prosper Joliot de Crébillon, Sieur de Crais-Billon, zu seinem Französischlehrer erkor, eine Berühmtheit von immerhin sechsundsiebzig Jahren (nicht achtzig, wie Casanova schreibt).

Vermittelt wird die Bekanntschaft natürlich durch eine Frau, durch die Schauspielerin Silvia Balletti, die dem Alter nach Casanovas Mutter sein konnte, von ihm aber, so oft er von ihr spricht, mit Ausdrücken der Verehrung und Bewunderung und echter Zärtlichkeit bedacht wird. In ihrem Kreis lernt Casanova den alten Dramatiker kennen, rezitiert ihm sogleich eine Szene aus einer seiner

Tragödien auf italienisch und hat damit nicht nur das Herz der greisen Koryphäe gewonnen, sondern auch einen Präzeptor für das Französische, das Casanova – nach einer etwas gewagten Bemerkung des Fürsten de Ligne – nie richtig erlernt hat. Warum er die Sprache dennoch für die Niederschrift seiner Memoiren wählt, ist freilich leicht beantwortet, war er doch damit in der gleichen Situation wie Marco Polo ein Halbjahrtausend vor ihm: Beide Venezianer und echte Berühmtheiten ihrer Heimatstadt mußten sich, wollten sie gehört werden, des Französischen bedienen, da sie die italienische Literatursprache, das Toskanische, gar nicht oder nur unzureichend beherrschten und nicht hoffen durften, daß das gewiß reizvolle, melodische und in mancher Besonderheit dem Toskanischen überlegene Venezianisch ihren Schriften wirkliche Verbreitung sichern könnte.

Es war, da Crébillon seine Sache sehr ernst nahm, Casanovas dritte und nun auch erfolgreichste Begegnung mit dem Französischen. Die erste hatte, weil die Lehrerin zu jung, zu hübsch und in einer heiklen Situation gewesen war, zu Casanovas überstürzter Flucht aus Rom geführt; die zweite Begegnung war die bizarrste und hat wohl dazu beigetragen, daß Casanova das Französiche und Frankreich als Elemente seines Schicksals erkannte. Es war in Cesena, also im Kirchenstaat, daß Casanova sich wieder einmal bemüßigt fühlte, mit vielen Worten und großen Gesten in einen Streit einzugreifen, der ihn gar nichts anging: Ein ungarischer Offizier lag in einem Gasthof mit einem weiblichen Wesen im Bett, von dem die kirchlichen Behörden zu wissen wünschten, ob sie, diese in Offiziersuniform reisende Unbekannte, mit dem Ungarn verheiratet sei. Nun, sie war es nicht nur nicht, sie konnte sich mit dem Offizier, der ungarisch, lateinisch und deutsch sprach, nicht einmal unterhalten, denn sie war – wie Charles Samaran herausgefunden hat – eine Frau aus ältestem französischen Adel und hieß natürlich nicht Henriette wie in den Memoiren, sondern Jeanne-Marie d'Albert de Saint-Hippolyte aus einer Familie, die nicht wenige Berühmtheiten und sogar einige Herzöge aufweist. Die nicht nur hinsichtlich ihres Namens, sondern vor allem durch ihr Verhalten rätselhafte junge Frau hatte von einem alten Offizier, mit dem sie reiste, absolut *sans façon* zu dem Ungarn gewechselt und war nach einer Weile, während der Casanova den beiden nicht von der Seite wich, ebenso ohne Umstände zu dem Venezianer übergegangen. In einer Phantasieuniform, die ihr offenbar ausgezeichnet stand, vor allem aber dann, wenn sie diese nicht anhatte, entzückte sie Casanova in Parma durch einige Wochen und begegnete ihm noch mehrmals in seinem Leben, ohne daß er jemals die Identität der bei aller Freizügigkeit doch sehr selbstbewußten Erscheinung aus dem Clan der Herzöge von Luynes preisgab.

Casanova war also mehrfach motiviert, durch Henriette, durch Paris und durch den väterlichen Charme des alten Crébillon, und da Poesie damals sehr viel galt, da der Gebildete beinahe die Pflicht hatte, sich einigermaßen poetisch vernehmen zu lassen, wenn die Gelegenheit dies erforderte, stellte sich zwischen dem nicht mehr sonderlich umschwärmten Dramatiker und dem Paris-Novizen Casanova eine Freundschaft ein. Trotz aller Eitelkeit und unbestreitbaren Sprachbegabung glaubte der Venezianer seinem Mentor, wenn dieser behauptete, Casanova verstehe sich zwar im Französischen mitzuteilen, doch seien alle Sätze, die er bilde, italienische Sätze mit französischen Vokabeln. »So ging ich denn«, berichtet Casanova, »dreimal in der Woche zu Crébillon, und dies ein ganzes Jahr hindurch. Ich habe bei ihm alles Französich erlernt, über das ich verfüge, bin aber die italienische Wortfolge und gewisse Wendungen auch in dieser Sprache nie ganz losgeworden. Ich erkenne diese Fehler in den Schriften anderer, nicht aber in meinen eigenen, so wie ich nie imstande war, zu sagen, worin denn die Fehler bestünden, die Titus Livius angeblich im Lateinischen gemacht hat.«

Vermutlich wäre Casanova seinen italienischen Akzent schneller losgeworden, hätte er sich nicht auch in Paris mit Vorliebe in Gesellschaft der italienischen Theater- und Tänzerensembles bewegt und jede Gelegenheit wahrgenommen, italienische Reisende kennenzulernen. Und da die Italiener damals ganz Europa unterhielten, fanden es die Herren und Damen der Hofgesellschaft als durchaus natürlich, über jeden Italiener zu lachen, mit dem sie zusammenkamen und etwa Casanova, da er auffällig und präpotent wie stets überall anzutreffen war, als einen verspäteten Hofnarren anzusehen. Zumindest die wirklich hohen Herrschaften – der Feldmarschall und Herzog de Richelieu etwa oder die spätere Marquise von Pompadour, damals schon *Maitresse en titre* – lachten unbekümmert über unseren Venezianer, und dieser ließ es sich gefallen: Andere zu amüsieren war immerhin besser als gar nicht bemerkt zu werden.

1750–1752, die Jahre von Casanovas erstem Parisaufenthalt, sahen die Favoritin im vollen Glanz ihrer Schönheit, aber noch nicht im Besitz der Macht. Jeanne-Antoinette Poisson, verehelichte Lenormant-d'Etiolles, war neunundzwanzig Jahre alt, groß, schlank, mit höchst reizvollen mobilen und schwer deutbaren Gesichtszügen begabt, von ihrer Mutter mit allen Künsten der Koketterie ausgestattet und nur in den Augenblicken, auf die es ankam, ein wenig kühl, was ihre erste Nacht mit dem König scheitern ließ. Erst, als es der Schönen gelang, den König als Schutzherren gegen einen (tatsächlich) eifersüchtigen jungen Gatten zu gewinnen, begann ihre offizielle Rolle: Sie wohnte fortan in Versailles, sie erhielt Lehrer und eigenes Personal, sie hatte den ersehnten Rahmen für das Schauspiel gefunden, das sie nun gab und dessen Strapazen ihre Gesundheit unterhöhlten. Auch ihre Vorgängerin in der Gunst des Monarchen, die Herzogin von Châteauroux, starb so jung, daß es Gerüchte über eine Vergiftung gab.

Casanova, der nach einem ersten kleinen Wortwechsel im Theater der Marquise vorgestellt worden war, wußte natürlich schon, welche Rolle sie am Hof spielte, und in ihrem Günstling und späteren Außenminister Bernis, dessen Maître de Plaisir und engster Vertrauter in gemeinsamen Ausschweifungen Casanova werden sollte, hatten die Marquise und der Venezianer eine Schlüsselfigur der Epoche als beinahe intim zu nennendes Bindeglied, weswegen ein paar Worte über diese bemerkenswerte Frau gesagt werden müssen.

In den älteren Nachschlagewerken, vor allem den nicht-französischen, kommt sie außerordentlich schlecht weg, und der sonst so maßvolle Alte Meyer, ein von Jahr zu Jahr kostbarer werdendes Lexikon, schreibt wörtlich ›sie bereicherte sich, ihre Familie und ihre Günstlinge auf das schamloseste und erwarb in sechs Jahren ein Vermögen von zwanzig Millionen (Livres), obwohl sie jährlich an die eineinhalb Millionen für ihre eigene Person ausgab.‹ Der nicht minder berühmte große Larousse, die Bibel der Franzosen, schwelgt hingegen in der Aufzählung ihrer persönlichen Vorzüge und äußeren Reize, räumt aber ein, daß sie über die Maßen ehrgeizig gewesen sei, dazu kalt und raffiniert. Von Casanova scheint sie nie Notiz genommen zu haben, während er sich in richtiger Einschätzung seiner Chancenlosigkeit an ihren Bruder hielt. Ihn stattete die Marquise reichlich mit dem aus, was man heute Insider-Wissen nennt, machte ihn, da er über alle Bauvorhaben Bescheid wußte, zum reichen Mann und hörte auf ihn, so daß Casanovas Vermutung, dieser Bruder könne etwas für Francesco, den Maler tun, durchaus berechtigt war und uns den Tatsachensinn des Venezianers bestätigt, so oft er ihn auch selbst in den Memoiren bezweifelt und in Frage stellt.

War die Favoritin für ihn unzugänglich, so erhielt er doch durch einen Zufall Gelegenheit, einer Mahlzeit beizuwohnen, die Ludwigs unglückliche, unzählige Male betrogene Gemahlin einnahm, die polnische Königstochter Maria, sieben Jahre älter als Ludwig XV., ein in Frömmigkeit und Enttäuschungen, Demütigung und Vereinsamung dahindämmerndes Wesen. Casanova schildert uns, wie sie, von zwei Nonnen bedient, ihr Mahl einnahm, während ein Halbkreis von zehn ausgesuchten Kavalieren stumm zusah.

Ein einziges Mal fühlte sie sich bemüßigt, den Blick zu erheben und einen der Herren einer Ansprache zu würdigen. Diese lautete: ›Ich glaube, dieses Ragout ist ein Hühnefrikassee, Herr von Löwendal?‹ worauf der Recke submissest antwortete: ›Ich bin derselben

Ansicht, Madame‹. Es ist Ulrich Friedrich Waldemar Graf von Löwendal, seit der Einnahme der Festung Bergen op Zoom Maréchal de France, Held vieler Schlachten, der sich hier für die Hofetikette von Versailles zum Popanz machte. Wenn Herren dieses Formats den *Chevalier servant* mimten, konnte in Paris kein Mangel an großen Namen bestehen, und tatsächlich lernte Casanova – ohne daß irgend jemand wußte, wer er sei – gleichsam nebenher und weil er sich überall hinzudrängte, eine Reihe von Persönlichkeiten kennen, die zu den Akteuren des Jahrhunderts gerechnet werden müssen: Der österreichische Gesandte Wenzel-Anton Graf Kaunitz-Rietberg, nach seiner Pariser Zeit siebenundzwanzig Jahre lang Leiter der Außenpolitik der Donaumonarchie, der Schotte George Keith, 10th Earl Marischal of Scotland, Friedrichs II. Freund und Botschafter am Pariser Hof. In dessen Gesellschaft befand sich auch der Graf Bernis, der damals freilich von Casanova so wenig Notiz nahm, daß der Venezianer ihn später, als man einander beinahe allzugut kannte, an diese erste Begegnung erinnern mußte. An Keith, einen Mann von großen geistigen Qualitäten und eindrucksvoller menschlicher Reife, behauptet Casanova sich besonders eng angeschlossen zu haben, sagt uns aber nicht, wie das vor sich ging und wohin es führte.

Erstaunlicher als diese angesichts der vielen Festivitäten immerhin möglichen Bekanntschaften ist die Tatsache, daß sich die offiziellen Vertreter der Lagunenrepublik gegenüber dem Flüchtling Casanova so verhielten, als habe es keine Verfolgung durch die Inquisition gegeben. Es handelte sich allerdings sowohl bei Francesco II. Lorenzo Morosini als auch bei seinem Nachfolger Alvise II. Zuanne Mocenigo um Herren aus Venedigs höchster Aristokratie, Ritter der *Stola d'Oro* und ausgestattet mit den allerbesten Verbindungen, die schon sehr viel hätten anstellen müssen, wäre ihnen Kritik gefährlich geworden. Morosini und Mocenigo öffneten beide ihr Haus dem jungen Landsmann, der sich in Venedig ja auch im objektiven Sinn ganz ansehnlicher Vergehen schuldig gemacht hatte. Ja Morosini tat, was er konnte, für Giacomo und dessen Bruder, den Maler, und verwendete sich später gemeinsam mit den venezianischen Freunden für eine Niederschlagung der gegen Casanova anhängigen Verfahren.

Was Casanova dennoch fehlte, war eine ihn wirklich beschäftigende Beziehung zu einer Frau, und das in der Stadt der Liebe! Die venezianischen, neapolitanischen und sizilianischen Truppen mit ihren Komödiantinnen und Tänzerinnen waren in Paris an Kontakten mit mittellosen Landsleuten ganz und gar nicht interessiert; die zwei jungen Frauen, die Casanova aus diesem Milieu kennenlernte, wanderten sehr schnell zu wohlhabenden Liebhabern aus der Seinestadt ab, was ihnen gut bekam, wenn sie diesen treu blieben, und was sie unter die Räder brachte, wenn sie meinten, vom einen zum andern flattern zu können. Es konnte also nicht ausbleiben, daß Casanova den Weg der Vereinsamten ging und eines jener Häuser aufsuchte, die bis zu den unseligen Aktionen der Madame Richard im Frühjahr 1946 auch in unserem Jahrhundert zum Ruhm der Stadt Paris einiges beitrugen. Casanovas Ausruf, der seinen Bericht einleitet, klingt wie eine Klage: »Das Hôtel du Roule war in ganz Paris berühmt, aber ich kannte es noch nicht.« Eine Madam Pâris, die bessere Tage gesehen hatte, und vor allem mit beiden Augen, hatte, durch geheimnisvolle Züchtigungen einäugig geworden, das Etablissement knapp außerhalb der Grenzen des damaligen Paris eingerichtet und sinnigerweise nach einem Dorf benannt, dessen Gänsemarkt schon im dreizehnten Jahrhundert berühmt gewesen war. Die wachsende Weltstadt griff natürlich später auch nach diesem Dorf, nicht ganz ohne die geplanten Traditionen der Lokalität zu mißachten, denn es war die schöne und leichtlebige Pauline Borghese, Napoleons treueste Schwester, die sich in den Jahren 1803 bis 1814 hier niederließ. Heute entspricht die Chaussée du Roule zum größten Teil der eleganten Rue du Faubourg Saint-Honoré.

Der jüngere Moreau hat ein Intérieur des Hôtel du Roule gemalt, Voltaire fand es nicht unter seiner Würde, dem Haus eine Devise zu ersinnen; über seine Zeit hinaus bekannt wurde das Haus der Pâris jedoch durch die Schilderung Casanovas, der sich mehr als einmal gerühmt hat, für seine Person der Bordelle wie der Dirnen entraten zu können. Es gab einen aktuellen Anlaß: Eine hübsche italienische Schauspielerin namens Anna Maria Veronese, von ihren Verehrern Coraline genannt, hatte Casanova eine Abfuhr erteilt, als sich Giacomo, geblendet von den Reizen der eben Zwanzigjährigen, auf die aussichtslose Rivalität mit den großen Lebemännern von Paris einließ. Das Nichts an Abenteuer, das sie ihm gewährte, endete mit ihrem Übergang zu einem Fürsten von Monaco, dem ein Graf de la Marche folgte, also ein Herr aus einer der ältesten Familien des Kontinents. Schon mit dreißig Jahren wird sie eine Marquise de Silly sein und mit zweiundfünfzig Jahren tot ...

Casanova folgte den Einflüsterungen seines Freundes Patu, der als Trösteinsamkeit das Hôtel du Roule vorschlug. »Die Inhaberin des Etablissements hatte es mit Geschmack ausgestattet«, schreibt Casanova im dritten Buch seiner *Histoire de ma Vie*, »und unterhielt dort zwölf oder vierzehn ausgesucht hübsche Mädchen. Zudem hatte sie einen guten Koch, erlesene Weine und ausgezeichnete Betten. Jeder Besucher wurde von ihr persönlich willkommen geheißen. Sie hieß Madame Pâris und erfreute sich des Schutzes der Polizei. Da man von Paris aus nur mit dem Wagen zu ihr gelangen konnte, durfte sie sicher sein, daß ihre Besucher Leute von Stand oder Vermögen sein würden. Im Haus selbst herrschte eine hervorragende Ordnung; jedes Vergnügen hatte seinen im voraus festgelegten Preis, und der war nicht hoch. Man bezahlte sechs Francs für die Mahlzeiten mit einem Mädchen, das Doppelte, wenn man dinieren wollte, und einen Louisdor wenn man soupierte und im Haus schlief. Es war ein Haus, in dem man nichts riskierte und von dem alle nur mit Bewunderung sprachen.«

Die Pâris wußte genau, worauf es dem guten Publikum ankam, das verrät ihre kurze Begrüßungsansprache, die wohl bei jedem Gast etwa so lautete wie bei Casanova und Patu, eine Ansprache, der die erste Vorstellung der vierzehn mousselinbekleideten Mädchen und die erste Wahl der Partnerinnen vorangegangen war:

»Sie können nun nach Belieben in meinen Gärten spazierengehen, Messieurs. Erfreuen Sie sich an der guten Luft, an dem Frieden und der Ruhe, die hier herrschen, und seien Sie im übrigen versichert, daß jedes meiner Mädchen vollkommen gesund ist ...«

Durch die im voraus mitgeteilten festen Preise hatte sie auch unliebsame Diskussionen über den Liebeslohn und die Angst vor dem Übervorteiltwerden ausgeschaltet; in einem Punkt aber geizte sie: mit der Zeit. Immer, wenn Casanova und Patu gerade so weit waren, daß sie sich den speziellen Vorzügen ihrer Erwählten widmen wollten, erschien die Pâris mit der Uhr in der Hand und kassierte, bis es den beiden Freunden zu dumm wurde:

»Ich nahm Patu beiseite und wir tauschten zunächst ein paar philosophische Gedanken über die bekannte Tatsache, daß unterbrochene Vergnügen einen unbefriedigt lassen. ›Gehen wir noch ein drittes Mal in den Serail‹, schlug ich vor, ›wählen wir eine Dritte und lassen wir uns versprechen, daß wir mit dieser dann bis zum Morgen ungestört sein werden!‹

Patu fand meinen Vorschlag nach seinem Geschmack. Wir unterbreiteten ihn der Dame des Hauses, und diese antwortete, daß sie uns nun als Männer von Geist erkenne. Als wir zum drittenmal im Serail erschienen, ohne uns an die Mädchen zu halten, die wir bisher gehabt hatten, lachten die anderen die vier Unglücklichen aus, und diese wiederum rächten sich an uns, indem sie uns allerlei verfängliche Schimpfnamen gaben.

Ich achtete nicht mehr darauf, als ich mein drittes Mädchen gefunden hatte, denn sie war eine ausgesprochene Schönheit. Ich dankte dem Himmel, daß sie mir bis dahin entgangen war, denn nun war ich sicher, mich ihr vierzehn Stunden lang widmen zu können ... Sie sah mich stolz, ja verachtungsvoll an und ich brauchte eine gute Stunde, um sie für mich einzunehmen. Sie fand nämlich, daß ich unwürdig sei, mit ihr zu schlafen, weil ich mir erlaubt hatte, sie weder beim ersten noch beim zweiten Mal zu wählen«. Man sieht, daß die Mädchen im Rahmen ihres Gewerbes Stolz hatten und sich ihres relativen Wertes durchaus bewußt waren.

Patu hatte beim dritten Gang eben jene gewählt, die schon die Gunst Voltaires genossen hatte, und Casanovas Kennerblick hatte die Saint-Hilaire erkoren, die bürgerlich Gabriele Siberre hieß und später zu einer bekannten Erscheinung der Pariser Lebewelt aufstieg. Sie fesselte den verwöhnten Venezianer so, daß er den weiten Weg zum Hôtel du Roule noch mindestens zehnmal antrat.

Ludwig XIV. hatte die Maitressen zwar nicht erfunden, aber er hatte ihnen ihren glanzvollen Platz am Hof geschaffen, und unter dem Regenten, der ihm während der Minderjährigkeit Ludwigs XV. nachfolgte, war dieses Regime völlig ungehemmt weitergegangen. Man fühlte sich in einem Interimszustand und zumindest in moralischer Hinsicht keinen Zwängen unterworfen. Ludwig XV. nun, selbst ein schöner Mann und mit Recht der erste Kavalier seines Reiches genannt, hatte die Vorliebe für schöne Frauen zu einer Maxime des höfischen Lebens erhoben und einige Herren damit beschäftigt, ihn auf jede schöne Frau aufmerksam zu machen, die sich im Umkreis des Hofes zeigte. Es gibt für diese unwürdige Rolle die Bezeichnung *Pourvoyeur*, und ein intriganter Kammerdiener wie Lebel erwarb sich mit diesen Aktivitäten ebenso zweifelhafte Verdienste wie später der bankrotte Graf und Berufsspieler du Barry.

In zwei inzwischen wohldokumentierten und vielbesprochenen Fällen war es aber Casanova, der dem König die Mädchen zwar nicht zuführte, aber doch die entscheidenden Hinweise gab und den Entdeckerruhm, wenn es denn einer ist, für sich in Anspruch nehmen kann: Im Fall der Louison O'Morphy, weltbekannt geworden durch den schönsten Rückenakt der Kunstgeschichte, für den sie François Boucher als Modell gedient hatte, und Mademoiselle de Romans, eine schöne Frau aus dem Provinzadel voll Mut und Würde im Kampf um den Sohn, den sie dem König geboren hatte und der wie andere uneheliche Kinder des Monarchen von der Bildfläche verschwinden sollte.

Man kennt das Bestreben vieler Memoirenschreiber, sich in die große Geschichte einzuklinken, sich in der angeblichen Nähe großer Persönlichkeiten zu sonnen oder sich gar als den geheimen Urheber großer Ereignisse zu präsentieren. Man hat Casanova darum die Geschichte von seiner Entdeckung der Louison O'Morphy so lange nicht glauben wollen, bis aus den Erinnerungen des Pariser Polizeipräsidenten d'Argenson, ein halbes Jahrhundert nach dem Tod Casanovas publiziert, alles klar und bewiesen wurde, was der Venezianer berichtet und vermutet hatte und, da er ja Polizeiakten nicht einsehen konnte, mit Fragezeichen versehen mußte wie zum Beispiel die Herkunft der jungen Schönheit.

Während Patu, Advokat, Dichter und der Gefährte seiner Ausschweifungen, sich einer hübschen Schauspielerin widmete, suchte Casanova in der engen Wohnung nach einem Schlafplatz und fragte die kleine Schwester, ob sie ihm wohl gegen einen Taler ihr Bett abtreten würde. Der ›Schmutzfink von vierzehn Jahren‹, wie der Venezianer sich ausdrückte, war durchaus dazu bereit, aber das Bett war ein primitives Holzgestell mit Strohsack; die Kleine freilich erwies sich bei näherem Hinsehen als vollkommene Schönheit, und so stellte Casanova das Mädchen, abermals gegen einen Taler, zunächst einmal in die Badewanne und wusch es gründlich, wobei ihm klar wurde, welches Kleinod an Jugend und früher Perfektion aller Linien er da vor sich habe. Und die Kleine war, wie sie ihm sogleich versicherte, auch noch Jungfrau, das sei, wie ihre Schwester ihr eingebläut hatte, mindestens fünfundzwanzig Louisdor wert.

Argenson, der alles weiß, bringt Ordnung in diese zunächst etwas mysteriöse Begegnung, denn die Polizei kennt die Familie: Es handelt sich um einen irischen Offizier, der nach dem Sieg der sogenannten Glorreichen Revolution, den die Oranje-Männer bis heute feiern, mit katholischen Truppenteilen wie Jakob II. Stuart, nach Frankreich geflohen war, wo es den Soldaten freilich nicht so gut ging wie dem Exkönig. Die Eltern der Louison, zweite Generation jener Emigranten, schlugen sich mehr schlecht als recht durch, der Vater als Handwerker, die Mutter, indem sie, wie Argenson es ausdrückt, die Jungfernschaft ihrer vier Töchter der Reihe nach und immer wieder verkaufte. Damit war der Fund Casanovas lokalisiert und identifiziert, die Mädchen, die er für Griechinnen gehalten hatte, waren irischer Abstammung, und alles wäre eine banale Hurengeschichte geblieben, hätte Casanova sich nicht von der Schönheit Louisons übermannen lassen: Er besuchte sie wochenlang nach einem Abkommen mit der älteren Schwester, das ihm alles gestattete bis auf die Entjungferung, hatte schließlich aber für diese anhaltenden und nicht ganz unschuldigen Spiele mehr ausgeben als jene 25 Louisdor, so daß die erfahrene Schwester ihn entweder für impotent oder für pervers oder auch einfach für einen Trottel halten mußte. Die Verblüffung der Mädchen erreichte ihren Höhepunkt, als der Venezianer noch einen Maler anbrachte, der die kleine Louison nackt, auf dem Bauch liegend, den Kopf auf die Arme gestützt und den Blick kokett auf den Betrachter gerichtet malen mußte, und es war dieses Bild, das wie viele galante Gemälde als Miniatur von Hand zu Hand ging, das auf nicht ganz geklärten, zweifellos aber sehr verschlungenen Wegen auch dem König zu Gesicht kam.

Fortan war alles Routine. Die Polizei erhielt, wie in jedem ähnlichen Fall, den Auftrag, Familie, Umfeld, Umgang und Gesundheit des Mädchens zu examinieren, wonach Louison dann in den Hirschpark aufgenommen wurde, einen villenartigen Bau in unmittelbarer Nähe des Schlosses von Versailles, der seinen Namen von einem Tiergehege hatte, das von Ludwig XIII. dort angelegt worden war. Hier lebten als Pensionärinnen und in guter Obhut hübsche Mädchen aus bürgerlichen Familien oder noch kleineren Verhältnissen und wurden von Ludwig XV. besucht, ohne daß sie – jung und ungebildet wie sie waren – ahnten, mit wem sie es zu tun hatten. Sie nannten ihn Monsieur oder Monsieur le Comte, und es soll die aufgeweckte Louison O'Morphy gewesen sein, der eines Tages die Ähnlichkeit des väterlichen Geliebten mit dem Kopf auf einem Geldstück auffiel.

Dies alles war der Marquise von Pompadour bekannt und wurde von ihr nicht behindert, denn von diesem Harem ging keine Gefahr aus; jede junge Gräfin, jede neu auftauchende hübsche Prinzessin war ungleich gefährlicher. Die Kosten für den Hirschpark hielten sich in Grenzen, da die Familien der Mädchen keine sonderlichen Ansprüche stellen konnten; erst wenn es Kindersegen gab, ergaben sich auch Probleme. Im Dezember 1753 notiert d'Argenson »*La Demoiselle Morfi, maîtresse du roi, est grosse de quatre mois*«, sie war also im vierten Monat schwanger, und am 21.5.1754 lesen wir: »Es steht fest, daß die kleine Morphi einen Knaben zur Welt gebracht hat.« Wie dicht das Geheimnis war, das diese Vorgänge umgab, geht daraus hervor, daß Charles Philippe, Herzog von Luynes behauptet, das Kind Louisons sei ein Mädchen gewesen und erst im Juli 1754 zur Welt gekommen.

Damit ist aber nun ›die kleine O'Morphy‹, wie sie allgemein genannt wird, kein Hirschpark-Mädchen mehr, sondern eine Mätresse; sie wird bewundert und erringt sich vor allem als Lieblingsmodell des Hofmalers François Boucher ihren Platz in der Kunstgeschichte – woraus man schließen muß, daß die Pompadour nichts oder nicht viel gegen Casanovas hübsche Entdeckung hatte, denn Boucher war zweifellos der erklärte Günstling und Hauptauftragnehmer der *Maîtresse en titre*. Hinsichtlich der kleinen Irin hatte jedoch auch er trotz aller Erfahrung keine reizvollere Pose gefunden, als sie schon jenem ersten Maler aus Casanovas Bekanntenkreis – angeblich dem Schweden Gustav Lundberg (1695–1786) – eingefallen war.

Casanova blieb nach seiner Art – und dies ist ein besonders sympathischer Zug seines Wesens – sein Leben lang an Louison interessiert, notiert auch ausführlich die Begegnung mit einem ihrer Söhne viele Jahre später und wäre sicherlich sehr zufrieden gewesen, hätte er von ihr soviel gewußt wie Professor Hübscher. Der läßt uns wissen, daß Louison 1755 eine Versorgungsheirat mit königlicher Mitgift schließen konnte (ein ruinierter Adeliger aus der Auvergne schätzte sich glücklich darüber), daß sie 1759 als Witwe noch einmal heiratete, und zwar einen Verwandten jenes Mannes, der als Gemahl der Pompadour mit gelegentlichen Eifersuchtsanfällen Ludwig XV. vorübergehendes Kopfzerbrechen bereitet hatte. War sie zunächst Baronin, so wurde sie nun eine Gräfin de Flaghac und lebte mit ihrem Gemahl im beinahe königlichen Haushalt des Grafen von Artois, dem Schatzmeister des Heilig-Geist-Ordens. Das reichte nun wahrlich dazu, um die immer noch schöne Frau den Revolutionären verdächtig zu machen: Ob sie Ludwig XV. nun ein oder zwei Kinder geboren hatte, sie war jedenfalls eine typische Vertreterin des Ancien Régime und wurde auf dem Höhepunkt der Schreckensherrschaft in das berüchtigte Gefängnis von Sainte Pélagie eingeliefert (13–15 rue Lacépède), wo einige Schauspielerinnen der Comédie Françoise ihre Zelle teilten und zeitweise auch Joséphine de Beauharnais, künftige Gemahlin des Generals Bonaparte. Obwohl inzwischen 57 Jahre alt, reichten die Reste ihrer so berühmten Schönheit hin, einen dreißigjährigen Konventsabgeordneten in sie verliebt zu machen: Louis Philippe Dumont, vom Département Calvados nach Paris entstandt. Er rettete sie durch eine schnelle Ehe vor der Guillotine und ließ sich gutwillig wieder scheiden, als die Gefahr vorüber war und der gefürchtete Blutrichter Foucquier-Tinville in eben dieses Gefängnis von Sainte Pélagie eingeliefert wurde. Die einstige Louison, die stets allem zugestimmt hatte, was die Adelsgesellschaft mit ihr im Sinn gehabt hatte, starb, 77 Jahre alt, am 12. Dezember 1814, also viele Jahre später als Casanova.

Auch die zweite Entdeckung unseres Frauenkenners ist einwandfrei dokumentiert. Es handelt sich um die am 20. Juni 1737 in Grenoble geborene Anne, Tochter des Advokaten Jean-Joseph Roman Coppier, in die galante Chronik des Jahrhunderts eingegangen als Mademoiselle de Romans und geadelt durch das Interesse, das die Brüder Goncourt ihr angedeihen ließen (*Portraits Intimes du XVIIIe siècle*).

Casanova lernte sie 1760 kennen, da war sie 23 Jahre alt, erschien ihm aber wie siebzehn und paradiert mit dieser strahlenden Jugend auch in den Memoiren, in denen ihr ein ganzes Kapitel gewidmet ist. Grenoble war damals eine Kleinstadt und genoß den Ruf, eher eine schweizerische denn eine französische Stadt zu sein, was man als Kompliment nehmen kann oder aber als eine Charakterisierung jener besonderen Form von Provinzialität, in der sich Ordnung und Sauberkeit zu einem gelinden Terror entwickelt haben.

Dem aus Savoyen angereisten Venezianer war es trotzdem gelungen, sich die Dienste von nicht weniger als drei Gespielinnen zu sichern, die er mit Schokolade und großen Sprüchen traktierte und die ihm jeden Wunsch erfüllten. Solchermaßen ausgelastet, brachte er es zuwege, sich in der Familie des Juristen de Romans etwa so zu benehmen, wie man es in Kreisen des Provinz-Kleinadels erwartete, und hatte vollends gewonnen, als er sich erbot, gestützt auf seine esoterische Schulung und Erfahrung im Palazzo Grimani, der Schönheit des Hauses, eben Anne, das Horoskop zu stellen.

Es war natürlich nichts anderes als eine besonders kunstvolle und aufwendige Form der Annäherung, denn Casanova war von den schwarzen Augen Annes und ihrer offensichtlich bis zum dreiundzwanzigsten Lebensjahr bewahrten Unschuld so verzaubert, daß er sie ein himmlisches Wesen nennt und über die kleinste Möglichkeit, sie irgendwo zu berühren, in sanfte Delirien verfällt. Das Horoskop, auf das die ganze Familie wartet, besteht – wie Casanova offen zugibt – aus acht Seiten kundiger Scharlatanerie, die darin gipfelt, daß der Schönen versprochen wird, der König werde sich in sie verlieben.

Das war nun vor allem wegen der geographischen Distanz zwischen dem Alpenstädtchen Grenoble und Paris eine mehr als kühne Weissagung, aber der Zufall wollte es, daß die Familie eine Verwandte hatte, die in Paris in der Rue de Richelieu lebte, eine Madame Vernier, die ganz Paris kannte.

Was man in Grenoble nicht wußte: Auch die Pariser Polizei kannte jene Madame Vernier; sie galt als eine der besseren Kupplerinnen, was durch ihre Wohnung im Raum des Palais Royal begünstigt wurde, und sie wußte natürlich auch, wie sie die hübsche Nichte dem König präsentieren mußte. Dies alles ist weit weniger überraschend als die Tatsache, daß die hochanständige Familie, ein Vater, der im Parlament von Grenoble saß, und eine bis dahin untadelig lebende junge Person sich auf jene acht Casanova-Seiten hin entschlossen, das Kleinod der Sippe nach Paris in eine höchst ungewisse Situation reisen zu lassen. Entweder glaubte man wirklich felsenfest dem, was der Venezianer geschrieben und interpretiert hatte, oder aber man war von der Aussicht, in der königlichen Nähe das große Glück für die ganze Familie zu finden, ebenso geblendet, wie dies schon mancher anderen Familie vorher widerfahren war.

Die Vernier wußte natürlich, wann man sich dem König nähern konnte, zum Beispiel, wenn er zu einem *Lit de Justice* (dem großen Gerichtstag im Rahmen des Parlaments) von Versailles nach Paris kam. Als er an der Terrasse der Tuilerien entlangfuhr, bemerkte er ein schlicht gekleidetes Paar und ein auffällig herausgeputztes Mädchen in Rosa von außerordentlicher Schönheit. Alles weitere berichtet uns Madame Campan, später Vertraute der Marie Antoinette, im dritten Band ihrer Memoiren, und es muß zitiert werden, um Phantasie und Ingenium Casanovas noch einmal aufleuchten zu lassen, der im stillen Grenoble alles imaginierte, was sich im Herzen von Paris ereignen würde:

»Als der König wieder in Versailles war, ließ er Lebel rufen (Kammerdiener und Pourvoyeur mit großer Erfahrung) und gab ihm den Auftrag, das Mädchen zu suchen und beschrieb es Lebel genau. Lebel versicherte, daß er keine Chance auf Erfolg sehe, aber Ludwig beharrte: ›Die Familie muß eines der Viertel nahe den Tuilerien bewohnen … Die Leute sind zweifellos zu Fuß gekommen, denn sie haben wenig Geld. Das Kleid, das das Mädchen trug, ist zweifellos für diesen Anlaß, für meine Fahrt nach Paris geschneidert worden, und die Schöne wird es nun den ganzen Sommer über tragen, so oft sie an Sonn- oder Feiertagen im Tuileriengarten promeniert. Sie brauchen sich nur an den Limonadenverkäufer auf der Terrasse zu wenden, der kennt seine Kunden.‹ Lebel tat, wie ihm geheißen war und verfügte nach weniger als einem Monat über alle gewünschten Auskünfte.«

Ein schläfriger König verwandelt sich in Sherlock Holmes in dem Augenblick, da sein spezielles Interessengebiet berührt ist; er gibt dem raffinierten Lebel eine Lehrstunde, und alles nimmt seinen gewohnten Gang so lange, bis die Romans selbst zu Wort kommt. Edmond Jean François Barbier, Advokat in Paris, hat über die Zeit Ludwigs XV. getreulich, wenn auch ohne Tiefsinn, Tagebuch geführt (*Journal historique et anecdotique*) und vermerkt im Dezember 1761: »Die Demoiselle Romans hat sich geweigert, im Hirschpark Wohnung zu nehmen, wo sie mit Mädchen zusammenleben müßte, die unter ihrem gesellschaftlichen Niveau sind, und hat andere Bedingungen verlangt ... Der König hat ihr daraufhin ein Haus in Auteuil eingerichtet, und man sagt nun, sie lebe in einer Villa in Passy. Nach Versailles wird sie in einer sechsspännigen Karosse geholt.« Und die Gerüchte sagen: »Sie hatte wunderschön schwarze Haare, einen blendenden Wuchs und eine ungesuchte Grazie, dazu Geist und eine natürliche Herzlichkeit. Sie liebt den König tatsächlich und er liebt sie.« Sie zitieren ein Handschreiben Ludwigs, in dem er die Romans ›*ma Grande*‹ (meine Große) nennt und genaue Anweisungen für die offenbar bevorstehende Geburt des ersten gemeinsamen Kindes gibt. Die Adresse ist Grande Rue de Passy à Passy, die heutige Rue Denis-Poisson. Das Kind kommt aber in Versailles zur Welt, wo die Geheimhaltung besser gesichert werden kann. Als Eltern erscheinen im Taufakt Louis de Bourbon und die inzwischen zur Baronin von Meilly-Coulanges gemachte Romans, ›in Versailles, den 13. Januar 1762, fünf Uhr abends‹.

Casanova vermochte noch teilweise mitzuverfolgen, mit welcher Entschlossenheit und Intelligenz die Romans versuchte, ihren immerhin anerkannten Königssohn im allgemeinen Bewußtsein des Hofes zu etablieren. Sie ging mit ihm und einem kleinen Gefolge in den Gärten von Versailles spazieren, sie nannte ihn Monseigneur und verlangte gleiches von ihrer ganzen Umgebung und machte sich offenbar Hoffnungen, die schon bedenklich kranke und darum oft an der Loire weilende Marquise de Pompadour als

Maîtresse en titre zu ersetzen. Ludwig durchkreuzte diese Pläne, indem er der Romans ihr Kind wegnehmen und sie selbst vom Hof verbannen ließ. Erst zwei Jahre vor seinem Tod, im Mai 1792, stimmte er widerwillig ihrer Eheschließung mit dem Marquis de Cavanac zu, einem hohen Offizier aus angesehener Familie, und stattete die Mutter des kleinen Louis-Aimé de Bourbon reichlich mit Renten und Schmuck aus, wozu noch das Haus in Passy kam. 1774, nach dem Tod Ludwigs XV., reichte die nunmehrige Marquise dem Nachfolger den Taufakt und die Briefschaften ein, die den Sachverhalt klarlegten und erhielt ihren Sohn zurück. Der Zwölfjährige wurde tonsuriert, und drei Jahre später kam es zu einem Geheimabkommen mit den sogenannten Prinzen von Geblüt: Sobald der kleine Louis-Aimé tatsächlich in einen geistlichen Orden eintrete, würden sie sich seiner Legitimation nicht mehr widersetzen. Der junge Abbé de Bourbon erhielt von Ludwig XVI. eine reiche Pfründe, nämlich alle Einnahmen von Sankt Vinzenz in Metz (später gegen Signy-l'Abbaye in den Ardennen ausgetauscht).

Louis-Aimé trat in die Fußstapfen des Mannes, dem seine Mutter ihr Lebensglück zu verdanken hatte: Er wurde, wie einst Casanova, ein enger Vertrauter von Bernis, der nun Kardinal war, wohnte bei Bernis in Rom und wurde von ihm in der römichen Gesellschaft herumgereicht, wobei er allen Damen den Kopf verdrehte. Auf einer Italienreise geriet er ausgerechnet in Venedig in finanzielle Bedrängnis, weil sich die Geldkutsche aus Versailles verspätete. In der Seuchenstadt Neapel, in einer großen Gesellschaft, in der auch ein Baron Talleyrand saß, wurde er von einer Infektion befallen, die Bernis als Schafblattern bezeichnet (Windpocken). Nach heftigen Fieberschüben starb der Abbé am 27. Februar 1787, doch mag es sich eher um die wirklichen Pocken gehandelt haben, denn die Fortsetzer der Bachaumont-Chronik ziehen eine Parallele zum Tod Ludwigs XV., der sich bekanntlich bei einer Schauspielerin infizierte und nach langem Leiden an den Pocken starb. Im Fall des Abbés soll es sich um eine ›Grande Dame‹ gehandelt haben, was angesichts der Folgen schon auf dasselbe hinauslief. Die einstige

Mademoiselle de Romans, nun Marquise de Cavanac, vertraute ihr Schicksal nicht einem geneigten Abgeordneten des revolutionären Konvents an wie Louison O'Morphy, sondern emigrierte nach Spanien (ihr Mann war 1784 gestorben). Unter Napoleon kehrte sie nach Frankreich zurück und starb, finanziell ruiniert, 1808 in Versailles. Casanova nimmt im achten Buch seiner Memoiren die Geschichte der Madame Vernier, der Mademoiselle de Romans, vor allem aber die traurige kurze Lebensspanne des Abbés de Bourbon wieder auf, so daß sich erkennen läßt: Er blieb wachsam und verfolgte, wo immer er war, was sich mit den Damen begab, die er mit seiner Gunst bedacht und für die er einst Schicksal gespielt hatte.

Der Aufstieg hübscher Mädchen zum Rang einer Gräfin, wie im Fall der kleinen Louison, oder gar zur Marquise, wie im Fall der aus verarmtem Kleinadel kommenden Mademoiselle de Romans, ist im Ancien Régime nicht so häufig, wie man vermuten möchte; die Hofkreise schirmten sich im allgemeinen ziemlich erfolgreich gegen Außenseiterinnen ab, und es bedurfte krimineller Energien, wie sie die gräflichen Brüder du Barry anwendeten, um eine hübsche, aber von ganz unten kommende Person in den höchsten Kreisen einzuführen und dem König zu präsentieren. Selbstbewußte Damen aus großen Familien, wie die mit dem französischen Thronfolger vermählte österreichische Erzherzogin Marie Antoinette zum Beispiel, haben die du Barry, auch als sie längst etabliert und einflußreich war, gesellschaftlich nie akzeptiert (zur größten Verzweiflung von Maria Theresia, die in dieser Angelegenheit beschwörende Briefe an ihre unbeugsame Tochter nach Versailles schrieb).

Leichter hatten es einfallsreiche, redegewandte und einigermaßen gebildete Abenteurer, über ein paar gute Verbindungen und die richtigen Salons zu einer gewissen Geltung und gelegentlich auch zu lukrativen Verwendungen zu gelangen. Denn das Pionierzeitalter der Nationalstaaten, das energische Fachleute fordernde siebzehnte Jahrhundert war vorüber. Bei einem Colbert, einem Louvois, aber auch beim Großen Kurfürst oder bei österreichischen Ministern wie dem Fürsten Lobkowitz oder dem Grafen Harrach hätte ein Casanova keine Chance gehabt. In Paris aber hatten die Schwestern aus dem Hause Nesle – drei von ihnen waren nacheinander Mätressen Ludwigs XV. geworden – und vor allem die Pompadour mit ihrem Neureichen-Klüngel besondere Verhältnisse geschaffen und nicht nur sich selbst ungeahnte Möglichkeiten eröffnet, sondern auch allen, die ihnen zu Gesicht standen oder auf geschickte Weise erkennen ließen, daß sie sich für Gunstbeweise revanchieren würden.

Als Madame Pompadour als sehr junge Ehefrau nach Versailles zog, wo die Etikette mit grausamer Akribie herrschte und Fehltritte wie Bildungslücken verhängnisvoll werden mußten, stellte man der intelligenten, aber unerfahrenen jungen Frau einen jungen Grafen aus ältestem, aber verarmtem und in der Provinz bedeutungslos gewordenem Geschlecht als Präzeptor an die Seite. Es handelte sich um François-Joachim Pierre de Bernis (1715–1794), Abbé, Dichter und seit 1744 Mitglied der *Académie Française*, der in der Lebensgeschichte Casanovas durch viele Jahre besondere Bedeutung erlangte und ihm Türen öffnete, die dem Venezianer sonst verschlossen geblieben wären.

Während Ludwig XV. in einem Feldlager in Flandern weilte, sollte Bernis die junge Madame d'Etiolles auf ihre Rolle bei Hof vorbereiten.

»Der einzige Fehler, den ich damals an ihr entdeckte«, schreibt Bernis in seinen überaus selbstgefälligen, aber lesenswerten Memoiren, »war eine Eigenliebe, der man zu leicht schmeicheln und die man zu leicht verletzen konnte … Trotz dieser Entdeckung blieb ich aber entschlossen, ihr stets rücksichtslos die Wahrheit zu sagen … Ich muß zu ihrem Lobe sagen, daß sie zwölf Jahre hindurch lieber meine bisweilen etwas harten Wahrheiten anhörte als die Schmeicheleien anderer. Nachdem sie bei Hof eingeführt war, kamen wir überein, daß ich sie wöchentlich mehrere Stunden allein sprechen dürfte … Trotz der großen Gunst, in der ich mich bei Hofe befand, erhielt ich erst 1746 eine Wohnung im Louvre und eine Pension von fünfzehnhundert Livres aus der Privatschatulle des Königs.«

Im Oktober 1751 wurde Bernis zum Gesandten Frankreichs in der Republik Venedig ernannt, eine Verwendung, bei der man dem bis dahin als stillem und nicht sehr arbeitsamem Schöngeist geltenden Grafen wenig Chancen einräumte. Tatsächlich aber war Bernis, als Casanova im Mai 1753 die Rückkehr nach Venedig wagen konnte, noch immer Botschafter Ludwigs XV. bei der Serenissima, und eine seltene, ja in gewissem Sinn skandalöse Verbindung zwischen zwei höchst verschiedenen und auf verschiedene Weise genußsüchtigen Männern von Geist nahm ihren Anfang. Die Mitteilungen, die uns Bernis in seinem Lebensbericht macht, ergänzen nicht nur die Memoiren Casanovas, sie zeigen uns auch, um wieviel aufrichtiger unser Venezianer ist.

»Ich sah am Karnevalsmontag auf dem Markusplatz einige vierzigtausend Menschen sich drängen; man hätte während der Schauspiele, die für das Volk stattfanden, eine Fliege summen hören können. Kein Taschentuch wurde gestohlen, und doch ließen sich weder Polizisten noch Soldaten blicken. Der Grund für die Ordnung, die in Venedig herrscht, beruht auf der Gewißheit, daß die Regierung alles erführe und daß die Staatsinquisitoren alle Ruhestörer ohne weitere Formalitäten ins Jenseits befördern lassen: die Furcht vor geheimen Hinrichtungen ist wirksamer als die öffentliche Todesstrafe.«

Nach dieser sehr bezeichnenden Feststellung, die mit dem Venedig-Bild Casanovas durchaus übereinstimmt, verfällt Bernis wieder in sein Eigenlob (»Man sieht aus dem Vorstehenden, daß ich in Venedig Überwahrscheinliches geleistet habe.«) und in eine ganz besondere Heuchelei, die Casanova eindeutiger widerlegen wird als jeder andere Zeitgenosse dieses späteren Kirchenfürsten: »Man wunderte sich in Venedig«, schrieb Bernis, »vor allem darüber, mich den Reizen der Frauen gegenüber unempfindlich zu sehen, und das noch dazu in einem Lande, in dem diese Schwäche nicht als ein Laster angesehen wird. Von da ab betrachtete mich der

Senat, der alles wußte und auf alles achtgab, als einen Mann, der sich zu beherrschen verstand, und auf den schlechte Beispiele keinen Einfluß ausübten.«

Die schlechten Beispiele gaben dem Diplomaten Bernis einerseits seine Kollegen, die entweder ihre Sonderpässe zum Warenschmuggel ausnützten oder aber durch ihr ausschweifendes Leben Anstoß erregten wie der britische Gesandte John Murray, der von seiner Maitresse nicht weniger als vier Kinder hatte – oder Casanova, zu dem Bernis auf eine sehr spezielle Weise in Verbindung trat, nämlich über die schönen Nonnen, die ja in der Lagunenstadt zumindest für anspruchsvolle Liebhaber als ›Leckerbissen‹ galten. »Tatsächlich würde ich mich«, schreibt der schon erwähnte Président de Brosses an seine Freunde nach Dijon, »wenn ich hier zu bleiben hätte an die Nonnen halten. Alle, die ich während der Messe durch das Gitter gesehen habe, schwatzend und lachend, so lange der Gottesdienst dauerte, schienen mir außergewöhnlich hübsch und sehr vorteilhaft angezogen. Sie tragen ein charmantes Häubchen, ein schlichtes, natürlich stets weißes Gewand, das Hals und Schultern gerade so weit zeigt wie das Bühnenkostüm unserer Römerinnen ...«

Kannte man eine der Nonnen, so hatte man Verbindung mit allen, denn die eingesperrten Schönen kommunizierten miteinander und mit der Lebewelt der Stadt mit heiterem Raffinement und ohne darob verurteilt zu werden: Sie waren ein Ruhmesblatt der Stadt, eine Besonderheit, die wie die Gondeln, die Inselklöster, das internationale Flair der alten Handelsstadt alljährlich viele Fremde anzogen und neben den Residenten aus dem diplomatischen Korps auch die hohe Geistlichkeit beglückten.

Casanova hatte nach seiner Rückkehr in die Heimat sein altes Leben wieder aufgenommen, das Glücksspiel und die schnellen Amouren, wozu gesagt werden muß, daß beides in der Gesellschaft jenes Jahrhunderts so gut wie selbstverständlich war. Probleme ergaben sich nur, wenn die Spielergruppen einander ins Gehege kamen oder wenn Außenseiter den oft aus adeligen Familien Vene-

digs stammenden Bankhaltern zahlungskräftige Fremde weg-
schnappten. Und die Liebe? Für die Fluktuation in diesem Bereich
sorgten jene Herren, von denen Casanova behauptete, ihrer nicht
zu bedürfen, nämlich die Zuhälter und Gelegenheitsmacher, die
allerdings in der Regel Verwandte oder gar Brüder der Mädchen
waren, um die es ging, Mädchen, die in ärmeren Familien der Stadt
und der *Terra ferma* das eigentliche Kapital bildeten.

So war es denn auch ein durchaus zwielichtiger, im Glücksspiel
und anderen Vermittlungsdiensten allzu erfahrener Pietr'Antonio
Capretta, gelegentlich als Hauptmann bezeichnet, der Casanova
seine schöne jüngere Schwester Caterina zuführte. Sie wurde als C
C der Memoiren zu einem leidenschaftlich zergrübelten Rätsel der
Casanova-Forschung, bis der Graf Bruno Brunelli 1924 ihre wahre
Identität entdeckte. Sie ist an sich nicht sonderlich bedeutend, nur
der Umstand, daß sie Casanova zu einem Heiratsantrag bei ihrem
Vater bewegen konnte, sichert ihr zunächst eine Sonderstellung,
denn seine Freiheit schätzte der Venezianer über alles. Papa Capretta aber verlangte, trotz der Fürsprache des Senators Grimani,
daß Casanova zunächst einmal einen vernünftigen Beruf haben
müsse und steckte Caterina zur Sicherheit ins Kloster.

CC war zweifellos sehr schön. Als Casanova sie zum erstenmal
nackt sieht, gerät selbst dieser verwöhnte Kenner in Verzückung:
»Ihre seidenglatte Haut war blendend weiß, was durch ihr tief-
schwarzes, über die Schultern herabfallendes Haar noch betont
wurde. Ihre schlanke Taille bei leicht ausladenden Hüften, ihre
formvollendete Büste, die Rosenfarbe ihrer Lippen, ihre sanft
schimmernden großen Augen, in denen gelegentlich das Verlangen aufblitzte, kurz, alles an ihr war von vollendeter Schönheit.«
Casanova raubt ihr bei erster Gelegenheit die Jungfernschaft, so
daß die Vorsicht des Vaters in diesem Punkt zu spät kommt, und
bleibt mit der Geliebten, die er bereits als seine Frau betrachtet, so
lange in enger brieflicher Verbindung, bis sich die berühmteste der
Murano-Nonnen dazwischen schiebt – Maria Eleonora Michiel, die
vielumraunte MM, in der Lebewelt besonders begehrt, weil man

wußte, daß sie aus einer der großen Familien Venedigs stammte. Die Casa Michiel hatte am Canal Grande zwei eindrucksvolle Palazzi und zwischen ihnen, etwas schmächtig und niedriger, einen Palazetto, und sie hatte der Stadt Venedig im Mittelalter drei Dogen geschenkt. Die Mutter von MM war eine Bragadino, so daß man sich wohl der Meinung von Arthur Hübscher anschließen darf, wenn er vermutet, über diese Verwandtschaft habe MM von Casanova erfahren und in ihm darum keinen wirklich Unbekannten mehr gesehen. Andernfalls hätte sie sich ihm nicht in einem langen und wohlgesetzten Brief anvertraut, den er sein Leben lang mit sich führte und in der Einsamkeit von Dux wörtlich zitiert.

Es ergab sich, daß MM mit der schönen CC, die im Kloster eine Fehlgeburt gehabt hatte, eine lesbische Beziehung einging. CC war die zweite Informationsquelle über Giacomo, und der Mann, der die schöne junge Aristokratin zu solchen Geheim-Aktivitäten veranlaßte, war niemand anderer als der französische Botschafter Graf Pierre de Bernis (ein Geheimnis, das Casanova durchschaute, weil er den Gondoliere der Botschaft erkannte!).

Trotz allem muß die Direktheit verwundern. Es ist kaum zu bezweifeln, daß es konkrete Anlässe für ihre Suche nach einem verläßlichen und verschwiegenen Freund mit ungefährlichem Umfeld gegeben haben muß, und die Memoiren des Grafen Bernis liefern auch dafür nur einen Hinweis, keine schlüssige Antwort. Bernis, der nicht müde wird, sich als den geschicktesten aller französischen Botschafter zu bezeichnen und die Fehler aufzuzählen, die seine Kollegen an den anderen europäischen Höfen machten, sah in Venedig keine Aufstiegsmöglichkeit und rechnete mit einer Versetzung nach Madrid. Im Zusammenhang mit dieser Gesandtenrolle in einem erzkatholischen Land bereitete er auch seine Priesterweihe vor, wozu gewisse Exerzitien in voller Einsamkeit unerläßlich waren und wobei die Liebesbeziehung zu einer der schönsten Frauen der Lagunenstadt naturgemäß ein Hindernis gewesen wäre. MM mußte, ehe der Abbé de Bernis sich vor dem Patriarchen von Venedig hinknien durfte, in anderen Händen sein ...

Casanova war in diesem Fall also nicht der Eroberer, sondern das Werkzeug; er hatte zwar die Illusion, sich die schöne Nonne zu unterwerfen, aber er war es, der manipuliert wurde, und weit mehr, als er es jemals für möglich gehalten hätte. Alle Arrangements traf MM. Sie bestimmte in den Appartements, in denen sie Casanova empfing, nicht nur die Speisenfolge – ein rein französisches Menü mit acht Gängen – sondern suchte auch die Burgunderweine und den Champagner aus. Sie wählte die Kleidung für die Treffen, die sich stets vom Abend bis tief in die Nacht hineinzogen, und duldete es nur widerwillig, wenn Giacomo in seiner Ungeduld über sie herfiel, wenn sie noch das Nonnenhabit trug. Lieber erschien sie in Kavalierskleidung, wie Casanova sagt »im Kostüm des Antinous«: Dieser schöne Jüngling war der Liebling des Kaisers Hadrian gewesen und ertrank mit zwanzig Jahren im Nil. MM, bisexuell mit nymphomanischen Zügen, als kaiserlicher Lustknabe verkleidet, das sind Zurüstungen, hinter denen man das Raffinement des Dichter-Voyeurs Bernis vermuten darf, der schon dem ersten Beisammensein Casanovas mit MM als stummer Zuschauer in einem benachbarten Kabinett beiwohnte.

Es gab im Lauf dieser einzigartigen Beziehung auch Abende in einem sogenannten Casino, das Casanova angemietet hatte, eine elegante Wohnung mit fünf Zimmern, zu deren Finanzierung er akrobatische Geldaufnahmen hatte tätigen müssen. Aber auch wenn MM sich unbeobachtet wußte, war sie wie sonst, die Anwesenheit oder Abwesenheit des beobachtenden Geliebten hatte auf ihr Verhalten keinen Einfluß, so daß Casanova tief betroffen war, als sie ihm alles gestand. Mit dem Selbstgefühl des Mannes, der weiß, daß er sich gut geschlagen hat, faßte er sich aber und ging darauf ein, so weiterzumachen, als sei er nach wie vor unwissend. Man kehrte in die Räume zurück, die MM für diesen Zweck zur Verfügung hatte und die offensichtlich Bernis bezahlte. Nun erst registrierte Casanova, daß sie das eigentliche Liebesspiel nicht ins Schlafzimmer verlegte, wo Bernis die beiden nicht gesehen hätte, sondern in den Salon, den er aus seinem Kabinett überblickte. Erregt durch das Bewußtsein, ein Schauspiel zu geben, darüber hinaus stimuliert durch die Vorstellung, daß seine schöne Partnerin sich ganz ungehemmt und in allen Stellungen einem unsichtbaren Beobachter darbot, wuchs Casanova über sich selbst hinaus, was in seinem Fall bedeutete, daß er seine Kräfte überforderte und bei der letzten Ejakulation Blut zwischen die Brüste der Nonne spritzte.

Er berichtet von diesem Phänomen noch einige Male in seinen Memoiren, und je häufiger es dazu kommt, desto weniger scheint er besorgt; Bernis jedoch, der alles mit ansieht, gibt beim schließlichen Abschied seiner Geliebten den Rat, Casanova zu warnen. Die Erscheinung sei nicht unbedenklich und könne ihn seine Gesundheit kosten. Ehe es soweit war, ließ sich Bernis allerdings auch noch ein Trio vorführen: CC, MM und Casanova, freilich ohne daß CC eingeweiht war ...

Danach war dann Offenheit angesagt; Casanova lud MM und Bernis in sein Casino ein, und der Graf erinnerte sich gnädig, Casanova in einer Pariser Gesellschaft flüchtig kennengelernt zu haben. Man sprach auch über die kleine O'Morphy, deren Bild als Miniatur Casanova bei sich trug und Bernis zeigte. Der wiederum wußte, daß Louison nach wie vor im Hirschpark weilt und die Gunst Ludwigs genießt, für den die Pompadour nur noch eine teure Freundin und Beraterin sei. Es war ein Ménage à quatre, in dem Bernis wie ein Sultan bald MM, bald CC bevorzugte, dessen geheime Herrscherin aber zweifellos Maria-Eleonora Michiel war, »sie war Nonne und Freigeist, Frau von Welt und Glücksspielerin und in allem, was sie ins Werk setzte, vor allem ein wunderbares Weib«.

Die letzten dieser ausschweifenden Abende waren dadurch kompliziert worden, daß Bernis – sonst als ziemlich faul bekannt – auf einmal wirklich zu tun hatte. Er entschuldigte sich mit einer Einladung beim spanischen Gesandten, er erhielt nächtlicherweile Depeschen, und es kündigte sich offensichtlich das an, was als das *Renversement des Alliances*, die Umkehr der Militärbündnisse, den kleinen Abbé und feinen Poeten zu einer Figur der Weltgeschichte machen sollte.

In seinen Memoiren, in denen er von Casanova, den venezianischen Ausschweifungen und den schönen Nonnen natürlich kein Sterbenswörtchen sagt, kommt die Chance, die Neuorientierung der französischen Politik gegenüber Österreich anzubahnen, in Paris auf ihn zu, in Gestalt eines Grafen Starhemberg; aber Casanova kann durchaus die Wahrheit gesagt haben, wenn er Bernis vielsagende Andeutungen über weltpolitische Veränderungen in den Mund legt und ihn in diesem Zusammenhang ziemlich überstürzt aus Venedig abreisen läßt: Angesichts der britischen Korsarenüberfälle auf französische Handelsschiffe und der Ambitionen des hochgerüsteten preußischen Königreichs wirbt Österreich um eine Allianz der katholischen Mächte. Und nach dreihundert Jahren, in denen Frankreich stets Feind des Kaisers gewesen war, werden Ludwig XV. und Maria Theresia Verbündete gegen England und Preußen.

In den letzten Wochen seines venezianischen Aufenthaltes hatte Bernis sich mit wachsender Ungezwungenheit der Gesellschaft der schönen Nonnen und Casanovas erfreut. Und als seine Abreise unmittelbar bevorstand, überließ er Giacomo sein *casin*, was meist mit Casino übersetzt wird und ein Studio, eine charmante Stadtwohnung oder ein verborgenes Kleindomizil auf einer der Inseln bedeutet. Die reichen Venezianer hatten meist Villen auf dem nahen Festland, mit Vorliebe an den Kanälen, da man auf ihnen am angenehmsten reisen konnte. Wo das Casino des Grafen Bernis lag, ist bis heute nicht mit Sicherheit ausgemacht.

Was wir nicht wissen, war aber der venezianischen Staatspolizei sehr genau bekannt. Sie überwachte jeden Diplomaten und verfolgte unnachsichtig Kontakte zwischen den *nobili* und dem diplomatischen Korps, so daß es bisweilen zu geradezu komischen Szenen kam: Von Andrea Memmo, dem späteren Prokurator von San Marco und von Casanova als Freund bezeichnet, berichten die Memoiren, daß er sich aus einer Gesellschaft fluchtartig entfernte, weil man in einer Gondel den österreichischen Gesandten Graf Rosenberg herannahen sah.

Für die einfachen Venezianer galt dieses Verbot nur bedingt, schließlich brauchte jede Gesandtschaft einheimisches Personal, auch mußten Geschäftsverbindungen und Dienstleistungen in Kauf genommen werden, so schwer sie auch zu überwachen waren. Casanova, der im Haus des Patriziers Bragadino lebte, selbst aber ohne Amt oder Bedeutung war, nahm eine Mittelstellung ein, die ihn zu einer gewissen Vorsicht genötigt hätte, aber die Versuchungen waren wie immer in seinem Leben stärker. Als Bernis abgereist war, geriet er an den britischen Gesandten Murray, der völlig andere Vorlieben hatte, wenn es um Frauen ging und sich nie mit dem bloßen Zuschauen begnügte. Er hatte, vom Ruf der schönen Nonne MM beeindruckt, einen Gelegenheitsmacher beauftragt, ihm ein Stelldichein mit der leichtlebigen Aristokratin zu verschaffen. Da dieser Zuhälter – was immerhin bemerkenswert ist – einen bekannten Adelsnamen trug, bezahlte Murray die verlangte hohe Summe, zog aber Casanova ins Vertrauen, der daraufhin in größter Unruhe auf den Ausgang der Affaire wartete: Seine geliebte MM in den Armen des Wüstlings Murray zu sehen, wäre zuviel für ihn gewesen. Während die angebliche MM im Casino auf Murray wartete, hatte ein Blitzbesuch im Kloster Casanova gezeigt, daß es sich nur um eine Schwindlerin handeln konnte. Die echte MM hatte ihn und Murray mit größter Höflichkeit, wenn auch nur kurz empfangen.

Zurück im galanten Appartement des Grafen Bernis, stellten sie die falsche MM zur Rede. Sie hatte die Mimikry so weit getrieben, französisch zu sprechen oder es zumindest zu versuchen, denn die vollkommene Beherrschung dieser Sprache galt als eines der Kennzeichen der Michiel. Als Murray, wütend darüber, getäuscht worden zu sein und obendrein eine Wette mit Casanova verloren zu haben, der falschen MM das Nonnenhabit vom Leib reißen wollte, zückte diese zwei Pistolen und, als man sie ihr entwunden hatte, noch einen langen Dolch. Die Kurtisanen der Lagunenstadt gingen also wohlgerüstet zu ihren Freiern, vor allem, wenn diese wie Murray im Ruf besonderer Brutalität standen.

Die beiden Freunde trieben die Grausamkeit so weit, in Gegenwart der Schwindlerin ausgiebig zu tafeln, ihr aber nicht einmal ein Glas Wein anzubieten; obwohl die junge Frau sich weitgehend entkleidet hatte, als sie nach Waffen durchsucht wurde, traten weder Casanova noch Murray ihr nahe. Als endlich der Graf kam, um sein Pferdchen abzuholen, sperrte Casanova hinter ihm die Türe zu und Murray zog ihm einen wertvollen Ring vom Finger, um sich schadlos zu halten, dann erst durfte das Mädchen sich wieder anziehen und mit ihrem Beschützer in die Gondel steigen. Natürlich blieb der Vorfall nicht geheim, alle Beteiligten kannten zu viele Menschen, und während die meisten darüber nur lachten, fühlte MM sich tief gekränkt darüber, daß Murray annehmen konnte, sie sei käuflich: Ihre Ehre verlange, daß sie den Grafen C., jenen Zuhälter aus besten Kreisen, ermorden lasse. Die schöne Maria Eleonore Michiel hatte also, so emanzipiert sie uns in ihrer Lebensweise erscheint, zugleich archaische Ehrbegriffe. Indessen brauchte sie keinen Bravo zu dingen, der den Grafen Francesco Capsocefalo – um den es sich vermutlich handelte – ins Jenseits beförderte: Obwohl der verdächtige Edelmann einst Gouverneur der Insel Zakynthos gewesen war, also gewiß über gute Verbindungen verfügte, erreichte ihn schließlich das Schicksal. Er wurde zunächst zu drei Jahren Haft auf der Insel Korfu verurteilt und anschließend zu einer Art Sicherungsverwahrung, das heißt zu lebenslanger Verbannung auf die Ionischen Inseln, bezeichnenderweise nicht wegen seiner Zuhälter-Aktivitäten in den gehobenen Gesellschaftsschichten der Lagunenstadt, sondern wegen Spionage und wegen Umgangs mit ausländischen Diplomaten. Er scheint also seine Dienste nicht nur Murray angeboten zu haben. In den Memoiren Giacomo Casanovas taucht er nach der Affaire mit der falschen MM nicht mehr auf, ist seinen Verbannungsorten also wohl nicht entronnen.

Unter den Bleidächern

Es gibt im Leben des Giacomo Casanova zwei Ereignisse, die ihn in ganz Europa bekannt machten, noch ehe von seinen Erinnerungen oder auch von seinen vielen Liebesabenteuern die Rede sein konnte: die Flucht aus den Bleikammern, den berüchtigten Gefängnissen der Republik Venedig, und das Duell mit dem polnischen Grafen Branicki. In beiden Fällen verrät Casanova ebensoviel Mut wie Besonnenheit, in beiden Fällen hat er Glück, und in beiden Fällen ist ihm dieses auch zu gönnen, weil er der Schwächere war. Aber daß ihn die Flucht aus den Bleikammern berühmt machte, beruht in erster Linie auf dem Umstand, daß er wahrheitsgemäß und packend darüber schrieb und daß diese kleine Schrift in einem Jahrhundert ohne andere Kommunikationsmittel auch schnelle Verbreitung fand, doch kam diese zuerst in Prag gedruckte *Histoire de ma fuite des Prisons de la République de Venise qu'on appelle les Plombs* mehr als dreißig Jahre nach dem Ereignis auf den Markt, als der viel reisende und viel zitierte Venezianer mit diesem Schauerstück schon in allen Salons der wichtigsten Städte paradiert und die Geschichte damit bekannt gemacht hatte. Das Buch mit seinen 270 Seiten und zwei Stahlstichen erlangte eine so hohe Auflage, daß nicht einmal der Erstdruck als bibliographische Rarität anzusprechen ist – alle wichtigen Bibliotheken des Kontinents besitzen ihn. Von den Übersetzungen hatte die ins Deutsche den mit Abstand größten Erfolg, doch gab es auch sehr schnell schwedische, kroatische, russische, englische, polnische, portugiesische und andere Ausgaben, von denen die englische den doppelten Umfang der Originalausgabe hatte, dank eines ausführlichen und wichtigen Einführungsessays von P. Villars.

Beschäftigt man sich aber mit der Flucht selbst, so verliert sie einiges von ihrem sensationellen Charakter. Vor allem: Sie war keineswegs, wie noch Rives Childs und andere annehmen, die erste gelungene Unternehmung dieser Art. Im Jahr 1724, also ein Jahr vor der Geburt des Venezianers, hatte es eine Massenflucht aus den Bleikammern gegeben, von der in seiner Kindheit zweifellos noch gesprochen wurde. Neunzehn Häftlinge hatten gemeinsam eine schwere Marmorplatte, die als unbewegbar galt, emporgestemmt und waren geflohen; 1749 ließen sich gleich sechsundzwanzig Häftlinge an Seilen aus dem Gefängnis in die Freiheit hernieder. 1750 wurde eine Massenflucht von vierundzwanzig Häftlingen verhindert, 1752 ein zunächst erfolgreicher Flüchtling in einem Kloster aufgespürt und wieder eingesperrt. 1754 rutschten zehn andere über die Dächer herab in die Freiheit, was dazu führte, daß nun strengere Überwachungstechniken eingeführt wurden. Casanova war 1756 also immerhin der erste, der dieser verschärften Haft entrann, als Berühmtester unter vielen Flüchtlingen, denn die Flucht aus den Bleikammern wird schon bei Sanudo erwähnt, der 1530 starb.

Die *Piombi*, die Bleikammern in ihrer berüchtigten Form, scheinen allerdings erst nach dem Tod des jüngeren Sanudo eingerichtet worden zu sein, als venezianische Beamte in einer sehr heiklen Phase von Friedensverhandlungen die diesbezüglichen Unterlagen der Republik an Frankreich verraten hatten, weswegen die seither so gefürchtete Staatsinquisition als Parallele zur geistlichen Einrichtung gleichen Namens geschaffen wurde. Während aber die kirchliche Inquisition, von Spanien abgesehen, im achtzehnten Jahrhundert wohl noch Anklagen erhob und Prozesse führte, aber an praktischer Bedeutung einiges verloren hatte, verfügte die Staatsinquisition in Venedig nicht nur über eigene Gefängnisse unter dem Bleidach des Dogenpalastes, sondern auch über eine Geheimpolizei (*sbirri*) und vor allem über nicht wenige Spione, ja sogar, um es zeitgemäß auszudrücken, über verdeckte Ermittler und *agents provocateurs*. Neben den *Piombi* gab es die unter dem Wasserspiegel liegenden *Pozzi*, in denen in der Regel nur Schwerverbrecher untergebracht wurden, die dort allerdings nicht mehr lange lebten.

Daß Casanova eines Tages mit diesen düsteren Zonen venezianischen Lebens Bekanntschaft machen würde, war, wenn wir ehrlich sind, unvermeidlich, kam ohnedies ziemlich spät und wäre obendrein durch schlichte Flucht vermeidbar gewesen, denn ein Mann mit so vielfältigen Beziehungen wie Giacomo und so hohen Gönnern wurde natürlich gewarnt. Ein Abbé Chiari, Jesuit, Professor der Beredsamkeit an der Universität Modena und in späteren Jahren Direktor einer venezianischen Zeitung, hatte in einer Satire unter dem Titel *Commediante in Fortuna* Casanova als einen Bastard bezeichnet und auch sonst nicht sehr gnädig behandelt, bot Giacomo doch inzwischen Angriffsflächen genug. Casanova sann gerade auf publizistische Rache, als ihn ein anonymer Brief erreichte: Er möge sich weniger um den Abbate Chiari kümmern als um seine eigene Sicherheit, es braue sich über seinem Kopf etwas zusammen.

Sein Gönner Bragadino und die beiden Freunde scheinen ähnliche Hinweise erhalten zu haben, und es kam zu einer denkwürdigen Aussprache im Palazzo Bragadino, wo Senator Matteo Giovanni seinem Schützling, der wieder einmal völlig blank war und nach Spielverlusten in Schulden erstickte, dreihundert Zechinen für eine sofortige Flucht anbot und Casanova, der sich in seiner Verblendung völlig unschuldig fühlte, inständig bat, zumindest im Palazzo Bragadin zu bleiben, bis die Gefahr vorüber sei (die Häuser der Patrizier durften von den Sbirren nämlich grundsätzlich nicht betreten werden, es hätte denn ein Staatsverbrechen der schwersten Art vorgelegen). Verliebt in MM, die ihm gestattet hatte, ihre Diamanten zu verkaufen, um die dringendsten Spielschulden zu tilgen, verstrickt in andere kleine Liebesaffairen, belagert von einer halbverrückten Contessa, die nackt auf die Piazzetta gelaufen war und dabei Casanovas Namen gerufen hatte, war ihm ganz offensichtlich jeder Wirklichkeitssinn abhanden gekommen. Giacomo, der sonst das Gras wachsen hörte, erkannte nicht einmal die Absichten eines angeblichen Bücher-Interessenten, der für ein paar kabbalistische und esoterische Scharteken mit Beschwörungsformeln tausend (!) Zechinen zu zahlen versprach, wenn er sie für einen Tag zur Prüfung mit nach Hause nehmen dürfe und hatte sich als Besitzer und Nutzer dieser Schriften damit ans Messer geliefert.

Die geheimen Kräfte, mit denen Casanova in verschiedenen Gesellschaften seit langem angegeben hatte, schienen auch die Sbirren zu fürchten, denn als Casanova nach seiner Verhaftung seine kleine Stadtwohnung verließ, gaben ihm nicht weniger als vierzig dieser Dunkelmänner das Geleit. Wie betäubt von einem für unmöglich gehaltenen Schicksalsschlag sagte Casanova nichts, tat nichts und ließ sich abführen; die Tore der *Piombi* schlossen sich hinter ihm.

Es mag für den schließlichen Zugriff der Behörden verschiedene Gründe gegeben haben, aber es steht nun einmal fest, daß die gefürchtete venezianische Geheimjustiz in den zweihundert Jahren von der Mitte des sechzehnten bis zur Mitte des achtzehnten Jahrhunderts nur etwa dreizehnhundert Verfahren durchgeführt hatte, also vergleichsweise selten wirklich aktiv geworden war. Der Apparat setzte sich in der Regel dann in Bewegung, wenn starke Interessen dahinter standen und wenn eine Aktion bestimmten, meist materiellen Zwecken diente. Darum bietet sich für den Fall Casanovas, dessen kabbalistisches Brimborium einen klaren Verstand ja kaum zu täuschen vermochte, eine völlig andere Deutung an, eine jener Ursachen, die seit jeher immer wieder hinter Verbrechen aller Art entdeckt werden: Casanova stand einer entschlossenen Erbin im Wege.

Matteo Giovanni Bragadino, venezianisch Bragadin, hatte einen vermögenden älteren Bruder namens Daniele, Haupt der Familie, Prokurator von San Marco, eine der bekanntesten Persönlichkeiten der Lagunenstadt. Dieser Daniele starb 1755 und vererbte Matteo das Riesenvermögen des Hauses Bragadin. Matteo war damit Letzter des Familienzweiges von Santa Marina und es lag nahe, daß er nicht nur seinen unehelichen Sohn legitimierte, sondern auch dessen Mutter endlich ehelichte. Da Casanovas Einfluß auf den alten

Senator bekannt war, da Matteo Bragadin selbst seinen Schützling gebeten hatte, das Orakel zu befragen, wie er sich in dieser entscheidenden Phase seines Lebens verhalten sollte, empfahl es sich, Giacomo zu bestechen. Die Mutter jenes nicht ehelichen Sohnes, offenbar keine Venezianerin, bat denn auch Casanova zu sich, stellte ihm den Jungen vor und versprach Casanova einen Notariatsakt, der ihm für den Fall, daß Ehe und Legitimierung zustandekommen sollten, ein Landgut auf der *Terra Ferma* sicherte mit einem Jahresertrag von fünftausend Dukaten aus dem Erbe des Senators. Im gleichen Sinn hatte ein Jesuit namens de la Haye auch schon vorgearbeitet, aber Casanova konnte sich natürlich denken, daß eine Ehefrau im Haus des Senators das Ende seiner einzigartigen Position als Ziehsohn, Geheimberater und Orakelleser bedeuten würde und weigerte sich, auf den Handel einzugehen.

Giacomo hatte also zwei Jesuiten gegen sich – Chiari und de la Haye –, die beide auf der Klaviatur der geistlichen Inquisition zu spielen verstanden, und noch eine lange Liste von Vergehen, die bei dieser Gelegenheit zusammengezählt werden konnten, obwohl es dessen eigentlich gar nicht bedurft hätte: Denn unter den Büchern, die Casanova in Erwartung der tausend Zechinen so leichtfertig aus der Hand gegeben hatte, war auch ein sogenannter *Picatrix*, eine Anleitung zur Teufelsbeschwörung – und bei Teufelsbündelei verstand man in jenem Jahrhundert keinen Spaß, weder in Venedig noch anderswo.

Daß man ihn kannte, daß alles längst vorbereitet war, geht daraus hervor, daß Casanova dem Sekretär des Rates der Zehn vorgeführt wurde, dem *Circonspetto*, wie man ihn ein wenig furchtsam nannte, den Mann mit dem Überblick, der Weitsicht. Die brauchte er in diesem Fall gar nicht, er hob den Blick nur kurz, sah Casanova an und sagte dann – auch in den Memoiren auf italienisch zitiert – *E quello; mettetelo in deposito* (Er ist es, nehmt ihn in Verwahrung).

Es sind Worte, die sich Casanova unauslöschlich einprägen, so wie der ganze Bericht vor allem über die Verhaftung, die Vorführung und die Einkerkerung nicht nur den Stempel absoluter Wahr-

haftigkeit trägt, sondern auch zu den literarisch am besten gelunge-
nen Partien des großen Memoirenwerkes zählt. Es geht auch
schaurig genug zu, obwohl wir in dem Jahrhundert sind, in dem der
Marchese Beccaria sein berühmtes Buch über die Verbesserung der
Haftbedingungen schreiben wird. Noch ehe Giacomo seine Zelle
betritt, zeigt ihm der durchaus nicht grausame, sondern eher zu-
traulich-gesprächsbereite Kerkermeister jenen Apparat, mit dem
Häftlinge erdrosselt werden, wenn ›die Exzellenzen‹ dies wünschten, Richtersprüche sind offensichtlich nicht dazu erforderlich. Beinahe schlimmer als der Anblick der Garotte ist aber der von Ratten
einer unglaublichen Größe und Kühnheit und das Fehlen jeglichen
Mobiliars in einem Kerkerraum, in dem Casanova nicht einmal
aufrecht stehen kann und nur unmittelbar am dicht vergitterten
Fenster zu atmen vermag, weil die Hitze des venezianischen Som-
mers auf die Bleiplatten des Palastdaches herniederbrennt.

Es währt acht Stunden, ehe Giacomo sich überhaupt bewegt
und seinen Platz am Fenster, wo er sich aufstützen kann, aufzuge-
ben vermag. Zwei Tage dauert es, ehe er die erste Mahlzeit zu sich
nimmt, zwei Wochen, ehe seine Körperfunktionen wieder in Gang
kommen. Es ist die vollständige Lähmung des Glückskindes, das
aus der Illusion erwacht, ihm könnte nichts zustoßen, das wirkliche,
das große Unglück sei eine Angelegenheit der anderen.

Für den schwarzen Humor sorgt der Kerkermeister, halb
Frosch, halb Quasimodo, der sich entrüstet, als Casanova sich darüber beklagt, mit Schwerverbrechern eingesperrt zu sein: die sieben oder acht unter den Bleidächern Einsitzenden seien samt und
sonders höchst ehrenwerte Herren. Auch diese Zahl, die jener der
beim Fall der Bastille befreiten Gefangenen entspricht, charakterisiert die *Piombi* als ein Nobelgefängnis, in dem zum Beispiel die
Folter gar nicht angewendet zu werden braucht, weil die sogenannte Territion genügt, die Drohung mit Martern, denen Herrschaften aus den freundlichen Gefilden des Lebens ohnedies nicht
gewachsen wären. Besonders schlimm empfindet Casanova – auch
dies ein sehr bezeichnender Zug seines Wesens, ja seiner innersten

Natur – daß man ihm, der ohne Bücher verdurstet, die unsäglich melancholischen, dabei aber überhitzten Herzensergießungen der spanischen Nonne Maria d'Agrada zumutet, ein Buch, von dem Casanova behauptete, es habe ihm schwerste Krankheit, ja Todesnähe eingebracht. Man schickt ihm einen Arzt, einen durchaus verständigen Mann, man bringt ihm heilsame Süppchen und ersetzt die penetrante Nonne durch den unsterblichen Boëthius und seine *Consolatio philosophiae*, das Buch von den Tröstungen der Philosophie, während seiner Kerkerhaft geschrieben. (Zweifellos wußte Casanova, daß diese berühmte Haft mit dem Tod des Boëthius im Jahr 524 endete, einer Hinrichtung ohne Urteil, ein Mord mehr auf dem Sündenkonto des großen Theoderich.)

Im November 1767, also zwölf Jahre nach der ersten Begegnung mit den kranken Phantasien der Maria de Agrada, reiste Casanova von Pampluna nach Madrid. Der Kutscher hielt in einem kleinen Ort des alten Kastilien, dessen extreme Trostlosigkeit und Ödnis sich Giacomo sofort wie tödlicher Staub aufs Herz legte. Er fragte, wo man sich hier befinde: In Agrada, Monsieur, antwortete der Kutscher, und Casanova wurde von einem krampfhaften Lachen geschüttelt. Er erinnerte sich wieder an jenen Domenico Maria Cavalli, Sekretär des Rates der Zehn, der ihm seinerzeit durch einen Kerkermeister, der weder Lesen noch Schreiben konnte, das mit der Erlaubnis der Inquisition gedruckte Elaborat der Maria Coronel geschickt hatte, die als Maria d'Agrada ihren seltsamen Ruhm durch die Jahrhunderte bewahren konnte. Daß Giacomo in dieser Lektüre einen bewußten Anschlag auf seinen Geisteszustand sah, ist sehr bezeichnend; er war offensichtlich auf diesem Weg sein Leben lang besonders leicht zu beeinflussen, setzte allerdings hinzu, daß zu solch einer Wirkung eines halbverrückten Buches die Einzelhaft kommen müsse.

Im Oktober 1755 wechselten die Inquisitoren, von denen jeder nur acht Monate Dienst tat. Eine weise Maßnahme, die dauernde Parteilichkeit, fortwirkende Bestechungen oder ähnliches verhindern konnte. Die Inquisitoren, die Giacomo in den Kerker warfen, sind namentlich bekannt, derlei wurde in Venedig ja mit größter Akribie verzeichnet. Sie hießen Andrea Diedo, Antonio Condulmer und Antonio da Mula (nach Hübscher), gehörten also nicht der glanzvollsten Gruppe des venezianischen Adels an, keiner von ihnen hatte einen Palazzo am Canal Grande, und die Condulmer hatten selbst manch schwarzes Schaf in ihrer Familie gehabt. Das neue Trio hingegen vereinigte große Namen: Alvise Barbarigo, Lorenzo Grimani und Francesco Sagredo. Casanovas vornehme Freunde, mit den neuen Inquisitoren teils verwandt, teils durch gemeinsame Geschäfte verbunden, versuchten einen Prozeß zu verhindern, aber eines solchen bedurfte es gar nicht: Die alte Gilde der Inquisitoren hatte dafür gesorgt, daß Giacomo noch im September wegen Gotteslästerung, Teufelsbündelei und Hexenmeister-Praktiken zu fünf Jahren Haft in den Bleikammern verurteilt worden war. Immerhin ließen sich gewisse Hafterleichterungen erreichen und die Erlaubnis, dem unglücklichen Schützling Kleidung und Geld in den Kerker zu schicken.

Über dem vergitterten Fenster der Zelle stand ein Dachbalken vor, der den ohnedies kargen Lichteinfall noch verringerte. Am Morgen des 1. November 1755 begann dieser Balken plötzlich zu schwanken, Casanova verlor den Boden unter den Füßen, und die Sbirren liefen erregt aus ihren Unterständen: Das große Erdbeben, das an diesem Tag Lissabon zerstörte und mit seinen Feuersbrünsten 30000 Menschen tötete, wirkte bis nach Venedig. Casanova, in seinem Galgenhumor, kam es gerade recht, er schrie in die Luft hinaus *Un utra, un altra, gran Dio! ma piu forte* (Noch einen, einen zweiten, großer Gott, aber stärker). Es wäre ihm recht gewesen, die Gefängnismauern zusammenstürzen zu sehen, selbst wenn es ihn das Leben kosten sollte. Aber die zwei gewaltigen Erdstöße, die in Lissabon Paläste und Kirchen wie Kartenhäuser zusammenfallen ließen, machten dem auf seinen Fundamenten wohlabgefederten Palazzo Ducale so gut wie nichts aus, selbst der Balken vor dem Fenster schwenkte in seine Ausgangslage zurück.

Zeitweise hatte Giacomo Gesellschaft im Kerker, teils angenehme, teils ärgerliche. Ein junger Knecht, der die Nichte eines Grafen geschwängert hatte (und nicht die einzige Tochter, wie die Memoiren behaupten) entfloh, zweifellos von Casanovas Beispiel ermutigt, 1762 dem grausamen Gefängnis; ein jüdischer Wucherer namens Gabriel Schalon kaufte sich nach so kurzer Zeit frei, daß man nicht recht versteht, warum unser Venezianer so hart über ihn urteilt: »Ich schauderte, aber weniger noch deswegen, weil ich mich in der Gesellschaft eines so gemeinen Menschen sah, sondern weil ich erkannte, daß er mich für seinesgleichen hielt.«

Wir haben inzwischen genug Ausbrechergeschichten gelesen, genug Gefängnisfilme gesehen, um zu wissen, was die Unglücklichen in der Einzelhaft am Leben erhält: der Gedanke, sich aus eigener Kraft zu befreien. Im Dogenpalast war die Situation nicht aussichtslos, denn er war ja nur in einzelnen Etagen ein Gefängnis, im übrigen aber Regierungsgebäude mit Büro- und Repräsentationsräumen, hatte tagsüber Publikumsverkehr und wurde nicht, wie ein modernes Gefängnis, von Türmen und Scheinwerfern überwacht. Casanova konnte hoffen, mit dem Ausbruch aus der Zelle schon das Hauptproblem gelöst zu haben, und so machte er sich denn an die Arbeit, durchbohrte Bodenbretter mit Behelfswerkzeugen und ließ sich auch nicht entmutigen, als er auf eine Schicht aus Marmorschutt stieß: Hatte nicht Livius berichtet, Hannibal habe bei seinem Alpenübergang Felsen mit konzentriertem Essig aufgeweicht?

Da er das Salatöl für eine selbstgebastelte Lampe brauchte, machte es schon nicht mehr viel aus, auch den Essig zu entbehren, und ob es nun tatsächlich so war, wie Livius berichtet hatte oder ob sich der Estrich doch als lockerer erwies, als auf den ersten Blick vermutet, Casanova war schließlich so weit, daß er nur noch einen Bohlen zwischen sich und dem darunterliegenden, nicht mehr zu den Gefängnissen gehörenden Saal wußte und durch kleine Löcher hinunterspähen konnte.

Schwieriger als die Arbeit selbst, die Casanova wegen der großen Hitze nackt auf dem Boden liegend vorantrieb, war die Ge-

heimhaltung, vor allem dann, wenn ein zweiter Häftling in die
Zelle gelegt wurde. Nach dem ersten Wucherer kam ein zweiter,
ein maßlos dicker Jude, Sohn eines Rabbiners, einigermaßen im
Talmud beschlagen und unendlich redselig, so daß er Casanova
bat, nicht zu lesen und ihn sogar mitten in der Nacht weckte, um
plaudern zu können. Das versetzte Giacomo in begreifliche Wut,
war er doch nur in seinen Träumen frei, entfloh er doch nur im
Schlaf dem Elend seiner Haft. Erst dem dritten Haftgefährten,
einem wohlhabenden Jesuiten, vertraute Casanova sein Geheimnis
an, der hütete es auch und kam übrigens bald wieder frei. Sein
ganzes Verbrechen hatte darin bestanden, in der Oper eine Konversation zwischen einer Dame und dem österreichischen Gesandten
Orsini-Rosenberg zu vermitteln, da die beiden einander nicht unmittelbar ansprechen durften. Graf Orsini war dabei unmaskiert
gewesen und die Szene war verraten worden.

Zwei Tage vor dem 27. August 1756, einem von Casanova als
günstig eingeschätzten Feiertag, kam Kerkermeister Lorenzo mit
der seiner Meinung nach guten Nachricht, Casanova könne ein
neues Gefängnis beziehen, einen Raum, in dem er aufrecht stehen
konnte und der durch zwei Fenster eines anschließenden kleinen
Raumes gut gelüftet war, ja einen Blick über die Lagune bis zum
Lido gewährte. Casanova, der sich sein Leben lang als einen Günstling der verschiedensten Götter und Luftgeister wähnte, erlitt
einen Schock, an dem das schlimmste war, daß er ihn nicht zeigen
durfte. Zwei Stunden später aber war von den Sbirren, die Casanovas Möbel übersiedelt und sein bisheriges Gefängnis ausgefegt
hatten, das durchbruchsbereite große Loch im Boden entdeckt
worden, und Lorenzo, der bis dahin für Casanova getan hatte, was
er tun durfte, verwandelte sich tief enttäuscht und hintergangen in
einen sadistischen Zerberus, der elendes Essen und ungenießbaren
Wein brachte und trotz der entsetzlichen Hitze die Fenster nicht
mehr öffnete. Dabei fürchtete Casanova noch Schlimmeres, die
Verlegung in die Pozzi, die Gefängnisse unter dem Wasserspiegel
der Lagune, neunzehn Kammern, in denen die Häftlinge, da das

Salzwasser ihre Beine zerfressen hätte, auf Gestellen saßen, über denen eine Matratze lag, in der sie ihre Vorräte aufbewahrten, um sie vor den riesigen Wasserratten zu retten. Casanova berichtet in diesem Zusammenhang von einem französischen Doppelagenten namens Beghelin, der vielleicht auch Mantuaner war und als venezianischer Offizier für Schulenburg, den heldenhaften Verteidiger von Korfu, ebenso spioniert hatte wie für die Türken. Er lebte in den Pozzi nicht weniger als siebenunddreißig Jahre und starb 1775 beinahe achtzig Jahre alt – eine unvorstellbare Leidenszeit. Casanova verweist an dieser Stelle auch auf ein noch grausameres Gefängnis, nämlich den Spielberg bei Brünn, wo das Haus Habsburg seine Staatsfeinde angekettet verfaulen ließ.

In den Memoiren umfassen Verhaftung, Haft und Flucht zusammen etwa hundertundfünfzig Seiten der französischen Ausgabe. Und als Casanova endlich glücklich außer Landes gekommen war und man von allen Seiten Bericht darüber verlangte, wie er es denn geschafft habe, den *Piombi* zu entrinnen, antwortete er in verschiedenen Fällen, daß dies eine Erzählung von mindestens zwei Stunden verlange. ›In gedrängtester Form?‹ begehrte Bernis zu wissen. ›In gedrängtester Form, Exzellenz …!‹

Casanova sagt auch bei der Niederschrift ganz offen, daß es sich um eine ›umständliche‹ Erzählung handle, was damals bedeutete: mit allen Einzelheiten, Peripetien, Dialogen zwischen den Leidensgefährten und eigenen Wachträumen, Wünschen und Wahnvorstellungen. Dem vermögen wir begreiflicherweise nicht zu folgen und berauben gezwungenermaßen unseren Helden des einen oder anderen Höhepunktes.

Neu ist in dem nun komfortablen Gefängnis, daß der durch ein Geldgeschenk schnell versöhnte Lorenzo einen gewissen Verkehr mit anderen Gefangenen gestatten muß, wenn er nicht das Tagegeld Giacomos für Bücherkäufe verwenden will, und Giacomo liest und liest. Die Bücher wandern zwischen seiner Zelle und einer höher gelegenen hin und her, wo ein adeliger Priester und ein Graf beisammen liegen. Lange Briefe werden geschrieben, überflüssigerweise auf Lateinisch, könnte doch Lorenzo sie auch nicht lesen, wären sie venezianisch abgefaßt. Ein Spion, den man Casanova in die Zelle legt, wird durch aufwendige Marienrituale seines letzten Restchens Verstand beraubt und ist schließlich noch froh, nicht mitfliehen zu müssen. Der Graf aber, körperbehindert, alt und dick, traut sich die Flucht über die Bleidächer nicht zu, trennt sich aber nach langem Zureden von zwei Zechinen für die Fluchtkasse.

Der rüstige Priester hat alle nötigen Löcher gebohrt, und als in den ersten Novembertagen die Inquisitoren traditionsgemäß in ihren Häusern auf der *Terra ferma* weilen und Lorenzo die Abwesenheit der Vorgesetzten zu einer endlosen Sauftour nützt, klettern Casanova und Pater Balbi auf das vom Nachtnebel glitschige Dach. Den Untergang des Mondes haben sie abgewartet, die Stadt ist ruhig, aber im übrigen hat Balbi mit seiner Beschwerde recht: Casanovas einziger Plan besteht in dem Vorhaben, nur erst hinaus aus dem Kerker, dann wird es schon irgendwie weitergehen.

Was wir in so vielen Filmen immer bewundern, funktioniert in der venezianischen Wirklichkeit absolut nicht: Das Riesendach bietet nicht die geringste Möglichkeit, die vorbereiteten, mühsam aus Laken zusammengedrehten Stricke irgendwo zu befestigen. Casanova reitet auf dem Rist den langen Bau entlang und entdeckt schließlich eine Dachluke, die sich aufstemmen läßt. Mit blutenden Händen und Knien zwängt er das Gitter weg, gleitet zerschunden in eine unbekannte Tiefe und findet sich mit dem Fluchtgefährten in menschenleeren Büroräumen, in denen er nicht der kleinsten Münze habhaft werden kann, und endlich in einem großen Saal. Unvorsichtig zeigt er sich am Fenster, ein paar Nachtschwärmer schicken einen Wächter hinauf, der annimmt, er habe jemanden eingeschlossen, und Casanova wie Balbi, die sich nach der Klettertour aus ihren Bündeln umgezogen haben, spazieren ungerührt an dem verdutzten Mann hinaus ins Freie, zu den Gondeln. Die Zechinen des Grafen gestatten, einen zweiten Ruderer anzuheuern, Casanova gibt erst einen falschen Zielort an, um etwaige Lauscher und Verfolger zu täuschen und nennt erst später Mestre, und obwohl sie noch lange nicht in Sicherheit sind, bemächtigt sich Giacomos der Rausch der lang entbehrten Freiheit:

»Ich wandte mich um und blickte auf den Kanal zurück, den wir gekommen waren. Nie zuvor war er mir so schön erschienen, vor allem freilich, weil kein einziges Boot hinter uns hergefahren war. Der Morgen war wunderbar, die Luft wie nirgends in Venedig, und die aufgehende Sonne sandte ihre ersten Strahlen hernieder.« Der Rausch verfliegt, als Balbi, statt in Mestre schnell in die Kutsche zu steigen, erst einmal geruhsam Kakao trinkt und mit einem hübschen Mädchen schwatzt. Man ist auf dem Festland, aber noch auf dem Gebiet der Republik, und da Casanova von seinen vielen Liebesabenteuern im Großraum Treviso die Gegend gut kennt, weiß er, daß es noch eine anstrengende Strecke zu durchmessen gilt, bis bei Borgo di Valsugana das Gebiet des Erzbistums Trient beginnt.

Der Priester, dessen Dummheit Casanova mehr als einmal beklagt, erkennt immerhin, daß zwei Flüchtlinge gesucht werden, so daß man sich teilen müsse, um weniger aufzufallen. Als Mann der Kirche dem Volk unverdächtig, nimmt er den kürzesten Weg über Bassano und sitzt längst friedlich in Borgo, als Casanova, ausgehungert und abgerissen ebenfalls eintrifft. Da alle Sbirren zu der Suche nach ihnen in die Lagunenstadt beordert worden war, hatten sie ein vergleichsweise ausgedünntes Sicherheitsnetz vorgefunden, ja Casanova hatte sogar, für einen fernen Verwandten gehalten, im Haus eines Oberhäschers zu Abend essen und nächtigen können. Heute liegt Borgo di Valsugana in seinem hübschen Tal an der noch sehr jungen Brenta, auf halbem Weg zwischen Trient und Feltre und an einer Eisenbahn, die Casanova sehr zustatten gekommen wäre. Hingegen funktionierte bereits ein gewisser Geld-Transfer auch unter den Augen der erbosten Sbirren von Venedig: Casanova konnte sich in Bozen an einen Bankier wenden, der einen sicheren Mann zu den Freunden nach Venedig schickte, und nur sechs Tage später hatte Giacomo die hundert Zechinen seines Freundes Bragadino, mit denen er sich endlich nach seiner Gewohnheit einkleiden und auf die Rückkehr ins wahre Leben vorbereiten konnte.

Casanova erreichte in drei Tagen München, stieg im *Goldenen Hirschen* in der Theatiner Straße ab und begegnete einer alten Gräfin, die ihn kannte und seine Aufenthaltsbewilligung vermittelte. Nun hatte er nur noch den anhänglichen Balbi unterzubringen, der sich von dem weltgewandten Casanova nicht trennen konnte und – nicht ganz unberechtigt – überall erzählte, ohne ihn säße der Venezianer noch immer unter den Bleidächern. Balbi aber gehörte einem etwas seltsamen Orden an, er war Somasker (nach dem Ort Somasco bei Bergamo benannt), und mit den Somaskern wollte sich der Kurfürst nicht anlegen: Balbi möge weiterziehen, er sei unerwünscht. Eine Demarche Casanovas (der nach wie vor unerschrocken überall vorsprach) bei dem Beichtvater des Kurfürsten, einem Jesuiten, erbrachte immerhin die bemerkenswerte Antwort: »Wir wissen hier in München sehr genau, wer Sie sind, Herr Casanova!«, wonach sich Pater Daniel Stadler S. J. verächtlich abwandte, offensichtlich ein Mann, dem hochreichende Verbindungen nicht imponierten.

Balbi wurde schließlich nach Augsburg abgeschoben, wo der Domherr, Kunstkenner und Winckelmann-Freund Giovanni Battista de Bassi Mitleid mit dem Gestrandeten hatte und ihn aufnahm. Balbi dankte es seinem Wohltäter dadurch, daß er mit einer Magd und dem ganzen Tafelsilber durchbrannte, über Chur unvorsichtig ins venezianische Brescia reiste und schließlich abermals zwei Jahre unter den Bleidächern zubringen mußte, eine unglückliche Natur mit dem Hang zum Abenteuer, aber ohne jenes einzigartige Geflecht der Eigenschaften und Talente, dessen solch eine Existenz bedurft hätte.

Auf Casanova hingegen kam im damals noch kleinen München kleines Glück zu – eine ihm bekannte Familie, der er sich als Reisemarschall ohne eigene Kosten anschließen konnte – und in Frankreich dann die eigentliche Wende zum Besseren, auf die Giacomo sich in den langen Meditationen und Einkehrübungen der Kerkerhaft vorbereitet zu haben meinte. Die Herberge zum Heiligen Geist, in der er in Straßburg abstieg, schien ihm schon im Namen von guter Vorbedeutung zu sein. Und sie war tatsächlich einer der Treffpunkte des europäischen Geistes und der Geister, der heiligen wie der unheiligen: Casanova wird hier noch mehrfach absteigen – obwohl *Le Corbeau*, der Rabe, eigentlich die erste Hoteladresse in Straßburg war – und außer Casanova so manche schillernde Gestalt aus dem Umkreis der Halsbandaffaire; Goethe und Herder werden einander auf der Treppe der Auberge de l'Esprit zum erstenmal begegnen. Erst in den Dreißigerjahren unseres Jahrhunderts wurde das traditionsreiche Haus abgerissen.

Das eigentliche Ziel aber blieb unwandelbar Paris, »die einzige Stadt der Welt, wo die blinde Göttin des Glücks ihre Gaben all jenen spendet, die sich ihr anvertrauen und es verstehen, die Umstände zu nützen«, wie Casanova, seine wahren Absichten bemäntelnd, in den Memoiren ausruft. Denn seine Glücksgöttin war der kleine und feine Abbé Pierre, Comte de Bernis, seit dem 2. Januar 1757 Minister (was Casanova in Straßburg noch nicht wissen konnte), seit dem Juni dieses Jahres mit dem Portefeuille der Auswärtigen Angelegenheiten betraut. Ihn aufzusuchen hatte Casanova so eilig, daß er noch am Ankunftstag in Paris, dem 5. Januar, eine Kutsche mietete, um hinter Bernis her nach Versailles zu fahren! Die Kutschen kreuzten einander, wie sollte Bernis auch wissen, daß hinter den Fenstern einer Pariser Droschke ausgerechnet Casanova ihm entgegenfieberte. Und in Versailles angekommen, wurde Giacomo urplötzlich und diesmal wirklich unschuldig verhaftet – er hatte sich für seine Ankunft in Paris und Versailles just jenen Tag ausgesucht, an dem Damiens den vielgeliebten und vielliebenden fünfzehnten Ludwig mit einem Dolch verwundete ...

Lotto und Liebe

Zum zweitenmal in Paris, nahm Casanova sich ernstlich vor, diese Stadt zu der seinen zu machen und die Möglichkeiten, die Paris ihm bot, ernsthafter auszunützen, kurz: seine beiden Hauptlaster, die Liebesaffairen und die Spielleidenschaft, nach Möglichkeit einzudämmen. Denn mit einer Rückkehr nach Venedig konnte er nicht rechnen. Es war auch hohe Zeit, wenn er aus seinem Leben etwas machen wollte. Er ging in sein zweiunddreißigstes Lebensjahr, das war seinerzeit bereits der Zenith des Lebens, und die Haft unter den *Piombi* hatte Giacomo gezeigt, wie schnell sich auch in einer kleinen Existenz und ohne besondere Ereignisse das Blatt wenden, das Unglück hereinbrechen könne.

Urteilt man nach dem heutigen Bild von Städten wie München oder Paris, so muß man es zunächst als verwunderlich empfinden, daß Casanova überall Bekannte und Freunde traf und daß er jene, die er suchte, stets schnell, ja binnen Stunden auffand. Eine Erklärung dafür ist seine durch das ganze Leben emsig und korrekt durchgehaltene Korrespondenz mit Freunden. Auch ohne es in den Memoiren ausdrücklich zu erwähnen, hielt er eine Vielzahl von Kontakten quer durch Europa aufrecht, auch mit Menschen, die er jahrelang nicht mehr gesehen hatte. Das könnte erklären, wieso er wenige Stunden nach der Ankunft in der großen Stadt Paris bei der Familie Balletti landete, einer Dynastie oder eher Großfamilie von Tänzern, Komödianten und seriösen Schauspielern, von der ein Dutzend Personen in verschiedenen Bänden der Memoiren auftauchen. Es genügte dazu wohl eine Vorsprache bei der *Comédie Italienne* an der Stelle der heutigen *Opéra Comique* (Paris hatte noch 1850 zwei italienisch spielende Bühnen).

Die Balletti wußten Casanova natürlich auch eine günstige

Wohnung zu vermitteln. So konnte er Bernis eine Adresse angeben und sich von ihm zu einer geeigneten Stunde ins Hôtel de Bourbon bestellen lassen, ein für französische und fremde Diplomaten errichtetes Stadtpalais in der Rue de l'Université, also auf dem Linken Seine-Ufer, unweit der Sorbonne.

Bernis nahm dem Zusammentreffen der zwei Vertrauten aus immerhin höchst verfänglichen Situationen alle Peinlichkeit, indem er Casanova versicherte, er sei glücklich, in seiner neuen Position einiges für ihn tun zu können. Das war ein Hinweis, den wohl auch Dümmere als Giacomo richtig zu deuten verstanden hätten: So lange der Venezianer über die Ereignisse um MM und CC und die Vorgänge in den Studios schwieg, konnte er mit der Hilfe des Ministers rechnen. Und Bernis war in allen höfischen Vorgängen bewandert genug, um einen Schützling gut leben zu lassen, ohne daß es ihn selbst viel kosten mußte. Zunächst aber übergab er ihm – wie Casanova sagte: *me donnant de la meilleure grâce du monde* – eine Rolle mit hundert Goldstücken.

Das mit vollendeter Anmut überreichte Schweigegeld ist natürlich viel zu hoch für eine simple Unterstützung: Es waren 2400 Livres, Jahresunterhalt von zehn Handwerkerfamilien aus dem Faubourg Saint Antoine. Charles Kunstler, der große Kenner der Epoche, berichtet von einem jungen Adeligen, der für Wohnen, Unterhalt und Kleidung im Jahr 1500 Livres ausgab. Casanova war also bestens gerüstet, und würde er nicht spielen, so brauchte er sich um das erste Jahr in Paris keine Sorgen zu machen.

Paris freilich kümmerte sich vorerst überhaupt nicht um den auffälligen Neuankömmling. In Versailles hatte man ihn bald wieder freigelassen, denn der Attentäter Robert-François Damiens war schnell verhaftet worden, ein vierzigjähriger Schlosser und Jesuitenzögling aus der Gegend von Arras. Er hatte auf dem Land von dem ausschweifenden Leben des Monarchen gehört, war darob in eine unerklärliche Aufregung geraten, kurz vor seinem eigenen Geburtstag nach Paris gereist und dort offensichtlich ohne besondere Schwierigkeit zum Attentäter geworden: Er sprang hinter einer Säule hervor, als Ludwig gerade nach Schloß Trianon fahren wollte, und stach den König ›in die Seite‹ – da der Dolch an den Rippen abrutschte eine harmlose Fleischwunde.

Während Damiens auf eine im Abendland bis dahin unvorstellbare Art gefoltert wurde, da niemand ihn kannte und man folglich eine ganze Gruppe von Verschwörern hinter ihm vermutete, beschäftigte sich die Regierung mit dem inzwischen ausgebrochenen, für Frankreich aber noch nicht zur vollen Realität gewordenen Krieg gegen Preußen. Im Jahrhundert zuvor noch Gegner des Kaisers, war Frankreich durch die sensationelle, meist Bernis und der Pompadour zugeschriebene Wende in seinen außenpolitischen Beziehungen, nun auf einmal an der Seite Österreichs, des Landes, in dem ein Halbfranzose, nämlich Franz-Stephan von Lothringen als Kaiser Franz I. an der Seite der Marie Theresia regierte. Es sah so aus, als habe man das bessere Teil erwählt, denn die Koalition gegen Preußen war auf dem Papier übermächtig. Aber Frankreichs großer Feldherr Moritz, Maréchal de Saxe, war seit sieben Jahren tot. Er hatte für Ludwig XV. außer Fontenoy noch eine ganze Reihe anderer Schlachten gewonnen, ehe er sich, kränkelnd und mißmutig, auf sein Schloß Chambord an der Loire zurückzog und dort starb. Der für den neuen Krieg als französischer Oberbefehlshaber erkorene Prince de Soubise, ein Herr aus dem mächtigen Clan der Rohan, verhieß vor allem eines: einen ungeheuren Geldbedarf. Denn Soubise selbst umgab sich in seinem Palais im Marais in der größten Unbekümmertheit mit schönen Schauspielerinnen, ließ eine Orgie nach der anderen über die Bühne gehen und erschien allen, die mitverfolgt hatten, wie Friedrich II. seine Kriege führte, als der glanzvoll-verkommene Garant kostspieliger Niederlagen.

Bernis hatte Casanova darum den Rat gegeben, sich um Finanz-Ideen zu bemühen. Er kannte Einfallsreichtum und Suada des Venezianers, er war zudem stark daran interessiert, daß Casanova zu Geld kam, und zwar ohne die Polizei auf sich aufmerksam zu machen und Bernis zur Intervention zu nötigen. Casanova mußte also die große Nervosität der französischen Ministerien nützen, die angesichts der Gleichgültigkeit und Verschwendungssucht ihres Monarchen auf eigene Wege zum Geld angewiesen waren, Geld, das wegen der ohnedies hohen Steuerlast auf neuen Wegen in die Kassen des Staates strömen mußte.

Die Lösung, den einfachsten, wenn auch nicht den elegantesten Ausweg, hatte man zuerst in der Seerepublik Genua entdeckt, eine Zahlenlotterie, die so angelegt war, daß der Staat bei nahezu jeder Ausspielung Gewinne einstreichen mußte. Obwohl Venezianer, mußte Casanova von diesem Trick, mit dem die Rivalenstadt Genua ihre Galeeren bezahlte, gewisse Kenntnisse haben und gründete seine Hoffnung, die erwarteten Finanz-Ideen mit Erfolg präsentieren zu können, auf die schon lange anhaltenden, außerhalb Italiens aber unbekannten Erfolge der genuesischen Staatslotterie. Als er aber seinen Entwurf eines solchen Unternehmens im Kreis hoher Pariser Finanzbeamten vortragen sollte, machte man ihn mit einem anderen Italiener bekannt, der das Konzept offensichtlich genau durchgerechnet und zu einem praktikablen System ausgebaut hatte. Es handelte sich um einen Gesandtschaftssekretär aus Sizilien namens Giovanni Antonio de Calzabigi, der Casanova bald gestand, der eigentliche Urheber des Planes sei sein älterer Bruder Ranieri, der sich nur wegen einer lästigen Hautkrankheit nicht in der Öffentlichkeit zeigen wolle.

Casanova war geschickt genug, sich mit Calzabigi nicht zu streiten, ging es doch um ein Millionenprojekt, bei dem für alle Beteiligten genug abfallen würde. Calzabigi wiederum ahnte, daß er die bis zur Marquise de Pompadour reichenden Verbindungen des Venezianers brauchen werde, um einen Plan von solcher Neuartigkeit und Kühnheit bei einer Regierung durchzusetzen, die sich weder durch Kompetenz noch durch Entschlußkraft auszeichnete. Lotteriepläne waren damals nämlich riskant. Die technischen Voraussetzungen für das heutige Verfahren, nur eingegangene Gelder und auch diese nur teilweise nach Trefferquoten wieder auszuschütten, waren noch nicht gegeben, die Schnellrechner und das System schneller Nachrichtenübermittlung existierten noch nicht, und wenn Casanova in seinen Memoiren davon spricht, daß er wenig Menschen zur Durchführung nötig hätte, wohl aber einige gute Maschinen, so beweist er zumindest, das Problem erkannt zu haben. Man mußte dem Wettpublikum, das neunzig Zahlen zur Auswahl hatte, feste Gewinne für den Ambo oder Terno und den Quarto (zwei, drei oder vier von neunzig Zahlen) vor die Nase halten, ohne noch zu wissen, wie viele Einsätze eingegangen seien und vor allem: ohne sie in der Kasse zu haben.

Dennoch bemühten sich damals viele Staaten um dieses Kind italienischer Spielergehirne, andernfalls wäre Calzabigi nicht Geheimberater für Finanzen in Berlin geworden und sein Bruder Finanzkontrolleur für die Österreichischen Niederlande mit dem Sitz in Wien. Und es ist bekannt, daß der in seinen Schlachten so furchtlose große Friedrich vor der ersten Lottoziehung tausend Ängste ausstand, weil er nicht genug Geld hatte, den Höchstgewinn auszubezahlen (der dann glücklicherweise nicht gezogen wurde).

Was den Brüdern Calzabigi und Casanova in dieser Situation der Unschlüssigkeit und des Abwägens zustatten kam, war ein Lieblingsplan der großen Marquise, der aber viel Geld kostete: Die Erbauung einer Offiziersschule für den französischen Adel. So wie sich die letzte Mätresse des Sonnenkönigs, die Maintenon, wegen ihrer eigenen galanten Vergangenheit vor allem um die Töchter aus dem verarmten Adel bemühte und sie in einer eigenen Bewahranstalt in unsäglich peinlichen Vorgängen an adelige Heiratswerber vermittelte, so war die Pompadour von der Vorstellung besessen, aus ihrer Schatulle für die Ausbildung von fünfhundert jungen Offizieren zu sorgen. Aber der Verzicht auf ihre Apanage reichte bei weitem nicht: Pâris-Duverney, ein Staatsrat, der aufgrund seines Sachverstandes zum Bauherren wurde, brauchte für den Bau eine Million nach der anderen, und diese Millionen sollten nun die findigen Italiener herbeischaffen.

Nun, um es kurz zu machen: Die Lotterie erfüllte ihre Aufgabe so einigermaßen, der riesige Bau wurde nach und nach fertiggestellt, und wieder einmal hatte Casanova die Chance, seinem Leben

Ruhe und Stabilität zu geben, denn man setzte ihm nicht nur ein jährliches Festgehalt aus, sondern überließ ihm auch fünf Lottokollekturen (wie die Annahmestellen bis heute in Österreich heißen). Aber Giacomo verkaufte sofort vier der fünf Lottobüros und warb im fünften, das er wegen der guten Adresse in der Rue Saint-Denis behalten hatte, damit, daß er die Gewinne schon nach vierundzwanzig Stunden ausbezahlen werde, nicht erst nach einer Woche (da ja keine Quoten berechnet werden mußten, war dies möglich).

Die Brüder Calzabigi hatten ungleich bessere Dotierungen erlangt, was beweist, daß Pâris-Duverney genau wußte, von wem die entscheidenden Ideen stammten, aber es ging ihnen in der Folge nicht sehr viel besser als Casanova: Der jüngere Bruder starb nach seiner Berliner Zeit im heimatlichen Italien in größter Not. Der geniale ältere erwarb sich einen Ruhm ganz anderer Art: als Librettist seines Freundes Christoph Willibald Gluck (*Alceste, Orpheus und Eurydike, Paride et Elena*) und lebte noch bis 1795, Giacomo erwähnt ihn noch im letzten Band seiner Memoiren. Da lebte Raniero di Calzabigi allerdings schon wieder in Italien, und zwar in Neapel. Dort hatte er auch seinen größten Erfolg mit dem Libretto zu *Elfrida* von Paisiello. Als Literat und großer Mathematiker ein interessantes Doppelleben führend, wäre Raniero eine Romanfigur *par excellence* und war auch in so manchen musikgeschichtlichen Skandal verwickelt, etwa, als Gluck das Libretto zu *Impermestra oder die Danaiden* nicht selbst vertonte, sondern an Salieri weiterreichte. Nicht minder wichtig ist Ranieros Polemik gegen Lully und Rameau und sein Briefwechsel mit dem Grafen Vittorio Alfieri (1749–1803), damals Italiens bedeutendster Dichter.

Casanova blieb bis 1759 einer der Direktoren der Lotterie, in seinem bewegten Leben und bei seinem Hang zu plötzlichen Veränderungen eine ungewohnt lange Phase relativer Ruhe, die allerdings durch kleine Abenteuer amouröser und politischer Natur Farbe erhält. Die Liebe nähert sich ihm wie so oft in der Gestalt eines jungen Mädchens aus guter Familie, das längst einem Bräutigam honorigen Zuschnitts versprochen ist, eine Demoiselle de la

Maure, deren wirklichen Namen bisher niemand herausgefunden hat. (Im Manuskript der *Historie de ma Vie* steht nur M...re, was selbst unter Heranziehung der Adelsregister noch zu viele Deutungen zuließe.)

Die Geschichte selbst ist unbedeutend, aber die Überlegungen, die Giacomo in diesem Zusammenhang anstellt, sind bemerkenswert. Er sucht zu ergründen, warum auch schöne und noch sehr junge Mädchen in Frankreich sich so schnell und so früh verheiraten lassen, da sie doch Zeit hätten und angesichts ihrer Vorzüge nicht befürchten müßten, als sogenannte alte Jungfern zu enden. »Sie sind der Meinung, daß sie erst durch eine Eheschließung eine Position in der Gesellschaft und in der Welt bekommen. Sie gewinnen ihre Selbständigkeit erst, wenn sie das Elternhaus verlassen und ein neues Foyer gefunden haben, und hinter dieser Resignation steht die Überzeugung, daß Gemahl und Liebhaber durchaus zweierlei sei.«

»Auch die Männer«, fährt Casanova fort, »unterscheiden sehr deutlich zwischen der Ehe, die oft ein Arrangement, eine Vernunftehe ist, und ihrer Geliebten, und so manchen trifft es mehr, wenn die Geliebte untreu wird, als wenn die Frau einen Liebhaber erhört.«

Mademoiselle de la Maure hatte Casanova erhört, was offensichtlich durch besondere Wohnverhältnisse in dem damaligen Vorort La Villette begünstigt worden war und durch den Umstand, daß die Tante der Schönen diese für dumm und harmlos hielt. Casanova gesteht, daß er sie vermutlich nicht verführt hätte, wäre sie nicht aus einer Klosterschule gekommen – verfängliche Offenheit, die diabolische Hintergedanken verrät – und als diese schöne Klosterschülerin gar aus dem Bett aufsteht, nackt durch das Zimmer geht, ein Scheit in den Kamin legt und vom flackernden Feuerschein übergossen ihre ganze Schönheit offenbar wird, da ist Casanova mit einemmal entschlossen, sich diese Beute nicht entgehen zu lassen. Aber auch der herangereiste Gemahl hat sich ein so leckeres Weibchen nicht erwartet, und als an einem Abend die Tante es über sich bringt, die schöne Nichte an der Konversation teilnehmen zu lassen, erkennt der Glückliche, daß dieses angeblich so dumme Klosterpflänzchen zu allem übrigen auch noch Geist und Humor hat und ist nun erst wirklich entflammt, während in Casanova der Grimm wächst. Wie das in einsamen Nächten so ist, reifen auch in ihm absurde Entschlüsse. Die nackte Geliebte im Feuerschein steht in seinen Gedanken vor ihm, als er zwei Pistolen lädt (für einen Lotterie-Direktor durchaus angebrachtes Rüstzeug) und sich auf den Weg nach La Villette macht, um den ahnungs- und arglosen Nebenbuhler ins Jenseits zu befördern. Die lange Fahrt in den Pariser Norden beruhigt ihn nicht, aber als ihm im Haus der Freunde dann der Nebenbuhler im Schlafrock entgegen- kommt, ihn freundschaftlich begrüßt und zur Verlobung einlädt, sind die finsteren Gedanken wie verflogen. Da der andere eine Viertelstunde redet, ohne Giacomo zu Wort kommen zu lassen, setzt sich die Beruhigung fort: *On porta du Café*, man frühstückt gemeinsam, die Erynnien entfliehen.

Nach Paris zurückgekehrt, trifft Giacomo seinen soeben einge- troffenen Bruder Francesco Giuseppe, den Schlachtermaler, und beide dinieren bei Silvia, der Tochter der befreundeten Schauspie- lerfamilie Balletti, Italiener unter Italienern, der beste Trost.

Vergleicht man die Erinnerungen Casanovas mit jenen des in dieser Lebensphase für ihn so wichtigen Grafen Pierre de Bernis, so fällt als besondere Annehmlichkeit die Selbstironie auf, mit der Casanova sich und sein Verhalten schildert. Ganz zweifellos war er über den bevorstehenden Verlust der La Maure zutiefst unglück- lich, und daß Eifersucht Mordgedanken eingeben kann, ist ebenso klar. Dennoch erkennt der alte Herr, als er in Dux auf dies alles zurückblickt, die volle Komik solcher Situationen zwischen einem mordlustigen wohlbewaffneten Verlierer und dem ahnungslos plappernden Sieger im Schlafrock.

Noch deutlicher wird Casanovas Selbstironie in dem Bericht über seine lärmende Geheimreise von Paris nach Dünkirchen und zurück, eine Art Spionagemission eines Ministeriums gegen ein anderes, die durch die neue weltpolitische Lage mitmotiviert war.

Frankreichs neuer Verbündeter Österreich stand im Krieg gegen Preußen, und Preußen wurde von England unterstützt. Damit waren die guten Beziehungen zwischen den beiden Nationen am Ärmelkanal, wie sie Philippe von Orléans nach dem Tod des Sonnenkönigs wiederhergestellt hatte, beendet und die Korsarenkapitäne beider Länder lieferten einander im Atlantik, aber auch im Indischen Ozean heiße Gefechte. Die offiziellen Kriegsflotten allerdings lagen in den Häfen, und dies tut keiner Flotte gut. Bernis, der Casanova zu beschäftigen suchte und ihm Geld zukommen lassen wollte, vermittelte den Auftrag, da ein gewandter Italiener weniger verdächtig war als ein Pariser und so in Dünkirchen herausfinden konnte, warum Schiffe, die der König bauen ließ und unterhielt, um so vieles teurer zu stehen kamen als die Schiffe, die sich die Korsaren selbst ausrüsteten.

Die genauere Instruktion erfolgte bei dem Abbé Delaville (auch La Ville geschrieben), der grauen Eminenz des Außenministerium und wie so manche andere graue Eminenz ein eiskalter Faiseur; beim anschließenden Essen aber lernte Casanova den Abbé Galiani kennen, den Romanisten neben La Rochefoucauld oder Chamfort stellen, einen Neapolitaner, der als Gesandtschaftssekretär Paris in vollen Zügen genoß. Das Kurzportrait, das Casanova von ihm gibt, zeigt uns, wie genau er charakterisierte, und das in einem Augenblick, da er den Kopf voll verwirrender Instruktionen hatte. »Er war«, schreibt Casanova, »ein sehr geistvoller Mensch und hatte vor allem die Gabe, allem, was er sagte, einen Charme von Heiterkeit oder Ironie mit auf den Weg zu geben, ohne selbst zu lachen. Er sprach ein brillantes Französisch mit jenem leichten neapolitanischen Akzent, den man überall liebt.«

Es fügte sich, daß Mademoiselle de la Maure, nunmehr Madame P., ebenfalls in Dünkirchen lebte, so daß Casanova den Auftrag erhielt, ihr eine Kiste mit Porzellan nachzubringen und einen harmlosen Zweck für seine Reise benennen konnte. Offizielle Papiere, Pässe oder Empfehlungsschreiben erhielt er natürlich nicht. Die Strecke war nicht lang, nach Brest zu reisen, wo einst

Colbert einen französischen Kriegshafen erbaut hatte, wäre ungleich mühsamer gewesen. Nach Dünkirchen brauchte Casanova nur drei Tage, machte seine Aufwartung beim Ehepaar P., ohne an gemeinsame Intimitäten zu erinnern, und widmete sich mit Verve seiner Geheimmission, was nicht sehr schwierig war. Dünkirchen war noch kein Seebad, Fremde fehlten, und auch der normale Verkehr mit den nun feindlichen Briten war eingeschlafen, so daß die Kapitäne der Kriegsschiffe vor Langeweile beinahe umkamen.

Dennoch scheint Casanova nicht nur erzählt zu haben, sondern auch zugehört; er wurde von Schiff zu Schiff weitergereicht, und obwohl in Venedig Galeeren das Arsenal füllten, machte er mit seinem wachen Verstand doch einige wichtige Beobachtungen und hielt sie in Notizen fest.

Reiselustig, wie er immer gewesen war, nahm er eine andere Route für den Rückweg, verlor aber schon beim ersten Pferdewechsel die Orientierung und befand sich um Mitternacht irgendwo im Raum Saint Omer, vermutlich an der Straße nach Arras. In der Poststation machte man ihn aufmerksam, daß die nächste Gelegenheit zum Pferdewechsel sich erst in Aire ergeben würde, einer Festungsstadt, in der instruktionsgemäß nach Einbruch der Dunkelheit niemand mehr eingelassen werde. Mehr brauchte man dem von seiner Bedeutung durchdrungenen, nach vollendeter Mission nicht mehr zu bremsenden Venezianer nicht zu sagen; er ließ anspannen und fand sich wenige Stunden später vor den verschlossenen Toren der kleinen Festung, die erst seit 1713 zu Frankreich gehörte und wegen der Unsicherheit des nahen flandrischen Territoriums voll von Truppen war.

Nun, es kam, wie es kommen mußte: Casanova bezeichnete sich als Kurier, worauf ihm nach einer Stunde immerhin geöffnet wurde, ließ sich zum Festungskommandanten führen, den er im Schlafzimmer neben einer sehr hübschen jungen Frau antraf, besann sich, daß er eigentlich nichts hätte sagen dürfen und ließ sich, gegen sich selbst zürnend, einsperren.

Tags darauf halfen ihm wie immer seine Suada und sein Auftreten. Er fand Bürgen, die ihm die Haft wegen eines Pfundes unverzollten Tabaks ersparten, den man nach seiner Weiterreise bei einer Visitation in Amiens in seinem Wagen gefunden hatte. Diesmal mußte kein Festungskommandant bemüht werden, sondern, da es sich um den Zoll handelte, ein Intendant der Finanzen. Kurz, es gab jede Aufregung, jeden Skandal, den man auf solch einer kurzen Strecke überhaupt verursachen konnte, und das, obwohl der gefürchtete Abbé De Laville ihm eigens eingeschärft hatte, so unauffällig wie möglich zu reisen. Aber wie sollte ein Casanova es schaffen, nicht aufzufallen?

Es ging dennoch mit sanften Vorhaltungen ab, der ausführliche und gut geschriebene Bericht war dem Minister 500 Louisdor wert, und Casanova grübelte noch in Dux über der Frage, warum Bernis nicht einfach auf dem üblichen amtlichen Weg die ihn interessierenden Auskünfte eingeholt habe – dies nämlich hätte die Regierung keinen Sou gekostet. Die Flotte blieb freilich trotz aller Nachforschungen und Nachbesserungen die Achillesferse des sonst so glanzvollen Frankreich. Während sich die Korsaren von Saint Malo, Dieppe oder auch Dünkirchen mit Ruhm bedeckten, endeten die großen Seeschlachten zwischen England, Holland, Spanien oder Frankreich so gut wie stets mit französischen Niederlagen, ein Odium, von dem sich die *Grande Nation* bis heute nicht befreien konnte.

In jenem achtzehnten Jahrhundert, in dem die Naturwissenschaften hinter Philosophie, Literatur und Geschichtsschreibung ein Schattendasein führten, hatten helle Köpfe mit Phantasie und Ahnungsvermögen gute Chancen. Wir kennen Fälle, wo die von den bestellten Ärzten aufgegebenen Patienten schließlich von irgendeinem Kräuterweiblein oder einem heilkundigen Schäfer gerettet wurden, denn die Volksmedizin gab es natürlich und die Naturheilmittel auch. Die Casanova-Forschung weiß bis heute nicht, woher Casanova seine nicht zu bestreitenden medizinischen Kenntnisse hatte, und er selbst verschleiert dies kunstvoll, indem er sich auf diesem Gebiet hin und wieder bedeutende Erfolge zuschreibt, an anderen Stellen aber offen zugibt (oder behauptet?), auf gut Glück gehandelt und lediglich Gaukeleien à la Doktor Eisenbarth vorgeführt zu haben. Eine dieser angeblichen Hokuspokus-Aktionen gab seinem Leben eine entscheidende Wendung, die Heilung des Grafen de la Tour-d'Auvergne von einer hartnäckigen Muskelverhärtung im Oberschenkel.

Unter den Gesellschaftskreisen, die Casanova mit der Erzählung seiner Abenteuer in Aire und Amiens amüsierte, waren die Freunde der schönen Tänzerin Giacometta Veronese unserem Venezianer besonders sympathisch. Sie trat seit 1744 unter dem Namen Camille an der *Comédie Italienne* in Paris auf, war etwa zehn Jahre jünger als Casanova und hatte in dem Marquis de Gamaches einen wohlhabenden Freund, der das kleine Haus an der nördlichen Stadtgrenze am liebsten von einer heiteren Gesellschaft bevölkert sah. Er brauchte nicht eifersüchtig zu sein, da er selbst noch jung war und weil Camille mit echter Liebe an ihm hing; den zweiten Platz in ihrem Herzen hatte jedoch der Graf de la Tour-Auvergne, der sich selbst keine Mätresse leisten konnte, so alt und berühmt sein Geschlecht auch war. Camille tröstete ihn – auch dies ein bezeichnender Zug in den Sitten jener Zeit – mit Babet, einer jungen Freundin, die so gut wie nichts kostete und bei dem Grafen lebte. Somit war er nicht allein, hatte eine erotische Gespielin, verehrte aber Camille. Casanova, der den seltsamen Ménage à quatre schnell durchschaute, erwärmte sich aber vor allem für die fünfzehnjährige Babet.

Als in einer Regennacht der Graf, Babet und Casanova im engen Coupé des Grafen zurück nach Paris fuhren, sah der Venezianer seine Stunde gekommen und bedeckte im Finstern – wie er meinte – Babets Hand mit heißen Küssen, nur war es die Hand des Grafen und die Geschichte machte selbstverständlich schnell die Runde. De la Tour fühlte sich von diesem Augenblick an mit Giacomo, den er ein wenig lächerlich gemacht hatte, besonders verbunden, und als er eines Tages wegen starker Schmerzen im Oberschenkel nicht ausgehen konnte, schickte er nach Casanova, dem Vielgewandten.

Im Beisein von Camille mischte Casanova nun allerlei, was er aus

der Apotheke hatte holen lassen, darunter Salpeter und Schwefel-
blüte, mit frischem Harn des Patienten und bat Camille, diese Mixtur an den schmerzenden Stellen einzureiben, während Giacomo
Beschwörungsformeln dazu murmelte. In seinen Memoiren stellt
der Venezianer all dies als puren Humbug dar, hatte sich in der
Mischung aber doch stark dem als Geheimrezept durch die Jahrhunderte geisternden Schwefelbalsam angenähert und jedenfalls
starke Durchblutungsschübe bei de la Tour bewirkt, der denn auch
bald frei von allen Beschwerden war und überzeugt blieb, seine
Heilung Casanova zu verdanken.

Er bedeutete dem Freund, daß er in Konkurrenz zu einer noch
weitgehend hilflosen akademischen Medizin mit solchen Kenntnis-
sen sein Glück machen könnte, da in Paris, wo Männer und Frauen
sich höchst unnatürlich bewegten, keine körperlichen Übungen betrieben und oft den ganzen Tag herumsaßen, solche Muskelpro-
bleme an der Tagesordnung seien. Vor allem aber müsse Casanova
eine Marquise kennenlernen, die sich mit der Verbindung zwischen
Magie und Naturwissenschaften seit Jahrzehnten beschäftige und
einen kleinen Kreis ähnlich Gesinnter um sich versammelt habe.

Jene Vorläuferin moderner esoterischer Heilmethoden und
Medico-Magie war einst unter dem Decknamen *Egeria* eine der
schönsten und ausgelassensten Frauen bei den Orgien des Regenten gewesen, und sie hatte unter seinem frühen Tod um so mehr
gelitten, als sie sicher zu sein glaubte, daß ihn, den genialen Sohn
der Liselotte von der Pfalz und Retter des Königreiches, die magische Naturheilkunde hätte retten, sein Leben verlängern können.
Als Casanova durch de la Tour bei ihr eingeführt wurde, war der
Name *Egeria* ebenso vergessen wie ihre Rolle in den ausgelassenen
Nächten im Palais Royal; sie war noch immer schön, aber niemand
nannte sie anders als d'Urfé nach dem Marquis, den sie 1724 geheiratet hatte.

Jeanne, geborene Camus de Pontcarré, war also höchstens
zwanzig Jahre älter als Casanova, hatte sich aber mit den großen
Mitteln ihres Gemahls, der als Lascaris-d'Urfé auch kaiserlich-by-

zantinische Ahnen hatte, eifrig und intelligent in den ganzen Bereich der Geheimwissenschaften eingearbeitet. Sie war ganz offensichtlich Casanova weit überlegen, aber er ahnte die Chance, er erkannte auch seinen gefährlichsten Mitbewerber um das große Vermögen der Marquise, den Grafen von Saint Germain, und er strapazierte alle seine Fähigkeiten von der Suada bis zum sechsten Sinn, um ihr als ein gleichwertig Eingeweihter zu erscheinen. Und da sie eine schöne Frau an der unbarmherzigen Schwelle zum Alter war, er aber ein schöner junger Mann im Geruch eines kundigen Liebhabers, ersetzten die unbezwinglichen Fluiden, die in solchen Fällen zwischen den Geschlechtern das gemeinsame Geheimnis weben, alles, was ihm gegenüber der Marquise an rosenkreuzerischer Spezialkenntnis fehlen mochte. Andererseits hat er in seinen esoterischen Andachtsübungen und kabbalistischen Zahlenspielereien mit den drei venezianischen Patriziern immerhin soviel Erfahrung gesammelt, daß er ein Schlüsselwort herausfinden konnte, einen Code gleichsam, den die Marquise bis dahin niemandem anvertraut hatte. Damit war sie nun, wie seinerzeit der Senator Bragadino, von der Sendung Casanovas überzeugt und von jenem Engel Paralis, der dem Venezianer angeblich zu Gebote stand.

In den folgenden Jahren, wenn auch nicht bis zu ihrem zwischen 1767 und 1769 anzusetzenden Tod, wandte die Marquise sowohl Casanova als auch dem Grafen von Saint Germain so große Summen zu, daß die schließliche Erbschaft weit hinter den Erwartungen der Verwandten zurückblieb und im wesentlichen aus einer kostbaren Bibliothek bestand.

Damit ist die Frage, wie es so weit kommen konnte, wie zwei Scharlatane mit unterschiedlichen Methoden eines der großen französischen Adelsvermögen an sich bringen konnten, nicht beantwortet, ebensowenig damit, daß die Nachfahren die arme Marquise als *vieille folle*, als alte Irre bezeichneten, wie man in den apokryphen, aber aufschlußreichen Memoiren der Renée-Caroline de Froullay, Marquise de Créqui (1714–1803) nachlesen kann: Hätten Tochter und Schwiegersohn die Marquise ernst genommen und sich um sie gekümmert, wäre sie vermutlich nicht in diesem Maße zum Opfer geworden und der Lächerlichkeit preisgegeben in den Memoiren des erfolgreichsten ihrer Betrüger.

Nun war aber die Marquise d'Urfé zweifellos nicht im üblichen Sinn verrückt, das beweisen die Gespräche, die Casanova aufzeichnet, das beweist auch ihr Verhalten, als ihr Zweifel kommen und schließlich die Erkenntnis des Betruges. Sie hatte nur verschiedene starke Motive zu bekämpfen, die ihre Urteilskraft einengten. Das eine war, daß sie in jungen Jahren einen Sohn verloren hatte, so daß ihr Geschlecht im Mannesstamm aussterben mußte, sollte Casanova nicht mit seiner magischen Ehe Erfolg haben, die sie zum Jüngling machen und damit einen d'Urfé-Erben erschaffen sollte. Das zweite Motiv lag im Umfeld, in einem uns vielfach bestätigten Überhandnehmen der sogenannten philosophischen Literatur über die religiöse.

An Hand der Druckgenehmigung, die für jedes in Frankreich erscheinende Werk eingeholt werden mußte, hat Roger Chartier ermittelt: »Während die religiösen Titel aller Gattungen zusammengenommen gegen Ende des siebzehnten Jahrhunderts die Hälfte der Pariser Produktion an Druckerzeugnissen ausmachten und immerhin noch ein Drittel in den 1720er Jahren, umfaßten sie zu Beginn der 1750er Jahre nur noch ein Viertel ... Da der Anteil der anderen ... Kategorien in etwa stabil blieb, waren es die Wissenschaften und Künste, deren Proportion sich zwischen 1720 und 1780 verdoppelte.« (*Die kulturellen Ursprünge der Französischen Revolution.*) Dazu kamen zahlreiche angeblich oder tatsächlich im Ausland gedruckte Bücher, von denen von vornherein klar war, daß sie eine Druckgenehmigung gar nicht erhalten würden, also satirische und pornographische Bücher, Anekdoten aus dem Hofleben und Schriften über Geheimwissenschaften, geheime Gesellschaften und magische Praktiken.

Die Marquise war also, ehe sie ein Opfer der Scharlatane wurde, bereits Opfer eines gewaltigen Trends zur geistigen und faktischen

Geheimbündelei, worin ihre Vorliebe für Paracelsus als ein schwaches Flämmchen der Vernunft leuchtete.

Dabei fing alles edel und wohlmeinend an, als eine Bewegung aus tiefen religiösen Gedanken, wie sie bei den deutschen Siedelstämmen im Osten, etwa bei Jakob Böhme, Angelus Silesius und Daniel Czepko gewachsen waren und durch Adepten, zu denen einige bedeutende Ärzte gehörten, durch Schwarmgeister wie Kuhlmann und durch Flugschriften in ganz Europa verbreitet wurden. Die ursprünglichen Tendenzen der Rosenkreuzer waren vor allem auf eine Vertiefung des Wissens von der Natur und von den Zusammenhängen und Gesetzen des Lebens gerichtet. Insbesondere sollten – und hier wirkte Paracelsus nach – die medizinischen Kenntnisse von Körper und Seele und deren Wechselbeziehungen vertieft, Kranke unentgeltlich gepflegt und womöglich geheilt werden. Sich selbst wollten die Rosenkreuzer dahin erziehen, daß äußerer Prunk und Reichtum keine Gewalt über die Seele gewinnen könnten.

Dazu sollten die Geheimwissenschaften neu belebt und gründlicher und ernsthafter betrieben werden mit dem Fernziel, den Mächtigen dieser Erde, den damals in der Regel noch absolut herrschenden Königen und Fürsten, die Geldmittel zu einer Linderung des Massenelends zur Verfügung zu stellen.

So formuliert wirken die Grundsätze und Ziele der Rosenkreuzer naiver als sie es damals waren, in einer Zeit, in der das gesamte soziale Netz fehlte, in der kirchliche oder private Wohltätigkeit nach dem Gießkannenprinzip vorging, im Grunde aber Alte der Familie überlassen waren, so sie eine hatten, und Kranke sich selbst oder zufälliger, meist unkundiger Hilfe. Die positiven Verfechter des Rosenkreuzer-Gedankens stießen also auf ein ungeheures Betätigungsfeld, und nur wo die Mitglieder der geheimen Zirkel an ihrer Aufgabe verzweifelten, da gewannen alchimistische und magische Tendenzen die Oberhand. In den späteren Rosenkreuzerschriften spielen die Alchimie, also die Goldmacherei, mit der die Marquise d'Urfé so kostspielig experimentierte, und der Stein der

Weisen, den sie zu besitzen glaubte, eine beherrschende Rolle, und das in einem Jahrhundert, in dem die große Enzyklopädie von Diderot und d'Alembert schon zahlreiche Abonnenten hatte (bis zu dem Augenblick, da auch diesem gewaltigen Werk der Aufklärung, das Katharina II. subventioniert hatte, in Frankreich die Druckgenehmigung entzogen wurde).

Licht und Halbdunkel standen somit gegeneinander, und dem angeblichen Wahnsinn der schönen Marquise waren aus verschiedenen Gründen weite Kreise des *Ancien Régime* verfallen, wozu auch jene Krankheiten beitrugen, zu denen man sich nicht zu bekennen wagte. Das Wort von der Salsaparilla-Gesellschaft ist heute vergessen, es meint eine Oberschicht, in der die Behandlungsmethoden der Geschlechtskrankheiten das eigentliche Gesprächsthema sind. Casanova bagatellisiert das Problem, bekennt, mindestens zwanzigmal angesteckt worden zu sein und macht damit klar, daß man damals zwischen dem Tripper und der Syphilis noch nicht unterschied. Diese aber, die mit ihren Folgen und Spätfolgen auf geradezu teuflische Art in das Leben und die Nachkommenschaft eingreifende Lustseuche, wurde zum beliebtesten Betätigungsfeld der Scharlatane, weil sie erstens im Geheimen arbeiteten, sich jenen anboten, die die Klatschereien unter Ärzten fürchteten, und weil sie zweitens Selbstbehandlungs-Möglichkeiten versprachen, womit der gute Ruf des Patienten gerettet war.

Daraus ist zu erklären, daß die Marquise d'Urfé auch geschlechtliche Vorgänge unter astrologischen Aspekten zu sehen gewöhnt war, sagte doch der berühmte Polyhistor Villalobos: »Wenn die Stunde naht, in der wir den Akt von Venus und Mars vollziehen möchten, sollten wir uns vergewissern, daß Saturn, der üble Gefährte, uns fern ist.« (zitiert nach Claude Quétels Aufsatz über die Lustseuche im Altertum, Berlin 1992) Alles, was Casanova der Marquise über jene ultimative Vermählung vorgaukelte, in der sie einen Homunkulus erschaffen wollten, war unter damals bekannten, ja herrschenden Aspekten keineswegs weit hergeholt, ja man kann sagen, daß jede Simplifizierung die an das große mystische

Theater gewöhnte, in ihren Ideen befangene Frau nur mißtrauisch gemacht hätte.

Der Kreis, in dem sie lebte und dachte und aus dem sie Anregungen empfing, gestattete ihr gar kein Entrinnen in Richtung der schlichten, nach und nach das Jahrhundert erhellenden Vernunft. Da war zunächst der angebliche Graf von Saint-Germain, umfassend gebildet, eindrucksvoll durch seine Contenance bei Tisch (er aß keinen Bissen) und unwiderleglich in seiner pausenlosen Suada. Selbst Casanova, den die unablässig auf ihn einredenden venezianischen Juden in seinem Gefängnis so wütend gemacht hatten, ließ die Beredsamkeit dieses Sepharden widerspruchslos über sich ergehen und tat, so lange der Pseudograf redete, den Mund nicht auf.

Casanova schildert uns den Kreis, in den de la Tour-d'Auvergne und die Marquise ihn einführten: ältere Beamte ohne Urteilsvermögen, ein irischer Physiker ohne Anschluß an die Moderne, ein mönchischer Gegner des großen Aufklärers Voltaire, ein Jurist, der vierzig Jahre zuvor der Liebhaber der Marquise gewesen war und ihr später in einem Prozeß gegen ihre verhaßte Tochter zur Seite stand, und – als einziges wirklich interessantes Portrait – der uralte Comte d'Arzigny, ein entfernter Verwandter, der noch bis 1769 lebte, also beinahe hundert Jahre alt wurde, wenn er tatsächlich, als Casanova ihn kennenlernte, schon achtzig Jahre zählte: »Da er am Hof Ludwigs XIV. gelebt hatte, verfügte er über die Manieren und Umgangsformen jener Zeit, kannte eine Unzahl kleiner Geschichten und amüsierte mich unendlich. Er legte Rouge auf, wie damals üblich, und seine Kleider waren mit allerlei Flitter bestickt. Er ließ durchblicken, daß er seiner Geliebten zärtlich ergeben sei, und diese hielt für ihn Haus in einem kleinen Anwesen, wo die reizendsten jungen Geschöpfe zu Gast waren, die seine Gesellschaft jeder anderen vorzogen ... Dieser in aller Hinfälligkeit liebenswerte Mann hatte in allen seinen Äußerungen eine solche Sanftmut und in seinem Benehmen einen so einzigartigen Takt, daß man einfach alles glauben mußte, was er erzählte. Er war von außerordentlicher Sauberkeit, trug jedoch im obersten Knopfloch seines Habits ein kleines Bouquet von Tuberosen und anderen Blumen, dem ein starker Moschusduft entströmte; seine falschen Haare waren mit parfümierter Pomade angeklebt, die Augenbrauen nachgezogen, und das falsche Gebiß roch in einer Weise, die Madame d'Urfé offensichtlich nicht störte, mir aber unerträglich war. Wäre dies nicht gewesen, ich hätte die Gesellschaft des Grafen d'Arzigny so häufig gesucht, wie nur möglich, denn er war ein Epikuräer von einzigartigem Zuschnitt, der mit größter Ruhe dem System seines Lebens folgte. Er sagte eines Tages, er sei bereit, einen Vertrag zu unterschreiben, täglich morgens vierundzwanzig Stockschläge zu erhalten, wenn er dafür sicher sein dürfte, an diesem Tag nicht zu sterben, und je älter er werde, desto ausgiebiger dürften diese Züchtigungen sein.«

Der Graf d'Arcigny, richtiger vielleicht d'Arginy, war unter dem Sonnenkönig Inhaber eines Kavallerieregiments gewesen, überlebte aber Ludwig XIV. um nicht weniger als vierundfünfzig Jahre dank einer überlegten und strikten Selbstzucht, die durchaus den Vergleich mit den Prinzipien des Grafen von Saint-Germain aushält und ähnliche Erfolge zeitigte, nur daß Saint-Germain tatsächlich verschiedentlich, wenn auch nicht gerade gegenüber einem Skeptiker wie Casanova, behauptete, dreihundert Jahre alt zu sein. Er erzählte auch gerne die Anekdote, daß man ihn wegen dieser Behauptung vor Gericht gestellt habe, in Rennes, wo Akten besonders sorgfältig aufbewahrt werden, und der Richter schließlich kopfschüttelnd bemerkt hatte: »Ich kann Sie wegen dieser Behauptungen nicht gut verurteilen, denn Sie standen wegen ähnlicher Äußerungen schon 1526, 1608 und 1688 vor diesem Gericht. Seien Sie künftig also zurückhaltender in dem, was Sie sagen!«

Bekanntermaßen reiche Personen wie die Marquise d'Urfé sind ihr Leben lang Betrugsversuchen ausgesetzt, und wenn so ein Betrüger gar ein Verwandter ist wie ein windiger Graf Lascaris aus der Linie Tenda dauert es eine Weile, bis auch eine intelligente Frau die Sachlage durchschaut. Die Lascaris, die in dem ganzen wunderschönen Tal nördlich von Menton Besitztümer und Schlösser hatten, rühmten sich ähnlich wie der Gemahl der Marquise einer Abkunft von den byzantinischen Kaisern, mit der weder Casanova noch Saint-Germain aufwarten konnten. Casanova hatte allerdings die einzigartige Möglichkeit, der einst vielumworbenen Frau auf dem Weg sexueller Freuden esoterische Erfüllungen zu verheißen und die Fortpflanzung des großen Geschlechts der d'Urfé, das andernfalls aus der Geschichte verschwinden würde.

Casanovas Verhalten gegenüber der exzentrischen Dame, die aber zweifellos Format und ihre Qualitäten hatte, ist das einzige wirkliche Schurkenstück seines Lebens, und die Berichte darüber sind nur dadurch erträglich, daß Casanova nichts leugnet, sondern seine eigene Rolle ungeschönt darstellt. Er sagt auch offen, daß es darum ging, alle versprochenen Zauberkunststücke möglichst weit hinauszuziehen, denn es ließ sich absehen, daß die versuchte Wiedergeburt als Jüngling, die ja nicht gelingen konnte, der Schlußstein der Beziehung sein werde und das Ende aller finanziellen Zuwendungen. Der Venezianer zögerte also hinaus, so weit er konnte, und baute sich Hintertürchen, um bei dem unvermeidlichen Mißlingen entschlüpfen und einen zweiten lukrativen Versuch wagen zu können.

Von den endlosen Peripetien und wortreichen Inszenierungen auf diesem Weg verdienen zwei auch in einer gerafften Lebensgeschichte Erwähnung: das Experiment auf Schloß Pontcarré und der Schlußakt in Antibes.

Das Familienschloß Pontcarré ist heute verschwunden, es lag in einer der größten Waldflächen in unmittelbarer Nähe zu Paris, im Forêt de Ferrières, heute durch den Echangeur de Beaubourg und die Autoroute de l'Est aufgerissen und damit für herrschaftliche Wohnsitze nicht mehr so sehr geeignet. Nach der Revolution gelangte Schloß Pontcarré als Staatseigentum an den zwielichtigen Minister Fouché, Massenmörder in Lyon und Mephisto an der Seite Napoleons, dessen Sohn den großen Besitz an einen Baron Rothschild verkaufte. James de Rothschild ließ das Schloß vier Jahre lang umbauen und engagierte für den Park den berühmten britischen Gartenarchitekten Paxton. Das Schloß war durch viele Monate preußisches Hauptquartier, und im Gobelin-Salon des Schlosses fanden im September 1870 die Kapitulationsverhandlungen zwischen dem damaligen Staatspräsidenten Jules Favre und Bismarck statt. Die Baronin Laurie de Rothschild kostete der Aufenthalt der ungebetenen Gäste nicht weniger als 250 000 Goldfrancs.

Als hätte die Marquise d'Urfé solch martialischen Ruhm bereits vorausgeahnt, empfing sie Casanova *comme un général d'armée*, nachdem ihre Leute die Zugbrücken herabgelassen hatten – in Friedenszeiten! In Begleitung des Venezianers befanden sich Maria Anna Corticelli, eine blutjunge Tänzerin, die er als eine Prinzessin Lascaris vorstellte, und deren angebliche Dienerin, die in Wirklichkeit ihre Mutter war und sich nur gegen sehr weitgehende finanzielle Zusagen zu dieser Rolle hatte bestimmen lassen. Die Marquise, »jene Teure, an der nur verrückt war, daß sie einfach zuviel Geist hatte, bereitete der falschen Prinzessin einen so weihevollen Empfang, daß diese zweifellos sehr verblüfft gewesen wäre, hätte ich sie nicht sorgfältig auf diese Rituale vorbereitet«. Die Corticelli brachte es fertig, ohne zu Lachen auch die gesamte Genealogie der Häuser d'Urfé und Lascaris anzuhören, bis die Marquise schließlich alle Erwägungen mit der Erkenntnis abschloß, dieses blühende junge Geschöpf sei ihre Nichte und die unerwartete Verwandte in ihre Arme schloß.

Man muß sich fragen, warum Casanova in beiden Fällen jener mystischen Vereinigung fremde Personen hinzuzog, junge Schönheiten und darüber hinaus noch einen gewissen Anhang, was ihn nicht nur erhebliche Summen kostete, sondern auch Mitwisser schuf, und man hat diese komplizierten Verhältnisse als Beweis dafür angesehen, daß dies alles erfunden sei. Inzwischen aber glaubt man Casanova wieder, der in seinem ganzen Leben einen unglückseligen Hang zu sehr jungen Partnerinnen zeigt, völlig untypisch für die wirklichen Frauenhelden. In der Rückschau auf seine Liebesabenteuer macht er seine Heldinnen oft jünger, ja macht aus jungen Frauen Mädchen und interessiert sich, auch wenn er an eine schöne und ansehnliche Mutter gerät, sehr schnell für die Töchter mehr als für die Mutter, auch wenn es sich um Gören von dreizehn oder vierzehn Jahren handelt.

Angesichts dieser Vorlieben mußte die Notwendigkeit, einer älteren und erfahrenen Frau mit Emphase beizuwohnen, wie eine Obsession vor ihm stehen, eine Prüfung, der er sich nur durch besondere Zurüstungen gewachsen fühlte. Das wichtigste Element dieser Zurüstungen war die stimulierende Anwesenheit eines Mädchens, das ihn tatsächlich interessierte und seinen Furor anfachen konnte. Darum vollzog sich nun in der alten Festung mit ihren vier zinnengekrönten Türmen der erste Akt eines langatmigen Dramas, gewürzt durch die Stiche von zahllosen Mücken, die in den halbausgetrockneten Wassergräben ihre Brutstätten hatten. Casanova mußte die angeblich jungfräuliche Prinzessin aus dem Hause Lascaris in die Lage versetzen, neun Monate später einen kleinen Prinzen zur Welt zu bringen – neun Monate, in denen der Venezianer die Marquise weiter ausbeuten konnte.

Es war die Marquise selbst, die nach einem Abendessen in den uralt möblierten Räumen die Corticelli in Casanovas Schlafgemach führte und sie dort feierlich entkleidete. Als das Mädchen nackt war, verteilte und versprühte die Marquise allerlei balsamische Essenzen auf ihr, unter Beschwörungsformeln, die die Tänzerin glücklicherweise nicht verstand. Dann wurde sie Casanova an die Seite gelegt, und er vollzog unter dem kundigen Blick der Marquise den wegen seiner Folgen so bedeutsamen Beischlaf. Als alles vorüber war, entfernte sich die Marquise sichtlich befriedigt, und Casanova und die Corticelli waren sich selbst überlassen, was sie, wie er glaubhaft berichtet, auch gut zu nutzen verstanden.

Tags darauf aber stellten sich bei ihm Befürchtungen ein: Ob ein Mädchen schwanger war oder nicht, ließ sich schließlich auch damals schon feststellen, und so erklärte er sicherheitshalber und um nicht an die Neunmonatefrist gebunden zu sein, der Akt sei ohne die nötigen überirdischen Weihen geblieben, denn es habe einen heimlichen Zuschauer gegeben. Der unschuldige Jüngling, der allerdings tatsächlich der Corticelli schöne Augen gemacht hatte, wurde zu einer d'Urfé-Verwandten expediert, und die angebliche Prinzessin erhielt zum Dank für ihre horizontalen Bemühungen ein prachtvolles Schmuckstück, wenn auch kaum mit fünfzehn Karat Brillanten, wie wir in den Memoiren lesen können.

Da sich die hübsche Tänzerin auf einer anschließenden Reise nach Aachen höchst unadelig gebärdete, und zwar angesichts zweier mecklenburgischer Prinzessinnen aus der d'Urfé-Verwandtschaft, beschloß Casanova, sich für den Schlußakt mit der großen Saturnalie eine fügsamere Partnerin zu suchen und fand sie in der Venezianerin Marcolina, deren erfundener Name alle Nachforschungen in die Irre laufen ließ. Indes war auch jener Schlußakt nicht unproblematisch, denn Casanovas jüngster Bruder, der Abbate Gaëtano, war der eigentliche Entdecker Marcolinas gewesen und hatte, da sich diese Liebe mit seinem geistlichen Stand schlecht vertrug, Venedig mit ihr fluchtartig verlassen. Ein weiterer Abbate sollte bei der großen Schluß-Vereinigung die Rolle eines hilfreichen Dämons namens Querilinth spielen, roch aber den Braten und stellte hohe Forderungen: würden sie nicht erfüllt, so müsse er der Marquise den ganzen Betrug entschleiern.

Casanova, solchermaßen in doppelter Bedrängnis, befreite sich auf höchst unfeine Weise von seinem Bruder, indem er sich einen Haftbefehl gegen ihn besorgte und noch als Wohltäter dastand, als er ihm zur Flucht Geld vorstreckte. Schwieriger war es mit Querilinth, denn dieser war durch eine schwere Geschlechtskrankheit weitgehend am Reisen gehindert (man hatte ihm einige Eiterbeulen in der Leiste geöffnet). Überdies hatte er Zeit gefunden, in einem achtseitigen Brief glücklicherweise in elendem Französisch Casanova zu denunzieren. Casanova mußte tief in den Beutel greifen und durch eine Anweisung auf hundert Louisdor, auszahlbar an einem entfernten Ort und nur binnen einer engen Frist, die sofortige Abreise des kranken Dämons erzwingen, der die Taube in der Hand einer Auseinandersetzung mit dem zu allem entschlossenen Casanova offenbar vorzog.

Dann endlich war der Weg frei für die Nacht der Sterne und der Liebe, für die Casanova, um bestimmt durchzuhalten, in komplizierten astrologischen Berechnungen der Marquise nachgewiesen hatte, daß in zwei Stunden alles vorbei sein müsse. Statt des entlarvten Dämons werde im geeigneten Augenblick ein hilfreicher Wassergeist, nämlich Undine, ihre Dienste anbieten und dem Vorgang zum Erfolg verhelfen. Undine-Marcolina hatte schon bis dahin die Bevölkerung von Marseille verrückt gemacht, denn Casanova hatte sie in ein speziell geschneidertes Jünglingskostüm gesteckt, dessen kurzes Jäckchen die Rundungen der Schönen unzweideutig hervortreten ließ. Und da selbstverständlich das Meer der Antike, das blaue Mittelmeer, als ewiges Element an dem großen Brimborium mitwirken mußte, war den Fluten unter zweckdienlichen Beschwörungen eine Kiste übergeben worden, die neben sieben Proben verschiedener Metalle auch edle Steine und andere wertvolle Opfergaben enthielt – zumindest nahm die Marquise, die dieser Mondstunde unter Anrufung der Göttin Selene beiwohnte, dies an. Woher sollte sie auch wissen, daß sich die edlen Steine längst im Zimmer Casanovas im Hotel *Les Treize Cantons* befanden und die nächtlichen Wellen lediglich zwanzig Kilo Blei bespülten?

Was nun folgt, zitiere ich nach der Conradschen Übersetzung, deren Archaismen die Peinlichkeit des ganzen ein wenig mildern:

»Nachdem ich das Mittagessen auf Punkt zwölf Uhr bestellt hatte, trat ich bei Semiramis ein.« (Dies war der Rosenkreuzername der Marquise). Sie war nicht in ihrem Zimmer, aber die von Casanova verlangte Badewanne stand an ihrem Platz, und das Bett war hergerichtet wie ein Altar der Lypria.

»Einige Minuten darauf kam die Marquise aus einem Nebenzimmer: ihr Gesicht war bemalt wie eine Miniatur, sie strahlte vor Freude. Sie trug ein prachtvolles Spitzenröckchen; ein Mäntelchen von Blonden (roher blonder Seide) bedeckte ihren Busen, der vierzig Jahre zuvor einer der schönsten von ganz Frankreich gewesen war. Ein altes, aber sehr reiches Kleid, ein paar Ohrringe mit herrlichen Smaragden und ein Halsband von sieben Aquamarinen von schönstem Wasser mit dem herrlichsten Smaragd, den man sich denken kann, umgeben von zwanzig Brillanten von je anderthalb Karat vervollständigten ihren Schmuck.«

Ihre Kammerfrau und sein Diener werden beurlaubt, man setzt sich zu Tisch, wobei die Marquise nur Fisch ißt, und Casanova beruhigt die Ungeduldige, vor allem, um in Ruhe essen zu können, mit der Mitteilung, man befinde sich noch in der Stunde des Mars, die Stunde der Sonne habe noch nicht begonnen.

»Endlich schlug es halb drei auf der Kaminuhr, und zwei Minuten später sahen wir die schöne Undine (d. h. Marcolina) eintreten. Lächelnd ging sie mit langsamen Schritten auf Semiramis zu und reichte ihr das (von Casanova mit Sympathetischer Tinte beschriebene) Papier, das sie zu ihrer Überraschung völlig weiß fand.«

Das Blatt wird ins Badewasser getaucht, ein simpler Trick, die Schrift erscheint und sagt der Marquise, daß sie sich einer Rhône-Nymphe gegenüber befinde, die sie nun baden werde: Die Stunde des Oromasis – wer immer das ist – habe nun begonnen.

»Meiner Weisung getreu entkleidete Marcolina die Marquise und setzte deren Füße in die Badewanne; dann warf sie, gewandt wie eine Sylphide, im Handumdrehen ihren hübschen Anzug ab und stand bis zu den Knien im Badewasser. Welchen Gegensatz bildeten diese beiden Leiber! Aber der Anblick des einen gab mir das Leben, das ich an dem anderen auslöschen sollte. Das entzük-kende Geschöpf unverwandt betrachtend, entkleidete ich mich … und vollzog meine erste Vereinigung mit Semiramis, indem ich die Schönheiten Marcolinas bewunderte, die ich nie zuvor so deutlich gesehen hatte. Semiramis war schön gewesen, aber sie war damals (d. h. bei der mystischen Hochzeit) so wie ich jetzt (in Dux) bin, und ohne die Undine wäre die Operation mißlungen. Da Semiramis jedoch zärtlich und sehr sauber war und nichts von jenem Ekelhaf-ten an sich hatte, das oft dem Alter anhaftet, so mißfiel sie mir nicht, und die Operation wurde vollständig vollzogen.«

Da die magische Zahl aber drei lautet, hatte Casanova sich (worüber Marcolina nur den Kopf schüttelte) zu drei Vereinigungen verpflichtet; die zweite kostete ihn nach seinen eigenen Worten fünfundsechzig Minuten, die dritte imitierte er nur noch, am Ende seiner Kräfte, und es war ganz gewiß sein Bekenntnis ›*Je travaille un demi heure grondant en sueur*‹, das Federico Fellini den Gedanken zu jener bösen Szene eingab, in der Casanova sich um einer Wette willen mit einer Reihe von Prostituierten abmüht. Für Marcolina ging die Sache am besten ab; sie hatte niemanden betrogen, sie hatte mit von Casanova bewunderten lesbischen Liebkosungen der Marquise mehr Vergnügen bereitet als ihr berühmter Seelenfreund, Schutzengel und Lehrmeister und durfte mit gutem Gewissen das kostbare Halsband als Dank entgegennehmen. Casanova nimmt es natürlich sogleich in Verwahrung, mit der Versicherung, er werde es für Marcolina verkaufen und dafür bestimmt tausend Zechinen erlösen – und das, obwohl es, wenn seine Beschreibung sitmmt, das Zehnfache wert sein mußte. So erscheint uns der Venezianer zumindest in diesem Umfeld als ein Mann von manischer Unredlichkeit, der seinem Bruder die Geliebte abjagt, der das Mädchen betrügt, der Marquise allerlei vorgaukelt.

Daß die Verwandten der Marquise schließlich seine Ausweisung aus Frankreich bewirken, ist nur der Anfang der ausgleichenden Gerechtigkeit: In England wird ihn eine junge Frau ähnlich betrügen wie er zuvor seine Semiramis. Die schlimmste Niederlage aber bereitete ihm die Marquise selbst, die ihm anbot, sie zu heiraten. Da ihr Bruder Pontcarré auch nicht mehr lange zu leben habe, werde Casanova dadurch sehr bald im Besitz von zwei großen Vermögen sein und ein großer Herr. Darauf hätte er ohne weiteres eingehen können, hätte er sich der einst so schönen Frau als aufrichtiger Bewunderer und Liebhaber präsentiert, ohne Engel und Dämonen, Nymphen und geheimnisvolle Metalle zu bemühen. So aber war dieser nicht nur gefahrlose, sondern auch besonders ertragreiche Weg versperrt und Casanova wieder hinausgeworfen in die Fährnisse eines Abenteuererlebens.

Das Land, in dem das Geld wohnt

Da Casanova die kostbare Marquise d'Urfé nicht pausenlos von Luftgeistern, Najaden, Dämonen und Engeln umschweben lassen konnte, sondern ihr und sich auch Pausen und Rückkehr in die Wirklichkeit gewähren mußte, pflegte er die wichtige Verbindung zum Grafen Pierre de Bernis sorgfältig weiter. Über diesen geschickten und einflußreichen Mann hatte er Verbindung zu anderen Regierungsstellen und erhielt Informationen, wie sie selbst den gehobenen Kreisen der Hauptstadt nur gelegentlich zugänglich waren. Das machte Casanova wiederum für Geschäftsleute interessant, die durch ihr Vermögen und ihr *Savoir Faire* solche Informationen besser nutzen konnten als der so vielseitig dilettierende Venezianer.

Im Zusammenhang mit seiner mißglückten Brautschau und dem Porzellantransport nach Dünkirchen hatte Casanova einen nebenbei als Heiratsvermittler tätigen, aus Straßburg stammenden Bankier kennengelernt, der in den Memoiren Corneman heißt, bei dem es sich aber wohl um den elsässischen Juden Jean Kornmann handelte. Kornmann machte Casanova auf die Möglichkeit aufmerksam, durch Anleihen-Handel ohne eigenen Kapitaleinsatz viel Geld zu verdienen: Man befinde sich im dritten Jahr des Krieges, von dem ja niemand ahnte, daß er dank der Hartnäckigkeit des großen Friedrich sieben Jahre währen würde. Österreich und Preußen hatten in blutigen Schlachten große Verluste erlitten, bald gesiegt, bald verloren und jedenfalls keine entscheidenden Vorteile errungen. In den nicht in diesem Maß engagierten Staaten wie Schweden oder Frankreich herrschte eine gewisse Kriegsmüdigkeit, man sprach vom Frieden, um ihn herbeizureden, und es war klar, daß französische Staatspapiere danach mehr wert sein würden als im Augenblick, wenige Monate nach der französischen Niederlage bei Krefeld vom 23. Juni 1758. Hielt man den reichen Bankiers der Niederlande diese Möglichkeit vor Augen, so mußte es möglich sein, französische Staatspapiere in Den Haag gegen Bargeld oder gegen bessere Anleihen anderer Staaten loszuwerden, was dem Unterhändler neben Ehren und Auszeichnungen vor allem eine beachtliche Provision einbringen mußte.

Nach einer unruhigen Nacht, in der Casanova viele Zahlen und Chancen in Gedanken durchspielte, sprach er bei Bernis vor, und da diesem, wie allen Ministern, Frankreichs Geldbedarf klar war, fehlte es Casanova nicht an allerhöchsten Empfehlungsschreiben und Versprechungen für eine halboffizielle Mission in Holland, über die aus naheliegenden Gründen nur Louis-Auguste Comte d'Affry, der französische Botschafter in Den Haag, informiert wurde. Daraufhin vollzog sich zwischen dem Herbst 1758 und dem Januar 1759 jene Finanzoperation, die nicht nur als die erfolgreichste Casanovas bezeichnet werden muß, sondern auch durchaus legal ablief und durch holländische Unterlagen und Dokumente der französischen Botschaft zweifelsfrei belegt ist. Daß sie in verblüffendem Umfang gelang, wurde in Paris später als ein Wunder bezeichnet und war es wohl auch, ein Wunder, das nicht das Finanzgenie Giacomo Casanova bewirkte, sondern der geschickte Schwarzkünstler und glückliche Hasardeur.

Daß die Niederlande das Geld Europas in so hohem Maße bei ihren Banken und Handelshäusern vereinigen konnten, geht auf karolingische Zeiten zurück. Die großen nordfranzösischen, flandrischen und holländischen Marktorte, die Seehäfen und die Tuchindustrie hatten den günstig gelegenen Zentren Verbindungen und Geschäfte mit allen Teilen Euroaps beschert und diese begünstigt.

Zu einer entscheidenden Wendung zum wirklichen Reichtum kam es in der Folge der Judenverfolgung in Spanien und Portugal und der Religionskriege in Mitteleuropa – die Niederlande nämlich waren tolerant, sie nahmen die 1492 aus der Iberischen Halbinsel vertriebenen wohlhabenden und tüchtigen Sepharden auf, die bis dahin seit dem frühen Mittelalter das spanische Wirtschaftsleben dominiert und in Gang gehalten hatten. Von den Westgoten vertrieben, mit den siegreichen Arabern und Berbern nach Spanien zurückgekehrt, hatten die Juden im Verein mit arabischen und christlichen Gelehrten in Spanien eine Atmosphäre einmaliger Toleranz und wechselseitiger Befruchtung geschaffen, die in sich zusammenbrach, als nach der Reconquista die Inquisition das geistige Leben knebelte und das Wirtschaftsleben nach der Auswanderung der Juden nur mit dem Gold aus den Kolonien seine Agonie verschleiern konnte.

Casanova traf in Holland zuerst auf einen reichen jüdischen Finanzmann namens Tobias Boas, der ihm sehr schnell zu verstehen gab, daß er nicht einmal eine Außenseiter-Chance habe, wo Fachleute des Geldgeschäfts am Werk seien. Dann aber kam der Venezianer mit einem in Holland arbeitenden schottischen Handelshaus in Verbindung, dessen Inhaber er nur D. O. nennt und der als Thomas Hope aus der Familie der Baronets Hope of Craighall identifiziert wurde. Seine reizvolle Tochter Esther hieß vermutlich ganz anders und war mit Sicherheit nicht seine Tochter, sondern entweder eine junge Verwandte oder seine Geliebte.

Casanova unterhielt das hübsche Mädchen durch seine kabbalistischen Kunststücke, Orakel-Kästchen und Pyramiden, wobei man Fragen stellen und vieldeutige Antworten erhalten konnte. Zu spät bemerkte er, daß sich das ganze Haus Hope für diese Dinge interessierte, weil eine Wolke der Angst über ihnen allen schwebte: Man hatte von einem Schiff mit wertvoller Ladung, das aus Ostindien nach der Heimat unterwegs war, seit Monaten keinerlei Nachricht; der Totalverlust mußte befürchtet werden, was Hope, der in der Indiencompagnie stark engagiert war, naturgemäß sehr beschäftigte.

Um Eindruck auf Esther zu machen, erklärte Casanova nach einigem Geschreibsel, das Orakel sage, dem Schiff sei nichts zugestoßen, der Kapitän werde sich bald melden. Als Hope davon erfuhr, war er überglücklich und kündigte an, er werde das ihm für wenig Geld angebotene Schiff daraufhin kaufen.

Nun war es an Casanova, Angst zu bekommen. Er beschwor Hope zur Vorsicht, das Orakel habe sich schon oft geirrt, ja es habe sogar die Tendenz, Casanova absichtlich zu betrügen. Aber es half nichts: Als erfahrener Geschäftsmann vermutete Hope, Casanova wolle das Geschäft mit anderen oder gar allein machen, schlug zu, erwarb das Schiff und war, als sich der Kapitän von der nahen Insel Madeira aus meldete, in seinem Vertrauen zu Casanova und den Orakelspielereien des Venezianers nicht mehr zu erschüttern. Ein Schiff zu versichern, das Madeira bereits erreicht hatte, kostete nur einen Pappenstiel. Das Geschäft war gerettet, für 300 000 Gulden Einsatz hatte Hope drei Millionen erlöst; er gab Casanova 100 000 Gulden bar und hielt weitere 200 000 für ihn bereit, eine wohlverdiente Provision von zehn Prozent.

Mit Hope, der ein bekannter Freimaurer war, und dem Ruf eines wohlhabenden und über geheime Informationsquellen verfügenden Emissärs aus Paris vermochte Casanova nun tatsächlich, zwanzig Millionen Livres mit einem Disagio von 9 Prozent in den Niederlanden zu plazieren. Da ihm in Paris nur ein Spielraum bis 8 Prozent gewährt worden war und sich sein neuer Reichtum natürlich auch in Regierungskreisen herumgesprochen hatte, vermutete man zu Unrecht, er habe sich an dem Geschäft heimlich bereichert und verweigerte ihm eine Provision. Später aber, als die Verhältnisse sich klärten, erkannten zumindest einige Herren der Regierung den Wert dieses wendigen Venezianers, der nach der Lotterie nun auch noch mit Anleihen Glück gehabt hatte. Es ist mehr als wahrscheinlich, daß Casanova die französische Staatsbürgerschaft, ja vermutlich sogar der Adel angeboten wurde für den Fall, daß ihm solch eine Operation noch einmal gelingen sollte – soviel Glück aber hatte auch ein Casanova nur einmal.

Im Zusammenhang mit den zwei Hollandreisen, die Casanova ein wenig durcheinanderbringt, enthalten die Memoiren einige kulturgeschichtliche Einzelheiten von allgemeinem Interesse, *petite histoire* gleichsam und wertvoll, weil aus erster Hand berichtet.

Da es bei der ersten Hollandreise tiefster Winter war, lernte

Casanova den Segelschlitten kennen, der sich angesichts der ausgedehnten Wasserflächen auf Kanälen und Binnenseen in Holland großer Beliebtheit erfreute. Er war bis ins Eisenbahnzeitalter hinein das schnellste Fortbewegungsmittel überhaupt, und dem keineswegs feigen Venezianer blieb buchstäblich der Atem weg, ähnlich wie Goethe, als seine Kutsche auf der Italienreise den Brenner mit der atemberaubenden Geschwindigkeit von vierzig Stundenkilometern hinunterjagte. Trotz aller Vielseitigkeit und ungeachtet seines Einfallreichtums im medizinisch-chemischen Wissensbereich sind diese Eindrücke einer sausenden Fahrt im Winterwind von Casanova nicht in Erfindung oder auch nur Ideen umgesetzt worden.

Standhaft wehrte er sich gegen die Zumutung, sich selbst auf Schlittschuhen fortzubewegen und versicherte stets, so lange er denken könne, sei die Lagune nicht zugefroren, weswegen man einem Venezianer derlei nicht zumuten könne. Dann sah er jedoch, daß die Meisjes in kurzen Röcken auf das Eis gingen und dort ihre Pirouetten drehten, und so ließ er sich ebenfalls die gefährlichen Kufen anschnallen. Das gab ihm Gelegenheit festzustellen, daß die Holländerinnen eben der Stürze wegen unter ihren Röcken schwarze Höschen trugen, in einer Zeit, da unter den Damenkleidern allenfalls Unterröcke getragen wurden eine für Giacomo neue Erfahrung. Selbst die Maiden des Hauspersonals, die auf Leitern stehend Fenster und Hauswände reinigten, trugen in Holland Unterhosen, um – wie Casanova feststellt – den vorübergehenden Männern kein Schauspiel zu bieten; sie waren also züchtiger bekleidet als die Stubenmädchen des Wiener Biedermeier, die wenig dabei fanden, zum Blickfang zu werden.

Die Marquise d'Urfé beschäftigte einen Börsenfachmann, der mit ihrem großen Vermögen an Anleihen und anderen Wertpapieren kundig arbeitete und es geschickt vermehrte. Als Casanova aber nach Holland abreiste, gab sie ihm und nicht jenem Angestellten 60 000 Livres Anleihen-Papiere mit, da sie bei einem Verkauf in Frankreich zwei Jahre rückständiger Zinsen nicht bekommen hätte.

Casanova erledigte mit Hilfe seines Freundes Hope auch dieses Nebengeschäft so gut, daß sich ein Gewinn von 12 000 Livres ergab. »Ich weiß, mein lieber Freund, daß Sie vielfacher Millionär sind«, sagte die Marquise zu dem erfolgreich Heimgekehrten, »aber ich möchte Sie doch bitten, diesen Gewinn für Ihre Mühe anzunehmen, ich möchte an Ihnen nichts verdienen.«

Tatsächlich hatte Casanova eine halbe Million Livres in drei Verschreibungen mitgebracht, sie entsprachen als Gegenwert den 300 000 holländischen Gulden Provision, und es ist sehr bezeichnend, daß seine Kontaktleute im französischen Finanzministerium genau wußten, in welcher Form er das Geld bei sich hatte. Vermutlich hatte Comte d'Affry, der Botschafter im Haag, entsprechend nach Paris berichtet. Daß diese Gelder mit dem Hauptgeschäft für den König nicht das Geringste zu tun hatten, hätte d'Affry eigentlich wissen müssen, und man kann sagen, daß Casanova in diesem Fall um seine Provision betrogen wurde. Frankreich benahm sich so und ähnlich sehr häufig gegenüber Dienern, die nicht die Macht hatten, sich zu wehren, und als einmal ein Großfrächter namens Mandrin Hunderte von Maultieren verlor, die im Dienst seiner allerkatholischsten Majestät zugrundegegangen waren, ohne daß dafür Ersatz geleistet wurde, sah dieser verdiente Mann keine andere Möglichkeit, als unter die Räuber zu gehen und sich mit seiner Bande alles zurückzuholen, was man ihm schuldete. Soweit freilich ging Casanova nicht; er hatte andere Möglichkeiten, sich schadlos zu halten.

Die Begegnung mit dem jüdischen Finanzmann Boas läßt das ambivalente Verhältnis Casanova zu den Juden deutlich werden, wobei zu bedenken ist, daß er in den Ländern am westlichen Mittelmeer und in England im wesentlichen mit Sepharden zu tun hatte, denn die Verordnungen der Maria Theresia und Josephs II., die im Lauf der Folgejahre Juden aus Ost- nach Mitteleuropa einströmen ließen, wirkten sich zu Casanovas Lebenszeit noch nicht aus.

Als Freimaurer und an Geheimwissenschaften, alten Schriften und magischen Techniken interessierter Schwadroneur hatte er sich zweifellos intensiver als die meisten seiner Zeitgenossen mit der Kabbala, mit dem Talmud, mit christlichen Apokryphen und vorderasiatischen Weisheitslehren beschäftigt und beeindruckte zum Beispiel den reichen Boas durch diese Kenntnisse so sehr, daß dieser ihm Wohnung in seinem streng religiös geführten Haus anbot. Andererseits versäumt Casanova es nie, darauf hinzuweisen, daß sein Gesprächspartner, Spielgegner oder Zufallsbekannter Jude sei: Nie läßt er den bloßen Namen stehen, stets steht das *juive* davor, zweifellos eine soziale Abgrenzung, denn gegen die Religion oder auch gegen die Gebräuche der Juden hatte Casanova offensichtlich nichts. Unter dem Sonnenkönig hatte es über die Religionsgrenzen hinweg enge Zusammenarbeit gegeben, denn Colbert schätzte die Intelligenz und Organisationstalente von Reich de Pennautier; dieser mächtige Mann schaffte es sogar, nach seiner Verdächtigung im Giftmordprozeß der Brinvilliers wieder in sein Amt eingesetzt zu werden und starb 1711, also wenige Jahre vor seinem Gönner, dem Sonnenkönig, der in diesem Fall einen Nichtkatholiken mit seiner Sympathie auszeichnete. Unter Ludwig XV. aber hatte die Pompadour die Finanzen so fest in der Hand, daß es den sogenannten Hofjuden nach deutschem Muster (Leffman Behrens, Samuel Oppenheimer, Berend Lehmann, Samson Wertheimer u. a.) in der galanten Atmosphäre von Versailles nicht gab.

Da das Gerücht gerne übertreibt, wurde der aus Holland heimgekehrte Casanova in Paris wie ein Fürst empfangen, und da ihm dies zu Kopf stieg, warf er auch gleich mit seinem Geld um sich. Nach einer schönen Stadtwohnung mietete er ein Landhaus, das *Petite Pologne* genannt wurde. Es lag im Norden von Paris, war aber mit dem Wagen nur eine Viertelstunde vom Stadtzentrum entfernt. Der bewaldete Süden der Metropole war als Wohngegend für Privatleute noch nicht so beliebt, weil das Räuberunwesen auf den von Süden her nach Paris führenden Straßen in den ausgedehnten Wäldern von Fontainebleau und Barbizon all jene abschreckte, die sich nicht ein Schloß bauen konnten.

»La Petite Pologne war gut eingerichtet und lag nur hundert

Schritte außerhalb der Barrière de la Madeleine (der Zollgrenze rund um Paris). Das Haus lag auf einer kleinen Anhöhe in der Nähe des königlichen Jagdreviers hinter dem Park des Herzogs von Gramont, und der Besitzer hatte es *Varsovie en Bel Air* (Warschau in guter Luft) genannt. Es hatte zwei Gärten auf verschiedenen Ebenen, drei Wohnungen, große Ställe, Remisen für die Wagen, Bäder, einen guten Keller und eine vollständig eingerichtete herrschaftliche Küche.«

Für den Geldwert jener Tage spricht, daß Casanova das ganze Anwesen für wenig mehr als 1100 Livres im Jahr mieten konnte. Dazu gab ihm der Besitzer, ein Molkereihändler, noch eine ausgezeichnete Köchin, der Casanova am liebsten das Großkreuz des Küchenordens verliehen hätte. Da die Zollgrenze nach Paris nicht passiert zu werden brauchte, konnte Casanova sich hier mit Lebensmitteln und Weinen zu den günstigen Preisen des Umlandes versorgen, wobei sein Hauswirt ihm behilflich war. Teurer waren die zwei Wagen, die Casanova nun anschaffte, der Stallknecht und zwei Lakaien und eine Innenausstattung mit Silbergeschirr und anderem, was der Marquise so gefiel, daß sie sich einbildete, Casanova habe dies alles bewußt auf sie abgestimmt und ihr zu Gefallen so eingerichtet. Es war abzusehen, daß auch eine halbe Million Livres und die Einkünfte aus der Lotterie mit diesen Dauerlasten nicht lange Schritt halten würden, aber die Aufregungen und Krisen kamen – wie bei Casanova kaum anders möglich – wieder von den Frauen, von einer unerwarteten und folgenreichen Begegnung in der Oper ...

Eine lachend auf ihn zukommende, maskierte Dame entpuppte sich als eine junge alte Bekannte, als Justinienne Wynne, die Casanova fünf Jahre zuvor als reizvolle Halbwüchsige kennengelernt hatte. Seinen unseligen Hang zu sehr jungen Schönheiten richtig einschätzend, hatte Mama Wynne ihm den Umgang mit ihren Töchtern strikt verboten und ihn nicht mehr empfangen. Daß Justinienne, die Älteste und inzwischen einundzwanzig, nun diesen Boykott brach, hatte nicht nur mit dem strahlend aufgegangenen

Vermögen des Venezianers zu tun, von dem ganz Paris sprach, sondern vor allem mit höchst privaten Schwierigkeiten, in denen Justinienne sich befand, Schwierigkeiten von der Art, die mit jedem weiteren Tag schwerer zu lösen sind – sie war im vierten Monat schwanger.

Angesichts solch prekärer Umstände gibt Casanova der jungen Frau den Decknamen Mademoiselle XCV, unter dem sie in der Casanova-Forschung zum Begriff wurde. Da der alte Herr in Dux vielleicht aber nicht mehr den vollen Überblick über seine zwölf Bände hatte, gibt es eine Stelle, in der die Familie mit ihrem richtigen Namen genannt ist, so daß die Zuschreibung gesichert ist. Sir Richard Wynne war 1735 nach Venedig gekommen, wo ihm der mit allen leichten Damen bekannte Gesandte Murray eine schöne Inselgriechin namens Gazini vorstellte. Sie gebar ihm als erste Tochter Justinienne im Jahr 1737, wurde 1739 geheiratet und damit Lady Wynne und begann 1751 den schwierigen Kampf um ihr Erbe, denn sie hatte fünf Kinder zu versorgen. Obwohl sie nicht englisch sprach, hatte sie schließlich Erfolg auf der Insel und kehrte von dort zunächst nach Paris zurück. Alles wäre damit in Ordnung gewesen, hätte nicht Justinienne von dem venezianischen Patrizier Andrea Memmo ein Kind empfangen, ohne daß eine Ehe möglich zu sein schien.

Es war, als habe das Schicksal in Casanovas Selbstzufriedenheit einen Stein geworfen wie in einen Weiher. Der Venezianer war voll der besten Vorsätze, da er Geld genug hatte, um auf den Spieltisch zu verzichten und da er sich nach Wunsch etabliert hatte in einer Stadt, in der er auf einmal jemand war. Der Kreis um die Marquise d'Urfé sicherte ihm Verbindungen auf höchster Ebene; er hatte eine Comtesse du Roumain kennengelernt, deren Tochter später als Comtesse de Polignac zum bösen Geist der Marie Antoinette werden sollte, und er saß am Tisch mit einer Fürstin Galitzin, die zwar nicht die hochberühmte Mentorin unseres Johann Georg Hamann war, aber ebenfalls eine Dame von höchster Kultur aus einer alten russischen Diplomatenfamilie. Casanova war so friedlich gestimmt, daß er nicht einmal aufgemuckt hatte, als der nach wie vor unablässig redende Graf von Saint-Germain seine Erlebnisse auf dem Konzil von Konstanz zum besten gab, einer Kirchenversammlung unheiligen Charakters, die immerhin dreihundertfünfzig Jahre zurücklag.

Man darf heute sicher sein, daß Justinienne sich in voller Absicht Casanova anvertraut hatte, denn ihr übriger Pariser Umgang kam dafür keineswegs in Frage: Der sie anbetende Literat Farsetti war ein Großmaul und als Malteserritter ein rigoroser Sittenapostel, und der Finanzpächter de la Popelinière war mindestens sechzig Jahre alt, mit Justinienne so gut wie verlobt und durfte schon darum nichts von der Leibesfrucht erfahren. Blieb Casanova, *homme à tout faire* oder, wie wir heute sagen, ein Mann für alle Fälle. Allerdings war er ein gebranntes Kind; schon einmal hatte eine schwangere Schöne seinen Lebensweg abrupt in eine unwillkommene Richtung gelenkt, die Französischlehrerin von Rom, ohne die Giacomo inzwischen wohl zu beachtlichen Kirchenrängen aufgestiegen wäre (»Wurde nicht selbst Bernis Kardinal?« wie Johannes Scherr in einem seither geflügelten Wort sagte.).

Dazu kam, daß in einem erzkatholischen Land jede Abtreibung ein Verbrechen war und hart geahndet wurde, und daß Justinienne, bis sie schließlich all ihre Bekenntnisse losgeworden war, zwar noch immer schlank wirkte, aber im fünften Monat war. Das bedeutete höchste Lebensgefahr bei einem Eingriff, vor allem unter den hygienischen Verhältnissen jener Zeit und da ein Spital ja nicht aufgesucht werden durfte. Natürlich gab es Engelmacherinnen auch im Paris Ludwig XV., aber sie zu bemühen, hätte mit größter Wahrscheinlichkeit zwei Engel geschaffen und die Auftraggeber erpreßbar gemacht.

Casanova und Justinienne stahlen sich dennoch von einem Ballabend davon, um eine Hebamme aufzusuchen, nicht zu einer Abtreibung, sondern zu einem Gespräch über das Verhalten während einer Schwangerschaft; dann erst vertraute sich Casanova der allwissenden Marquise an und empfing von ihr den Hinweis auf Paracelsus und den Aroph, ein Abtreibungsmittel mit sehr spezieller Vorgangsweise, das der Grund ist, warum die peinliche Sache hier erzählt werden muß. Denn Casanova und sein Aroph, das ist inzwischen beinahe so bekannt wie Mesmer mit seinen Heilströmen oder Boerhave mit seiner Faser. Diesen großen Mann studierte Casanova zusätzlich, um sich nicht nur Paracelsus anzuvertrauen, und hatte damit zwei Beschreibungen des Aroph (*Aroma philosophiae*, also gleichsam sympathetisches Wundermittel) von sechs oder sieben überlieferten. Er übernahm, was ihm für die Patientin unbedenklich und für den Akteur angenehm erschien, das heißt er bestrich ein Kondom mit Honig und Hirschtalg und erreichte von der nun schon sehr verzweifelten Justinienne, mit dieser Mixtur in Richtung des Foetus vordringen zu dürfen, und zwar nicht einmal, sondern in verschiedenen Nächten in einer kleinen Bodenkammer, was sein Vergnügen nicht minderte.

Als sich herausstellte, daß auf diesem Wege ein Abgang nicht zu erreichen war, hatten sich die beiden bereits ineinander verliebt und Casanova dachte nur noch an die Rettung Justiniennes. Die Comtesse du Roumain kannte ein Frauenkloster, das von einer Prinzessin von Geblüt geleitet und damit vor jeglicher Polizeiaktion geschützt war. Dorthin wurde Justinienne in geradezu professioneller Flucht mit immer neuen Droschken gebracht, hatte Geld genug von Casanova, um die teure Pension zu bezahlen und brachte zu gegebener Zeit einen gesunden Knaben zur Welt.

Da die Äbtissin wußte, daß sie hohe Protektion genoß, ging es Justinienne die ganze Zeit über gut; Giacomo hingegen mußte dem Ansturm von Fragen und Verdächtigungen standhalten, war doch Lady Wynne von Farsetti aufgestachelt und überzeugt, der Venezianer mit bekannt schlechtem Ruf habe Justinienne entführt. Da Farsetti zu feige war, sich zu schlagen, ging alles unblutig ab und Justinienne kehrte ohne Kind zu ihrer Mutter zurück. Der Knabe wuchs im Geheimen auf, vor allem wohl wegen der reichen Partie in Gestalt des Herrn von Popelinière. Die Klöster hatten im Verbergen nichtehelicher Kinder eine besondere Tradition, war doch auch d'Alembert im November 1717 als Sohn der Madame de Tencin von den Stufen der Eglise Saint-Roche aufgelesen und ins Kloster gebracht worden.

Alles hatte sich beruhigt, Lady Wynne hatte ihre schöne Tochter wieder, Farsetti schmollte und la Popelinière wußte noch immer nichts, da wurde Casanova plötzlich auf die Polizei gebeten und mit einer Anzeige wegen Entführung und Abtreibung konfrontiert: Jene Hebamme, die er mit Justinienne maskiert aufgesucht hatte, war über eines der zahllosen leichten Mädchen, die Casanova kannte, an seine Identität gekommen und startete nun einen massiven Erpressungsversuch. Der wäre schnell vorüber gewesen, hätte Casanova alle Namen preisgegeben und die erfolgte Geburt anführen können, aber eben das war mit Rücksicht auf die beteiligten Gräfinnen und auf Justinienne selbst unmöglich, von der Prinzessin im Kloster ganz abgesehen. Schließlich rollte sehr viel Geld, allein ein Gerichtsschreiber erhielt (wenn Casanova nicht übertreibt) dreihundert Louisdor, und alles verlief im Sand. Über die Anzeigen, Verteidigungen und Verhandlungen gibt es jedoch so dicke Stöße Papier in Pariser Archiven, daß der stets mißtrauische Casanova-Biograph Gugitz die Meinung vertrat, da müsse mehr gewesen sein, Casanova habe es nur nicht sagen wollen.

Gustav Gugitz verdanken wir auch, was es über die schöne Justinienne zu wissen gibt, denn die Nachschlagewerke schweigen inzwischen über sie, obwohl sie in ihrer besten Zeit eine durchaus erfolgreiche Schriftstellerin war. Sie ist der Beweis für die fortwirkende Kraft venezianischer Verhältnisse und Verbindungen; was an der Lagune entstand, bewahrte Leuchtkraft durch Jahrzehnte, wohin immer die Herren und Damen vom Schicksal verweht wurden.

Justinienne Wynne konnte sich nicht entschließen, dem alten Steuerpächter in Paris ihr Ja-Wort zu geben, so gerne ihre Mutter dies vermutlich gesehen hätte; vielleicht aber hatte auch ihre Affaire mit dem Kloster, der heimlichen Niederkunft und dem anschließenden Prozeß Monsieur de la Popelinière zum Verzicht bewegt. Jedenfalls heiratete er noch im selben Jahr 1759 eine andere junge Dame, nämlich Marie-Thérèse de Mondran, 47 Jahre jünger als er, die trotz dieser Verbindung die Revolution überlebte und beinahe neunzigjährig starb.

Der kompromittierten Justinienne bot sich eine hilfreiche Hand aus Venedig: Dort war der langjährige österreichische Gesandte Graf Orsini-Rosenberg ebenso zur Institution geworden wie Murray, hatte Justinienne aber anders als sein flatterhafter Kollege ein treues Angedenken bewahrt. Justinienne war nun nicht mehr in der Situation, in der man eine solche Verbindung ausschlagen konnte. Der Graf war zwar etwa so alt wie der Steuerpächter, aber von einwandfreiem, uraltem Adel von europäischem Ruf; seine erste, verstorbene Frau war eine Kaunitz gewesen, sein Verwandter Franz Xaver Wolf Graf Orsini-Rosenberg war Premierminister der inzwischen nicht mehr den Medici, sondern den Habsburgern gehörenden Toscana. Weit schwieriger war es, aus der Familie Justiniennes eine adelige zu machen. Sir Richard war ein Ehrenmann gewesen, doch nicht viel mehr; Justiniennes Mutter Anna Gazini stammte von der Insel Leukas, die 1694 durch Morosini für Venedig erobert worden war und seitdem den italienischen Namen San Mauro führte. Justiniennes Großvater Gazini wird als Nobile di San Mauro geführt, also noch ein Ehrenmann, aber gewiß kein Graf, wie Botschafter Orsini-Rosenberg dem verärgerten Staatskanzler Kaunitz in verzweifelten Briefen glauben machen will. Die Mésalliance mit der jungen Schönheit beendet offensichtlich die diplomatische Karriere des Grafen, und als er 1765 stirbt, hat seine noch nicht einmal dreißigjährige Witwe zwar einen klangvollen Titel, zunächst aber das schwere Schicksal, bis zur Abwicklung aller Erb- und Pensionsansprüche dort leben zu müssen, wo die Orsini-Rosenbergs zu Hause sind, nämlich in Klagenfurt. Wie triste, unkomfortabel, provinziell und abgeschieden die heute blühende Stadt vor der Eisenbahnzeit war, lese man bei Eduard Hanslick nach, er hat sich bitterer über sie geäußert als selbst über Richard Wagner.

Erst 1770, im Alter von 33 Jahren, ist alles soweit geregelt, daß

Justinienne nach Venedig ziehen kann, in die zweite Heimat ihres verstorbenen Gatten, und dort wird sie, wie selbst der kritische Professor Hübscher formuliert, eine *femme de lettres assez connue*, eine Literatin von einigem Ruf. Eine Erzählung über den Inkognito-Besuch russischer Großfürsten in Venedig erschien 1782 und wurde in verschiedenen Sprachen nachgedruckt, ein Roman *Les Morlaques* beschäftigte sich mit den slawischen Bewohnern Dalmatiens, nach damals herrschender Meinung »tüchtige Seeleute, jedoch auf einer sehr tiefen Kulturstufe stehend« (Meyers Konversationslexikon 1908).

Justinienne starb im August 1791, wie ein offenbar genau unterrichteter Nachrufschreiber sagt, im Alter von 54 Jahren und sieben Monaten in Venedig und war offensichtlich bis in ihre letzten Tage eine schöne Frau und literarisch tätig. Mit ihrem in London lebenden Bruder unterhielt sie eine Korrespondenz, die zum Teil veröffentlicht wurde, und es gibt sogar Beweise für späte Kontakte mit dem in Dux ihr nachsinnenden Casanova. Er hatte ihr zu dem Erfolg ihres Buches über den russischen Thronfolger Pawel Petrowitsch gratuliert und ihr ein Exemplar seiner *Aneddoti viniziani* (sic!) zugeschickt, wofür sie sich in einem Brief vom 18. März 1782 höflich, aber ein wenig förmlich bedankte. Deutlicher ist eine Stelle, die wir dem Band *Frauenbriefe an Casanova*, herausgegeben von Aldo Rava und Gustav Gugitz nachzitieren, Erörterungen über den Ruf einer Frau in Justiniennes *Pièces morales et sentimentales*: »Besonders durch die Wahl ihrer ersten Freunde kündigt eine Frau ihren guten Ruf in der Welt an. Wie groß aber sind die Schwierigkeiten, um den Fehltritt einer schlechten Wahl unserer Jugend ungeschehen zu machen! Wie viele falsche Schritte sind nicht verziehen worden, obwohl verehrungswürdige und zuverlässige Freunde sich dazu hergegeben haben (die Unglückliche) zu verteidigen ... In Italien besonders hat die Rebe eine Ulme nötig, die ihr zur Stütze dienen, sie aus dem Bereich der Angriffe frevlerischer Hände bringen kann.«

Das schrieb Justinienne sechs Jahre vor ihrem Tod. So lange also hatten die frühen Erlebnisse mit dem ungetreuen Patrizier Memmo und mit Casanova nachgewirkt.

Casanova hatte, kaum daß der Prozeß gegen die erpresserische Hebamme und ihren Beschützer, einen Herrn de Castelbajac, ausgestanden war, neue Sorgen. Paris hatte sich gewandelt. Das Attentat auf den beliebten König hatte eine neue Atmosphäre geschaffen, obwohl Seiner Majestät ja nur sehr wenig zugestoßen war. Es gab zwei Lager, die einander die Schuld daran zuschoben, daß jemand nach Paris reisen und den König angreifen könne, um ihn zum Nachdenken und zur Einkehr zu bewegen: Die einen waren fromm und sahen das sündige Versailles als Hintergrund und Ursache für solch einen Übergriff an, die anderen wieder erinnerten an frühere Königsmorde, die von Geistlichen verübt worden waren. Man war verunsichert, wurde fremdenfeindlich, zog sich von unsicheren Existenzen vor allem aus südlichen Ländern zurück und wohnte der Hinrichtung des Damiens bei wie dem Akt einer Selbstreinigung. Die *Vossische Zeitung* berichtet: »Nun ist auch endlich gestern das wider den Königsmörder Robert François Damien gefällte Todesurtheil vollzogen worden. Er ward nemlich um 3 Uhr Nachmittags nach dem Greve-Platze gebracht, wo er aufs Rathhaus geführet und daselbst eine Stunde lang behalten wurde. Nachhero brachte man ihn aufs Schaffot, wo anfänglich seine mörderische Hand durchstochen, und alsdann abgehauen wurde. Sodann zwickte man ihn mit glüenden Zangen an denen in dem Todesurtheil bezeichneten Orten, worauf man geschmolzen Bley und andere brennende Materie warf. Endlich viertheilete man ihn, und obschon die Pferde sehr gut und stark waren, so konnten sie damit doch bey einem fünf- ja sechsfachen Ansatze nicht fertig werden. Man bat daher um erlaubnis, ihn zu zerstücken, welches noch hart genug erlangt wurde. Doch gab er noch Zeichen vom Leben. Endlich warf man diese Gliedmassen auf den Scheiterhaufen, wo sie noch heute früh um 7 Uhr brannten. Alle Fenster, Dächer und sogar Schornsteine waren von Zuschauern angefüllet.«

Zwanzig Pariserinnen sind zuviel

Reicht das Geld nicht, so gibt es zwei Möglichkeiten: sich einzuschränken oder mehr zu verdienen. Casanova hatte sich auf großem Fuß etabliert, er galt als reicher Mann und lebte als solcher mit Gesinde, Wagen, Pferden und einem großen Haus. Auch hatte er für die schöne Mademoiselle XCV – ein Pseudonym, als hätte er bereits eine Schreibmaschine besessen, auf der diese Buchstaben ja benachbart sind – mehr ausgegeben, als der Gelegenheit entsprach. Und da Geld sinnlich macht, besuchte er auch weiterhin, trotz aller gefälligen italienischen und französischen Schauspielerinnen und Tänzerinnen der Seine-Stadt, jene Etablissements, in denen er nur das Taschentuch zu werfen brauchte; er bedauert dies zwar später im Rückblick auf jene Jahre, aber warum es so sein mußte, da er jung, wohlhabend und beliebt war, vermag er uns nicht zu erklären.

Die Chance, die sich damals vor allem in Westeuropa bot, war die Manufaktur: die Errichtung kleiner Betriebe, die am Ort den Bedarf der Gesellschaft befriedigten. Die geschickten und fleißigen hugenottischen Handwerker und Kleinindustriellen hatten zwischen 1690 und 1715 Frankreich fast vollständig verlassen; was man von ihren Erzeugnissen brauchte, wurde entweder aus der Provinz importiert, wo die Häscher der bigotten Marquise de Maintenon nicht so zahlreich gewesen waren, oder aber aus der Schweiz und aus Deutschland. Casanovas Projekt einer Seidendruckerei war darum nicht chancenlos, denn die Webstühle in Lyon hatten ihre Mühe mit den Farbmustern, das Verfahren des Musterdruckes konnte durchaus eine Marktlücke füllen.

Er hatte eine leere Halle gemietet, ballenweise Seide und andere Stoffe gekauft und durch eine Bekannte zwanzig Textilarbeiterinnen engagieren lassen, die in der Halle arbeiteten, unter den Augen eines Unersättlichen: »La dépense qui me minait« – die Ausgabe, die mich aushöhlte und von der niemand etwas wußte, das war, daß er sich für seine Arbeiterinnen zu sehr interessierte, und daß er dabei zu ungeduldig war. Im Rückblick wird ihm klar, daß sie ihm nach und nach ohnedies zugefallen wären, zumindest jene, an denen ihm lag. Aber welcher Erotomane wäre imstande gewesen, dieser Schar junger Pariserinnen und dem natürlichen Charme ihrer zwanzig Jahre Tag für Tag zu widerstehen?

Die erste bekam reichlich, was sie erwarten durfte, die anderen nahmen sich an ihr ein Beispiel, und obwohl kaum eine dieser schnellen Affairen länger als eine Woche dauerte, war Casanova, der sein Stofflager nicht loswurde, bald in Zahlungsschwierigkeiten. Zweierlei hätte ihn retten können: der Friedensschluß, der den Welthandel wieder in Gang bringen und die Nachfrage steigern mußte, oder ein reicher Teilhaber. Aber immer dann, wenn es so aussah, als sei Preußen nun endgültig am Boden, schlug der große Friedrich eine jener Schlachten, die Kriegsgeschichte machten; und der reiche Mijnheer Hope antwortete auf Casanovas Hilferuf, er würde sehr gerne mit viel Geld einsteigen, falls der Venezianer seine Fertigung nach Holland verlegen wolle.

Aber Paris hatte über den Venezianer alle Siege errungen, die denkbar waren, denn nirgends war das Geldausgeben so reizvoll wie hier, und so blieb Casanova, bis es zu spät war, bis er Wechsel ausstellen mußte, die angezweifelt wurden.

Man hat gesagt, daß alle glücklichen Menschen einander ähnelten, während jeder Unglückliche auf seine eigene Art unglücklich sei. Für den Lebensweg des Giacomo Casanova gilt eher das Gegenteil: Er macht sich immer wieder auf die gleiche Art unglücklich, und er zwingt das Liebesglück mit immer neuen Methoden, Kunstgriffen und Listen in einen an sich schon mit Frauen wohlversehenen Lebenslauf hinein.

Von dem, was ihm nun nach seinem Bankrott zustößt, sind Glücks- wie Unglücksfälle gleichermaßen interessant, nicht nur im biographischen Sinn, sondern vor allem für das sittengeschichtliche Bild der Epoche. Als Bankrotteur wird Casanova nach beinahe moderner Manier verhaftet, die Polizeidiener steigen unversehens in seinen Wagen ein und geben nach FBI-Manier selbst das neue Fahrziel an, das Gefängnis von Fort l'Evêque, das älteste von Paris aus der Zeit, da noch der Bischof von Sens die Gerichtsbarkeit ausübte und zwar auf die grausamste Art, mit unterirdischen Kerkern, Ketten an den Wänden und anderen Annehmlichkeiten. Seit 1674 königliches Gefängnis, beherbergte es nun vor allem Schuldenmacher, Schauspieler, fahrendes Volk und allzu kühne Spaßmacher. In den hundert Jahren bis zur Auflassung des Gefängnisses waren kurzzeitig berühmte Mimen wie Lekain, Mademoiselle Clairon, Molé und andere Gäste in dieser seltsamen Haftanstalt gewesen.

Casanova schrieb, kaum daß man ihn eingeliefert hatte, Briefe nach allen Seiten, und wenig später war sein Zimmer – keine Zelle – voll von Besuchern. Eine schöne italienische Schauspielerin brachte zwecks Schuldentilgung kostbare Ohrgehänge mit, die Giacomo ihr einst verehrt hatte; sein Sachverwalter erschien, Fürsprecher boten sich an. Die Marquise d'Urfé fuhr kurz vor, informierte sich und kam bald darauf mit Wertpapieren in Höhe der geforderten Kaution an, worauf man Casanova auf freien Fuß setzte. Er war ganze vier Stunden verhaftet gewesen und mußte sogleich – auf den klugen Rat der Marquise – überall spazierengehen, wo man ihn sehen und erkennen konnte und abends sowohl die Oper als auch die italienische Komödie besuchen. Aus dem ganzen Verhalten der Marquise, auch aus ihrem harten Vorgehen gegen Casanovas Gläubiger, geht deutlich hervor, daß diese reiche Frau ungeachtet ihres Alters und ihrer esoterischen Neigungen ihre fünf Sinne beisammen hatte und mit entschlossener Intelligenz agierte. Die Vorwürfe der Erben, die ihre Geisteskräfte später anzweifeln werden, um Casanova zu belasten, erscheinen nach diesen Fakten kaum berechtigt.

Aber die Unbefangenheit ist dahin, Paris hat den verwöhnten Venezianer enttäuscht, und er geht wieder auf Reisen. Zunächst zu den holländischen Geldquellen, wo ihm aber außer schönen Wochen mit Esther – der jungen Gefährtin des treuen Hope – nichts Positives widerfährt, danach in die deutschen Länder, in denen noch immer der Krieg zwischen Friedrich II. und der großen Koalition andauert, offensichtlich aber ganz anders als moderne Kriege nur einige wenige Landstriche berührt.

Von den deutschen Städten sind Köln und Bonn – wie die Memoiren ausweisen – Casanova in allerbester Erinnerung geblieben, weil er ihnen eines der köstlichsten seiner Liebesabenteuer verdankt, Stuttgart hingegen als Stätte bitterster Erfahrungen ihn zu Selbstvorwürfen noch im stillen Dux veranlaßt. Die Frau, die Casanova zeigt, warum es am Rhein so schön ist, haben Lokalhistoriker und Casanova-Spezialisten ermittelt: Es war die sechsundzwanzigjährige zweite Frau des Bürgermeisters van Groote, Maria Ursula Columba geborene zum Pütz, die statt bei all ihren schönen Namen nur Mimi genannt wurde. Mit Billigung ihres durchaus ansehnlichen und gebildeten Gemahls war sie die Mätresse des österreichischen Verbindungsoffiziers zu den französischen Armeen, eines Generals Ketteler, aus einer westfälischen Adelsfamilie, die durch einen Schwertordensmeister im Baltikum und einige Kirchenfürsten am Rhein zu besonderem Ansehen gelangt war. Der General war also vor allem im Krieg und mit seinen besonderen Vollmachten ein großer Herr, und Casanova riskierte viel, wollte er seinem an Maria erwachten Begehren nachgeben. Die schöne Bürgermeisterin ließ bald keinen Zweifel mehr an der Tatsache, daß sie nichts inniger wünschte, als erobert zu werden; sie suchte die Möglichkeiten und fand sie auch, da sie Weg und Steg kannte und alle geeigneten Kämmerchen. Gewiß, es bedurfte des einen oder anderen demütigenden Opfers: Der Chevalier mit dem Phantasienamen de Seingalt in einer Besenkammer, stundenlang im Finstern harrend, bis er sich ungefährdet der Begehrten nähern durfte. Aber da er nun einmal Casanova war, litt er nicht in solcher Lage, zürnte nicht und mißachtete sogar die zärtlich bereitgestellten Genüsse vom Brathähnchen aufwärts.

Daß Mimi van Groote es riskierte, ihren mächtigen Geliebten vor der ganzen Stadt bloßzustellen, weil ein anderer ihr besondere Liebesfreuden verhieß, kann wohl nur dahin gedeutet werden, daß ihr an Ketteler nichts mehr lag und sie sich ihrer Position sicher war: Ob General oder nicht, das Patriziat der alten Bischofsstadt brauchte den Österreicher wohl nicht zu fürchten.

Während es dem Bürgermeister ziemlich gleichgültig war, mit wem die schöne Mimi ihn betrog und er dem General vielleicht sogar die Niederlage gönnte, erwies sich Ketteler als ein schlechter Verlierer. Er setzte ins Werk, was immer in seiner Macht stand und bediente sich dazu des französischen Diplomaten de Bausset, der später Botschafter in Sankt Petersburg wurde. An Ketelers Intrige, die übrigens im Sand verlief, ist zweierlei interessant: Die Eiseskälte, mit der Paris bis hinauf zum Herzog von Choiseul auf die wütenden Verdächtigungen gegen Casanova reagierte, und der von nun an nicht mehr völlig zu behebende Verdacht, daß der Venezianer tatsächlich als Spion durch Europa reiste, zunächst wohl für seinen Wohltäter und Schutzherrn Pierre de Bernis. J. Rives Childs deutet in seiner maßgebenden Biographie noch zwei weitere Möglichkeiten an, nämlich eine Agententätigkeit für die Freimaurer oder für den mächtigen Jesuitenorden. Da Casanova aber vor allem unter namhaften Jesuiten konsequenter Feindschaft begegnete, scheidet meines Erachtens diese Möglichkeit ebenso aus wie die Freimaurer-Theorie: Sie nämlich würde nicht erklären, warum die französische Regierung und keineswegs nur der Freimaurer Bernis so oft und so deutlich hinter Casanova steht.

Nach einem bizarren, lebensgefährlichen und durch grenzenlose Naivität herbeigeführten Abenteuer in Stuttgart, nach einer Flucht über die Stadtmauer, Verkleidungen und Beinahe-Verlust des ganzen persönlichen Besitzes, hatte sich Casanova ein paar schöne Wochen verdient, und wo konnten diese sich idyllischer einstellen als in der Schweiz! Hier gab es keine Potentaten wie den Herzog von Württemberg, der seinen Offizieren Betrügereien und Raubzüge gestattete, weil er selbst bis ins Mark korrupt und ausschweifend war; hier empfing ihn gleich nach der Ankunft in Zürich der heilsame Klosterfrieden von Einsiedeln, und das Kurzportrait des Fürstabts Nikolaus II. von Imfeld (1694–1773) ist in seiner ruhigen Weisheit und Souveränität eines der reizvollsten des ganzen Memoirenwerkes.

Casanovas Entschluß, den Frieden hinter Klostermauern zu suchen (wo er auch vor echten und vor betrügerischen Gläubigern sicher wäre), schmilzt blitzschnell dahin, als er aus dem Züricher Hotelzimmer eine schöne Frau entdeckt, die in Gesellschaft dreier weit weniger schönen Damen einem Wagen entsteigt und ahnungsvoll den Blick erhebt, denn schließlich ist es ihr Schicksal, das sich mit diesem Augenblick entscheidet.

Was sich in den nächsten Tagen und Wochen zwischen Casanova und Ludovika, Baronin Roll von Emmenholtz abspielte, ist eine *Facétie*, ist eine jener schlüpfrigen Geschichten, mit denen die Renaissance-Novellisten ihre Leser unterhielten und ihre Leserinnen zu wohlgefälligem Erröten brachten. Wie alt Ludovika war, als die Blicke des Venezianers auf sie fielen, wissen wir nicht ganz genau; da sie aber erst 1825 starb, sechzig Jahre nach den Ereignissen, und da sie erst 1759 den Offizier und Diplomaten Baron Roll geheiratet hatte, muß sie eine sehr junge Frau in der reizvollen Blüte nach den ersten Hochzeitsnächten gewesen sein.

Was Casanova im damals noch überwiegend französisch sprechenden Solothurn alles ins Werk setzte, um sie zu beeindrucken und ihre Schweizertugend ins Wanken zu bringen, hätte eine Heilige zu Fall gebracht. Bei Ludovika aber blieb ihm das letzte Glück versagt, weil eine der drei Gefährtinnen, eine Frau, die in den Memoiren nur die Hinkende heißt, sich dreist in Casanovas schöner Mietvilla eingenistet und damit die Möglichkeit erhalten hatte, sich in der ersten Nacht, die Ludovika dem Venezianer gewähren wollte, an die Stelle der schönen Baronin zu setzen: Eine flinke Hand legte sich Casanova auf den Mund, man zog ihn in ein dunkles Gemach, und er entfaltete im Finstern alle seine Künste in der Überzeugung, es mit Ludovika zu tun zu haben – die inzwischen stundenlang auf ihn wartete und am Morgen darum in denkbar schlechter Laune war. Ein höhnischer Brief der Hinkenden belehrte Casanova zudem darüber, daß er nicht nur nicht die Geliebte im Arm gehalten hatte, sondern ihre häßliche Freundin, und diese ihm zudem auch eine galante Krankheit angehängt hatte, so daß er es nicht mehr wagen könne, sich der Baronin bei anderer Gelegenheit zu nähern! Es war ein Triumph der Weiberlist und Tücke à la Boccaccio oder Poggio und bedeutete für Casanova tiefste Verzweiflung.

Casanovas Gegenzug findet sich hingegen weder bei den Renaissance-Novellisten noch sonstwo, und er ist auch – wie er offen zugibt – gar nicht ihm selbst eingefallen, sondern einer bemerkenswerten Frau, die er in Solothurn als Haushälterin beschäftigte und der er den zweifellos erfundenen Namen Dubois gibt, einen Allerweltsnamen, zu deutsch Holzer.

Madame Dubois war aufgefallen, daß Casanovas Friseur und Diener Leduc unter einem starken Anfall einer Geschlechtskrankheit litt. Sie riet ihrem Herrn, der Hinkenden in einem Brief glaubhaft zu machen, es sei jener Leduc gewesen, den sie im Finstern in ihr Bett gezogen habe, und der damit als unschuldiges Opfer einer hexenhaften Intrige Anspruch auf Schmerzensgeld habe.

Das Unwahrscheinliche gelang, Leduc spielte angesichts doppelter Belohnung seine Rolle ausgezeichnet, die Hinkende versöhnte ihn mit einem reichlichen Geldgeschenk und verließ das Haus, in dem sie sich mit so bösen Absichten einquartiert hatte, als vermeintlich Besiegte. Casanova, der seltsamerweise von Geschlechtskrankheiten sein Leben lang kein Aufhebens machte und sie meist schnell auskurierte, spielte den Gesunden natürlich nur gegenüber der Hinkenden. Seiner Angebeteten, der schönen Baronin, mußte er alles entschleiern und auch gestehen, warum es nun zu dem von beiden gewünschten Triumph ihrer Liebe nicht kommen könne. Aber so leicht ließ sich Frau von Roll nicht um ihr Vergnügen bringen: Sie fand eine Möglichkeit …

»Da ich nur eine einzige und letzte Stunde vor mir hatte, um meine ganze Zärtlichkeit zu beweisen, warf ich mich der herrlichen Frau zu Füßen, und sie setzte meinen glühenden Wünschen kein Hindernis entgegen, wobei ich freilich die Grenzen wahren mußte, die mir die Rücksicht auf ihre Gesundheit vorschrieb. Was sie mir auf diese Weise freigebig gewährte, entsprang gewiß auch ihrem freudigen Wunsche, mich zu überzeugen, wie jammervoll das Glück gewesen, das ich in den Armen der hinkenden Betrügerin zu erleben geglaubt hatte.«

So lebhaft dieses Mißgeschick selbst noch im Alter vor Casanovas Seele stand, weil entgangenes Glück nun einmal die martervollste Erinnerung ist, so verblaßte das ganze Ereignis doch vor der Erinnerung an jene Frau, die in den Memoiren mit dem Namen Dubois auftritt und von der auch die scharfsinnigsten Forscher nicht viel zu erfahren vermochten. Sie dürfte neun Jahre jünger gewesen sein als Casanova, ihr Geist und ihre Schönheit, die auch auf den Gemahl der schönen Baronin und auf andere Herren in Solothurn deutlich wirkten, waren zweifellos nicht erfunden, und auch daß die Dubois vorher im Dienst der bekannten Reiseschriftstellerin Lady Montagu gestanden habe, scheint nach allem, was wir wissen, zu stimmen: Mary Pierrepont, Lady Wortley-Montagu (1689–1762), eine Tochter des Herzogs von Kingston, lebte von 1739–1761 in Italien und mag sich von der Dubois getrennt haben, als ihre Rückkehr nach England feststand.

Casanova lag, als ihm die Dubois als Haushälterin für sein Haus in Solothurn empfohlen wurde, noch ganz in den Banden der Ludovika von Roll und erkannte erst nach und nach, welcher Schatz ihm mit dieser besonnenen, heiteren und geistvollen neuen Gefährtin ins Haus geschneit war, die obendrein noch hübsch und gebildet war und eine Menge englischer Bücher besaß (wohl Geschenke der Lady). Sie diente Casanova ungeachtet seiner vielen Schwächen mit aufopfernder Treue, woraus denn auch bald Liebe wurde. »Sie war eine jener Frauen«, schreibt Casanova im Rückblick, »die ich in der Jugend heiß geliebt, im Alter aber nie vergessen habe. Sie hatte alles, was man sich für ein häusliches Glück nur wünschen konnte, wenn mir ein solches beschieden gewesen wäre. Aber vielleicht war es angesichts meiner Wesensart gut, mich nirgends dauernd zu binden, obwohl nun, im Alter, diese Freiheit einem Sklavendasein ähnlich geworden ist. Hätte ich eine Frau gefunden, die mich zu lenken verstand, ohne daß dies mir allzu deutlich geworden wäre, sie hätte wohl auch mein Vermögen klug verwaltet, ich hätte von ihr Kinder und stünde nicht, wie heute, einsam und mittellos in der Welt.«

Es ist eine ganz zentrale Stelle von ungeschminkter Aufrichtigkeit, und sie macht uns klar, daß Casanova einer entscheidenden und glücklichen Wendung seines Lebensweges niemals näher war als in den Wochen, da er und die Dubois einander liebten. Gewiß hätte diese kluge und praktische junge Frau auch eine Möglichkeit gefunden, Casanova zu anderen Einnahmequellen zu verhelfen als jenen am Spieltisch oder bei gewagten Geheimaufträgen. Er war gebildet, wendig und wenn es darauf ankam zu großen Leistungen fähig. Aber ein Kleinod wie die Dubois begehrten eben viele! Noch während die Liebenden schwankten, wie es weiter gehen sollte, meldete sich der Haushofmeister des französischen Botschafters in Solothurn mit einem Angebot, das die Dubois für alle Zukunft sicherstellte: ein überlegtes, belegtes, von Seriosität gleichsam triefendes Schreiben, dem der windige Lebemann aus Venedig nichts entgegenzusetzen hatte und für das auch die Mutter der Dubois bei ihrer schönen Tochter warb.

So heiratete sie denn bald darauf den Maître d'Hôtel des Botschafters, einen angeblich Lebel heißenden Mann, der alles in Kauf nahm, was mit der venezianischen Erbschaft verbunden war und dem Kind Casanovas mit der Dubois sicherlich ein korrekter Vater gewesen ist. Daß er sich im Dienst der Botschaft ein beachtliches Vermögen erwirtschaften konnte, scheint Casanova nicht verwundert zu haben, das war wohl üblich. Casanova sah die beiden nach der Geburt seines Kindes noch einmal, erhielt auch Gelegenheit zu einem vertrauten Gespräch, trat aber der Madame Lebel, wie sie nun angeblich hieß, nicht mehr nahe, denn auch sie war seriös geworden, und vergessen waren die gemeinsamen Ausschweifungen in den Mattenbädern von Bern. Die Reportage darüber zählt immerhin zu den sittengeschichtlich aufschlußreichsten Partien der Memoiren und dürfte heutige Berner Leser des großartigen Werkes wohl ziemlich verblüffen:

»Von einem Hügel am Stadtrand hatte ich einen weiten Blick über das Land und einen kleinen Fluß und stieg dann mindestens hundert Stufen abwärts. Vor einer Ansammlung von dreißig oder vierzig Hütten, die wohl nur Badestuben sein konnten, blieb ich stehen und wurde von einem seriös wirkenden Mann angesprochen, der mich fragte, ob ich ein Bad nehmen wolle. Als ich dies bejahte, lief eine kleine Schar von Bademägden auf mich zu, und der Mann erklärte mir, daß jede von ihnen sich glücklich schätzen würde, mich im Bad bedienen zu dürfen, ich sollte nur wählen: Für einen Laubtaler (d. h. eine Silbermünze im Wert von sechs Livres) könne ich baden, frühstücken und die Dienste des Mädchens abgelten. In der Rolle des Sultans, der durch das Taschentuch aus seinem Harem eine Nachtgefährtin auswählt, entschied ich mich für jene, die mir am besten gefiel und trat ein.

Sie verschloß die Türe von innen, ersetzte mein Schuhwerk durch Pantoffel, blieb aber stumm und barg mit abgewandtem Gesicht meine Haare unter einem schützenden Baumwollbeutel. Dann entkleidete sie mich und entledigte sich, als ich ins Wasser gestiegen war, ebenfalls sämtlicher Kleidungsstücke. Dann gesellte sie sich, ohne nach meiner Meinung zu fragen, zu mir. Sie begann, mich überall abzureiben, ausgenommen jene Gegend meines Körpers, die ich mit der Hand bedeckte, so daß sie wohl erriet, daß ich dort nicht berührt werden wollte. Als ich fand, daß sie nun genug an mir herumgerieben habe, verlangte ich Kaffee. Sie stieg aus dem Bad, betätigte einen Klingelzug und öffnete die Tür. Schließlich kehrte sie ins Wasser zurück, alles in völliger Unbefangenheit, ganz so, als sei sie nicht nackt, sondern bekleidet gewesen.

Eine Minute darauf kam eine alte Frau mit dem Kaffee an die

Türe. Meine Badenixe stieg wieder aus dem Wasser, nahm das Tablett auf, verschloß die Türe und kehrte zu mir zurück.

Es konnte mir nicht entgehen, daß dieses Mädchen alles hatte, was einen leidenschaftlichen Liebhaber aufs höchste entzücken mußte. Lediglich die Haut ihrer Hände war rauh, und es war zu vermuten, daß dies auch an anderen Stellen ihres Körpers so sein mußte. Ihrem Gesicht fehlte jeder Adel und jener Charme, der sich nach einer guten Erziehung bei jungen Mädchen einstellt, aber leider auch alle Koketterie, alle Schüchternheit, alle Scham. Sah man davon ab, so hatte meine achtzehnjährige Schweizerin absolut alles, einen gesunden Mann zu beglücken, der solch natürliche Freuden nicht ablehnte; mich aber führte sie nicht in Versuchung.

Was soll das? fragte ich mich, das Mädchen ist schön, ihre Augen haben einen reizvollen Schnitt, ihre Zähne sind blendend weiß, ihre Haut zeugt von vollkommener Gesundheit, und sie erregt mich nicht? Ich sehe sie splitternackt vor mir, und nichts regt sich?«

Die Erklärung, die der sonst so schnell Entflammte für dieses Phänomen sucht und findet, sagt uns eine Menge über sein Frauenbild und das, was er vom anderen Geschlecht erwartet: Er fühlt sich als der Virtuose, der die Herausforderung sucht. Und er verlangt vom Objekt seiner Begierden, daß diese seine Leistung gewürdigt, ermuntert, mit Blicken, Lächeln und Seufzern belohnt werde. Und Casanova diagnostiziert durchaus selbstkritisch die darin zum Ausdruck kommende eigene Dekadenz: »Wir lieben also nur noch Künstlichkeit und Täuschung, und das Wahre verführt uns nicht mehr, soferne es unverschleiert auf uns zukommt.« Danach imaginiert er eine Gesellschaft, in der die Menschen maskiert gehen, im übrigen aber völlig nackt, damit nicht die Körperpartien im Mittelpunkt des Interesses stünden, sondern die eigentliche, individuelle Bildung der Gesichter, der Gesichtszüge.

Die junge Schweizerin registrierte Casanovas Gefühle, wies gekränkt das Trinkgeld zurück und kassierte nur für Bad und Kaffee, womit sie immerhin bewies, daß ihre Mentalität nicht die einer

Dirne war. In Casanovas Seele blieb denn auch ein Stachel zurück; er hatte die junge Schönheit nicht kränken wollen und wollte ebensowenig von ihr verachtet werden. Darum kehrte er, mit seiner eben erworbenen Geliebten, der Dubois, bald darauf zu den Mattenbädern (in den Memoiren *La Mate*) zurück, und der Verwalter fand absolut nichts dabei, dem ansehnlichen Paar zwei Mädchen mit in die Badestube zu geben, die Verschmähte des ersten Besuches und eine kräftige, große Magd, die von Casanova wohl im Hinblick auf die zu erwartenden lesbischen Spiele gewählt worden war. »Tatsächlich führten die beiden Schweizerinnen uns das vor, was sie vordem zwischen mir und der Dubois beobachtet hatten, und die Dubois verfolgte mit sichtlicher Überraschung, mit welchem Furor die Größere im Liebesspiel die Rolle des Mannes übernahm; selbst ich war ein wenig erstaunt, trotz allem, was ich sechs Jahre zuvor bei meinen schönen Nonnen M. M. und C. C. hatte mitansehen dürfen … Der seltsame Kampf der beiden Mänaden fesselte besonders die Dubois, und sie sagte mir, daß die Größere, trotz ihrer weiblichen Brust, ein junger Mann sei, sie hätte dies sehen können. Ich wandte mich den beiden zu, und das Mädchen, das meine Neugierde spürte, zeigte mir seine große und erigierte Klitoris. Sie ermunterte die Dubois, das seltsame Glied anzufassen, das wie ein dicker Finger ohne Fingernagel wirkte und sich ein wenig biegen ließ. Dennoch behauptete die Schweizerin, es sei fest genug, um bei der Dubois eingeführt zu werden, soferne sie dies gestatte, aber meine Gefährtin wollte nicht, und mir hätte es auch nicht gefallen … Immerhin erregte uns der seltsame Vorgang so außerordentlich, daß meine Haushälterin alle Hemmungen fahren ließ und alles übertraf, was ich etwa hätte wünschen können.«

(Unnötig zu sagen, daß diese Stelle in den älteren Übersetzungen fehlt, und Heinrich Conrad, der sie bringt, kann sich nicht genug tun an verurteilenden Beifügungen wie »ekelerregend«, »geile Brunft« und ähnlichem, das sich im französischen Text nicht findet. Der Liebeskampf auf Bestellung, den die Bademägde vorführen, erscheint Casanova allerdings gelegentlich komisch, was bei einem Fachmann dieser Kompetenz nicht verwundern kann.)

Spricht man gebildete Berner von heute auf diesen von keiner Seite angezweifelten Bericht an, dann tauschen sie beredte Blicke, murmeln nachdenklich ›Ja, die Matte‹, enthalten sich aber weiterer Kommentare, und auch das einst so emphatisch französische Soleure ist heute als Solothurn durchaus bieder-traulich und erfreut sich, unendlich fern jeglicher Verruchtheit, seiner Stadtmauern, seiner hübschen Plätze und des unstreitig glanzvollen, in jedem Quadratmeter grundseriösen Hotels, das damals noch bescheiden *Auberge de la Poste* hieß, daneben und bald darauf *Hôtel de la Couronne* und heute nur noch *Zur Krone*. Und Casanova, der auf seinem langen und verschlungenen Lebensweg eines niemals ausließ – die Orte, an denen man sündigen konnte – hat uns auf den mehr als dreitausend Seiten seiner Memoiren keinen anderen einschlägigen Betrieb so ausführlich geschildert wie die Mattenbäder: Mochte ihm dort auch die Koketterie gefehlt haben, der großstädtische Glanz der Pariser Bordelle und der Charme der Grabennymphen, so finden wir ihn doch unleugbar beeindruckt von der Korrektheit und Sauberkeit, mit der man in Bern sündigen konnte, zwischen frischen Laken und bei einem Haferl Kaffee ohne gefährliche Beimischungen. Kein Geringerer als Alexander Lernet-Holenia, Romancier, Lyriker und Hofpoet nicht mehr existenter Habsburger-Herrlichkeit, ließ einmal seine Blicke über die frischen und wohlgenährten Debütantinnen schweifen, die beim Wiener Opernball Einzug hielten. »Schaun Sie sich's an, lieber Wickenburg ... hübsch, eine wie die andere, aber im Grund – die sind gesund, sonst nix!«

Als Casanova nach seinem Abenteuer mit der Hinkenden längst wieder so gesund war, daß er sich seiner geliebten Dubois hemmungslos widmen konnte, war sein Diener Leduc noch immer so krank, daß er nicht reiten konnte, sondern gefahren oder getragen werden mußte, und die solches Gift verteilende Nachthexe empfand beinahe Mitleid mit dem vermeintlichen Opfer ihres Anschlags, jedenfalls entschädigte sie ihn reichlich. Mit solchem Abschluß einer bösen Posse wird es Zeit, sich den wahren Werten zuzuwenden, die neben schönen Baroninnen und gefälligen Bademägden damals zu den Vorzügen der Schweiz zählten und Besucher von nah und überwiegend von weither anlockten: Der Arzt, Dichter und Naturphilosoph Albrecht von Haller (1708–1777) aus Bern und Voltaire in Les Délices. Da Haller seit 1758 Direktor der Salzwerke von Roche war, fand Casanova ihn nicht in seiner Vaterstadt, sondern unweit des Genfersees in endlich – nach langem Warten – erträglichen materiellen Verhältnissen und saß ihm an einer reich gedeckten Tafel gegenüber. Haller hatte seine unruhige Zeit, die vielen Reisen, die Versuche, sich außerhalb der Schweiz zu etablieren, hinter sich und war trotz pausenloser schriftstellerischer Tätigkeit in dieser Phase seines Lebens für alle, die mit ihm zu tun hatten, anregender als vorher. Er gab reichlich aus einem großen Erfahrungsschatz und sparte nicht an Ermahnungen, Ideen und Belehrungen. Solch eine Erscheinung, zudem ein Mann über fünfzig, provozierte Casanova nicht, der sich denn auch bald für Hallers anmutige achtzehnjährige Tochter mehr interessierte als für den Philosophen selbst.

Immerhin kam es zu einem sich über Jahre erstreckenden Briefwechsel, der uns zwar nicht überliefert ist, aber sicherlich die dreiunddreißig Briefe Hallers in französischer Sprache enthielt, die Casanova später erwähnt. Wir erfahren auch, daß Haller den Venezianer um sein Urteil über Voltaire bat, sich selbst aber um ein Urteil über Rousseau herumdrückte, dessen Roman *Héloise* Casanova in Bern gelesen hatte: Das wenige, was Haller in diesem Buch einem Freund zuliebe gelesen habe, nötige ihn zu der Feststellung, daß es sich um ein schlechtes Buch handle, weil es schönrednerisch sei wie kein anderes. Nach dieser Sentenz, die er selbst relativierte, sprang Haller verblüffend plump zu Petrarca hinüber: »Rousseau meint, man dürfe im Roman lügen. Ihr Petrarca log nicht.« Daß Petrarca zumindest bei der Besteigung des Mont Ventoux gelogen hatte, konnte Haller noch nicht wissen, und es ist auch nicht von

Bedeutung; den Wert der Natur, das Glück, sich ihr zu öffnen, hat Casanova stets nur für Minuten zu schätzen gewußt.

Während es schwer halten dürfte, eines der sechshundert Werke Albrecht von Hallers heute im Buchhandel zu finden, ist Voltaire zwar nicht mehr mit seinen einst so gefeierten Theaterstücken, wohl aber mit Romanen, Novellen, Briefen und den Aphorismen seines Philosophischen Wörterbuchs durchaus gegenwärtig. Es läßt sich denken, daß das Zusammentreffen eines vielseitigen, redegewandten und oberflächlichen Salonlöwen mit dem auf dem Gipfel des Ruhmes angelangten Voltaire nicht so friedlich verlief, wie der Besuch bei Haller, und auch die Szene war eine andere. Voltaire residierte noch nicht in Ferney, sondern auf dem feudalen Landsitz Les Délices nahe Genf. Er war dort von einem kleinen Hofstaat umgeben, dem seine geistvolle Nichte vorstand, die zur Legende gewordene Madame Denis, später Voltaires Erbin.

Voltaire beherrschte damals in einem Maße Bildung und Gesellschaft, wie es heute für keinen lebenden Autor zutrifft. Man konnte in gebildeten Zirkeln ohne weiteres Liebhaberaufführungen seiner Stücke ansetzen, die Rollen, die Texte, die Handlungen waren Gemeingut, und wenn etwa ein Diplomat eine Rolle in dem Stück *Le Café ou l'Ecossaise* besonders gut zu geben verstand, so trug das zu seinem Ansehen bei und war auch seiner Karriere förderlich.

Casanova hat nach jedem Tag bei Voltaire abends alle Gespräche aufgezeichnet und seinem Besuch bei dem Berühmten schließlich eine Gesamtdarstellung von mehr als zweihundert Seiten gewidmet, die zum tiefsten Bedauern aller Casanovisten, aber auch der Voltairianer verlorengegeben werden muß. Voltaire hingegen hat Casanova nur zweimal in kargen Andeutungen erwähnt, die für den Venezianer nicht sehr schmeichelhaft sind; bezweifelt wird die Begegnung der beiden jedoch ebensowenig wie das, was Casanova darüber zu berichten weiß, so wenig es im einzelnen heute noch interessieren kann: Ein geschickter Beauparleur rieb sich an einem der größten Geister aller Zeiten; es war ein ergötzlicher Funkenflug, nicht mehr, aber in einem Jahrhundert, das die Konversation über alles schätzte, für alle Beteiligten und Zuhörer zweifellos ein Erlebnis. Man reiste damals durch den kleinen alten Kontinent, um seine herausragenden Geister zu treffen; man besorgte sich Empfehlungsschreiben, um vorgelassen zu werden, und auch die emsigen, die wirklich beschäftigten Größen wie Haller oder später Goethe, ließen sich wohl oder übel diesen Besucher-Zustrom gefallen. Selbst die Fürsten waren sich nicht zu gut, die großen Geister unter ihren Zeitgenossen an den Hof zu holen, wo sich die Herren freilich nicht immer miteinander vertrugen. Seit dem 12. Dezember 1754 brauchte Voltaire, nunmehr sechzig Jahre alt, keine Rücksichten mehr auf Könige und Zarinnen zu nehmen, er gab dem berühmten – auch mit Casanova gut bekannten – Arzt Tronchin das Geld, damit dieser Protestant für ihn Les Délices erwerben könne, was ihm, dem Katholiken, in der Stadt Calvins nicht möglich gewesen wäre, und begann, wie er selbst sagte, glanzvoll zu sterben. Das vollzog sich mehr als zwanzig Jahre lang, in einer einzigartigen Hofhaltung mit zwei echten Nichten und zwei hübschen jungen Gefährtinnen, einem Jesuiten und einem treuen Sekretär, vier Wagen und Kutschern und bald darauf den zwei Schlössern, gemeinhin als Ferney bezeichnet, die ihm beim geringsten Alarm gestatteten, sich von einem Herrschaftsbereich in den anderen hinüberzubegeben. Seine Bauern liebten ihn, er aber liebte die Ochsen nicht, ihrer Langsamkeit wegen, denn um ihn herum hatte alles ein bemerkenswertes Brio, ob nun Tronchin zu Besuch kam oder Gibbon, der Schauspieler Lekain oder der Libertin Boswell.

Casanova war für vier Tage an die Tafel von Les Délices geladen und erhielt später auch eine Einladung nach Ferney, die er – mit seinem ersten Auftritt bei Voltaire offensichtlich unzufrieden – jedoch nicht mehr befolgte. Er hatte sich nämlich in aussichtsloser Rivalität mit dem Größeren wirklich ins Zeug gelegt, er hatte aus dem *Orlando Furioso* des Ariosto so leidenschaftlich rezitiert, daß ihm selbst die Tränen kamen, und sich von Voltaire, der seine Pointen unnachahmlich zu servieren verstand, streckenweise zum

Hofnarren herabwürdigen lassen, unter dem beifälligen Gelächter der Tischgesellschaft.

Die Situation hat eine ein wenig absurde Parallele nicht nur hinsichtlich der Örtlichkeit Genf, sondern auch, was die Hintergrundbedingungen dieses täglichen Kräftemessens betrifft. In seinem aufwühlenden Buch *Castellio gegen Calvin* schildert uns Stefan Zweig die großen Diskussionen zwischen dem unter dem Vorwurf der Ketzerei eingekerkerten Denker Miguel de Serveto (für den es dabei um Leben und Tod geht) und dem Diktator-Reformator Calvin. Nach dem Disput muß Serveto stets in den Kerker zurück, angekettet, schlecht ernährt, schlecht schlafend, ohne Hygiene, und allmorgendlich steht ihm Calvin wieder gegenüber, wohlausgeruht, frisch gekleidet, mit gestärktem Jabot und unbelastet, denn sein Leben ist ja nicht in Gefahr.

Casanova hatte in seinen verzweifelten Tournuren, Rezitationen und großen Gesten in Les Délices die Aufmerksamkeit eines alten Stadtsyndikus aus Genf erregt, der sich einen kleinen Privat-Harem leistete und die jungen Damen unterhalten mußte. Casanova wanderte also nach seinen Virtuosenstückchen an Voltaires Tafel nicht in den Kerker, aber was er mit den Schwestern Ferney und deren Cousine unter den Augen des Ratsherrn Michel Lullin de Châteauvieux aufführte, war so strapaziös, daß er anderntags unausgeschlafen, mit verräterischen Augenringen und voll von erotischem Restalkohol einem souveränen Gegner gegenüber saß, der sich inzwischen neue Späße für den Bouffon aus Venedig ausgedacht hatte. Der schon damals als Wüstling in der sonst so honorigen Stadt bekannte Ratsherr wurde übrigens trotz aller Ausschweifungen fünfundachtzig Jahre alt und blieb auch von der Justiz unbehelligt, obwohl die drei jungen Damen von ihm selbst aufgezogen worden waren, damit als Schutzbefohlene und Abhängige gelten mußten und nach heutigem Recht für ihn tabu gewesen wären.

Es ist wohl dieses fröhliche und in gewissem Sinn unerwartete Nebeneinander von Biedersinn, Bildung und emphatischer Ausschweifung, das Casanovas Aufenthalte in der Schweiz zu einem so beliebten und wohl auch dankbaren Studienobjekt hat werden lassen, und man registriert angesichts der ausführlichen Untersuchungen, die sich allein mit Casanova in Genf oder in Solothurn beschäftigen, mit einiger Verblüffung, daß die Schweiz, deren Bürger heute überall sündigen, nur nicht zu Hause, im achtzehnten Jahrhundert eine wesentlich liberalere Atmosphäre genießen durfte, vielleicht, weil der französische Einfluß damals noch weiter ins Land hereinreichte. Die leichten Mädchen, die heute mit sicherem Blick schon an der Sperre des Flughafens Zürich-Kloten abgefangen und nach München, Wien oder Mailand zurückgeschickt werden, die brachte das Land damals auf die überzeugendste Weise selbst hervor, und keineswegs nur in den unteren Schichten. Casanova in der Schweiz, das ist darum – vielleicht – zu einem Sehnsuchtsthema für so manchen Autor geworden, Erinnerung an eine Zeit, da im Land der Eidgenossen selbst der Liebeszauberer aus Venedig einiges dazulernen konnte.

Im Schatten des Towers

*Erfährt man, was Robert François Damiens wi-
derfuhr, weil er dem vielgeliebten und viel liebenden fünfzehnten Ludwig
eine Fleischwunde beigebracht hatte, so verfällt man leicht in den Irrtum,
das absolutistische Frankreich für ein Land mit besonders harter Justiz
zu halten.* Das war jedoch keineswegs der Fall; die Bastille war weit
weniger furchtbar als ihr Ruf, große Geister des Landes weilten
wiederholt hinter ihren dicken Mauern, ohne irgendwelchen Schaden zu nehmen, und wie es Bankrotteuren, Wechselfälschern oder
säumigen Schuldnern erging, können wir bei Casanova, beim Marquis de Sade und anderen Memorialisten des Jahrhunderts lesen:
Frankreich war, sofern man nicht wirklich zu den Rechtlosen vom
Faubourg Saint-Antoine gehörte oder erbitterte Feinde in höchsten
Kreisen hatte, in jenem galanten Jahrhundert ein Land, in dem es
sich durchaus leben ließ.

Eben dieses *laisser-faire* aber hatte seinen Preis, nämlich eine
allerhöchste Willkür, die sich wegen der herrschenden Lässigkeit
und der vielen möglichen Umwege das Recht ausbedang, gelegentlich mit einem Blitzstrahl dazwischen zu fahren. Das hatte schon
der Sonnenkönig praktiziert, und wenn er jemandem übelwollte,
wie dem unglücklichen Finanzmann Foucquet oder dem bis heute
nicht mit Sicherheit identifizierten Mann mit der Eisernen Maske,
dann half keine Fürsprache, dann verschwand der Betreffende für
immer von der Bildfläche.

Weniger furchtbar als sein großer Urgroßvater, bediente Ludwig XV. sich eines *Lettre de Cachet*, signiert von seinem persönlichen Sekretär, gegengezeichnet von einem Minister, wenn er eine
Person ins Gefängnis werfen, aus Paris verbannen oder aus Frankreich ausweisen wollte. In sehr seltenen Fällen scheint es auch

Blanko-Ausfertigungen gegeben zu haben, mittels derer einflußreiche Leute oder große Familien sich unliebsamer Personen entledigen konnten, oder dann, wenn im Fall politischer Gefangener besondere Diskretion angebracht war.

Im Frühjahr 1763 waren, trotz der bereitwilligen Mitwirkung der schönen Marcolina, Casanovas Bemühungen gescheitert, der Marquise d'Urfé die ersehnte Wiedergeburt und ihrem alten Geschlecht einen jungen Erben zu schenken. Ausgebootete Neider, andere Beobachter und Verwandte der reichen Frau hatten mit Warnungen vor Casanova nicht gespart, und schließlich hatte die Marquise selbst nach sieben Jahren fortgesetzter finanzieller Unterstützungen und anderer Liebesdienste dem Venezianer ihr Vertrauen entzogen und damit ihren Schutz. Von diesem Augenblick an mußte Casanova einen jener gefürchteten Briefe mit dem königlichen Siegel gewärtigen und entschloß sich darum, Frankreich rechtzeitig zu verlassen (wenig später, als er nach einem Aufenthalt in Spanien nach Paris zurückkehrte, überreichte ihm ein Chevalier de Saint Louis dann tatsächlich eine königliche Aufforderung, Paris binnen 24 Stunden und Frankreich binnen drei Wochen zu verlassen).

Casanovas Vor- und Voraussicht beschert uns seinen Londoner Aufenthalt, die Monate zwischen Juni 1763 und März 1764, auf die der Venezianer im Rückblick zweifellos gerne verzichtet hätte, deren Schilderung jedoch zu den erstaunlichsten Partien der Memoiren gehört: Obwohl des Englischen gar nicht mächtig und mit britischen Sitten keineswegs vertraut, gibt uns Casanova im neunten Buch seiner Memoiren ein Bild des georgianischen London, das kein anderer ausländischer Reisender farbiger und intimer gemalt hat. Mit seinen großen mediterranen Allüren taucht er ein in das London der Brüder Fielding, von deren Wirken er vermutlich nichts gewußt hatte, sonst hätte er zweifellos ein anderes Land für seine Flucht gewählt. Er wird zu Beginn des Jahres 1764 dem Galgen näher sein als jemals in seinem Leben und nicht einmal behaupten können, daß ein engstirniger Richter ihm Unrecht wider-

fahren lasse, denn Sir John Fielding (1722–1780), der blinde Stief-
bruder jenes großen Romanciers, der den *Tom Jones* schuf, war
eben geadelt worden und eine Legende an Härte und Gerechtigkeit, der berühmteste Strafrichter der englischen Geschichte.

Ehe Casanova ihm schuldenhalber im Central Criminal Court
an der Old Bailey Street vorgeführt wurde, hatte er in der Themsestadt zwei denkwürdige Abenteuer mit Frauen: ein bewegendes
mit einer besonders reizvollen und geheimnisvollen Geliebten namens Pauline, vermutlich eine portugiesische Grafentochter; und
ein vernichtendes mit der Charpillon, einer jüdischen Edel-Prosti-
tuierten, die nach ihrer Affaire mit Casanova beinahe zur geschichtlichen Persönlichkeit wurde, als schöne und verworfene Ac-
trice in den satanistischen Orgien des Publizisten John Wilkes,
während seiner Gemeinsamkeit mit der Charpillon immerhin
Lord-Mayor von London.

Mit dem untrüglichen Instinkt des geborenen Hochstaplers
hatte Casanova sich nicht irgendwo eingemietet, sondern durch
einen seiner überall anzutreffenden Landsleute ein elegantes Haus
an Pall Mall gefunden, einer Straße mit beachtlicher galanter Tradition und bis weit herauf ins neunzehnte Jahrhundert eine der
elegantesten von London. Heute weitgehend von viktorianischen
Häuserfassaden in grau und gelb beherrscht, hatte Pall Mall damals
eine Südseite mit Blick nach Kings Garden, feine Läden, Buch-
handlungen, Cafés und Clubs. Nell Gwynn hatte hier ein schönes
Haus, das ihr königlicher Liebhaber Charles II. ihr geschenkt hatte,
und als sie den gemeinsamen Sohn einmal laut ›Komm her, du
Bastard‹ rief, weil sie angeblich keinen anderen Namen für ihn
wußte, machte Charles den Jungen zu einem Herzog von Albans.
Auch unter Georg III. gab es hier noch heimliche Liebesnester wie
das der Countess Waldegrave, Gefährtin eines Herzogs von Glou-
cester, oder der Anne Horton, Gemahlin des Herzogs von Cumber-
land.

London hatte um 1750 mehr als 650 000 Einwohner, gegen
Ende des Jahrhunderts schon nahezu eine Million, womit die

Themsestadt in Westeuropa wohl an erster Stelle stand. Dennoch fand sich, was zusammengehörte, mit erstaunlicher Schnelligkeit: Italienische Schauspielerinnen erkannten Casanova auf offener Straße, und in den Vergnügungsstätten begegnete er stadtbekannten Roués wie dem reichen, aber völlig verkommenen Earl of Pembroke (in den Memoiren standhaft Pimbroke geschrieben) oder lauernden Betrügern wie dem Journalisten Ange Goudar. Erstaunlicher ist, daß Casanova darüber hinaus imstande war, einen guten Koch zu finden, und daß er in seinem blinden Verlangen nach weiblicher Gesellschaft einem Pembroke auf den Leim ging, der ihm eine billige Kneipe als Rendezvousort nannte: Dort stellte man dem Venezianer nacheinander acht oder zehn häßliche und abgetakelte Dirnen vor, was ihn einiges Geld kostete, ohne ihm etwas zu bringen. Schließlich von dem jungen Earl mit besseren Adressen versorgt und auch auf eigener Suche leidlich erfolgreich, hatte Casanova sein dringendstes Bedürfnis, wenn auch gegen Geld, befriedigt und empfand nun das Verlangen nach einer echten, einer tieferen Beziehung, wofür er stets das Wort Liebe gebraucht, meist aber mit Liebeleien zufrieden ist.

Auf der Suche nach solch einer Liaison, die seine relative Einsamkeit in Pall Mall durchbrechen könnte, nähert er sich jedoch nicht seinen alten Verbindungen wie der in London gastierenden Tänzerin Anna Binetti oder seiner einstigen Geliebten Teresa Imer, die als Madame Cornelys in *Carlisle House* Bälle und Konzerte veranstaltet, sondern beschreitet einen sehr originellen Weg: Er gibt ein in seiner Höflichkeit und Ausführlichkeit für jeden Londoner auffälliges Inserat auf, um die Beletage seines Hauses an eine ihn interessierende Frauensperson zu vermieten. Das lange vergeblich gesuchte Inserat haben die Rerchereure des unermüdlichen J. Rives Childs im *Gazeteer and London Daily Advertiser* vom 5. Juli 1763 entdeckt, und nach einer Unzahl von Kleinfamilien, Pärchen und einzelnen Damen, die Casanova nur langweilten, fand sich Pauline ein, schüchtern, vornehm und sehr sparsam. Sie wäre in ihrer sichtlichen Notlage eine leichte Beute für einen Routinier wie

Casanova geworden ohne ihre aristokratische Herkunft, ihre katholische Erziehung und seine eigenen Hemmungen, ein so kostbares Geschöpf zu bedrängen. Erst, als sie mit einer für heutige Leser unbegreiflichen Toleranz den zärtlichen Spielen beiwohnt, mit denen die elfjährige Sophie Cornelys den immer noch wohlhabenden Casanova zu einer Finanzhilfe für die in Schulden geratene Teresa Imer-Cornelys bewegen will, erst da ahnt Casanova, daß auch junge Gräfinnen bisweilen die Grenzen der Tugend überschreiten. Die Szene ist eine der vielen umstrittenen in den Memoiren, denn als Casanova sich der lasziven Kleinen widmet, muß er noch annehmen, daß sie seine Tochter aus der Beziehung zu Teresa Imer ist:

»Sie war klein, aber sie hatte einen entzückenden Körper. Pauline sah zu, wie ich sie überall liebkoste, offensichtlich, ohne mir andere als väterliche Gefühle zuzuschreiben; darin aber irrte sie sich: Wäre sie nicht anwesend gewesen, die reizende Sophie hätte auf die eine oder andere Art die Gluten löschen müssen, die ihre kindlichen Reize in ihrem Vater angefacht hatten.« Nach der Meinung von Sophies Mutter war der uneheliche Vater nicht Casanova, sondern der Marquis de Montperny, eine Behauptung, die ihr keine Vorteile brachte, da Montperny 1753 gestorben war; das gibt der Aussage einige Wahrscheinlichkeit.

Wie dem auch sei, nach vierzehn Tagen des Schmachtens, der Handküsse und der verstohlenen Blicke ist Casanova blaß, übellaunig und am Ende seiner Beherrschung, so daß die Comtesse für ihren angenehmen Status im Hause fürchtet und ihn bittet, doch auszureiten, sich ein wenig frische Luft zu gönnen. Das Pferd jedoch wirft den Venezianer auf das harte Londoner Pflaster, und als er mit einer schmerzhaften Verstauchung ins Haus gebracht wird, ist Pauline, von Selbstvorwürfen überwältigt, endlich bereit, sich ihm zu ergeben. Das Festmahl bleibt auf den Tellern, beide sind viel zu aufgeregt, ist Pauline doch trotz einer heimlichen Ehe unter schwierigsten Verhältnissen noch immer Jungfrau. Sie verlangt, daß alle Lichter gelöscht werden und läßt erst am Morgen nach ihrer ersten Liebesnacht erlöst alle Scheu fahren und bewegt sich, zum Entzücken des Venezianers, unbefangen im Morgenlicht trotz der ungewohnten Nacktheit. Das gibt dem Kenner Casanova Gelegenheit zu der Feststellung, daß die gute Küche in Pall Mall den Formen des Mädchens auf höchst vorteilhafte Art zugute gekommen sei, ja daß für Pauline nach Zeiten der Sorgen und Nöte nun eine glücklichere Zeit anbrechen werde.

Diese Sorgen und Nöte haben den Casanovisten manches Kopfzerbrechen bereitet, denn der Marques de Pombal, Portugals allmächtiger und tüchtiger Premierminister, hat offensichtlich alle Spuren seines Rachefeldzuges gegen die Königs-Attentäter von 1758 verwischt. Unter ihnen scheint sich Paulines Vater, vielleicht ein Graf Tavora, befunden zu haben, aber sichere Beweise fanden sich nicht. Als Pauline mit einem jungen Adeligen aus der Sippenhaft in Lissabon entfloh, sandte Pombal (der diesen Titel erst 1770 erhielt) ein schnelles Kriegsschiff zur Verfolgung aus, das Plymouth drei Tage vor dem Handelsfahrer erreichte und den Gemahl Paulines nach Portugal zurückholte. Sie selbst blieb in England und wartete in London fortan darauf, daß ihr Geheimgatte ihr Geld schicke oder selbst die Erlaubnis zur Ausreise erhalte, um sie in England zu treffen.

Die Geschichte Paulines nimmt im Manuskript der Memoiren eine Sonderstellung ein; sie ist sorgfältig, ohne Ausstreichungen und Verbesserungen, also offensichtlich von einer Vorlage abgeschrieben und interpoliert, weswegen auch ernsthafte Casanova-Forscher die ganze rührende Geschichte von der politisch verfolgten Unschuld nicht glauben wollen. Ihre Einflechtung in die Erlebnisse der Teresa Imer-Cornelys aber ist aus Londoner Gerichtsakten glaubhaft zu machen, und der große Marques, der sich nach dem Erdbeben von Lissabon tatsächlich zum Retter Portugals machte, war zugleich ein Mann von großer Härte und ein Virtuose im Verschwindenlassen unliebsamer Personen: Hat Pauline nicht geflunkert, um Casanova zu rühren, so darf man die Episode durchaus ernst nehmen. Sie hat eine große innere Wahrhaftigkeit für sich, sie stellt uns eine junge Portugiesin aus großer Familie vor, wie Casanova sie sonst nicht kennengelernt hätte, und wir besitzen dank Rives Childs, der sich seines venezianischen Helden mit zärtlicher Akribie annimmt, sogar die Bestätigungen für einige Details, für den Vollmond in der ersten Liebesnacht, für den gewaltigen Sturm im Ärmelkanal, den Casanova einmal erwähnt, und für Parallelen in der Vorgangsweise des Marques de Pombal, die uns zeigen, daß der große Mann sich gelegentlich doch erweichen ließ.

Seine Vergebung, sein Brief an die junge Gräfin, beenden die Idylle in Pall Mall. Pombal sendet eine Anweisung auf zweitausend Pfund Sterling und stellt ihr frei, zu Wasser oder zu Land zurückzureisen; sollte sie den Seeweg wählen, so wird ihr eine bestimmte portugiesische Fregatte benannt. Pauline aber hat auf der Hinfahrt zu sehr unter der Seekrankheit gelitten, sie hat nun Geld und entscheidet sich für den Landweg mit kleiner Dienerschaft und zu ihrem Schutz noch von dem treuen Clairmont begleitet, einem erprobten Diener, den Casanova ihr mitgibt. Bis Calais gibt er selbst ihr noch das Geleit, vermutlich ohne französischen Boden zu betreten, auf dem er sich bedroht fühlt. Und sie, die in ihren Besitz wieder eingesetzte Gräfin, verlangt ihm den Schwur ab, Lissabon niemals zu betreten.

So ist alles vorbei, mit einer Vollständigkeit ausgelöscht wie die bewegende Episode Henriette, an die Casanova, als er dies niederschreibt, denken muß, an die Begegnung mit Jeanne-Marie d'Albert de Saint-Hippolyte, eine andere versprengte Adelige, deren Wirrnissen Casanova sich annahm. Im Bericht über seinen spanischen Aufenthalt wird Casanova später schreiben: »Ich gedachte, mir in Spanien eine Existenz zu suchen, denn da aus Lissabon keine Briefe mehr kamen, wagte ich nicht, auf gut Glück an den Tejo zu reisen. Die portugiesische Dame schrieb nicht mehr, und ich hatte keine Möglichkeit zu erfahren, was aus ihr geworden sei.«

Die Depression, in die Casanova nach der Trennung von der geliebten Portugiesin verfiel, erklärt nur zum Teil die Blindheit, mit der er in das schlimmste Abenteuer seines Lebens rannte, in die

Begegnung mit Marie-Anne-Geneviève Augspurgher, die sich in London den Szene-Namen La Charpillon gegeben hatte, letztes, aber auch schönstes Glied in einer ganzen Filiation von Kurtisanen und Betrügerinnen. »Sie war eine Schönheit, an der man schlechthin keinen Makel entdecken konnte«, schreibt Casanova im neunten Buch seiner Memoiren. »Ihr Haar hatte helle Kastanienfarbe, ihre Augen waren blau, ihre Haut von reinstem Weiß. Im übrigen glich ihr Wuchs dem Paulines, sieht man davon ab, daß die Charpillon erst siebzehn Jahre alt war und die fehlenden zwei Zentimeter wohl noch zulegen würde.« (Wie viele seiner Gefährtinnen macht Casanova auch die Charpillon jünger, sie war achtzehn oder neunzehn Jahre alt.) »Ihre Brust war nicht groß, doch vollkommen geformt, ihre kleinen Hände waren fleischig, ihre Füße klein, ihr Gang sicher und edel. Ihr Blick war sanft und von jener Offenheit, wie sie nur bei wirklichen Klassegeschöpfen festzustellen ist, kurz ein *air de noblesse* ... Dieses Mädchen hatte, noch ehe sie mich richtig kennenlernte, den Vorsatz gefaßt, mich ins Unglück zu stürzen, und sie hatte es mir angekündigt.«

Es ist eine der erstaunlichsten Passagen in dem großen Memoirenwerk und soll uns wohl auch erklären, warum Casanova den unsäglichen Intrigen, Peripetien und Quertreibereien dieser seltsamen Schönheit drei Kapitel widmet, in der französischen Hübscher-Ausgabe beinahe hundert Seiten. Die ganze Begegnung wirft die Frage auf, wann und angesichts welcher Partnerinnen sich der große Frauenheld in ein leidendes Subjekt verwandelt, denn zweifellos gibt es in diesem einzigartigen Lebenslauf einige Frauen, die den Kampf gegen seine Künste und damit gegen den Menschen Casanova nicht nur aufnehmen, sondern als eine Aufgabe betrachten, ja als eine Verpflichtung ihrem Selbstgefühl und dem weiblichen Geschlecht gegenüber: Häßliche wie die Hinkende von Solothurn, Berechnende wie Teresa Imer und in ihrem tiefen Haß gegen alle Freier entschlossene Siegerinnen wie die Charpillon, die durch Jugend, Schönheit, Geist und Raffinement ihre Schicksalsgenossinnen an der Londoner Gesellschaft rächt. Sie hatte, noch ehe sie mit Casanova näher bekannt wurde, den Earl of Pembroke um 100 Guineen betrogen: Er hatte sie für eine amouröse Promenade im voraus bezahlt, sie war dann aber im Dunkel verschwunden. Vergleicht man dies mit den drei bis sechs Guineen, die Casanova für andere, ihm durchaus zusagende Mädchen bezahlt hatte, so wird klar, daß die Charpillon zur Crème de la Crème der erreichbaren Schönheiten zählte, daß sie, wie Goudar es ausdrückte, noch nicht auf dem Trottoir war: Ihre Verbindungen zu dem portugiesischen Gesandten Graf Saa e Mello, zu Frederick Calvert, dem letzten Earl of Baltimore, und zu Richard, dem ersten Earl von Grosvenor hatten ihren Markt-Wert um so mehr erhöht, als es sich bei ihnen allen um vergleichsweise junge Männer handelte. Pembroke hatte sich nach jener ersten Begegnung übrigens nicht mehr für sie interessiert; als erfahrener Coureur haßte er Komplikationen.

Anders unser Venezianer: Plötzlich vereinsamt, in einer großen und fremden Stadt auf die kleine Gemeinde angewiesen, die französisch oder italienisch sprach, suchte er die Gesellschaft des ganzen Augspurgher-Clans, der aus sieben Frauen verschiedenen Alters, zwei Zuhältern und zwei Berufsspielern bestand, wozu noch als undurchsichtiger Zwischenträger Ange Goudar kam, immun gegen die Reize der Charpillon, da er sich in Sara, eine irische Kellnerin verliebt hatte. Es waren also nicht wenige Menschen, die von einer einzigen jungen Schönheit leben wollten. Casanova durchschaute die Situation und erzählt uns im Grunde vor allem, wie oft er sich zu befreien versuchte, sich dabei aber immer wieder aufs neue verstrickt hatte. Als er wieder einmal einen Befreiungsversuch unternahm, zeigte ihm eine der Charpillon-Tanten den Weg ins das Zimmer, in dem die Achtzehnjährige – von der Casanova bis dahin nur Schultern und Arme gesehen hatte – nackt in einem Badezuber stand. Die Überraschte tat, als hätte sie nur die Tante erwartet, kauerte sich mit einem Schrei nieder und war auch durch inständige Bitten und Versprechungen Casanovas lange nicht dazu zu bewegen, sich zu erheben und sich, wie vorher, seinen

Blicken darzubieten. Erst als er schon halbverrückt vor Begierde war, gewährte sie ihm gnädig die Rückenansicht.

Damit erweist sich der Venezianer als der beste Verbündete der Charpillon, als ein fassungsloser Erotomane, der, als er der Charpillon begegnete, bestimmt schon hundert Frauen oder mehr in allen Posituren und völliger Nacktheit gesehen hatte und doch angesichts dieses Körpers, der so exzeptionell ja doch nicht sein konnte, jegliche Fassung verlor. Die allgemeine Annahme, daß eben jene Männer leidenschaftliche Voyeure werden, die Defizite im normalen Liebesleben haben, trifft für Casanova also offensichtlich nicht zu. Er erweist sich als ein echter Besessener. Als sie ihm einige Tage später zwar eine ganze Liebesnacht zusichert, sich auch vor ihm entkleidet, dann aber in einem langen und engen Nachthemd zu ihm ins Bett steigt, wütet er drei Stunden lang gegen das hindernde Kleidungsstück und zerreißt es schließlich, ohne an sein Ziel zu gelangen. Ein drittes Mal schützt sie ihre Periode vor, ohne sie zu haben, und als er wieder aufgeben und sich zurückziehen will, erscheint sie in seiner Wohnung und zeigt ihm an ihrem nackten Körper alle blauen Flecke, die er ihr angeblich beim Kampf um das Nachthemd beigebracht habe.

Wir haben keine drei Kapitel für diese wechselseitigen Zähmungsbemühungen, die für Casanova dadurch bedenklich werden, daß gefälschte Wechsel und Falschgeld mit ins Spiel kommen, ehe die Charpillon sich gar entschließt, den Venezianer an den Galgen zu bringen. Der am wenigsten Verdächtige der Mittelsmänner, der Schriftsteller Ange Goudar, muß einen Spezialstuhl in Casanovas Wohnung schaffen, in dem vorschnellende Federn die darin Sitzende wehrlos machen und einer Vergewaltigung preisgeben – ein Möbel, das tatsächlich existierte und auch in Paris zum Vorschein kam, als nach dem Sieg von Marthe Richard die Einrichtungen aller Pariser Freudenhäuser versteigert wurden.

Mit einem letzten Rest von Vernunft verlangte Casanova, daß jenes belastende Utensil sofort aus seinem Haus gebracht werde, wonach der Augspurgher-Clan nur noch die Möglichkeit einer schwer beweisbaren, aber auch schwer zu widerlegenden Anschuldigung hatte, nämlich die der Päderastie.

Casanova wurde nach Newgate gebracht, wo die anderen Verhafteten dem gutgekleideten Fremden übel mitgespielt hätten, wäre nicht ein Wärter dazwischengegangen mit der Bemerkung, der Mann spreche nicht englisch, man solle ihn in Ruhe lassen. Nach ein paar Stunden führte man Casanova dann in den großen Saal, wo Sir John Fielding, blind und zudem eine Binde über den Augen, Gericht hielt und – Casanova betont die Genauigkeit seiner Übersetzung – nach kurzem Gespräch verkündete: »Monsieur de Casanova aus Venedig, Sie sind dazu verurteilt, die Gefängnisse Seiner Majestät, des Königs von Großbritannien, bis an das Ende Ihrer Tage nicht mehr zu verlassen.« Die Charpillon hatte diesen Urteilsspruch beantragt, weil Casanova ihr angeblich gedroht habe, ihr hübsches Gesicht zu zerschneiden (und vielleicht hatte sie tatsächlich noch ein blaues Auge aus dem Nachthemd-Scharmützel).

Fielding sah die Charpillon und die kleine Schar ihrer Zeugen, er sprach noch ein paar Worte mit Casanova und gestattete diesem schließlich, Leumundszeugen britischer Nationalität zu bringen und Kaution zu stellen, so daß nach einigen Stunden ein Schneider und ein Juwelier sich glücklich schätzten, ihren wohlhabenden Kunden aus Pall Mall befreien zu können. Das war am 27. November 1763, wie Gerichtsakten beweisen; zum Termin der endgültigen Verhandlung im April 1764 hatte Casanova England vorsichtshalber bereits verlassen ...

Obwohl sich bei Teresa Imer-Cornelys viele Londoner trafen, wenn auch nicht die erste Gesellschaft, und Casanova einen Empfehlungsbrief an eine Lady Harrington hatte, die allsonntäglich empfing, blieb sein Kontakt zu den führenden Kreisen der Themsestadt sehr dürftig, so wie man ja noch heute sagt, daß man ein Jahr brauche, um in den inneren Zirkel Londons vorzudringen. Casanova bekennt, daß er bei seinem ersten Auftritt bei Lady Harrington, einer Vierzigerin von reicher galanter Vergangenheit, etwa drei Stunden lang praktisch allein das Wort geführt habe, was in

London natürlich stärker auffiel als in Italien oder Frankreich. James Boswell notiert denn auch unter dem 1. November 1764 in sein »Londoner Tagebuch«, daß Nehaus (= Casanova), »ein Italiener, sich als großer Philosoph gerierte und zu glänzen versuchte. Er erklärte, an allem und jedem zu zweifeln und zuvörderst an seiner eigenen Existenz. Ich halte ihn für einen Cretin.« Die beiden sind einander also begegnet, als Casanova auf dem Tiefpunkt seiner Lebensfreude angelangt war und mitten im Charpillon-Erlebnis allen Grund hatte, an sich zu zweifeln. Eine andere, ausführlichere, aber ebenfalls nicht namentliche Erwähnung findet sich bei Tobias Smolett, das ist alles.

Auf die Rückkehr seines treuen Dieners Clairmont wartete Casanova übrigens vergeblich. Graf Saa hatte ihm zwar einen Brief der unvergessenen Pauline übergeben, in dem sie berichtete, daß Clairmont ihr bei einem Hochwasser in Spanien das Leben gerettet habe, das aber war die letzte Nachricht über ihn. Es scheint, daß er sich zur Rückkehr nach England auf dem Unglückssegler *Hannover* eingeschifft hatte, der vor der Cornwall-Küste Schiffbruch erlitt. Von dem halben Hundert Menschen an Bord konnten sich nur zwei besonders gute Schwimmer retten.

Ein falscher Wechsel über mehr als fünfhundert Guineen, den Casanova im guten Glauben angenommen und weitergegeben hatte, überstürzte im letzten Augenblick seine Abreise so, daß er wieder einmal sein ganzes Gepäck im Stich lassen und seinem Diener Jarbe anvertrauen mußte, er sollte es nach Calais nachbringen. Denn bei Wechselvergehen verstand man in London keinen Spaß, und auch der weise Sir John Fielding, der als Blinder angeblich dreitausend verschiedene Diebe an ihrer Stimme unterscheiden konnte, hätte da mit einem Fremden nicht lange gefackelt.

Im letzten Augenblick noch von einer Zufallsbekanntschaft mit Syphilis infiziert, beinahe mittellos und überzeugt, fortan kein Glück mehr zu haben, überquerte Casanova den Kanal. Die Krankheit, mit der er schon dreimal schnell fertig geworden war, hatte ihn diesmal böse erwischt, er hatte Fieber, Schüttelfröste und war zeitweise kaum bei Sinnen. Ein junger deutscher Arzt, der in Leyden Medizin studiert hatte, pflegte Giacomo in langem stationärem Aufenthalt mit Medikamenten, die Quecksilber enthielten, mit viel Flüssigkeit, Alkoholentzug und überlegter Diät durch Wochen. Alles war anders: Der Liebling des Schicksals und der Frauen war nicht mehr unverwundbar, und er wußte es.

Im Osten liegt das Heil

*Beim Blick über das Leben des Giacomo Casanova
wird man feststellen, daß er sich in den romanischen Ländern und an
den Gestaden des Mittelmeeres mit mehr Geschick, größerem Glück
und sogar mit einer gewissen Souveränität bewegt, was immer ihm in
diesen Zonen widerfährt.* Die Angelsachsen, die Deutschen und die
Deutsch-Schweizer liegen ihm hingegen weit weniger. Er sucht
und findet auch in diesen Ländern immer wieder Anknüpfungen
über seine vielreisenden Landsleute, aber er begeht in der Einschätzung seiner Bekanntschaften vor allem aus dem deutschen Bereich
immer wieder Fehler.

Der Mann, der Casanovas Londoner Aufenthalt mit einer bana-
len Katastrophe ein brüskes Ende setzte, war ein baltischer Hochstapler, was sicherlich stimmt, da Casanova in auffälliger Weise im
Zusammenhang mit Riga von ihm spricht. Die reisenden Balten
stellten mit ihren weltmännischen Allüren, ihrer Suada und ihrem
deutsch-schwedisch-russischen (und folglich undurchsichtigen)
Hintergrund eine Kerntruppe der Abenteurer von Klasse, und
eines gewissen Niveaus bedurfte es ja doch, einen Casanova an den
Spieltisch zu bringen und ihm dann noch einen Wechsel über die
große Summe von 520 Guineen aufzunötigen. Der Mann, dem dies
gelang, heißt in der Conradschen Übersetzung nach dem bearbeite-
ten Manuskript der Memoiren Stenau, bei Rives Childs, der es
eigentlich besser wissen mußte, ebenfalls, im französischen Urtext
des Memoirenwerkes aber Henau, was freilich ebensowenig
stimmt. Hübscher vermutet in ihm einen Verwandten der ausge-
breiteten, mit vielen Gütern gesegneten livländischen Familie der
Heyking.

Als Casanova erfuhr, daß der Wechsel falsch war, rannte er zu

Henaus Haus (*Je vais chez le Baron de Henau avec intention de lui brûler la cervelle*), konnte ihm aber keine Kugel in den Kopf jagen, da Henau bereits London verlassen hatte. Konnte das arme Livland, wo er niemanden kannte, als Reiseziel auftauchen, weil Giacomo sich die 520 Guineen wiederholen wollte? Er wußte ja noch nicht, daß der leichtfertige Baron vier Monate später in Lissabon gehängt werden würde, vermutlich, weil er einen falschen Wechsel zuviel ausgegeben hatte. Da Kaufkraft-Umrechnungen nie ein richtiges Bild geben, weil die Warenpreise sich so unterschiedlich entwickelt haben, sei hier erläuternd angeführt, daß 520 Guineen mehr als drei Kilogramm Gold entsprachen, für einen Mann am Ende seiner Mittel ein Vermögen, das zu erlangen eine Reise rechtfertigen konnte.

Der treue Bragadino hatte sogleich ein paar hundert Dukaten geschickt und die großzügige Gräfin du Rumain ein größeres Darlehen, dessen Rückzahlung sie – wie Casanova mit zynischem Bedauern vermerkt – nicht mehr erlebte: Sie starb 1782, was bedeutet, daß er sich mit der Begleichung dieser Schuld mehr als achtzehn Jahre Zeit gelassen hatte, so lange, bis der Tod der Gräfin das Problem löste. Daß sie, eine Freundin der Marquise d'Urfé, dies für Casanova tat, nachdem die Marquise ihn fallen gelassen hatte, zeugt vom unerschütterlichen Vertrauen der Pariser Damenwelt zu dem attraktiven Venezianer.

Kaum genesen, machte Casanova sich also auf den Weg nach Osten, und obwohl ihn deutliche Zwänge zur Eile drängten, um eine Situation zu finden, um sich zu etablieren und Ruhe in seine bankrotte Existenz zu bringen, hielt er sich im Frühsommer 1764 eine Woche in Wolfenbüttel auf, um in der Bibliothek zu arbeiten, die als ein Werk eines Leibniz, eines Lessing einen bedeutenden Ruf hatte. Rives Childs sieht in diesem Aufenthalt einen Beweis für Casanovas ungewöhnliche Bildung »die von den weisen Männern dieser Welt meist ignoriert wird«, eines jener schönen Bekenntnisse zu dem Venezianer, welcher die jahrzehntelange Arbeit dieses Autors für das bessere Verständnis Casanovas so sympathisch macht. Man denkt an Voltaire, der auf dem Weg zur endgültigen Niederlassung in der Schweiz noch Zeit fand, in der Benediktiner-abtei von Senones langen Studien nachzugehen.

Über die acht Tage in Wolfenbüttel, wo man ihn mit dem größten Entgegenkommen verwöhnte, schreibt Casanova einige bemerkenswerte Sätze: »Ich habe dort im vollkommensten Frieden gelebt, ohne an vergangene Zeiten zu denken oder an die Zukunft ... Ich erkenne heute, daß ich, um in dieser Welt wirklich weise zu werden, nur einiger gar nicht so großer Glücksfälle bedurft hätte, denn im Grunde haben mich die Tugenden stets mehr angezogen als die Laster.« Er berichtet, daß er wichtige Notizen zu Homer gemacht und bis in seine Altersexistenz in Dux mit sich geführt habe, wo sie vermutlich verloren gehen werden, obwohl »ich nicht die Absicht habe, irgend etwas zu verbrennen, nicht einmal die Blätter mit meinen Erinnerungen, so oft ich auch daran denke. Ich ahne, daß ich den richtigen Augenblick dafür nie finden werde.«

Die acht Tage Ilias-Studien waren eine Katharsis, eine Rückbesinnung auf seine eigentlichen Fähigkeiten, an denen er aus guten Gründen bereits gezweifelt hatte. Einer moralischen Einkehr bedurfte er hingegen nicht; die Londoner Lebewelt gab ihm an Verworfenheit nichts nach, ja übertraf ihn auf verwirrende Weise, wie Casanova durch seine Hilflosigkeit beweist und durch seine Anlehnung an den intelligenten Gauner Goudar, von dem er zweimal betont, er sei ihm (in London) unentbehrlich.

Auch der echte Adel hat dem päpstlichen Chevalier de Seingalt nichts voraus: Man konnte kaum ausschweifender leben als der Earl of Pembroke, immerhin General der britischen Armee, und eine Dame aus hannöverschem Kleinadel, die sich zunächst über Casanovas Unhöflichkeiten beklagt, es schon wenige Tage später jedoch gegen vergleichsweise geringe Summen zuläßt, daß er eine nach der anderen ihrer fünf(!) Töchter in sein Bett zieht. Die schönste, mit ihrem wahren Namen Bertha Augusta von Schwicheldt, wurde schließlich die Mätresse Pembrokes, der ihr dazu Brief und Siegel in Gestalt eines richtigen Vertrages gab. Auch ein schweizer Diplomat mit großem Namen, wegen verschiedener Unterschleife abberufen, wegen Londoner Schulden aber an der Abreise gehindert, wurde von Casanova großzügig aus seiner Zwangslage befreit, wobei natürlich schöne Töchter im Spiel waren. Casanova hatte sich also ruiniert, er hatte in den drei Vierteljahren seines Londoner Aufenthaltes außer Spieltisch-Gewinnen nichts eingenommen, aber wie ein reicher Mann gelebt und viel zu lange seinem Glück vertraut, das ihm bis dahin immer wieder zu Hilfe gekommen war. Es ist eine entschieden unbürgerliche Mentalität, eine beinahe wütende Gegnerschaft gegenüber den kleinbürgerlichen Lebensmaximen der Geldeinteilung, der Sparsamkeit, des Vorausdenkens. Es gibt Postkutschen, aber Casanova reist im eigenen Mietwagen; er hat nur noch drei Dukaten in der Tasche, drückt sie aber einer schönen polnischen Magd in die Hände und empfängt – da sich dies im kleinen Mitau blitzschnell herumspricht – alsbald den Besuch eines jüdischen Wechslers, der ihm anbietet, vorzustrecken, was Seine Gnaden nur wünschen.

Manchmal hat man den Eindruck, Casanova und seine Gefährten, die klassischen Glücksritter des Jahrhunderts, seien alle auf die gleiche Weise unterwegs zwischen den Städten des kleinen Kontinents, dem die Kriege des achtzehnten Jahrhunderts offensichtlich viel weniger angehabt haben als die langen Religionskriege des Jahrhunderts vorher. Preußen, Österreicher, Franzosen und Russen treffen einander nicht nur in den Schlachten, sondern auch in aufblühenden Städten wie Berlin und Königsberg, und in all diesen Jahren reisen die Herren und Damen der italienischen Theatertruppen kreuz und quer durch Europa, als gebe es keinen Waffenlärm. Sie kennen einander alle, und Casanova wiederum kennt sie, weil er schließlich Venezianer und zugleich Sohn einer bekannten, ja beinahe berühmten Dresdener Hofschauspielerin ist. Und so springt ihm, als er sich nach Berlin aufmacht, eine hübsche Sängerin in den Wagen, die wir nur als *La Redegonda* kennen. Ihre mütterliche Aufpasserin bleibt verdutzt zurück, und Casanova hat höchst angenehme Gesellschaft.

Das Berlin, in dem Casanova eintrifft, ist uns dank der minutiösen Biographien über den großen Friedrich genau bekannt, so daß sich alles, was der Venezianer berichtet, nachprüfen läßt – die Opern, die aufgeführt wurden, die hochgestellten Gäste in der preußischen Metropole, die Verhältnisse am Hof. Nach dem Siebenjährigen Krieg sind die Kassen Friedrichs leer, und darin sieht Casanova die Wiederkehr einer Chance: Schließlich hat er schon einmal eine Lotterie aufgezogen, und nicht irgendwo, sondern in Paris, und weiß, daß der wichtigste Mitstreiter von damals, der jüngere Calzabigi, in Berlin weilt. Unerwartete Hilfe kommt auch von Lord Keith, dem schottischen Freund Friedrichs, der sich an den umtriebigen Venezianer aus Paris erinnert.

Wohl eher durch Keith als durch Calzabigi kommt es zu zwei Begegnungen mit dem großen König, der ja dafür bekannt war, interessante Besucher oft erstaunlich kurzfristig zu empfangen. Was hingegen nicht gut stimmen kann, ist die Bekanntschaft Casanovas mit Wilhelmine Enke, der späteren Gräfin Lichtenau, die in jenem Sommer 1764 erst zwölf Jahre alt war – sie wurde allerdings schon im Jahr darauf vom Thronfolger, dem späteren Friedrich Wilhelm II. entdeckt, eine Verbindung, die bekanntlich ungeachtet anderer Amouren und der beiden Ehen Friedrich Wilhelms bis zu dessen Tod im Jahr 1797 bestand. Im übrigen aber vermittelt uns Casanovas Bericht, sobald er sich einmal von der Oper und der ihm seit Kindertagen vertrauten schönen Giovanna Denis entfernt, ein köstliches und ungemein bezeichnendes Bild der preußischen Austerity: Casanova wird eine Stelle als Gouverneur pommerscher Kadetten aus dem Landadel angeboten, drei der Junker hätte er zu betreuen, ihre Verpflegung zu essen, in ihren kahlen Kasernen mitzuwohnen. Nachdem er miterlebt hat, wie Friedrich einen der Gouverneure wegen eines nicht geleerten Nachtgeschirrs zurechtweist, empfiehlt er sich heimlich, folgt später allerdings dem Rat seines Mentors Lord Keith, sich in einer zweiten Audienz beim

König zu bedanken. Friedrich entläßt ihn gnädig, erfährt, daß Casanova Empfehlungsbriefe an einen Petersburger Bankier hat und fordert den Venezianer auf, bei seiner Rückkehr in Potsdam Station zu machen, um aus Rußland zu berichten. Casanova hatte in jenem Sommer in Berlin im selben Hotel wie James Boswell gewohnt, und Hübscher ist überzeugt, daß die beiden einander kennengelernt haben müssen. Die Unterkünfte, vor allem für ausländische Reisende von einer gewissen Distinktion, waren in ganz Europa noch nicht so dicht gesät, daß man große Auswahl hatte; Kreuzungspunkte des Reiseverkehrs wie Straßburg, Frankfurt, Berlin oder Wien wurden dadurch zu Stätten der Begegnung. Sie hätten Casanova noch viel mehr Kontakte eingebracht, hätte er sich nicht überall in erster Linie für seine eigenen Landsleute interessiert und unter diesen wiederum für die Damen.

Das erste Gespräch mit dem großen Friedrich fand im Park von Sanssouci statt, nach der Flötenspiel-Stunde des Monarchen, im Beisein seines Vorlesers und einer schönen Windhündin, und es glich in seiner Grundanlage allen Gesprächen, die Casanova mit Persönlichkeiten führte, die er von vornherein und ohne zu diskutieren als überlegen und höhergestellt anerkannte. Ja der Augenblick, da Friedrich auf ihn zuging, den alten Hut abnahm und in seiner soldatisch-barschen Manier nach dem Begehr des Venezianers fragte, nahm Casanova sogar den Atem und machte ihn, was selten vorkam, sprachlos. Von einem kurzen Vergleich der Parks von Potsdam und von Versailles bewegte sich das Gespräch schnell zu militärischen Gegenständen. Über die Flottenstärke Venedigs konnte Casanova zufriedenstellend Auskunft geben; an die 70 000 Mann aufgestellt in der *Terra Ferma*, also ohne Soldtruppen, glaubte Friedrich hingegen nicht, er lachte nur darüber. Zum Schluß war von dem die Rede, was den König am meisten bewegte, vom Geld, den Steuern und ein wenig auch von der Lotterie, und wenn sich der große König auch gewiß über seinen Gesprächspartner keine Illusionen machte, so fand er offenbar doch, daß man ihn mit seinen Krautjunkern zusammenspannen könne, so wie Feuer und Wasser. Aber zum Unterschied von anderen Möglichkeiten und Wendepunkten in seinem Leben diskutierte Casanova eine Existenz als Präzeptor für den pommerschen Landadel nicht auf einer einzigen Zeile seiner Memoiren, wie denn überhaupt das Militärische in diesem erstaunlichen Leben zwischen den Nationen fast vollständig fehlt. So viele vazierende Offiziere es auch gab, so schnell man sein Glück auch unter fremden Fahnen machen konnte, für Casanova scheint diese Versuchung kaum existiert zu haben. Lieber gab er sich als Gelehrten, als den Mann des geheimen Wissens aus, und da damals beinahe der Gesamtbereich der Naturwissenschaften zu dieser großen *Terra Incognita* zählten, boten sich für einen gewandten, weitgereisten und phantasiebegabten Menschen wie Giacomo Casanova durchaus Berater-Chancen.

Was uns heute an den Memoiren verblüfft, die Gesprächsbereitschaft großer und kleinerer Potentaten gegenüber unserem Venezianer, ist darum keineswegs unwahrscheinlich. Die Erschließung neuer Geldquellen war das Allgemeinthema des Jahrhunderts nach dem Ende der großen kolonialen Illusionen und vor dem Anbruch des Industriezeitalters. Spezielle Ingenieurwissenschaften wurden, von der Montanistik abgesehen, noch kaum gelehrt. Wo dies ansatzweise geschah, wie in Freiberg in Sachsen, schuf die Begegnung zwischen Geistes- und Naturwissenschaften eine Aufbruchstimmung ganz besonderer Art, die Casanova, den genialen Improvisator, ebenso schnell erfüllte wie den Grafen von Saint-Germain, sobald sich die Gelegenheit bot.

Wir brauchen uns darum nicht zu wundern, daß der Venezianer nach der Überreichung der üblichen Empfehlungsbriefe und den ersten Gesprächen im Spätherbst 1764 mit einem kundigen Beamten des Herzogs von Kurland sechsspännig durch dessen Lande reist, Bergwerke besichtigt und, wie wenig später ein Alexander von Humboldt oder ein Johann Wolfgang von Goethe, aus dem Allgemeinwissen und dem Hausverstand heraus Verbesserungsvorschläge macht und Memoranden verfaßt.

Interessant und einnehmend ist das Portrait, das Casanova uns bei dieser Gelegenheit von Ernst Johann Herzog Biron von Kurland zeichnet, den Günstling der Zarin Anna Iwanowna, der gemeinsam mit den Balten Münnich und Ostermann das Zarenreich im Sinn Peters des Großen dirigierte. Nach dem Tod seiner Gönnerin im Jahr 1740 hatte Biron in der Festung Schlüsselburg und in Sibirien ein hartes Leben gehabt, das ihn gebrochen hatte, so daß er Casanova, der ihn 1764 kennenlernte, als Greis erscheinen mußte: Katharina die Große hatte Biron erst ein Jahr zuvor wieder in seine kurländische Würde eingesetzt. Die Art, in der er Casanova eine Entschädigung für seinen Zeitaufwand und für die Abfassung der Denkschrift anbot, zeigte ihn trotz aller Schicksalsschläge im vollen Besitz der alten höfischen Umgangsformen, aber auch sein in Riga residierender Sohn (wie man sagt: ein Sohn der Zarin Anna Iwanowna und Birons) empfing Casanova in der alten Hansestadt mit größter Freundlichkeit. Die kleine, aber stark gemischte Gesellschaft in dem einst so bedeutenden Ostseehafen, zusammengesetzt aus Spielern, Abenteurern, den unvermeidlichen italienischen Tänzern und Tänzerinnen, reisenden Schönheiten und ihren Zuhältern, zeigt uns ein Europa, das bis in den letzten Winkel von der glanzvollen Oberflächlichkeit des Vergnügungsbetriebes erfüllt ist. Anders als heute war man, lange vor dem Eisenbahnzeitalter, in eine bizarre Unruhe eingebunden, die als Wert und Anreiz eigentlich nur die Kommunikation produzierte, angefangen mit dem Bücherwagen, der aus Leipzig nach Königsberg quer durch Deutschland knarrte, bis hin zu den Hofmeistern, Geistlichen und großen Herren auf ihren Gütern, die sich keineswegs am Rande der Welt fühlten, sondern allenfalls als goldene Mitte zwischen Berlin und Petersburg. Darum hat wohl auch der berühmteste Kollege Casanovas, der angebliche Graf Cagliostro, in Mitau mit etwas feineren Mitteln versucht, was Casanova bei der Marquise d'Urfé gelungen war: nämlich die feinsinnige Elisabeth Charlotte von der Recke in seinen Bann zu ziehen. Er traf die geborene Reichsgräfin von Medem in einer tiefen Krise an, kurz nach ihrer Trennung von ihrem Gatten und nach dem Tod ihrer geliebten Tochter Friederike und ihres Bruders Johann Friedrich Graf Medem. Er machte ihr vor, er könne eine Verbindung zu den teuren Verstorbenen herstellen. In ihrer Verzweiflung zunächst allen Möglichkeiten offen, erkannte die kluge Frau schließlich doch ihre Verirrung und erwarb die Achtung der literarischen Öffentlichkeit durch den Mut, mit dem sie sich zu ihrer Verstrickung bekannte und mit dem sie Cagliostro entlarvte. Ihre Nachricht von des berüchtigten Cagliostro Aufenthalte in Mitau im Jahre 1779 und von dessen dortigen magischen Operationen, 1785 unter dem vollen Namen der Gräfin bei Nicolai in Berlin publiziert, wurde zu einem besonders wirksamen Instrument im Kampf der Berliner Aufklärer gegen Wunderglauben, Geheimgesellschaften und jenes Krypto-Christentum, das unter dem Nachfolger des großen Friedrich wenig später den ganzen Staat vergiften sollte.

Der dreiwöchige Aufenthalt in Riga war für Casanova in verschiedener Hinsicht interessant. Zwar scheiterte sein Versuch, für den falschen Wechsel des angeblichen Barons Henau von der Familie des Schwindlers Entschädigung zu erhalten: Henau sei keineswegs von Adel, sondern Sohn eines kleinen Kaufmanns, der längst Bankrott gemacht habe, eine eindeutige Mitteilung in den Memoiren, die freilich den Spekulationen über die wahre Identität des schließlich an einem portugiesischen Galgen verendeten Abenteurers kein Ende bereitete. Wichtiger war, daß Katharina II. die damals zu Rußland gehörenden baltischen Länder besuchte, so daß Casanova sie in Riga zwar nicht sprechen, aber immerhin sehen konnte und berichtet, auf welche Weise den ihr nahestehenden Offizieren der Orloff-Clique kaiserliche Geldhilfen zuflossen – mit dem Trick einer wohldotierten Pharao-Bank, an der sich die Getreuen der Zarin nur zu bedienen brauchten. Wertvoll sind auch die Nachrichten über den berühmtesten Fechter der Epoche, einen Monsieur Dragon, der sich, um adelig zu scheinen, d'Aragon nannte. Der Neapolitaner in russischen Diensten hatte dem unglücklichen Gemahl Katharinas, dem russischen Thronfolger, unter Drohungen einen ehrlichen und schonungslosen Fechtgang geliefert, in dessen zweistündigem Verlauf der spätere Peter III. d'Aragon kein einziges Mal auch nur touchieren konnte.

Am 15. Dezember 1764 reiste Casanova bei fünfzehn Grad Kälte von Riga ab nach Petersburg. Das war keineswegs ungewöhnlich: Mit ihm hatten in Riga auch andere Reisende gewartet, bis die Böden gefroren sein würden, da im herbstlichen Schlamm ein Weiterkommen ausgeschlossen gewesen wäre. Den Finnen von Ingermanland stellt Casanova ein schlechtes Zeugnis aus: Sie stehlen alles, was nicht niet- und nagelfest ist, kaum daß man Wagen oder Gepäck aus den Augen läßt. Und Casanova ist wissenschaftlich soweit interessiert, daß er feststellt: Die Sprache dieser Diebe sei absolut einzigartig und werde von keinem anderen Volk gesprochen oder verstanden. In Petersburg hingegen »war die Umgangssprache, ausgenommen die untersten Schichten des Volkes, das Deutsche. Ich sprach deutsch damals nicht besser als heute ... meine Zuhörer lachen immer über das, was ich sage.«

Obwohl Peter der Große längst tot war, hatten die zahlreichen deutschen Lehrer und Handwerker in Verbindung mit den deutschbaltischen Beamten und Offizieren die Muttersprache der Zarin in der ganzen Residenz eingeführt, wozu natürlich das Französische kam, die europäische Gemeinsprache der Gebildeten, die seit Ludwig XIV. das Lateinische aus dieser Rolle verdrängt hatte. Casanova war also in einem fremden Land, in einem Land mit sehr eigenartigen Sitten, aber er konnte sich bald davon überzeugen, daß er auch dort nicht allein und nicht ohne Verbindungen war, denn es fügte sich, daß kurz nach seiner Ankunft ein großer Gratisball veranstaltet wurde, ein Maskenball für fünftausend Personen.

Das brauchte man einem Venezianer nicht zweimal zu sagen, seltsamerweise wurde aber gerade dieser Bericht von Lesern der Memoiren oft angezweifelt. Jurij L. Lotman hat in seiner 1997 auch deutsch erschienenen Kulturgeschichte des russischen Adels nachgewiesen, daß der Ball eine wichtige Funktion im städtischen Leben des Zarenreiches hatte, weil in ihm »die Grenzen der dienstlichen Hierarchie fließend wurden. Die Anwesenheit von Damen, die

Tänze, die Regeln der Umgangsformen schufen außerdienstliche Wertkriterien ... andererseits war der Ball ein Bereich öffentlicher Repräsentation ... eine der wenigen im Rußland dieser Zeit zugelassenen kollektiven Lebensweisen.« Es gab – wenn auch nicht häufig – Bälle, in denen die schlanke Zarin in Männerkleidern erschien, ja in denen sich auf ihr Verlangen alle Damen als Herren kleiden mußten und umgekehrt. »Es entstand die Grammatik des Balles, und der Ball selbst wurde gewissermaßen zu einer Art Theatervorstellung« mit einem strengen Ritual, das den Ball einer Parade nahekommen ließ.

Casanova war ein guter Tänzer; er kannte auch einige nicht mehr übliche kunstvolle Tänze und Figuren und nahm die Gelegenheit wahr, Petersburg und seine Gesellschaft kennenzulernen, an verschiedenen großen Buffets, in hell erleuchteten Sälen und im Beisein der Zarin und ihrer Suite. Die Bekanntschaften blieben denn auch nicht aus: ein Graf Volpati aus Treviso, also von der *Terra ferma*, und eine frühere Geliebte, eine Strumpfhändlerin von der Rue Saint-Honoré aus Paris, die sich von einem Liebhaber mit nach Rußland hatte nehmen lassen, wo sie sich als Schauspielerin versuchte und schließlich dem polnischen Gesandten Graf Rzewuski in die Arme sank. Da dieser jedoch Petersburg verlassen mußte, war sie in höchsten Nöten: Sie konnte weder spielen noch singen oder tanzen und suchte nur nach einer Möglichkeit, nach Paris zurückzukehren.

Casanova stärkte sich an einem der Büffets, trank offenbar ziemlich viel von den dort angebotenen französischen Weinen und begann seinen Petersburger Aufenthalt mit einem Heilschlaf von 27 Stunden; die Charpillon war nicht vergessen, aber überwunden. Er war frei für weitere Bekanntschaften, und die brachte ihm das Kartenspiel, mangels größerer Mittel mit großer Vorsicht und nur in einwandfreien Zirkeln betrieben. Die monatlichen Anweisungen aus Venedig konnten Spielverluste nicht kompensieren. Spätestens seit Puschkin wissen wir, daß die Karten im Leben der russischen Gesellschaft eine besondere Rolle spielten, beim Hasardieren, aber auch beim Wahrsagen. (»Die Pique-Dame bedeutet heimliches Übelwollen.«) Einer der Pharaopartner, der junge Stepan Stepanowitsch Zinovjeff, brachte Casanova ein Mädchen als Haushälterin, das ihn durch seine Schönheit und Fügsamkeit beglückte, ihn durch Eifersucht und tägliches Kartenbefragen aber viele Nerven kostete. Wie Casanova zu dieser seiner Zaire kam, ist als Sittenbild reizvoll: Bei einem Ausflug fiel Casanova eine hübsche junge Bäuerin auf, die, als sie die Herrengesellschaft erblickte, in ihre Kate rannte und sich dort in einem dunklen Winkel verbarg. Zinovjeff, ein Neffe der Grafen Orloff, kannte den Brauch und führte für den schnell entflammten Casanova die Verhandlungen mit dem Ergebnis, daß die junge Schöne für hundert Rubel (1,8 kg Silber) praktisch zur Haussklavin des Venezianers wurde; er mußte bestätigen, daß er sie als Jungfrau empfangen habe (was den hohen Preis erklärt), untersuchte sie sogar auf Verlangen der Eltern und des Mädchens(!) und brauchte sie künftig nur zu kleiden und zu ernähren. Er durfte mit der etwa Fünfzehnjährigen machen, was er wollte, sie auch züchtigen, nicht aber töten oder sie außer Landes bringen, denn sie blieb auch nach diesem Handel Untertanin der Zarin.

Die Selbstverständlichkeit, mit der hier arme Eltern ein Kind an einen Unbekannten verkaufen, den sie allerdings in vornehmer Gesellschaft antreffen, ist nicht unbedingt auf den Bauernstand beschränkt: Wenige Jahre später wird ein Fürst Golizyn seine Frau Maria Gawrilowna am Spieltisch an den Grafen Lew Kirillowitsch Rasumovski verlieren; als sie sich daraufhin scheiden läßt und eine neue Ehe eingeht, läßt die Petersburger Gesellschaft sie fallen.

Casanova hatte es einfacher; Zaire war jung, hatte offensichtlich noch keinen Liebhaber gehabt und ging widerstandslos mit, ihr Vater aber dankte dem heiligen Nikolaus für das große Glück, das dieses Kind an der Seite eines Lüstlings von hohen Graden zu erwarten habe. Casanova schloß sich vier Tage(!) mit ihr ein, erspart uns aber die Erzählung der Freuden, die Zaire ihm in dieser Zeit schenkte. Einen faulen und feigen Diener aus Lothringen entließ er mit Reisegeld nach Hause, Zaire aber wurde à la française gekleidet und begann nach etwa drei Monaten auf allerliebste Weise italienisch zu sprechen. Was sollte sie auch anderes tun: Aus Angst, daß seine russischen Freunde, die mit ihr reden konnten, sie ihm abspenstig machen würden, nahm Casanova sie nirgendwo mit hin. Und er erkannte richtig, daß er mit schlechtem Russisch lächerlich gewirkt hätte, während man der jungen Schönen die Fehler im Italienischen verzieh. Im Mai war sie an seiner Seite so aufgeblüht, daß er sie bei seiner Reise nach Moskau nicht allein an der Newa zurückzulassen wagte, ja er besuchte mit ihr eines der russischen Bäder nach damaliger Sitte, wo Männlein wie Weiblein splitternackt an ihren Körpern herumrieben. Während Casanova kein Auge von seiner nackten Zaire lassen konnte, schien von den anderen Badegästen niemand zu bemerken, wie schön sie war ...

Zaire war jedoch alles andere als eine fügsame und sanfte Gefährtin. Als Casanova einmal nach einer feuchtfröhlichen Abendrunde im Kreis seiner neuen Freunde und ihrer Damen heimkehrte, flog eine gefüllte Flasche auf ihn zu, der er als geschickter Fechter in blitzschneller Reaktion gerade noch ausweichen konnte: Zaire hatte in ihren Wahrsage-Karten gesehen, daß er ihr in dieser Nacht untreu gewesen war und wollte ihm den Schädel zerschmettern. Seinen Entschluß, sich von dem eifersüchtigen und allzu temperamentvollen Mädchen zu trennen, machte er rückgängig, weil sie am nächsten Morgen, in rührender Verzweiflung vor ihm kniend, um Vergebung gebettelt hatte. Sie hatte ihren Herrn zu lieben begonnen, weil er sie stets, auch wenn er Gäste hatte, am Tisch mit essen ließ, weil er ihr häufige Besuche zu Hause gestattete, wobei für die Familie stets ein Rubelchen abfiel, und weil er sie wie ein russisches Eheweib behandelte.

Über seiner bewegten Häuslichkeit vergaß Casanova jedoch nicht, was er immer tat, wenn er in der Fremde weilte: Er besuchte die wichtigsten Persönlichkeiten und widmete sich den Sehenswürdigkeiten. In dem Land der gebildeten Zarin gab es eine zweite Frau von großer Bedeutung, die Fürstin Daschkow, heute so vergessen, daß man sie in Torkes modernem deutschen Nachschlagewerk zur russischen Geschichte vergebens sucht. Die früh verwitwete schöne und geistvolle Frau war der von ihrem debilen Gemahl vernachlässigten und betrogenen Katharina zunächst eine zärtliche Freundin gewesen, dann aber Mitstreiterin bei dem Staatsstreich und damit als Gefährtin der ersten Stunde Mitanwärterin auf die Macht, die Katharina nun ausübte (so zumindest die Deutung, die Casanova in den Memoiren gibt, der in diesem Anspruch den Grund für die Verbannung der einst so innig Geliebten sieht). Jekaterina Romanowna, verwitwete Fürstin Daschkow, lebte drei Werst – also 3,2 Kilometer – außerhalb von Sankt Petersburg und präsidierte 1728 bis 1796 der Petersburger Akademie der Wissenschaften, was Casanova in Dux erfuhr und bei dieser Gelegenheit nachträgt. Als er die Fürstin kennenlernte, war sie zwei- oder dreiundzwanzig Jahre alt und trug Trauer, sie hatte eben aus Warschau vom Tod ihres Gemahls erfahren. Die Fürstin stellte durch einen Empfehlungsbrief, den sie Casanova mitgab, die Verbindung zu dem allmächtigen Minister Panin her: Der aus Danzig stammende Graf hatte bei der Verschwörung gegen Paul III. gegen seinen einstigen Zögling Partei ergriffen und fortan durch achtzehn Jahre die Politik der Zarin entscheidend beeinflußt. Casanova berichtet, daß er mit Wissen Katharinas so gut wie an jedem Abend zur Fürstin Daschkow ritt, weswegen sie als seine Geliebte galt, von vielen aber für seine Tochter gehalten wurde. (Helbig weiß in seinem Buch über russische Günstlinge nichts davon, Crusenstolpe schreibt in seinen klassischen russischen Hofgeschichten: »Nikita Panin, der Oberhofmeister des Großfürsten Paul, wurde durch die Kaiserin selbst, mehr aber noch durch die Fürstin Daschkow gewonnen. Die nicht unbedeutenden und durch ihre Jugend erhöhten Reize dieser Frau hatten ihn im Verein mit ihrer Liebenswürdigkeit zu ihrem Sklaven gemacht.«) Im Alter erhielt die Fürstin auf ihrem Gut Troizkoje lange Besuche einer Lady Bradford, die sie schließlich dazu brachte, ihre Memoiren zu schreiben. Dies geschah in französischer Sprache, doch erschien die erste Ausgabe der wichtigen Erinnerungen in englischer Sprache; das französische Original wurde

bei einer Zollrevision in Kronstadt – angeblich unabsichtlich – verbrannt. Da nach der Sitte der Zeit die Übersetzungen oft mehr als
Nacherzählungen aufzufassen sind, existiert ein authentischer
Wortlaut dieses wichtigen Erinnerungsbuches nicht, was vor allem
über die Vorgänge beim Sturz Pauls III. und seiner späteren Ermor-
dung durch eine Offiziersgruppe um die Brüder Orloff zu bis heute
nicht behobenen Unsicherheiten führte.

Panin war die wichtigste Verbindung zum Hof, die Casanova
nunmehr besaß, aber nicht die einzige. Bald war er ein wenig in die
Lebewelt von Petersburg eingedrungen, in der seltsamerweise die
Kastraten mitunter glanzvolle Offiziere ausstachen und einflußreiche Kabinettssekretäre ungehindert der Knabenliebe nachgehen
durften, weil sie in dem Ruf standen, Paul III. die Schlinge um den
Hals gelegt zu haben. Besonderen Eindruck machte auf ihn eine
massige und lebensfrohe Persönlichkeit, der Senator Adam Vassil-
jewitsch Alsujoff, neben seiner geheimen Tätigkeit als Berater der
Zarin tüchtiger Traiteur, bei dem man für einen Rubel ausgezeichnet essen konnte, die Getränke wurden extra berechnet. Alsujoff
und Panin rieten Casanova, unbedingt den Versuch zu machen, die
Zarin zu einem persönlichen Gespräch zu gewinnen, ehe er wieder
abreiste, wobei der Rat des Traiteurs offenbar schwerer wog, denn
Casanova bezeichnet ihn in den Memoiren als den einzigen gebildeten Menschen, dem er in Rußland begegnet sei, »er nämlich hat
sich nicht dadurch gebildet, daß er Voltaire las, sondern hat in
seiner Jugend in Upsala ernsthaft studiert«.

Die Szenerie war ganz ähnlich jener in Potsdam, ein Sommergarten genannter Park, durch Statuen aus Sandstein verunziert, die
überdies falsche und humorig sein sollende Aufschriften trugen,
aber eben das bot einen Anknüpfungspunkt, als die Zarin sich mit
einer kleinen Suite – zwei Hofdamen, dazu Panin und Gregor Orloff – näherte. Katharina sprach die Hoffnung aus, daß Casanova
einiges von den Vorzügen ihres Landes und wie sie wohl meinte
ihres Regimes aufgefallen sei, und der von ihr ja ehrlich begeisterte
Venezianer unterhielt die Herrscherin etwa eine Stunde lang mit

seinen Impressionen aus dem Reich, von dem er ja vor allem Petersburg und, dank einer kurzen Reise, auch Moskau kannte.

Panin ließ Casanova in der Folge wissen, daß die Zarin sich noch zweimal nach ihm erkundigt habe, Casanova promenierte erwartungsvoll weiter in jenem Sommergarten, und es kam tatsächlich zu einem neuerlichen Gespräch, bei dem es allerdings so gut wie ausschließlich um die bis heute andauernden Kalender-Differenzen zwischen Rußland und Mitteleuropa ging. Katharina betonte dabei, daß inzwischen alle offiziellen Schreiben, die von Rußland aus in den Westen hinausgingen, mit beiden Daten versehen seien. Sie zeigte sich im Vollbesitz aller Kenntnisse zur Beurteilung dieser kniffligen Frage, erklärte sich aber zu einer radikalen Reform außerstande, man würde sie für eine Atheistin halten. Das alles wurde beinahe heiter vorgetragen und beeindruckte Casanova darum besonders. »Die äußere Haltung der großen Katharina war das gerade Gegenteil der des Königs von Preußen, und sie war ein Zeugnis dafür, daß ihr Genius bedeutender war als der dieses Herrschers. Sie ermutigte (ihre Gesprächspartner) durch einen äußeren Anschein von Güte ... während die ausgeklügelte Schroffheit des Soldaten von Potsdam nicht selten dazu einlud, Friedrich zu täuschen.«

Casanova hatte für seine Reise nach Moskau einen großen Reisewagen zweckdienlich umbauen lassen und nannte ihn seither (deutsch im französischen Original) *Schlafswagen*, gelegentlich aber auch Dormeuse. Für die Besichtigung des aus vier Städten nur langsam zusammenwachsenden Moskau hatte er an Ort und Stelle einen leichten Wagen gemietet, da er der seither häufig geäußerten Meinung war, wer nur Petersburg, nicht aber Moskau kenne, der kenne Rußland nicht. Die weite Entfernung von Petersburg nach Moskau hätte viele Rasten bei Poststationen und häufigen Pferdetausch mit Wartezeiten und mitunter schlechten Pferden mit sich gebracht. Darum ließ Casanova seinen Schlafwagen sechsfach bespannen, nutzte ihn als Hotelzimmer und hatte im übrigen die kleine Zaire an seiner Seite, die diese Reise – vermutlich die einzige ihres Lebens – um so mehr genoß, als sie in Moskau, wo niemand sie kannte, mit den gleichen Höflichkeiten umgeben wurde wie ihr Herr.

Als die Zarin nahe von Petersburg ein riesiges Manöverspektakel veranstaltete, bei dem unter anderem eine kleine Festung in die Luft gejagt werden sollte, gab es für die nach Tausenden zählende Besucherschar natürlich nur unzureichende Übernachtungsmöglichkeiten in ein paar Dutzend Bauernhäusern. Casanova reiste mit seiner Dormeuse an, Zaire natürlich an seiner Seite, und ist damit einer der ersten Campeurs der Weltgeschichte und all jenen zum Vorbild geworden, die es bei heutigen Flugschauen oder am Hokkenheimring ähnlich halten.

Der für jene Zeiten beinahe sensationelle, auf jeden Fall aber ingeniöse und bequeme Langstrecken-Wagen spielte eine beherrschende Rolle beim Abschied von Petersburg und von Zaire. Zar Paul III. hatte in seiner Verehrung für Friedrich den Großen und seinem Haß auf alles Französische die französischen Theatertruppen aus Petersburg verbannt, Katharina aber hatte – offensichtlich über den Baron Grimm oder andere Pariser Brieffreunde – an der Seine eine neue Truppe französischer Komödianten bestellt. Der Schauspieler und Sänger Guignard, dem der große Larousse unter seinem Theaternamen Clairval nicht weniger als zwanzig Zeilen widmet, stellte mit einer gewissen Eile eine Truppe für das ferne Rußland zusammen nach dem Motto: Hauptsache, die Damen waren hübsch und kamen aus Paris. Neben der Kurzwarenhändlerin mit dem Bühnennamen d'Anglade kam eine weitere, ebenso hübsche Dilettantin auf diese Weise nach Petersburg, die Casanova Valville nennt, die aber vermutlich Villemont hieß und nach ihrem Debüt von der Zarin ein Monatsgehalt von hundert Rubeln zugesprochen erhielt, sofern sie nie wieder in einem Petersburger Theater auftreten würde! Statt sich der Muße und ihrer Verehrer zu erfreuen, war *la gaie Villemont* (die fröhliche V.) wie ein Chronist sie nennt, todunglücklich und wollte nur zurück nach Paris, wozu sie allerdings eine ausdrückliche Erlaubnis der Zarin brauchte.

Casanova ahnte die Möglichkeit einer wochenlangen Reise im Schlafwagen, die hübsche Valville an der Seite, und legte sich ins Zeug mit Eingaben, Fürsprachen und Arrangements, die schließlich auch Erfolg hatten. Ja, die großzügige Zarin tat ein Übriges, sie ließ der unglücklichen *Soi-disant*-Actrice den Rest ihres Jahresgehalts ausbezahlen und ein reichlich bemessenes Reisegeld, denn von Sankt Petersburg nach Paris zu gelangen, das war schließlich kein Wochenendausflug. Nun mußte nur noch die Vierzehn-Tage-Frist abgewartet werden, eine jegliche Abreise sehr sinnvoll verzögernde Vorschrift: Nach der Ankündigung der Ausreise mußte der Ausländer noch zwei Wochen warten, ob nicht jemand Ansprüche gegen ihn geltend machen würde.

Das gab Casanova Zeit, für seine kleine Zaire zu sorgen, ein Zug seines Charakters, der besonders sympathisch berührt und in dem ganzen Memoirenwerk immer wieder festzustellen ist: Er sorgt für die Frauen, mit denen er zu tun gehabt hat, er macht sich nicht einfach aus dem Staub, sondern arrangiert ihnen eine neue Situation bis hin zu einer günstigen ehelichen Verbindung. Im Fall Zaires war das Problem emotionaler Natur; sie hing an ihrem ersten Geliebten, an dem Präzeptor und väterlichen Freund, an dem Mann, der ihr eine neue Welt eröffnet, eine neue Form des Daseins geschenkt hatte. Selbstbewußt erklärte sie Casanova, sie sei nun sehr viel mehr wert als jene hundert Rubel, für die der Venezianer sie einst aus ihrer Kate herausgekauft habe: Sie spreche italienisch, habe eine gute Garderobe und verstehe sich zu benehmen, ganz abgesehen davon, daß sie älter, voller und schöner geworden sei.

Das Italienische baute die Brücke zu einem angesehenen Architekten, der schon unter der Zarin Elisabeth ins Land gekommen war und für den Fürsten Rasumovsky große Bauaufträge ausgeführt hatte; er hieß Antonio Rinaldi, war höchstens sechzig Jahre alt (Casanova gibt ihm siebzig), hatte schon lange ein Auge auf Zaire und wurde ihr ein guter Herr, bei dem sie bis zu seinem Tod im Jahr 1794 blieb, also beinahe dreißig Jahre lang.

Zinovjeff hatte Casanova angeboten, gegen eine kleine Kaution eine Ausreiseerlaubnis auch für Zaire zu erlangen, so wie er schon vorher versichert hatte, angesichts der geringen Kosten einen ganzen Harem hübscher Bauernmädchen für Casanova zusammenzubringen. Dieser hatte elegant abgelehnt: Wenn ihn ein Mädchen so stark interessiere wie die schöne Zaire, brauche er keine zweite. Er hätte aber auch kaum die Mittel gehabt, eine ganze Schar von Beischläferinnen zu kleiden und zu ernähren. Von der Möglichkeit, Zaire mit in den Westen zu nehmen, machte er wohl vor allem in Hinblick auf die reizvolle neue Reisegefährtin keinen Gebrauch. Für die Valville, ihn und Zaire wäre auch eine bequeme Schlafkutsche zu eng geworden. Er sagt aber auch: »Das ist nun also die Geschichte meiner Trennung von diesem Mädchen, deretwegen ich in Sankt Petersburg ziemlich vernünftig und sparsam lebte. Sie mit mir zu nehmen, hätte aber weitreichende Folgen gehabt. Ich liebte sie, und schließlich wäre ich ihr Sklave geworden, nicht umgekehrt – eine Befürchtung, die ich freilich kaum ernst genommen hätte, wäre nicht im richtigen Augenblick die so liebenswerte Valville aufgetaucht.«

Während Zaire ihre Siebensachen packte, weinte einmal sie, dann wieder er, mitunter lachten auch beide und schieden unter vielen Küssen erst, als Casanova sie zu Hause abgeliefert hatte, wo die ganze Familie auf dem Boden der Kate niederkniete und dem Venezianer dankte wie einem göttlichen Wesen. Casanova stellte bei dieser Gelegenheit fest, daß Zaire in diese Umgebung nicht mehr hineinpasse und daß er sie sich nicht mehr auf der Strohschütte vorstellen könne, auf der die ganze Familie nebeneinander schlief.

Casanova hat dies alles dreißig Jahre nach den Ereignissen niedergeschrieben und weist dabei wiederholt darauf hin, daß Rußland längst nicht mehr so billig sei wie zur Zeit seines Aufenthaltes in Sankt Petersburg. Das Bild aber, das er nach einem Aufenthalt von etwa acht Monaten vom Zarenreich unter Katharina II. gibt, hat seinen Wert behalten und ist im gleichen hohen Grad zutreffend wie seine Berichte aus dem England Georgs III. In beiden

Fällen beherrschte Casanova die Landessprache nicht, kam in Petersburg aber mit Französisch ziemlich weit, weil Hof und Adel diese Sprache liebten, mit der sich die Briten damals wie heute aussichtslos herumschlagen. Neben dem Porträt aus der Hofgesellschaft vermittelt uns Casanova die Bekanntschaft mit einem frühen Typus des russischen Dandys in der Gestalt des Stepan Stepanowitsch Zinovjeff (1740–1794), eines jungen Offiziers, dem die Verwandtschaft mit der Verschwörerclique von 1762 die diplomatische Laufbahn öffnen wird: Schon mit dreiunddreißig Jahren erscheint er als russischer Botschafter in Spanien. »Das typisch dandyhafte Benehmen war in den Kreisen der russischen Stutzer schon üblich«, schreibt Lotman in seinem Buch über den russischen Adel, »lange bevor die Namen Byron und Brummel und der Begriff Dandy selbst in Rußland bekannt wurden ... Ein spezifischer Zug dandyhaften Benehmens war es auch, im Theater nicht das Geschehen auf der Bühne durch das Opernglas zu betrachten, sondern die Damen in den Logen ... Ein weiteres Merkmal des allgemeinen Dandytums war die Pose der Blasiertheit und des Überdrusses« – eine Haltung, die in der Generation nach Katharina in Zynismus und Rebellion münden wird.

Im Herbst 1765 brachen Casanova und die Valville von Petersburg zunächst in Richtung Riga auf, zu Lande und im »Schlafwagen«, der zu diesem Zweck noch mit neuen Matratzen und Decken ausgerüstet wurde. Die Valville trug es mit Humor, und Casanova konnte es nur recht sein: Man reise praktisch in einem riesigen und wohlabgeschirmten Bett. Ein armenischer Kaufmann war auf dem Bock mit von der Partie, denn wer reise in jenen Zeiten schon gerne allein; er kochte nicht nur ausgezeichnet, sondern hatte Casanova auch noch hundert Dukaten vorgestreckt, eine Konstellation, auf die wohl nur ein Lebenskünstler wie Giacomo Casanova treffen konnte.

Als Casanova in Riga den sonst dort residierenden Sohn des Prinzen Biron von Kurland nicht antraf und ohne Aufbesserung der Reisekasse weiterfahren mußte, bot die Valville ihm nicht nur

Geld, sondern auch ihren Schmuck an, ein Zeichen, daß die beiden einander inzwischen ausgezeichnet verstanden und daß sie jedenfalls eher als Dame denn als leichtes Frauenzimmer anzusehen ist. Der Regen hatte die Wege aufgeweicht, der schwere Wagen kam nur langsam voran und erreichte Riga erst nach acht Reisetagen; vier weitere waren nötig, um von Riga nach Königsberg zu gelangen, Zeiten, die uns unter den angegebenen Verhältnissen nicht allzulang erscheinen. In Königsberg mußte die heitere Gemeinschaft mit der Valville aufgegeben werden: Sie hatte – wie sagt Casanova nicht – erfahren, daß sie in Berlin Aussichten auf ein Engagement habe. Sie übernahm den armenischen Kaufmann, einen offenbar gewandten und verläßlichen Mann, als Reisemarschall in ihre Dienste und beglich die hundert Dukaten, die Casanova ihm schuldete. Der Venezianer aber nahm diesen zweiten Abschied binnen kurzem nur mit schlechtester Laune hin: Er verkaufte seinen Schlafwagen, der ihm so angenehme Stunden ermöglicht hatte, und stieg als schlichter Postpassagier zu drei Polen in die Kutsche, die außer ihrer Landessprache nur Deutsch konnten, vermutlich also jüdische Kaufleute waren; ein Casanova, der sechs Tage lang mit niemandem reden kann, das ist eine Verschwendung der Natur. Ohne Anregung, ohne Publikum, seinen schönen Freundinnen nachtrauernd, langte er nach sechs Tagen, am 10. Oktober 1765 in Warschau an und bezog im Hotel de Villiers Quartier.

Das Duell mit Branicki

Neben der Flucht aus den Kerkern unter den Blei-
dächern des Dogenpalastes ist das Duell mit dem polnischen Grafen
Branicki die bekannteste Episode aus dem Leben des venezianischen
Abenteurers und durch zeitgenössische Zeitungsberichte vielfach belegt.
In den Memoiren befleißigt sich Casanova darum gerade in diesem
(aber nicht nur in diesem) Fall einer beinahe dokumentarischen
Darstellung, zitiert wörtlich die vor der Affäre geschriebenen und
empfangenen Briefe seines Duellgegners und ist in seiner absoluten
Glaubwürdigkeit auch durch andere zeitgenössische Berichte be-
stätigt; denn man konnte in jenem Frühjahr 1766 nicht in Polen
weilen, ohne von dieser Angelegenheit gehört zu haben.

Dabei war der Beginn der Warschauer Monate für Casanova
durchaus angenehm, trotz anhaltender Geldknappheit. Er hatte
einen Weg gefunden, sich monatlich Subsidien aus Venedig ausbezahlen zu lassen, zog vermutlich nach wenigen Tagen von dem
Hotel in eine Etagenwohnung und begnügte sich – nach den Sitten
der Zeit kaum zu unterbieten – mit zwei Dienern und einem Wagen. Er hatte auf einem Gut bei Riga die Frau des Tänzers Campioni angetroffen, die ihm einen Brief an ihren Gemahl mitgab, der
in Warschau als Tanzlehrer recht gut lebte, aber keine Miene
machte, sie nachkommen zu lassen. Immerhin aber nahm er sich
Casanovas an, den er von früher kannte, und führte ihn in die besonderen Verhältnisse ein. Was beinahe noch mehr half, waren
ausgezeichnete Empfehlungsbriefe aus Sankt Petersburg, die Casanova – der in Warschau unter seinem richtigen Namen auftrat –
den Weg zu den ersten Familien der Hauptstadt und schließlich
auch zum König öffnete, das war der unter dem Druck starker
russischer Truppen gewählte Stanislaus Poniatowski, ein früherer

Günstling Katharina II. Der schöne und gebildete Mann unterhielt sich gern mit Casanova, vorwiegend über Horaz, was mit heutigen Potentaten nicht mehr so einfach sein dürfte. Ein anderer einfluß-reicher Pole spielte mit Casanova als Partner regelmäßig Tresette (ein Kartenspiel, in dem es auf drei Siebener ankam). Alles hätte also friedvoll verlaufen, ja auf eine Anstellung Casanovas bei Hofe hinführen müssen, wäre nicht wieder eine jener italienischen Ko-mödiantentruppen mit hübschen Schauspielerinnen und Tänzerin-nen aufgetaucht, die auf der Durchreise von Wien nach Sankt Pe-tersburg in Warschau Station machte und das großzügige Angebot erhielt, gegen tausend Golddukaten eine längere Pause an der Weichsel einzulegen. Casanova selbst überbrachte Anna Binetti die gute Nachricht, die er an der königlichen Tafel früher erfahren hatte als andere; sie umarmte ihn und schätzte sich glücklich, einen alten und vertrauten Freund in dieser fremden Stadt zu wissen.

Casanaova aber durfte seine Sympathien für sie nicht offen zei-gen, denn die Primadonna der Warschauer Oper und ihres Balletts war Caterina Catai, etwa zehn Jahre jünger als die Binetti und die *maîtresse en titre* des Königs Stanislaus II. August, die verehrte Schönheitsgöttin für die ganze russische Partei, wobei es keine Rolle spielte, daß sie – wie Casanova es sagt – keinen Schritt richtig zu setzen wußte. Die Binetti wurde sogleich zur Favoritin der Po-len, das Parkett des Theaters teilte sich in zwei Parteien, von denen die eine nur der Catai Beifall spendete, die andere nur der Binetti, Verhältnisse, die schon im alten Byzanz, aber auch noch im Spa-nien des achtzehnten Jahrhunderts zu Scharmützeln und Straßen-kämpfen geführt haben.

Casanova hatte bei seinem Geldmangel gar keine andere Wahl, als die Einladungen an die Tafel des Königs oder zu den Fürsten Czartorisky anzunehmen, dort zu verkehren und die Vormittage in der berühmten Zaluski-Bibliothek zu verbringen, eine Situation, die er der Binetti nur andeutungsweise schildern und offenbar nicht verständlich machen konnte. Nichts verletzt so tief wie die Untreue eines alten Freundes, auch wußten die Binetti und Casanova so viel voneinander, daß auf ihrer Seite uralte Ranküne ins Spiel gekommen sein mag. Casanova irrt sich wohl nicht mit der Vermutung, daß sie es war, die den eben erst zum Grafen gemachten, aus kleinem(?) polnischen Adel stammenden Heißsporn Branicki gegen den Venezianer aufbrachte, der ja ein ziemlich auffälliges Leben in Warschau führte, überall eingeladen war und sichtlich die Gunst jenes Königs genoß, den man den Polen aufgezwungen hatte. Es sind also viele Deutungen möglich, auch die, daß man Stanislaus II. Poniatowski in der Person seines neuen Gesellschafters treffen wollte oder überhaupt die alte vornehme Intelligenz, wie sie durch das Haus Csartorisky repräsentiert war.

Zum Eklat kam es, wie sollte es anders sein, in der Enge der Theaterlogen und Logengänge, wo Casanova nicht einmal eine Chance gehabt hätte, den Degen zu ziehen: Die Suite Branickis hätte ihn umringt und niedergestochen. Carlo Tomatis, der Gemahl der Tänzerin Catai, war zwar als Zeuge anwesend, hatte aber als Theaterunternehmer und da er das Verhältnis seiner Frau zum König duldete, keine Position. Ein Skandal mit dem Abbruch des Gastspiels seiner Truppe hätte ihn 40 000 Dukaten gekostet, das heißt ruiniert. Casanova war völlig auf sich selbst gestellt, als Branicki ihn vor Zeugen einen Feigling nannte und ihm noch das Schimpfwort *poltron* nachrief, was soviel wie Hasenfuß bedeutet. Casanova wandte sich um und sagte – in den Memoiren nur in indirekter Rede wiedergegeben –, daß ein venezianischer Feigling sehr wohl imstande sei, einen tapferen Polen zu töten. Damit war der Zweikampf beschlossene Sache. Dabei werden Menschen, wie wir in Schopenhauers *Aphorismen zur Lebensweisheit* lesen können, »wider Willen zum tödtlichen Kampf aufeinander gehetzt, durch den lächerlichen Aberglauben an das absurde Princip der ritterlichen Ehre und durch dessen bornierte Vertreter und Verwalter, welche ihnen die Verpflichtung auferlegen, wegen irgendeiner Lumperei wie Gladiatoren miteinander zu kämpfen.«

So einig sich die klaren Geister des Jahrhunderts und übrigens auch die Freimaurer in der Verurteilung des Duells sind, so interessant ist doch, was sich nun, nach der Beleidigung und der am nächsten Morgen überbrachten Forderung begibt, nach einem Ritual, das offensichtlich der ganzen europäischen Gesellschaft bekannt war, ein spezifisches russisches Duell-Ritual gab es (nach Lotman) nicht. Der venezianische Feigling war nun, da er sich dem Zweikampf stellte, auf einmal ebenbürtig und aller Ehren wert, Branicki überließ ihm sogar zunächst die Wahl der Waffen, erinnerte sich dann aber an den Meisterfechter d'Aragon und erklärte es als seinen Grundsatz, mit Unbekannten nur Pistolenduelle auszutragen. (Man konnte nämlich, gegen viel Geld, von den italienischen Fechtmeistern gewisse Finten und geheime Stöße kaufen, die gegenüber einem nur militärisch trainierten Fechter Überlegenheit garantierten.)

Da Casanova keine Begleitung aufbieten konnte, die der des Grafen ebenbürtig gewesen wäre und das Erscheinen mit Bedienten den Gegner beleidigt hätte, kam er allein und vertraute sich dem Unparteiischen an, einem Generalleutnant Csapski. Dieser wies zunächst darauf hin, daß man sich im Vorort Vola noch auf Gemeindegebiet von Warschau befinde, wo Zweikämpfe verboten seien, drang bei Branicki damit aber nicht durch, der befürchtete, der König werde bei langem Zögern durch seine Polizei das Duell verhindern. Casanova scheint in diesem Augenblick ruhiger gewesen zu sein als sein jüngerer Gegner; er hatte seine Papiere geordnet und dem verläßlichen Tanzmeister Campioni übergeben und geriet erst in Rage, als Branicki wieder eine beleidigende Äußerung machte: Casanova könne sich darauf verlassen, daß seine Duellpistole in einwandfreiem Zustand sei. »Davon werde ich mich ja gleich überzeugen können«, antwortete Casanova, »wenn ich auf Ihren Kopf abdrücke.«

Branicki wurde blaß, riß sich das Hemd auf, um zu zeigen, daß er keinen Panzer trage, und warf den Degen weg; Casanova mußte dasselbe tun und war damit völlig wehrlos inmitten einer bis an die Zähne bewaffneten Suite seines Gegners. Beide nahmen Aufstellung, offenbar mit der schmalen Körperseite zum Gegner, und schossen gleichzeitig, denn alle Zeugen hörten nur einen Schuß. Branicki fiel, Casanova fühlte aus seiner linken Hand Blut in den Ärmel laufen. Da er der Nächste an Branicki war, eilte er auf ihn zu, um ihm zu helfen, sah sich aber plötzlich drei Paladinen des Grafen gegenüber, die ihre Säbel gezogen hatten. Branicki aber rief, obwohl schwer verwundet: *Canaille, respectez cet honnête homme* – ihr Lumpen, verschont diesen Ehrenmann. Es wurde also auch in dieser Situation französisch gesprochen. Dann nestelte Branicki trotz seiner Schmerzen seinen wohlgefüllten Dukatenbeutel vom Gürtel, wollte ihn Casanova geben und riet ihm zu sofortiger Flucht.

Casanova und der Generalleutnant hoben den Schwerverletzten auf und führten ihn gestützt in eine nur hundert Schritt entfernte Wirtschaft, wo man ihn in einen Fauteuil legen konnte. Er hatte auf diesem kurzen Weg sich weniger für die eigene Verwundung interessiert als für das Blut, das ziemlich reichlich aus Casanovas Ärmel floß. Es ergab sich, daß Branicki einen Bauchschuß hatte, doch war die Kugel, da er seitlich gewendet geschossen hatte, in die Bauchdecke ein- und wieder ausgetreten; falls sie auf diesem Weg keine inneren Organe verletzt haben sollte, nur eine Fleischwunde.

Ohne Waffen, ohne eigenen Wagen, ohne Schutz durch eigene Leute war Casanova, der die Gegend nicht kannte, in einer verzweifelten Lage. Ein Panjewagen zockelte heran, Casanova zückte einen Dukaten und sagte »Warszawa!«, der Bauer deckte mit dem sechsten Sinn der kleinen Leute eine große Plane über den Verletzten und brachte Casanova in das Kloster der Franziskaner, wo dieser allerdings den Pater Guardian niederschlagen mußte, um eintreten zu können und Asyl zu erhalten. (Nach dem Bericht, den der Abbé Taruffi, damals Sekretär des päpstlichen Nuntius in Warschau, von den Vorgängen gibt, hatte Branicki selbst Casanova diese Zufluchtsstätte genannt).

Als sich die ersten vornehmen Besucher einstellten, begriffen die Mönche, wer sich ihrer Obhut anvertraut hatte. Casanova bekam zwei gute Zimmer zugewiesen, die Herren und Damen der Warschauer Gesellschaft kamen nicht mit leeren Händen, und wenn er alle Geldbeträge genommen hätte, die man ihm brachte (wohl um ihm den Aufbruch zu erleichtern), hätte er mühelos seine Schulden begleichen und mit einem ausreichenden Reisekapital nach Westen gelangen können. Denn es war klar, daß der König den Kordon von zweihundert Soldaten rund um das Kloster nicht lange aufrechterhalten würde und daß Casanova das Kloster nach seiner Genesung würde verlassen müssen.

Gefährlicher als die Ulanen Branickis, die um das Kloster herumstreiften, waren die polnischen Ärzte, die Casanova unbedingt zunächst die verwundete Linke, tags darauf aber schon den ganzen Arm abnehmen wollten, weil sie Wundbrand vermuteten. Casanova tat, was sein Freund de Ligne Jahrzehnte später im gleichen Fall tun wird: Er ließ sie einfach nicht mehr in sein Krankenzimmer, sondern schickte nach einem französischen Arzt. Der Arm blieb aber eineinhalb Jahre lang insofern geschädigt, als die Hand stets anschwoll, wenn sie herabhing, weswegen Casanova (was viele als Hypochondrie auslegten) den Arm so lange in einer Schlinge tragen mußte.

Auch die Sprachregelung funktionierte: Der Zweikampf innerhalb des Gemeindegebietes durfte kein geplantes Duell sein, das hätte schwere Strafen nach sich gezogen. Deswegen erhielten die Zeitungen die Mitteilung, daß es sich um eine Zufallsbegegnung gehandelt habe. Das las sich in der *Vossischen Zeitung* vom 13. März 1766 (auszugsweise) so:

»Mittwochs, am 4. dieses Monats, da der Kronuntertruchseß, Herr Branicki, nebst dem Herrn General Csapski nach Wola ausgefahren, in der Absicht, um daselbst Pistolen zu probiren ... und daselbst im Garten einen gewissen venetianischen Edelmann namens Casanova traf, und weil er sonsten schon auf den Herrn Kronuntertruchseß eine Art von Feindschaft geworfen, so kam es zwischen ihnen zu einem hitzigen Wortwechsel« und so weiter, ein schönes Beispiel für Nachrichtenmanipulation im achtzehnten Jahrhundert. Indessen hatte sich glücklicherweise herausgestellt, daß Branicki, offenbar nicht ganz schlank, nur eine Fleischwunde erlitten hatte, die allerdings durch das Werg, mit dem damals noch geladen wurde, nicht durch das heiße Geschoß selbst infiziert war.

Branicki sandte jeden Tag ins Kloster, um sich nach dem Befinden seines Gegners zu erkundigen, Casanova machte, als er das Kloster verlassen konnte, sogleich einen Krankenbesuch bei Branicki und wurde freundschaftlich aufgenommen, nur Branickis Schwester machte ihm Vorwürfe, daß er einen Kopfschuß und damit den Tod ihres Bruders beabsichtigt habe. Casanova aber verteidigte sich damit, daß Duellpistolen (die ja keine gezogenen Läufe haben) genaues Zielen auf den Kopf ziemlich aussichtslos machen, er habe bewußt auf die Leibesmitte angehalten, ein etwas makabrer Dialog, der aber in diesem Stadium keinen Schaden mehr stiftete. Vorher hatte Casanova eine kurze Audienz beim König mit einem abgesprochenen Dialog vor Zeugen: Seine Majestät erkundigte sich, warum der Chevalier den Arm in der Schlinge trage, und als Casanova erklärte, dies sei ein rheumatischer Anfall, sagte Stanislaus nicht sehr geistesgegenwärtig: Trachten Sie, Monsieur, daß es bei diesem einen bleibt ...

Branicki erhielt eine neue Würde: Er wurde Oberjägermeister, woran das beste war, daß sich damit hohe Einkünfte verbanden. Im übrigen vermag ich Hübschers Bemerkung, Branicki stamme aus dem Kleinadel, nicht so recht zu glauben, denn seine Schwester hatte in die Familie Sapieha eingeheiratet, ein litauisches Bojarengeschlecht, das in Polen zu fürstlichen Würden aufstieg. Auch Branickis Auftreten in Warschau, sein großer Anhang und die sichtliche Auszeichnung, mit der König Stanislaus ihn behandelte, lassen sich nur durch eine starke Position im polnischen Adel erklären.

Es war üblich, nach Affären dieser Art von der Bildfläche zu verschwinden, und so hielt es Casanova auch für einen guten Rat, als Freunde ihm eine kleine Reise durch Polen nahelegten. Sie wurde kein Erfolg, denn außerhalb Warschaus war es mit den Sprachen noch schwerer als in der Metropole, und als Casanova in Lemberg von der reichen Frau eines Kastellans empfangen und reichlich bewirtet wurde, weil sie den Grafen Branicki haßte, war die

Unterhaltung mit der nur polnisch und deutsch sprechenden Dame
äußerst mühsam. Beeindruckend ist wieder die Geschwindigkeit,
mit der Casanova reiste; zieht man seinen Aufenthalt bei einem
befreundeten Grafen in der Festung Zamosc ab, so legte er den
Weg von Warschau nach Lemberg in nur vier Tagen zurück.

Auch die Mädchen kehrten nach langer Enthaltsamkeit wieder
an seine Seite zurück: In den sonst nicht sonderlich erfreulichen
Tagen in der Stadt Lemberg machte Casanova die Bekanntschaft
einer schönen jungen Polin, die von seinen Händen dann in jene
eines Grafen Potocki überging, der Starost von Sniatin war und die
junge Schönheit sogar heiratete. (Anders als wir es aus dem *Bettel-
student* kennen, fand Casanova die Polinnen nur ausnahmsweise
hübsch; jene aber, die man Schönheiten nennen könne, seien wahre
Wunderwerke der Natur.) Da die Familie Potocki in sieben Linien
blüht, ließ sich nicht herausfinden, ob jene Gräfin Potocka, die etwa
um 1745 geboren sein muß, mit dem verehrungswürdigen Jan Potocki etwas zu tun hat, dem wir die *Handschrift von Saragossa* verdanken. (Er wurde erst 1761 geboren, und seine Gemahlin stammte
aus dem Haus Lubomirski.)

So sorgfältig der Hof zu Warschau auch mit den Nachrichten
über das Duell umgegangen war, man hatte nicht verhindern können, daß aus dem Kreis um die Binetti, in dem man Casanovas
Lebensweg kannte, ein Bericht an eine Kölner Zeitung geschickt
wurde, ein Schachzug, der viel Raffinement verrät, denn so nahe an
Paris mußte man schließlich einiges von dem Herrn wissen, der
sich in Warschau so weit vorgewagt hatte.

Das Kölner Blatt behauptete, Casanova habe in Paris in die
Kasse der Lotterie gegriffen und sei in Abwesenheit zum Galgen
verurteilt worden, außerdem habe er vorher als Wanderschauspie-
ler in einer italienischen Truppe gearbeitet. Da man wegen der
alten sächsisch-polnischen Beziehungen wissen konnte, daß Casanovas Mutter seit Jahren in Dresden auf der Bühne stand, hatten
diese Gerüchte an Wahrscheinlichkeit gewonnen. Der König richtete, auch in kleinen Gesellschaften, nicht mehr das Wort an Casa-

nova und ließ ihm mitteilen, es sei wünschenswert, daß er Warschau so bald wie möglich verlasse.

Das aber war schwierig, denn Casanova hatte Schulden; als Stanislaus II. August dies erfuhr, entschuldigte er sich in einem Briefchen bei dem Venezianer und sandte tausend Dukaten zur Begleichung dieser Forderungen, und diesmal nahm Casanova das Geld an. Abzüglich der zweihundert Dukaten, die er schuldete, blieb ihm nun einiges an Reisegeld; ein Freund schenkte ihm eine Kutsche, ein Herr aus böhmischem Adel verstärkte mit seinem Wagen den Konvoi: Er hieß Clary, ähnlich wie die Potocki ein großer Name und eine Familie, der Mitteleuropas Geistesleben viel verdankt. Dieser mit Casanova reisende Clary freilich war, wenn man Giacomo glauben will, ein schwarzes Schaf, nur an leichten Mädchen und am Spiel interessiert, und sei ein paar Jahre darauf in Venedig im Elend gestorben. Man hat herausgefunden, daß dieser Graf Clary-Aldringen einer von acht Brüdern war, die zum Teil hohe kirchliche Positionen in Olmütz und Brixen innehatten; acht gleichermaßen brave Grafen, das war für jenes Jahrhundert eben zuviel.

Wien – Stadt seines Schicksals

Da Casanovas Memoiren vierundzwanzig Jahre vor seinem Tod schließen, läßt sich nicht mit absoluter Sicherheit sagen, ob er fünf- oder sechsmal in Wien war, der Hauptstadt des Habsburgerreiches, die immer mehr Bedeutung in seinem Leben gewann, je älter er wurde, und von der aus schließlich auch sein heimatliches Venedig regiert wurde, eine Tatsache, mit der er sich in den letzten acht Monaten seines Lebens noch abfinden mußte.

Ein erster Aufenthalt in Wien im Jahr 1753 verlief in tiefster Banalität, das heißt, es begab sich alles, was in seinem Leben immer wiederkehrt – Spiel, Schulden, Frauen, Querelen – aber absolut nichts, was darüber hinausging. Wenn Gustav Gugitz, der Casanovas Erinnerungen nur als Lebens*roman* gelten läßt, uns akribisch nachweist, daß Casanova nicht 1753, sondern 1754 in Wien gewesen sei, so ist dies wegen der Belanglosigkeit der Wiener Ereignisse ebenfalls ohne Bedeutung. Zu erwähnen ist aus jener Zeit immerhin, daß zum gleichen Zeitpunkt auch der Tänzer und spätere Tanzlehrer Campioni in Wien weilte, ein Mann, der Casanova auch in den gefährlichsten Phasen seines Warschauer Aufenthaltes die Treue hielt. Und daß Casanova schon damals einen Empfehlungsbrief an Metastasio hatte, »eine kleine Gottheit«, wie Gugitz sagt, ein vielseitiger Künstler und Librettist und vielleicht der heimliche Gemahl jener Gräfin Althann, die als Geliebte Kaiser Karls VI. die Kunst in Wien verschiedentlich fördern konnte. Es spricht für Casanova und ist sehr bezeichnend für ihn, daß er vor allen anderen Relationen in der großen italienischen Kolonie in Wien den Dichter Metastasio (1698–1782) besuchte. Er wohnte dann bei Campioni und spielte vorsichtig nur in Adelskreisen, so daß er mit Maria Theresia trotz deren wiederholt bekundeter Abneigung gegen die Aventuriers keine Probleme bekam. »Alle Fremde, die also herumreysen und nicht bekannt von Familien seyn, sind gemeiniglich Abenturiers und sehe niemahls gern, daß man selbe so distinguiere« und ein paar Jahre später befahl sie, »all solche Aventuriers abzuweisen, gahr nicht zu gestatten, daß solche Charlattaneries producieren.« Noch schlimmer verfuhr sie – auch als ihr Sohn schon Kaiser war und sie keinen galanten Gemahl vor Versuchungen zu schützen hatte – mit den reisenden Schauspielerinnen, was den Theaterbetrieb empfindlich erschwerte, gehörten doch die Schönheiten aus dem Süden zu den eigentlichen Attraktionen der Theatertruppen. Selbst ihrem verdienten und mächtigen Staatskanzler Kaunitz sah sie seine verschiedenen Amouren nur höchst widerwillig nach.

Beim zweiten Wiener Aufenthalt, als Casanova über Dresden aus Warschau kommend anreiste, war ihm die Kunde von dem Duell mit Branicki vorausgeeilt und mit allen Weiterungen im *Wienerischen Diarium* berichtet worden, wobei es allerdings die eine oder andere Verwechslung gab. Daß er am 23. Dezember 1766 aber in Wien eintraf und in einem vornehmen Hotel in der heutigen Seilergasse Wohnung nahm, steht fest (das erste Mal hatte er natürlich ebenfalls im Zentrum gewohnt, und zwar am Hohen Markt) – auch wenn es mit dem Inhalt von Casanovas Börse nicht zum besten stand, er gab es nie billiger. Daß es sich um ein vornehmes Haus handelte, geht auch daraus hervor, daß schon am nächsten Tag die Sittenschnüffler der Kaiserin auftauchten, Casanova und seine Begleiterin, eine angebliche Madame Blasin, ins Gebet nahmen und verlangten, daß der Wirt ihnen statt der nebeneinander liegenden Zimmer andere, voneinander entfernte anweise! Gemeinsame Mahlzeiten wurden den beiden, obwohl unverheiratet, gestattet. Die Blasin wurde dann aufgefordert, Wien binnen vierundzwanzig Stunden zu verlassen – wogegen die Dame freilich bei ihrem Gesandten, einem Marquis de Durfort, Protest einlegte. Die beiden Wiener Beamten waren soweit gegangen, die Zimmer zu durchsuchen und konnten dabei natürlich leicht feststellen, daß Casanova sein Bett nicht benützt habe.

Einigermaßen gereizt und von der Brutalität dieser Maßnahmen trotz ihm bekannter Gerüchte überrascht, ließ Casanova die Blasin am 30.12. abreisen, da sie ihm unter solchen Verhältnissen nur hinderlich, ja gefährlich sein konnte, und nahm sich ein Privatquartier in der berechtigten Annahme, daß diese nicht so lükkenlos überwacht würden wie die Hotels. Aber die schlechte Stimmung machte ihn auch abenteuerlustig, und so ging er in eine, allerdings raffiniert gebaute, das heißt ganz speziell auf ihn zugeschnittene Falle, die ein alter Feind namens Pocchini aufgestellt hatte – jener Pocchini, der schon dem jungen Casanova auf der Seereise nach Konstantinopel als Verbannter aufgefallen war, also ein Wiederholungstäter, wie sie uns in den Memoiren in großer Zahl begegnen. Pocchini schickte echte oder angebliche Töchter als Lockvögel für seinen privaten Spielsalon aus, und da er Casanovas unselige Neigung zu sehr jungen Mädchen kannte, hatte er seine angebliche Tochter, ein lateinisch plapperndes Wunderkind, zu einer für Casanova unwiderstehlichen Versuchung aufgerüstet.

Als die Kleine ihm einen Zettel mit einer Adresse in die Hand drückte, war es um Casanova schon geschehen, er folgte Adelaide (die ihre lateinischen Rezitationen in anderem Rahmen auch durchaus seriös vorgetragen hatte) in die Wohnung Pocchinis, wo Casanova nach seinen eigenen Worten von zwei Slawoniern bedroht und seiner Barschaft beraubt wurde. Gugitz, der den Venezianer nicht leiden kann, vermutet hingegen, es sei gespielt, und zwar falsch gespielt worden, wobei Casanova einen Großteil seines Geldes verlor, was freilich auf dasselbe hinausläuft.

Um einer Anzeige Casanovas zuvorzukommen, deponierte Pocchini eilends einen Bericht, nach dem Casanova, ein berüchtigter Falschspieler, den Versuch gemacht habe, ihn, den Ehrenmann Pocchini, übers Ohr zu hauen. Der gefürchtete, persönlich ehrliche, aber sehr summarisch verfahrende Statthalter Graf Schrattenbach, trat gar nicht erst in lange Untersuchungen ein, sondern ließ Casanova die Ausweisungs-Ordre überreichen: »Man weiß hier über Sie

Bescheid!«; nicht einmal in Linz oder sonstwo in Oberösterreich dürfe er sich aufhalten …

Obwohl Schrattenbach, im französischen Original Schrotemback genannt, zweifellos wenig Humor hatte und Casanova für ihn wohl nur ein Routinefall war, herrschte vor allem dank Kaunitz und auch mit Rücksicht auf die Ausschweifungen Josefs II. in manchen Adelskreisen Wiens gelegentlich eine Stimmung heiterer Toleranz, vermochte doch niemand die Keuschheitskommission ganz ernst zu nehmen. Wer immer Casanova den Rat gab, sich unmittelbar an Kaunitz zu wenden, brauchte nicht viel zu sagen: Um Einfälle für Eingaben, Proteste und kalligraphierte Großsprecherei war Casanova nie verlegen, und so schrieb er denn eine submisseste Bitte an Maria Theresia, die Graf Vitzthum, sächsischer Geschäftsträger in Wien und in gewissem Sinn Schutzherr der Familie der Hofschauspielerin Zanetta, für Casanova dem Staatskanzler überreichte. Es waren nur wenige Zeilen, aber sie hatten alles, was Kaunitz schätzte: Höflichkeit, Humor, eine Spitze gegen Schrattenbach und eine zweite gegen die rigorose Ausweisungsmaschinerie in Wien, die so manches reizvolle Gastspiel fremder Truppen in Wien brüsk abgekürzt hatte.

Vitzthum aber hatte, wie Gugitz feststellen konnte, noch eine eigene Rechnung mit den österreichischen Behörden, denn sie hatten, als er nach Wien einreiste, um seinen Posten anzutreten, sein Diplomatengepäck durchsucht und Bücher beanstandet, die sich in seinem Privatbesitz befanden. (»Dem Vicedomb habe schändliche Bücher abgeschröckt«, nannte Maria Theresia dies in einem Gespräch mit Kaunitz.) Unter diesen schändlichen Büchern waren auch die berühmten *Lettres Persanes* des großen Montesquieu, die Sittenschilderungen aus dem Niedergang des Absolutismus enthalten, aber auch das Papsttum und den Zölibat angreifen. Der Graf aus Dresden ergriff also gerne die Gelegenheit, den von seiner Heimatstadt im Stich gelassenen Casanova gegen die österreichischen Behörden zu unterstützen, aber auch andere Herren aus dem Wiener diplomatischen Korps erbaten sich das Schreiben, von dem sich darum ein Exemplar sogar später bei den Papieren des venezianischen Senats fand.

In dieser Atmosphäre kam auch der gefährlichste Vorwurf Pocchinis nicht zum Tragen, die Behauptung, Casanova habe Pocchinis minderjährige Tochter zu sodomisieren versucht. Erstens wäre der Vorgang vor allem auf Pocchini selbst zurückgefallen, von dem ja bekannt war, daß er mit dem hübschen Kind und seiner Frühreife Geschäfte machte. Vor allem aber hatte Kaunitz mindestens zwei jener Actricen persönlich kennengelernt, die ihm von dem Frauenhelden aus Venedig alles mögliche erzählt haben mochten, nur nicht, daß er, der Frauen zu genießen verstand wie wenige andere, zu solchen Praktiken seine Zuflucht nehmen müsse, um zu seinem Vergnügen zu gelangen.

Was freilich auch die geistvollste Denkschrift nicht wieder heranschaffen konnte, das war das verlorene Geld. Soweit es nicht in die Taschen Pocchinis und seiner Kumpane gewandert war, beschlagnahmte es Schrattenbach wegen verbotenen Glücksspiels. Als Pocchinis so vielfältig und verbrecherisch ausgenütztes Kind wenig später starb, wurde ihr Alter mit noch nicht einmal zehn Jahren angegeben; Casanova gegenüber hatte sie wie zwölf oder dreizehn gewirkt. Adelaide war vielleicht tatsächlich eine Tochter Pocchinis, wenn auch unehelich, und erhielt nach ihrem Tod eine Nachfolgerin gleichen Namens. Außerdem war Pocchini, Abenteurer aus vornehmer Familie, mindestens zweimal verheiratet, was ihn nicht hinderte, mit Gelegenheitsfreundinnen kreuz und quer durch Europa zu reisen. Obwohl schon 1741, im Alter von fünfunddreißig Jahren, zum erstenmal verhaftet und auf die Insel Cerigo (Kythera) deportiert, blieb er bei seinem unsteten und skandalösen Leben mit Aufenthalten in verschiedenen italienischen Städten, in London und Paris, und starb erst 1783, also beinahe achtzig Jahre alt. Zum Unterschied von Ange Goudar oder Casanova selbst war er aber nicht literarisch tätig und hinterließ keine Lebenszeugnisse als verschiedene Gerichtsakten, auf Grund deren man seinen Lebensweg nachzeichnen konnte.

Die Aufmerksamkeit von Korrespondenten und Chronisten erregte Pocchini, gelegentlich als Graf bezeichnet, in seinen letzten Lebensjahren nur noch dann, wenn er bei der Wahl seiner Ausbeutungsobjekte eine besonders glückliche Hand gehabt hatte. So etwa 1780, also wenige Jahre vor seinem Tod, als er eine junge und hübsche Sängerin für seine Tochter ausgab, die in Triest und Wien mit ihrer Erscheinung und ihrer Stimme Furore machte. Ein Graf Zinzendorf, damals Gouverneur von Triest, führte ein Tagebuch, von dem Gugitz zweifellos mit Recht behauptet, es sei als Sammelplatz seltsamer Menschen kaum minder ergiebig als die Memoiren Casanovas. Darin heißt es von Pocchini: »Er ist ein wenig geschwätzig ... das Mädchen ist reizend, groß, wohlgebaut, gut erzogen, um die Augen freilich ein wenig verlebt.« In einem anderen Zusammenhang lesen wir »le papa Pocchini bavarda impitoyable«, also: schwätzte unbarmherzig. Daß die Suada, die sie ja alle zur Verfügung hatten, immer noch hinreichte, um junge Mädchen einzufangen und sich dienstbar zu machen, ist eines jener bis heute ungelösten Rätsel im Erscheinungsbild dieser zwielichtigen Kavaliere. (Zinzendorf, der auch wiederholt von Maria Theresia empfangen wurde und in ihrer Korrespondenz vorkommt, war einer der besten Köpfe in der höheren österreichischen Verwaltungshierarchie, doch sind seine Tagebücher, im Österreichischen Staatsarchiv verwahrt, erst teilweise publiziert.)

Eine durchaus seriöse Bekanntschaft, die Casanova in Wien erneuern konnte, war die mit Raniero di Calzabigi, dem genialen Finanzzauberer und Lotterie-Spezialisten, den Gugitz zweifellos richtig zwischen Law und Casanova ansiedelt. Ohne eine so spektakuläre, ja geradezu weltgeschichtliche Karriere gemacht zu haben wie der Schotte John Law in der französischen *Régence*, ist Calzabigi doch als Person und mit seinen Aktivitäten ungemein bezeichnend für die Ahnungslosigkeit selbst der Regierungsmilieus größerer Staaten in Dingen des Geldflusses und der Finanzwirtschaft. Andernfalls hätte er kaum in Paris, Berlin und Wien eine so große Rolle spielen können. Klüger und wohl wegen seiner langwierigen

Hautkrankheit auch im Auftreten sehr viel bescheidener als John Law, verzichtete er auf übermäßige persönliche Bereicherung, wodurch er weitgehend unangreifbar wurde und Aktienskandale wie jenen riesigen Schwindel mit französischen Louisiana-Papieren nicht vorfielen.

Maria Theresia freilich hätte sehr viel Geld brauchen können nach drei verlorenen Kriegen und nach der hart umkämpften Abtretung der reichen Provinz Schlesien. Zwar lag das große Habsburgerreich wirtschaftlich und finanziell nicht in jenem Maße darnieder wie das ausgeblutete Brandenburg-Preußen, aber der Verlust Schlesiens schmerzte, weil dort viele altösterreichische und böhmische Familien gut gearbeitet hatten und die Nachrichten von der schnellen Verarmung Schlesiens, das wirtschaftlich vollkommen nach Süden orientiert gewesen war, an der Donau tiefe Betroffenheit auslösten. Erst die nach den Teilungen Polens die Monarchie vergrößernden Gebiete im Norden und Nordosten ließen diesen Verlust einigermaßen verschmerzen.

Diese Depression, die bei Maria Theresias Entscheidungen dieser Jahre allenthalben fühlbar war, mag die Ursache gewesen sein, daß ein guter Freund Casanovas mit einer offenbar berechtigten Forderung an den österreichischen Staat nicht durchdrang: Giacomo Conte Gamba de la Perosa (französisch Perouse) erbat von der Hofkammer die Erstattung eines Betrags von 500 000 Gulden – eine ungeheure Summe –, die Kaiser Karl VI., also der Vater Maria Theresias, dem Vater des Grafen geschuldet habe. Da die Forderung, wie uns Gugitz berichtet, schon 1713 als strittig angesehen wurde, erfolgte 1768 eine endgültige Ablehnung. (Gian Giacomo Gamba, von kaiserlichen Gnaden Baron des Heiligen Römischen Reiches, hatte in den Jahren 1702–1725 als Kriegs- und Heereslieferant für das im Spanischen Erbfolgekrieg engagierte Habsburgerreich Ausrüstungen geliefert, woraus er einen unbezahlten Rest ableitete.)

Nach allem, was wir von Maria Theresia wissen, entsprangen ihre den Tendenzen und Stimmungen des Jahrhunderts entgegenstehenden Vorschriften und Entscheidungen auf dem Gebiet der öffentlichen Sittlichkeit und der inneren Hygiene des Volkslebens eher landesmütterlicher Besorgnis denn majestätischer Intoleranz. Sie nahm es auf sich, hinter vorgehaltener Hand am Hof selbst belächelt zu werden, und sie registrierte es mit trotzigem Stolz, daß ihre Ächtungen von Damen und Herren der europäischen Theaterszene und Lebewelt den Betreffenden im übrigen Europa zu einer flimmernden Aureole verhalfen. Es soll aber nicht geleugnet werden, daß einige Wiener und so manche Kreatur aus Böhmen sich der Sittenschnüffelei mit der gleichen Begeisterung widmeten wie sie im nächsten Jahrhundert über das Jahr 1848 hinaus verdächtiges Gedankengut und dessen Urheber ausspähen, aufspüren und verfolgen werden. Karl Glossy hat einen dicken Band solcher Geheimberichte gesammelt, die in ihrer akribischen Absurdität erst von Mac Carthy & Co und von den Informanten der DDR-Staatssicherheit wieder erreicht werden.

So ist es zu verstehen, daß Casanova auch in der Niederschrift der Memoiren, also dreißig Jahre nach der Begegnung mit dem Grafen Schrattenbach und seinen Schergen, das Klima der Donaustadt sehr negativ beurteilt und nach der Ankunft in der Freien Reichsstadt Augsburg hörbar aufmatmet. Er ist hier näher an Venedig, an der alten Handelsroute der Fugger hinunter zur Adria und zum *Fondaco dei Tedeschi*. Er kann seine alten Geldquellen anzapfen und wichtige Freunde besuchen, unter denen der Reichsgraf Maximilian von Lamberg für sein weiteres Leben am bedeutendsten sein wird. Nachdem Casanova sich in Linz durch einen langen und bitterbösen Brief (den bösesten, wie er sagt, den er je geschrieben hat) an den Grafen Schrattenbach seines Grolls entledigt hatte, tat ihm die Gesellschaft, die er in Augsburg vorfand, unendlich wohl. In München hatte er einen Empfehlungsbrief an Lamberg erhalten, den er allerdings bereits von früher kannte. Hinzu kamen Begegnungen und Wiederbegegnungen, die sich daraus erklären, daß die italienischen Komödianten und ihr französischer Anhang nach einem leicht durchschaubaren Fahrplan stets in Europa unterwegs waren und Casanova folglich von Campioni eingeholt werden mußte, dem er in Wien seine Wohnung mit dem Brennholz (!) überlassen hatte, oder daß Casanova auf Mitglieder der berühmten Familie Vestris treffen mußte, deren Ruhm, von der Großen Oper in Paris ausgehend, sie in ganz Europa bekanntgemacht hatte.

Lamberg (1729–1792) entstammte der steirischen Linie (Sprintzenstein) seines Geschlechts und war durch zwei Ehen mit den Trauttmannsdorff und den Dachsberg verwandt, also Familienverbänden von größter Geltung im süddeutschen und österreichischen Raum. Als Casanova ihn nicht nur aufsuchte, sondern auch zwei- bis dreimal in der Woche bei ihm eingeladen war, amtierte Lamberg als Hofmarschall, also als die weltliche Hand des Fürstbischofs von Augsburg, eines hessischen Landgrafen. Lamberg stand bei ungebrochener Religiosität der Aufklärung nahe und schrieb eine ganze Reihe aphoristisch gehaltener Briefe und Betrachtungen zeitkritischen und philosophischen Inhalts. Bald nach der Wiederbegegnung mit Casanova in Augsburg wird er, vielleicht durch den Venezianer angeregt, mit seiner Frau nach Italien reisen und sich für den korsischen Unabhängigkeitskampf des Pasquale Paoli interessieren. Er hat – wie F. W. Barthold vermutet – bei dieser Gelegenheit den kleinen Nabulione kennengelernt, jenen Sohn des Rechtsanwaltes Buonaparte, dem man damals nachsagte, einer Liebesbeziehung zwischen dem großen Paoli und Laetizia Buonaparte entsprossen zu sein, die das gefährliche Leben des Revolutionärs in den Bergen von Corte zeitweise teilte.

In einem seiner Bücher schrieb Lamberg wenige Jahre später (natürlich in französischer Sprache), er sei überrascht, daß ein hochgebildeter Mann von Welt wie Monsieur Casanova de Seingalt noch keine seiner würdige Position habe finden können; man müsse sich aber unter Freunden mit dem zufriedengeben, was der andere mitteilen wolle: »Das Geheimnis wird zu einer Vertrauens-Brücke zwischen zwei Männern, die miteinander durch die natürliche Lebensklugheit und durch Freundschaft verbunden sind.«

Lamberg ahnte also die Abgründe in der Existenz des Venezianers, und er hatte recht damit, denn Casanova verschaffte sich die Mittel, die er zur Weiterreise brauchte, nicht nur durch die gwöhnlichen Betteleien in Venedig, sondern auch auf die an sich schon überholte Tour, auf die so lange die Marquise d'Urfé hereingefallen war: Er schrieb dem Prinzen Karl von Kurland, dem Sohn des greisen Biron, in Erinnerung an die Berichte aus den kurländischen Bergwerken eine lange Anleitung zur Gewinnung des Steins der Weisen und zum Goldmachen und erbat sich für dieses Elaborat, das seltsamerweise bald die Runde in Europa machte, eine kräftige Finanzspritze. Denn die Abenteurerclique hatte kein leichtes Leben mehr, es gab zu viele »Griechen« (wie die Falschspieler genannt wurden), so daß die etwas vorsichtigeren und nicht ganz so verbrecherischen Berufsspieler immer neue Betätigungsfelder suchen mußten. Eines davon war – man würde heute sagen gleichsam als Geheimtip – der aufstrebende Badeort Spa in den österreichischen Niederlanden (heute Belgien), und Casanova brauchte Betriebskapital.

Nach den Erlebnissen von Wien, nach der Erholung in Augsburg in anständiger Gesellschaft, ist diese Aufrüstung zu neuen Schwindeleien in unbekannter Umgebung für alle, die den Venezianer lieben, eine herbe Enttäuschung. Er ist nun zweiundvierzig Jahre alt, er ist zwar mehr berüchtigt als berühmt, aber er hat eine Unmenge Relationen. Es ist so, wie Lamberg später fragen wird: Wie kommt es, daß die Höfe des Jahrhunderts, die Schulen und die Bibliotheken der vielen aufstrebenden Städte sich dieses Paradiesvogels nicht annehmen?

Er reist nach Spa; er erfährt im Oktober 1767 den Tod des geduldigsten und großzügigsten seiner Wohltäter, des Senators Bragadino, er wagt sich noch einmal nach Paris und wird im November mit einer *Lettre de Cachet* ausgewiesen (worunter man keine Verbannung versteht, sondern nur den Befehl abzureisen). Noch lebt und liebt Ludwig XV., und der Casanova noch immer gewogene Herzog von Choiseul mildert das Odium des *Lettre de*

Cachet (wenn es denn eines ist) durch einen Paß für die Postroute Paris-Bordeaux-Bayonne-Madrid. Casanova, der Ausgetriebene, reist gleichwohl als großer Herr, und als ihm in der alten Stadt Poitiers, in der man zu allen Zeiten besonders gut aß, zwei fröhliche Wirtstöchter bei einem reichlichen Abendessen Gesellschaft leisten, kehrt für drei Stunden das alte Lebensgefühl wieder ... bis Mitternacht: Da nämlich ist er ganz froh, daß die zwei Schönen von ihrem Vater in die Betten gescheucht werden, ohne ihn. Denn die Tage der Wundertaten sind auch auf diesem Feld vorüber.

Im Land der Inquisition

Da Casanova die berühmte Leporello-Liste noch nicht kennen konnte, die Don Giovanni in Spanien tausendunddrei Liebschaften nachrechnete, liegen die Gründe für seine weite und kühne Reise ins erzkatholische Spanien bis heute weitgehend im dunklen. Daß Casanova eine Empfehlung an den Grafen Aranda hatte, einen Mann von großer Energie und höchster Intelligenz, mochte ein Hauptbeweggrund gewesen sein, wenn Giacomo sich auch sagen mußte, daß der Graf, erst seit einem Jahr an der Macht und in hartem Kampf gegen die Jesuiten, andere Sorgen haben werde als die Wohlfahrt eines umgetriebenen Intellektuellen.

Auf dem Weg nach Spanien machte Casanova einen ernsthaften Versuch, seine Barschaft zu vermehren. Der treue Bragadino war hochverschuldet gestorben, er hatte Casanova immer noch Geld geschickt, selbst als er gar keines mehr hätte anweisen dürfen, und bevor er starb, hatte er noch einen Wechsel über tausend Dukaten ausgeschrieben, der dem Nachlaß somit entzogen war und Casanova zugute kam – als letzte von zahlreichen bedeutenden Geldhilfen. Die eigentliche wundersame Vermehrung der Goldstücke aber sollte ein neues Spielermekka bringen, nämlich das von Casanova mit zwei ›a‹ geschriebene Spa im Großraum Lüttich, seit dem vierzehnten Jahrhundert durch seinen Säuerling bekannt, der in beinahe zwanzig Quellen aus dem Boden trat und gegen allerlei Leiden helfen sollte, die man damals noch Bleichsucht, Nervenschwäche und Kinderlosigkeit nannte. Der Ort war so berühmt, daß er zumindest für die Engländer zum Begriff wurde: *to go to a spa* bedeutete, sich in einen Kurort zu begeben. Aber viele, die im achtzehnten Jahrhundert dorthin reisten, taten dies weder wegen des kalten Säuerlings noch wegen der hübsch lackierten Holzwaren, die dort hergestellt wurden, sondern wegen der Möglichkeit, hemmungslos und weitgehend von Überwachungen frei hasardieren zu können. »Das Geld aus diesem Betrieb geht in drei Teile«, schreibt Casanova, »der erste, und zwar der kleinste, fließt in die Taschen des Fürstbischofs von Lüttich; der zweite, etwas größere, verteilt sich auf die Scharen von Spieltischbetrügern, von denen es hier wimmelt, die aber im allgemeinen nicht großartig zum Zuge kommen ... den größten Teil endlich, den man jährlich auf eine halbe Million Livres schätzt, erhält eine Sozietät von zwölf gewerbsmäßigen Spielern, die vom Landesherrn autorisiert ist.«

Die Spieler, die aus Entfernungen bis zu 600 Kilometern heranreisten, weil das Glücksspiel ja in den meisten Staaten nur insgeheim betrieben werden konnte, sorgten für den Wohlstand des ganzen, etwa 7000 Einwohner zählenden Ortes, seiner Gaststätten, seiner Läden und seiner leichten Mädchen, und natürlich machten auch die Geldverleiher ausgezeichnete Geschäfte.

In richtiger Einschätzung seiner Situation spielte Casanova nur an den kontrollierten Tischen und sehr vorsichtig, so daß sich seine Mittel zwar nur geringfügig, aber stetig vermehrten. Man nennt dies heute Alimentations-Spiel, weil in Nizza, Menton und Monte Carlo ein paar hundert feine Offizierswitwen ihre Pensionen auf ähnliche Weise mit behutsamen Einsätzen aufbessern. Es gab aber natürlich auch Männer, die sich alles zutrauten, wie den Mailänder Antonio della Croce, den Casanova schon lange kannte und der den Venezianer in Spa mit der größten Herzlichkeit begrüßte, ja ihm freundschaftlich seine Börse öffnete. Diese Börse, in der sich zunächst etwa 50 000 Livres befanden, war allerdings bald darauf völlig leer! Casanova mußte noch zusehen, wie Croce die letzten zweihundert Livres wütend und unbedacht verspielte; auch seine Juwelen, die man damals als eine Art Kapital mit sich führte, und der Schmuck seiner schönen jungen Begleiterin waren perdu.

In einer der bewegendsten Szenen der Memoiren schildert uns Casanova, wie Croce so, wie er aus dem Spielsalon kam, im Abendanzug, ohne Mantel, ohne Gepäck, mit ein paar Münzen in der

Tasche losmarschierte, nach Warschau, wo er noch Freunde hatte. Seine hochschwangere Geliebte übergab er der Fürsorge des Venezianers, der längst in die erst Siebzehnjährige verliebt war. Derlei war Casanovas Stärke, nie hatte er eine ihm anvertraute oder sich ihm anvertrauende Frau im Stich gelassen, aber Charlotte bekam schon vor ihrer Niederkunft ein hartnäckiges Fieber und starb daran in Paris; das in ein Findelkloster verbrachte Kind lebte nur ein paar Monate länger. Den amtlichen Akt der Taufe hat Casanova in den Memoiren wörtlich wiedergegeben, das Papier darüber lag ihm noch vor, so daß die Casanovisten trotz Giacomos Diskretion wenig Mühe hatten, die offenbar von zu Hause ausgerissene, dem attraktiven Spieler Croce hörige Comtesse als Charlotte de Lamotte zu identifizieren, um 1749 in Brüssel geboren, 1767 in Paris gestorben.

So tief Giacomo dieser Verlust traf: da Choiseul den erwähnten Paß nach Spanien ausstellte, mochte Casanova nun, nach der Pariser Tristesse, dieses Ziel tatsächlich als ihm vorbestimmt angesehen haben, war er doch überall sonst bereits gewesen, hatte in allen anderen Hauptstädten vergeblich an viele Türen geklopft. Daß er in Paris die Valville wiedersah, daß sie sich in richtiger Einschätzung seiner Situation das Geld nicht zurückgeben ließ, das sie in Königsberg für Casanova ausgelegt hatte, versöhnte ihn wohl mit dem Schicksal. Auf abenteuerlichen Wegen über die Pyrenäen, im Sattel eines Maultieres, ein zweites für das Gepäck am Zügel, gelangte Casanova nach Pampluna und Ende November nach Madrid, wie er meint die höchstgelegene Metropole Europas und von schneidend kalten Winden durchtobt.

Dennoch exerziert uns Casanova seine inzwischen schon ausgefeilt zu nennende Technik vor, mit der er sich eine fremde Stadt erschließt und in ihr Anschluß findet. Und seine souveränen, wenn auch nicht immer richtigen Urteile haben etwas von der Unbefangenheit eines Herodot, ganz so, als wäre er der erste urteilsfähige Venezianer, der in Madrid eintrifft: »Der Verstand der Männer in diesem Lande ist durch eine Unzahl von Vorurteilen eingeschränkt, während die Frauen freier denken; beide Geschlechter sind aber so lebhaften Leidenschaften und Begehrlichkeiten unterworfen, daß man meinen möchte, die scharfe Luft, die hier weht, gibt sie ihnen ein. Gegenüber Fremden sind sie eher feindselig eingestellt, ohne dafür einen vernünftigen Grund nennen zu können, denn es handelt sich um eine ihnen angeborene Abneigung, wozu noch eine Art Verachtung kommt, nur darin begründet, daß jener Fremde eben nicht das Glück hat, ein Spanier zu sein.« Die Spanierinnen, vermutet Casanova, finden jedoch den Ausgleich dieser Vorurteile darin, daß sie ihre durch die Bank eifersüchtigen Ehemänner mit den Fremden betrügen, sofern dies irgend möglich ist. Und natürlich hat Casanova auch sehr bald festgestellt, mit welchen Mitteln diese behüteten, beobachteten, verschleierten und stets von einer Duenna begleiteten Damen sich zu verständigen wissen, sofern sie in einem Mann genug Mut erkennen, sich über die Gebote der Inquisition und der Sitte hinwegzusetzen.

Casanovas erster Weg galt natürlich dem Grafen Aranda, und dieser Mann, von dem Giacomo behauptet, er habe binnen vierundzwanzig Stunden alle Jesuiten aus Spanien vertrieben, war erwartungsgemäß eiskalt und kurz angebunden: Casanova brauche ihn nicht, um angenehm zu leben, er möge die Gesetze achten und sich durch den Botschafter Venedigs in die Gesellschaft einführen lassen. Genau das aber war ja noch immer nicht möglich, die Serenissima verzieh nicht, und der unermüdliche Fürsprecher Bragadino war tot. Aber da Casanova nach wie vor alle Verbindungen witterte, die ihm nützen konnten, da ihm jeder über den Weg lief, der ebenfalls eine Leiche im Keller hatte, so hatte er bald den Sohn jenes venezianischen Denunzianten am Kragen, der ihn mit Hilfe der kabbalistischen Bücher seinerzeit unter die Bleidächer gebracht hatte. Der Sohn hatte sich zwar aus guten Gründen inzwischen einen Adelstitel zugelegt, aber ob Graf Manucci oder nur Manucci *junior*, der hübsche Junge war jedenfalls der Bettgefährte des Botschafters Mocenigo, den sein großer Name nicht vor dem verbreiteten Laster bewahrt hatte. Da Manucci begreiflicherweise von ihm alles haben konnte, was er wollte, wurde Casanova alsbald von Mocenigo empfangen, wenn auch zunächst nur inoffiziell. (Mocenigo hatte seiner Veranlagung wegen schon in Paris Schwierigkeiten gehabt, war von Maria Theresia als Botschafter abgelehnt worden und sieben Jahre im Kerker gesessen.) Da es unter den Homosexuellen schon damals besonders umgängliche, gebildete und geistreiche Menschen gab, war Mocenigo in Madrid sehr beliebt. »Ich mußte nur lachen«, schreibt Casanova, »als mir bei einem Ball im Haus eines spanischen Granden der Hausherr mit höchst geheimnisvoller Miene zuflüsterte, der junge Manucci sei gleichsam die Frau des Botschafters. Er wußte nicht, daß, ganz im Gegenteil, der Botschafter Manuccis Frau war«, und Casanova setzt fairerweise hinzu, daß jener Herr von hohem spanischen Adel offensichtlich überhaupt nichts begriffen habe, was ihm nur zur Ehre gereiche.

Der Lebenskünstler Casanova eroberte sich Madrid mit Riesenschritten; er erdachte einen Ofen mit Abzug ins Freie gegen den barbarischen Winter auf der Hochfläche, und er nahm sich einen Lehrer, der ihm den Fandango beibrachte, denn »es schien mir unmöglich zu sein, daß nach einem solchen Tanze die Tänzerin dem Tänzer etwas versagen könne: der Fandango weiß alle Sinne bis zur Wollust zu erregen.« Casanova hatte geglaubt, den berühmten Tanz zu kennen, mußte aber feststellen, daß die Gastspieltruppen, die ihn in Italien oder Frankreich vorgeführt hatten, außerstande gewesen waren, die volle sinnliche und aufregende Wirkung der Bewegungen zu erzielen. Die Inquisition hatte natürlich den Fandango verboten, Graf Aranda aber hatte das Verbot aufgehoben. »Er tat«, sagt Casanova von ihm, »in seinen vier Wänden alles, was ihm beliebte und machte sich nichts daraus, daß man von ihm sprach. Ein tiefer Denker und großer Politiker, unverzagt, entschlossen, unbeugsam, ein großer Epikuräer, der aber ausgezeichnet den äußeren Schein zu wahren wußte« – eine blendende Charakteristik des Mannes, der im Wettstreit mit dem Marques de Pombal in Lissabon die iberische Halbinsel aus dem Mittelalter herauszuführen verstand. Nur daß Casanova ihn den bestgehaßten

Mann in Spanien nennt, ist in dieser generellen Formulierung natürlich nicht richtig, denn ohne die Unterstützung durch den König und die fortschrittlichen Kreise Spaniens hätte der energische und rücksichtslose Mann nicht praktisch ein Leben lang – mit geringen Unterbrechungen – an der Macht bleiben können.

Wogegen Aranda zu kämpfen hatte, erkannte Casanova bald und mußte feststellen, daß die Wiener Keuschheits-Rituale noch harmlos zu nennen waren gegen das, was die Kirche selbst unter einem hochintelligenten Monarchen und einer guten Regierung an lächerlichen Unterdrückungsmaßnahmen wagen konnte. In den Theatern waren die Logen nur mit Brüstungen, ohne Wände versehen, so daß man stets kontrollieren konnte, wo die Besucher ihre Beine und ihre Hände hatten. In den Gasthöfen hatten die Zimmer nur außen Riegel, von innen waren sie nicht zu verschließen, damit die Kontrolleure der Inquisition sich jederzeit unangemeldet von den Vorgängen in den Hotelzimmern ein Bild machen konnten. Als Casanova endlich eine Begleiterin auf dem Ball gefunden hatte, kam die Mutter mit und schlief, in einen Mantel eingehüllt, in seinem Wagen ...

Mit diesem Mädchen – genannt Donna Ignacia, obwohl ihr Vater nur Schuster war – begab sich bald eine kurze, aber eminent spanische Liebesgeschichte. Das Mädchen, das ohne Casanova wohl nie auf einen Ball gelangt wäre, erregte zwar durch seine Schönheit Aufsehen, aber da es nicht zu den Damen der Gesellschaft gehörte, wurde es zu einem Rätsel und zog das Interesse der vornehmen Zuhälter und Tagediebe auf Casanova. Schließlich sprach ihn in einer dunklen Gasse ein verdächtiges Individuum an und verriet Casanova, daß für den kommenden Morgen seine Verhaftung geplant sei, verborgener Waffen wegen. Da dieser Vorwurf stimmte, gab Giacomo dem Mann zwei Dublonen als Belohnung und floh zu dem Maler Raphael Mengs, den er aus Italien kannte und der in Madrid nicht nur in hohem Ansehen stand, sondern auch ein Haus bewohnte, das dem König gehörte und damit für die Wache unzugänglich war.

Mengs ist der bedeutendste Künstler, den Casanova näher kannte, was ein wenig verwundert, hatte er doch durch seinen zeitweise geradezu berühmten jüngeren Halbbruder besten Zugang zu künstlerischen Milieus. Dieser Francesco Casanova gilt, obwohl er sicherlich mehr von Guardi und Simonini gelernt hat, als Mengs-Schüler, und Raphael Mengs verweigerte denn auch Giacomo die Aufnahme in das sichere Haus nicht. Angesichts der Zwänge, denen auch er unterlag, war er freilich nicht sehr glücklich über die Einquartierung, die damit endete, daß ein Offizier Casanova manierlich bat, ihm gutwillig zu folgen. Nun, da der Venezianer wieder einmal im Gefängnis saß – vermutlich weil ein in Spanien aufgenommener Page die versteckten Waffen irgendwann erwähnt hatte –, nun stellte Mengs sich mit reichlichen Mahlzeiten ein, die er ins Gefängnis schicken ließ. Casanova hatte inzwischen mit der üblichen Gegenwehr begonnen und schrieb Briefe an den venezianischen Gesandten, an den Justizminister und an den Herzog von Lossada, was die Galgenvögel um ihn herum höchlichst amüsierte: Sie bliesen ihm die Kerze aus, verlangten, daß er ihnen die Worte erklärte und ließen wenig Zweifel daran, daß Casanovas wohlgefüllte Geldtasche für sie von größtem Interesse sei. In der Folge bereitete es den Freunden und Fürsprechern Casanovas die größten Schwierigkeiten, die wütenden Briefe, die er geschrieben hatte, durch seinen außerordentlichen Erregungszustand zu erklären und durch die Lebensgefahr, in der er sich unter dreißig Halsabschneidern befand. Aranda, der ebenfalls eines der unklug-aufbegehrenden Schreiben erhalten hatte, empfing Mocenigo und sagte: »Ihr Casanova hat zwar recht, aber solche Briefe schreibt man nicht an ehrenwerte Adressaten.« Endlich kam tatsächlich ein Oberst in Arandas Auftrag vor das Gefängnistor, ein Soldat, der Casanova bestohlen hatte, erhielt Stockschläge, der Page, der ihn denunziert hatte, wurde zur Galeere verurteilt, und Casanova selbst wurde, geleitet vom Alcalde und dreißig (!) Häschern, zu der Herberge zurückgebracht, wo man die Siegel von seinem Zimmer entfernte und ihm seine Waffen wieder aushändigte.

Selbst in Spanien also genoß er eine Toleranz, die man auch als Narrenfreiheit bezeichnen könnte und die er vielleicht dem Umstand verdankte, daß er ja nicht nur sofort Briefe und Denkschriften verfaßte, sondern auch Pamphlete, die in ganz Europa gelesen wurden – in einer gleichsam geschlossenen Gesellschaft, in der auch ein Graf Aranda oder ein Mocenigo nicht vor übler Nachrede sicher waren. Nur die Inquisition ließ sich von Existenzen à la Casanova nicht einschüchtern, und als er einmal um ein Haar die Ostermesse versäumt hätte, rettete er sich im letzten Augenblick durch den Theatercoup, sich wegen Unpäßlichkeit in einer Sänfte in die Messe tragen zu lassen, vielleicht auch mit Rücksicht auf Mengs, der als Sachse des Protestantismus verdächtigt wurde.

Wie sehr es damals auf Beziehungen, und zwar die richtigen ankam, beweist eines der angesichts solch eines bewegten Lebens erstaunlich seltenen Tötungsdelikte Casanovas, nicht in Madrid, nicht in Valencia, wo er sich an die Geliebte des Statthalters von Katalonien (!) herangemacht hatte, sondern in der freundlichen Hafenstadt Barcelona. Nina Bergonzi, Tänzerin und Schauspielerin, die sich der allerhöchsten Gunst des Statthalters Grafen Ricla erfreute, empfing Casanova in Barcelona naturgemäß mit größerer Vorsicht als in Valencia, aber die Besuche des Venezianers bei einer stadtbekannten Schönheit waren doch das Tagesgespräch in allen Cafés, und ein wohlmeinender junger Offizier trat an den Venezianer vertraulich heran mit dem Rat, sich doch einer anderen der vielen schönen Frauen von Barcelona zuzuwenden.

Als sich Casanova eines Abends zwei Bassermannschen Gestalten gegenübersah, nahm er natürlich an, sie seien vom Grafen Ricla auf ihn angesetzt, stieß dem einen den Degen in den Leib und floh dann ins Dunkel; zwei Pistolenschüsse durchlöcherten nur noch seinen Mantel. Indessen war nicht Ricla der Urheber des Anschlags, er hätte als Statthalter ganz andere Möglichkeiten gehabt, sich von Casanovas Gegenwart zu befreien, sondern einer jener nicht sehr zahlreichen, aber unermüdlich auftauchenden Dauerfeinde Giacomos namens Passano. Der Genuese hatte immer wieder seinen Weg gekreuzt, hatte – da alle Abenteurer natürliche Konkurrenten waren – Casanova geschadet und ihn verleumdet, als Wechselfälscher bezeichnet und andere Schlechtigkeiten begangen, so daß Giacomo tief betroffen war, eben diesen Mann im Vorzimmer der schönen Nina anzutreffen, im Begriff, ihr einige Miniaturen aufzuschwatzen. Casanova hatte Gelegenheit, die Bergonzi schnell zu informieren, Passano wurde vor die Türe gesetzt, und seine letzten Worte an Nina waren ein Racheschwur gegen Casanova. Die zwei Ganoven, für wenig Geld gedungen, hatten jedoch ihre Aufgabe nicht gelöst. Casanova nahm seinen Wirt zum Zeugen seines blutigen Degens und des durchlöcherten Mantels und mußte denn auch nur für etwa vier Wochen in erträgliche Haft. Von Spanien aber hatte er nun endlich genug, und da ihm buchstäblich alle Freunde dringend dazu rieten, brach er an der Jahreswende 1768/69 nach Norden auf.

Er hatte diesmal für einen verläßlichen Kutscher und für einen ehrlichen Diener gesorgt, und das sollte ihm wieder einmal das Leben retten: Schon bald nach dem Erreichen der Überlandstraßen stellte sich heraus, daß drei verdächtige Individuen in einer schäbigen Reisekutsche hinter Casanova her seien. In einem Gasthof, in dem die drei Bravi im Stroh schliefen, machte deren Kutscher seinen Ängsten Luft und gestand dem ihm an sich fremden Venezianer, daß die drei untereinander davon gesprochen hätten, in den ausgedehnten Bergwäldern des Grenzgebietes Casanova umzubringen.

Während Giacomo noch grübelte, ob es Passano oder Graf Ricla sei, der ihm auf diese Weise nach dem Leben trachte, setzte der Kutscher einen ortskundigen Bauern zu sich auf den Bock. Man ließ die drei Messerhelden zuerst aufbrechen und schlug sich dann in die Büsche, auf einen Seitenweg, der zwar einiges länger war, aber auf dem die Grenze sicher erreicht wurde und bald darauf Perpignan am Nordhang der Pyrenäen. Erst vierzehn Tage später erfuhr Casanova, daß er diesen Anschlag ausschließlich seiner Großsprecherei, einer durchaus überflüssigen Rodomontade zu verdanken habe: Manucci *junior* kannte natürlich die Rolle, die sein Vater bei der Verhaftung Casanovas in Venedig gespielt hatte, und wenn er ebenso wie Casanova auch vermied, darüber zu sprechen, so hatte der junge Manucci doch aus diesen Konfidentendiensten seines Vaters die Verpflichtung abgeleitet, Casanova in Madrid zu helfen, eine Hilfe, die das Eis zwischen Giacomo und der offiziellen Vertretung der Serenissima gebrochen hatte. Manucci hatte auch offen zugegeben, daß der Grafentitel, mit dem er sich schmückte, jüngsten Datums sei: Der Schönling hatte ihn einem deutschen Duodezfürsten zu verdanken. Dies hätte Casanova gleichgültig sein können, ja müssen, führte er doch selbst nicht selten den durchaus falschen Namen eines Conte Farussi. Statt dessen redete er so lange herum und zweifelte die Grafenwürde Manuccis an, bis dieser, empfindlich durch seine heikle Situation als Lustknabe des Botschafters, vom Freund und Helfer zum erbitterten Feind wurde und die Mörder dang.

Gekränkt und wütend war Manucci so unvorsichtig gewesen und hatte Francesco Casanova, dem Maler, nach Paris geschrieben, sein älterer Bruder sei in den Pyrenäenwäldern Opfer eines Mordanschlags geworden, und er schrieb dies zu einer Zeit, da eigentlich nur Beteiligte von diesen Vorgängen wissen konnten. Als Casanova den erleichtert-erfreuten Brief aus Paris erhielt, in dem sein Bruder ihn wieder unter den Lebenden begrüßte, wurde ihm klar, daß Manucci der Auftraggeber der Mördergruppe gewesen war. Binnen wenigen Monaten hatte Casanova es fertiggebracht, in einem an sich frommen und ruhigen Land wie Spanien Anlaß und gute Gründe für haßerfüllte Verfolgungen zu liefern, und daß er diesen Anschlägen nur knapp entging, hätte ihm eigentlich eine Lehre sein sollen. Er aber genoß das wiedergeschenkte Leben in der herrlichen Landschaft der Provence, wenn auch mit einer gewissen Vorsicht: Um Madame Blasin wiederzusehen, die in Montpellier mit einem Apotheker verheiratet war, traf er komplizierte Arrangements, die sie informieren mußten, ohne den Gatten argwöhnisch zu machen. Und in Aix-en-Provence bewegte er sich gar in den

Kreisen sublimster und frommer Gelehrsamkeit, nämlich im Hause des Denkers und Schriftstellers d'Argens und verlor die Contenance nicht einmal bei den raffiniertesten Provokationen anwesender Geistlicher.

Daß unser Glücksritter sich den Weitschweifigkeiten des mehr als zwanzig Jahre älteren, nur noch eineinhalb Jahre von seinem Tod entfernten Marquis d'Argens aussetzt, läßt auf eine gewisse Ermattung und jedenfalls auf ein großes Ruhebedürfnis schließen. Zu erwarten hatte er von Jean-Baptiste de Boyer, Marquis d'Argens, nichts: Dieser war zwar ein Bruder des Parlamentspräsidenten von Aix, persönlich aber ohne Einfluß, arm an Mitteln, selbst als Korrespondent und Gesprächspartner Friedrichs II. ebenso vergessen wie als Direktor der Belletristik-Klasse der Berliner Akademie. Von seinen eintönigen, in ständigen Abschweifungen ermüdenden zahlreichen Arbeiten wurden schon damals nur noch die *Lettres Juives* aus dem Jahr 1736 gelesen, Jahrzehnte zurückliegende Bände, angefüllt von einem fiktiven Briefwechsel zwischen zwei durch Europa reisenden jüdischen Kaufleuten und ihrem Rabbiner, also die Grundkonstellation der *Lettres Persanes* des Montesquieu und damit die Möglichkeit, eigene Reiseeindrücke und eigene Kritik an Menschen, Zuständen und Institutionen zu äußern. Der Marquis hatte sich, obwohl Friedrich II. nach dem Siebenjährigen Krieg die Verbindung zu ihm wieder aufnehmen wollte, in die heimatliche Provence zurückgezogen, wurde nicht mehr ernst genommen und etwa von dem berühmten Baron Grimm beschuldigt, praktisch nur Gemeinplätze zu produzieren. Daß Casanova vier Monate hindurch den Kreis des alten Querdenkers immer wieder aufsuchte und sich mit den Zufallsgefährten an der Tafel herumschlug (wobei er gelegentlich den Beifall errötender Damen errang), verschafft uns ein Bild von der Altersexistenz eines vormals Berühmten in der provenzalischen Provinz, in der damals immerhin schon Victor Riqueti, Marquis de Mirabeau, mit epochemachenden Werken über Landwirtschaft und Steuern jene Revolution vorbereitete, die seinen Sohn berühmt machen sollte:

Der Marquis de Mirabeau, den Casanova einmal zornig in seinen Memoiren erwähnt, ohne den Grund seines Ärgers zu verraten, lebte nur wenige Meilen von d'Argens entfernt auf Schloß Perthuis (Vaucluse).

Wie geschwächt Casanova war, geht auch daraus hervor, daß eine nächtliche Fahrt im offenen Wagen, allerdings gefolgt von zweistündigen vergeblichen Versuchen, ein junges Mädchen zu entjungfern, ihm eine schwere Lungenentzündung, wohl gekoppelt mit einer Rippenfellentzündung einbrachte, wobei er sein letztes Stündlein gekommen sah und sich schon die Sterbesakramente reichen ließ. Daß er nach wochenlangem Fieber mit Bluthusten und Delirien schließlich doch überlebte, verdankte er einer geheimnisvollen Pflegerin, die stets im Zimmer war, die er aber in seinem Zustand kaum richtig wahrnahm.

Erst als er Wochen später das Schloß jener frühen Liebe besuchte, die er in den Memoiren standhaft Henriette nennt, löste sich das Rätsel. Henriette – Jeanne-Marie d'Albert de Saint-Hyppolyte – hatte von seiner schweren Erkrankung erfahren und eine Frau ihres Gesindes als Pflegerin nach Aix zu Casanova geschickt. (Ihr Mann Laurent Boyer de Fonscolombe war möglicherweise mit Jean-Baptiste de Boyer, dem Marquis d'Argens, verwandt).

Das spanische Abenteuer hat Casanova so gut wie nichts gebracht, in seinen Memoiren jedoch ist es einer der lebendigsten Abschnitte, vielleicht, weil er sich nicht so wahnsinnig verliebte, daß ihm darob alles andere gleichgültig wurde. Er schildert uns die schöne Tänzerin Nina Bergonzi distanziert und humorvoll von dem Augenblick an, da sie bei einer kühnen Pirouette ihre Unterhosen sehen ließ und dafür mit einem deftigen Abzug von ihrer Gage bestraft wurde. Am Abend darauf trug sie überhaupt keine Unterwäsche mehr, vollführte Sprung und Pirouette aber mit der gleichen Kühnheit und erzeugte im Publikum nicht wenige rote Köpfe. Graf Ricla, ihr späterer Liebhaber, ließ sie von Soldaten aus der Garderobe holen, in einem Augenblick, da sie so gut wie nackt war, und war von diesem Augenblick nicht mehr ihr Gebieter, sondern ihr Sklave. Die Spanier waren, zumindest in Casanovas Augen, heißblütige Barbaren, die öfter als ihnen gut tat alle Vernunft verloren.

Als einen Beweis dafür zitiert er in einer Manier, die ihm heute viele Komplimente eintragen würde, den Stierkampf: »Es möge genügen, daß ich sage, diese Stierkämpfe sind eine Barbarei, die den Sitten des Volkes nur schädlich sein kann; denn die Arena ist zuweilen ganz überströmt vom Blut der Tiere, der Stiere ebenso wie der Pferde, denen das Horn des Stiers den Bauch aufgeschlitzt hat.«

Vom Escurial, vom Alcazar von Toledo, von Segovia hingegen kein Wort: Spanien blieb das Land des Don Juan, nicht des Giacomo Casanova.

Die Herren Kollegen

Es gibt unter den in den Memoiren immer wieder auftauchenden Grafen und Baronen erstaunlich viele Glücksritter vom Zuschnitt Casanovas, mitunter Schriftsteller wie er, mitunter von echtem Adel, oft auch sehr gebildet, gesellschaftlich erfahren und nicht selten durch ihre hübschen Frauen mit der gefährlichsten Waffe überhaupt ausgestattet. Da sie in den Memoiren gleichsam allgegenwärtig sind, porträtiere ich die wichtigsten von ihnen hier zusammenfassend, sonst müßten sie über Gebühr häufig erwähnt werden. In ihrer Gesamtheit sind sie freilich für das Jahrhundert kaum minder charakteristisch als die Vorboten der Aufklärung und der politischen Reformen, denen sie gelegentlich glanzvolle Rückzugsgefechte liefern. Denn die Zeit wird über sie hinweggehen, es sei denn, sie hätten sich rechtzeitig zu einem großen und offenherzigen Memoirenwerk gesetzt und es vollendet. Auch Casanova verrät ihre Mentalität, wenn er einmal nach einem Niederbruch schreibt:

»Aber ich hörte nicht auf, mit dem Glück zu rechnen, denn ich wußte, daß es seine Macht ungerufen über alle Sterblichen ausübt, unter der einzigen Voraussetzung, daß diese jung sind. Und jung war ich ...«

Das ist mit aller wünschenswerten Klarheit die Lebensphilosophie eines gealterten Glücksritters, der sich einige Jahrzehnte lang stets stark genug fühlte, das Schicksal zu wenden, so lange jedenfalls, bis er das Alter herannahen fühlte. Und sie blieb die Essenz dieses Lebens und anderer Lebensläufe, die wir halb verächtlich und halb von Neid erfüllt abenteuerlich nennen. Danach zu leben, war die große Verlockung dieses Jahrhunderts, in dem die alten Ordnungssysteme nicht mehr ernst genommen werden konnten und die neuen noch nicht existierten, indem die Vernunft schon viel zerstört, aber noch wenig aufgebaut hatte und in dem die exakten Wissenschaften des neunzehnten Jahrhunderts spielerischbunte Halbschatten vorauswarfen.

Mit dem Glück zu rechnen macht den Menschen zum Glücksritter, und nicht jeder von Casanovas Kollegen zeigte sich dabei so sattelfest wie der Chevalier von Seingalt. In den Memoiren des Mannes, der sie übertraf und überlebte, nehmen sie sich allesamt aus wie eine Galerie von Schurken, und das beste, was Casanova von ihnen zu sagen weiß, ist:

»Ich lud diesen unverschämten Gauner (Goudar) zum Essen ein. In dem Leben, das ich in London führte, konnte er mir viel nützen. Er wußte Alles und erzählte mir eine ganze Anzahl höchst amüsanter Skandalgeschichten. Übrigens war er ein ziemlich bekannter Autor, und wenn seine Werke auch mittelmäßig genannt werden müssen, so wiesen sie ihn doch als einen Mann von Geist aus...«

Selbst dieses sehr bedingte Lob wird noch weiter eingeschränkt. Casanova behauptet (es mag wahr sein), daß er ein paar Seiten zu dem sechsbändigen *Espion Chinois*, dem Hauptwerk Goudars, beigesteuert habe und deutet zugleich an, daß jener geistvolle Mann schon wenige Jahre später ein Ende im Elend genommen habe. Casanova ist also nicht objektiv, ja nicht einmal gerecht, wohl weil Goudar in dem Londoner Abenteuer mit der Charpillon eine mehr als erbärmliche Rolle spielt. Derlei muß uns zur Vorsicht mahnen, wenn wir versuchen, aus Casanovas Lebensbericht jene Männer kennenzulernen, die zu ihrer Zeit ebenso berühmt wie der Verfasser waren oder ihn an europäischem Ruf gar weit übertrafen, wie Cagliostro oder Saint-Germain.

Casanovas Begegnung mit Cagliostro fand zu einer Zeit statt, da der Sizilianer offenbar selbst noch nicht wußte, wohin und wie weit ihn sein Schicksal führen würde und ist besonders interessant, weil damit Licht in jene Lebensphase des sizilianischen Abenteurers fällt, über die von ihm selbst stets nur ein Brimborium von Halbwahrheiten zu erfahren war.

Man schrieb das Jahr 1769; Cagliostro nannte sich noch Giuseppe Balsamo. Er war in einem Vorort Palermos zur Welt gekommen, hatte das Leben so kennengelernt wie noch heute Tausende umherstrolchender Gassenjungen, bis man ihm schließlich in einem Seminar Lesen und Schreiben beibrachte. Als Diener in einer Klosterapotheke erwarb er sich jene medizinisch-pharmazeutischen Kenntnisse, die ihm später so zustatten kamen. Zum Verhängnis wurde ihm jedoch, daß er nebenbei die Aufgabe hatte, den Klosterbrüdern während des Mahls vorzulesen; der kleine Strolch brachte es nicht über sich, Tag für Tag Heiligenviten vorzutragen und streute so lange die Namen stadtbekannter Dirnen in die frommen Geschichten ein, bis man ihn hinauswarf.

Damit begann ein Wanderleben, das zunächst noch im kirchlichweltlichen Zwielicht stand. Auch Casanova stellten sich Balsamo und Frau als ein Pilgerpaar vor, das in Santiago de Compostela im nordöstlichen Spanien gewesen und nun auf der Heimreise begriffen sei. Casanova hatte eben seine schwere Lungenentzündung überstanden und wandte sein Interesse nur zaudernd den Neuankömmlingen zu, während seine Tischgefährten in Aix-en-Provence sogleich Gefallen an Lorenza Balsamo, der jungen Gattin des Scharlatans fanden:

»Wir fanden die Pilgerin in einem großen Fauteuil, sie sah völlig erschöpft aus. Ihr Gesicht war interessant ob seiner großen Jugend und durch die Schönheit, die eine gewisse *tristezza* noch steigerte. In den Händen hielt sie ein Kruzifix aus Messing, das etwa sechzehn Zentimeter lang war. Als wir eintraten, legte sie es fort und erhob sich zu einer liebenswürdigen Begrüßung. Der Pilger hingegen ließ sich nicht stören; er hatte seine Pelerine vor sich ausgebreitet und ordnete auf dem schwarzen Grund einige Muscheln zu einem Ornament. Sein Blick schien uns zu bedeuten, daß wir uns nur für seine Frau interessieren sollten.

Er mochte etwa fünf oder sechs Jahre älter sein als sie, war nicht groß, aber gut gebaut und hatte ein energisches Gesicht, in dem Kühnheit und Unbedenklichkeit, Spottlust und Frechheit geschrieben standen. Der Gegensatz zu seiner Frau, ihrer vornehmen Bescheidenheit, ihrer sanften und naiven Schamhaftigkeit, war offenkundig. Beide konnten sich auf französisch nur mühsam verständlich machen und atmeten sichtlich auf, als ich sie italienisch anredete. Sie sagte, sie sei Römerin, aber sie hätte es nicht sagen müssen, denn ihr angenehmer Tonfall verriet ihre Herkunft aus der ewigen Stadt schon nach wenigen Sätzen. Er hingegen behauptete, aus Neapel zu stammen, aber seiner Zunge nach mußte ich ihn für einen Sizilianer halten.«

Die junge Frau schilderte beredt die Entbehrungen der langen Pilgerfahrt (von der Cagliostro-Biographen behaupten, sie habe nie stattgefunden). Als die Pilgerin dann noch leise schaudernd über ihre bloßen Arme strich und erzählte, sie habe es während der ganzen Reise nie gewagt, sich völlig zu entkleiden, um nicht in einer der Pilgerherbergen eine Hautkrankheit zu bekommen, da meinte Casanova zu wissen, wen er vor sich habe:

»Mir erschien es wahrscheinlich, daß sie uns all das nur erzählte, um uns auf jene Stellen ihrer Haut neugierig zu machen, die man im Augenblick nicht betrachten konnte und daß der Anblick ihrer weißen Arme und ihres Halses nichts anderes seien als eine Art Gratis-Kostprobe. Ihr Gesicht hatte nur einen einzigen Fehler: ihre Lider waren gerötet, und die gereizten Augen hatten nicht den vollen blauen Glanz, der sie sonst auszeichnen mochte. Sie sagte uns noch, daß sie unterwegs nach Turin seien, um das Schweißtuch anzubeten.

Wir brachen in guter Stimmung wieder auf; die hübsche Pilgerin sagte uns zu, mochten wir auch an ihrer Frömmigkeit zweifeln. Ich persönlich fühlte mich noch nicht soweit wiederhergestellt, mich ernsthafter mit ihr zu befassen. Aber unter den anderen Herren waren einige, die sogleich auf Mittel und Wege zu einem Abenteuer sannen.«

Die Begegnung zwischen Casanova und Cagliostro fand in einem Augenblick statt, da der eine den Höhepunkt seines Lebens als überschritten ansah, während der andere sich erst zu seinem eigentlichen Aufstieg anschickte. Wenige Wochen vor der Ankunft der Balsamos in Aix hatte Casanova jenes unglückliche Erlebnis mit einer koketten Vierzehnjährigen, das ihm trotz stundenlanger Bemühungen nichts anderes einbrachte als eine Lungenentzündung und ihn zu der resignierten Bemerkung veranlaßte, daß die Zeit der Wundertaten in der Liebe für ihn vorbei sei. Noch geschwächt, mußte er dann einen rüden, aber etwa zwanzig Jahre jüngeren Mann im Besitz einer besonders reizvollen Frau sehen, und es bereitete Casanova sichtliche Befriedigung, bei der Niederschrift dieser Episode schon zu wissen, daß die schöne Lorenza Feliciani ihren vom Wahnsinn gezeichneten Mann der päpstlichen Gerichtsbarkeit verkauft und damit lebenslanger Kerkerhaft ausgeliefert habe.

Alles, was dazwischen lag, scheint Casanova gewußt zu haben – wie sollte er auch nicht – aber der große Könner hatte ja zeit seines Lebens eine deutliche Abneigung dagegen gehabt, Bekanntes zu erzählen.

Dieser Unlust gegenüber dem Allzubekannten (oder dem, das Casanova dafür hielt) fiel auch der ganze Komplex Cagliostro zum Opfer: der plötzliche Aufstieg Balsamos zu einem Grafen Cagliostro, der einen Ordensgroßmeister der Malteserritter für sich gewann und durch diesen Zutritt in den ersten Häusern Roms und Neapels hatte. Und die Rolle der schönen Handschuhmacherstochter, deren Wuchs und Gewandung alle Blicke auf sich zog, während der Scharlatan aus den Gossen von Palermo mit seinen Zaubertränken hantierte. Zwei Wesenszüge des Jahrhunderts halfen Cagliostro vielleicht noch mehr als Casanova, weil der falsche Graf diese Hilfe weit nötiger hatte als der echte Glücksritter und Liebling der Frauen: der eine war, daß man in allen europäischen Metropolen unterschiedslos der weiblichen Schönheit huldigte, was Lorenza und ihr Gatte weidlich ausnützten, der andere war die Vorliebe für die geheimen Gesellschaften, deren internationale Verflechtung auch dunkle Existenzen schützte und insbesondere einem glänzenden Gaukler wie Balsamo immer wieder aus der Schlinge half.

Daß Cagliostro sich als Urkundenfälscher und Kuppler durchbringen würde, deutete Casanova an, aber damit ist der Mann doch nicht gekennzeichnet. Er war zweifellos ein besonders vielseitiger Scharlatan, er hatte die unbekümmerte Improvisationsgabe des Gassenjungen, der je nach Bedarf Gold machte, Hanf zu Seide, Kieselsteine zu Perlen werden ließ, mit Vorliebe Geister beschwor und in einer atlasgefütterten Kassette eine Alraunwurzel durch die Lande schleppte.

Mehr als mit Cagliostro hatte Casanova zweifellos mit dem Grafen von Saint-Germain gemein, der selbst nach dem Zeugnis seines erbitterten Gegners, des Herzogs von Choiseul, tatsächlich hoher Abkunft war, nämlich der Sohn einer Prinzessin von Pfalz-Neuburg, die neben und nach ihrem Gatten, König Karl II. von Spanien, einige andere Männer glücklich gemacht haben soll. Saint-Germain wird darum gerne Cagliostro gegenübergestellt, der sich mit all seinem Ruhm, seinem Einfluß und seinen zeitweise beträchtlichen Geldmitteln doch stets wie ein Neureicher gebärdete, Unsummen für eine reichbeschickte Tafel ausgab und seine grobschlächtigen Manieren stets beibehielt. Saint-Germain hingegen lebte mäßig, strebte nach politischem Einfluß und hatte einige Zukunftsvisionen der europäischen Gemeinwirtschaft, mit denen er zumindest den gekrönten Häuptern seiner Zeit beträchtlich voraus war.

Ein dänischer Diplomat, der Baron von Gleichen, gibt in seinen *Erinnerungen* guten Einblick in Saint-Germains gesellschaftliche Technik:

»Bei meiner Rückkehr nach Paris im Jahre 1759 besuchte ich die Witwe des Chevaliers Lamberg, eine alte Bekannte. Nach mir sah ich einen mittelgroßen, sehr stämmigen Mann eintreten, der mit gesuchter, prächtiger Einfachheit gekleidet war. Er warf Hut und Degen auf das Bett der Hausfrau, setzte sich auf einen Lehnstuhl am Kamin und unterbrach den gerade redenden Herrn mit den Worten: Sie wissen nicht, was Sie reden. Für diese Frage bin ich allein zuständig. Ich habe sie erschöpft so gut wie die Musik, die ich aufgegeben habe, weil ich bis zur äußersten Grenze gelangt war.«

Dazu ist zunächst zu sagen, daß Saint-Germain tatsächlich ein hervorragender Geigenspieler war, weswegen ihn Casanova auch für den italienischen Violinvirtuosen Catalani hielt.

Sie stellten beide ihr Licht nicht unter den Scheffel; die Konversation war für Saint-Germain wie für Casanova jene Gelegenheit zur Selbst-Propaganda, die sich primitivere Gemüter wie der Doktor Eisenbarth von Ausrufern und Gauklern besorgen ließen. Darauf verzichten aber konnten sie alle nicht, denn wo das Feuer bescheiden war, mußte der Rauch um so sichtbarer sein. Und da es um die Bildung jener Kreise, in denen sie sich mit Vorliebe bewegten, nicht besser bestellt war als um ihre eigene, konnte ein ernsthaft um Kenntnis bemühter Mann wie der Graf Lamberg an den Mathematiker Opiz schreiben:

»Haben Sie diesen außerordentlichen Mann (*nämlich Casanova*) auch richtig ausgequetscht? Abgesehen von dem Alchimisten Saint-Germain kenne ich nur wenige, die man ihm an die Seite stellen kann, was die Vielfalt der Kenntnisse, den Geist und die Phantasie anlangt.« Und Opiz antwortet im gleichen Tonfall der Begeisterung, er habe in Casanova »einen Mann gefunden, der unserer höchsten Achtung und unserer Liebe würdig ist: ein Philosoph, dessen Vaterland die ganze Erde ist und nicht etwa nur die Republik Venedig und der selbst in den Königen nur die Menschen sieht«.

Lamberg wie Opiz hielten Casanova die Treue bis zu seinem Tode und darüber hinaus. Die Briefe, die zwischen den dreien hin und her gingen, verraten eine wachsende Enttäuschung, was Saint-Germain betrifft, aber eine stets gleichbleibende, beinahe zärtliche Wertschätzung Casanovas.

Da Casanova zwar zeit seines Lebens oder doch mit nur geringen Intervallen Aufzeichnungen machte, die eigentlichen Memoiren aber in den wenigen Duxer Jahren verhältnismäßig schnell abschloß, sind wir berechtigt, die Darstellung seiner Zeitgenossen in diesen Memoiren als Casanovas abschließende Meinung über sie anzusehen.

Immerhin hebt sich der Tonfall, in dem ein Saint-Germain geschildert wird, ganz beträchtlich von jenem ab, in dem Casanova uns Giuseppe Balsamo-Cagliostro vorstellt. Das kam natürlich auch daher, daß Casanova mit Saint-Germain mehr anzufangen wußte und daß Saint-Germain bei jeder Begegnung klug genug war, dem gewandten, ehrgeizigen, empfindlichen und geschwätzigen Venezianer zu schmeicheln. Wie er das tat und wie Casanova die Auszeichnung aufnahm, erweist beide als Abenteurer von Format und Spieler von großer Menschenkenntnis.

In Holland trafen die beiden einander gelegentlich unter vier Augen; der Graf legte sich darum offensichtlich nicht so ins Zeug, wenn er auch immer noch genug tat, um Casanova deutlich zu machen, daß er und nicht der Venezianer im Besitz der wahren Geheimnisse und der besseren Verbindungen sei.

1760, im Gasthof zum Prinzen von Oranje in Den Haag, traf Casanova neben einer Reihe von alten Bekannten auch den Grafen von Saint-Germain, der natürlich nicht an der allgemeinen Tafel speiste, sondern sich in seinem Zimmer aufhielt, vor dem zwei Heiducken Wache standen. Casanova sagt uns nicht, ob es sich um echte Ungarn handelte, mit denen Saint-Germain seine eigene Theorie über seine Abstammung von einem Fürsten Rakozsy stützen wollte. Er betont nur, daß zwar er sich als erster bei dem Grafen melden ließ, daß dieser ihm aber sogleich versicherte, Casanova sei ihm nur zuvorgekommen, er hätte andernfalls auch seinerseits eine Begegnung herbeizuführen gesucht.

»›Ich nehme an‹, sagte der Graf, ›daß Sie hier sind, um etwas für die Finanzen unseres Hofes (*d. h. des französischen*) zu tun? Es dürfte im Augenblick schwer halten; die Börse ist in Aufruhr, (der Finanzier Etienne de) Silhouette, dieser Narr, hat mit seinen Manövern alles durcheinandergebracht. Das wird mich jedoch nicht hindern, die hundert Millionen aufzutreiben. Ich habe es Ludwig XV. fest versprochen, den ich meinen Freund nennen darf, und in drei oder vier Wochen wird die Anleihe unter Dach sein.‹

›Kommen Sie doch hinunter an die große Tafel. Sie werden eine Reihe tadelloser Tischgenossen finden.‹

›Sie wissen, daß ich nicht zu essen pflege. Außerdem setze ich mich niemals an einen Tisch, an dem ich mir Unbekannte treffen könnte.‹«

Wie weise diese Regel in einem Jahrhundert war, da die Mörder und Spitzbuben jeder Couleur sich ungestraft in ganz Europa und mit Vorliebe in den besseren Kreisen bewegten, sollte Casanova wenige Tage darauf am eigenen Leibe erfahren, als ein angeblicher Graf Piccolomini mit seiner Suite von Pistolenschützen ihm wegen ein paar hundert Gulden beinahe das Lebenslicht ausgeblasen hätte. Die Stelle liest sich wie der Ausschnitt aus einem Roman, und man kann es dem Grafen von Saint-Germain nicht verdenken, daß er nicht durch einen jener dummen Zufälle ums Leben kommen wollte, die in jeder Herberge lauerten und denen schließlich auch ein Winckelmann zum Opfer fiel.

1764 kam es zu Casanovas letzter Begegnung mit dem Grafen von Saint-Germain, obwohl dieser danach noch etwa zwanzig Jahre lebte. Ob Casanova den Grafen auch in späteren Jahren noch für den italienischen Geiger Catalani hielt, wird aus den Memoiren nicht deutlich. Sicher ist, daß er zwar die Persönlichkeit Saint-Germain wegen ihrer intellektbetonten Haltung bewunderte – ihm selbst war es niemals gelungen, die Vernunft zur Maxime seines Lebens zu machen –, daß er im Grunde aber überzeugt war, auch Saint-Germain sei nur einer der vielen Scharlatane, die ihrem Auftreten und ihrem Mundwerk mehr vertrauten als der ehrlichen Arbeit.

Um der Wahrheit die Ehre zu geben, muß gesagt werden, daß Saint-Germain eine verhältnismäßig harmlose Erscheinung in der ganzen Armee hoch- und schlichtgeborener Schwindler war, die in jenem Jahrhundert Europa erobert zu haben schien. Daß Saint-Germain sich zu der kleinen Kabbalistengruppe gesellte, die der Marquise d'Urfé ihre Reichtümer abschwatzte, stellt dem Mann kein gutes Zeugnis aus. Aber was haben solche Schädigungen schon in einer Zeit zu sagen, da der Starstecher und Kurpfuscher John Taylor (1708–1772) Zehntausende ihres Augenlichts beraubte und seine »Kunst« noch in dreibändigen wissenschaftlichen Untersuchungen feiern ließ.

Da Taylor es zuwege brachte, jahrelang Sekretär angesehenster Gelehrtengesellschaften zu bleiben und Hof-Augenarzt von Königen und Fürsten zu werden, hätte Saint-Germain nach einer guten medizinisch-naturwissenschaftlichen Grundausbildung zweifellos einer der berühmtesten Ärzte seiner Zeit werden können. Sein Interesse für ganzheitliche Kuren, für Diätmaßnahmen und natürliche Heilverfahren im Verein mit seiner starken, offenbar von dem sephardischen Vater stammenden Intelligenz hätten ihn vielleicht der Heilkunst neue Wege weisen lassen. Gestorben aber ist Saint-Germain erst 1784 zu Eckernförde und soll, nach Berichten aus seiner nächsten Umgebung, von den letzten Monaten abgesehen, bis zum Schluß wie ein Sechziger und durchaus nicht hinfällig gewirkt haben. Der Mann muß also auch nach den vorsichtigsten Schätzungen etwa hundert Jahre in stetiger körperlicher und geistiger Frische zugebracht haben, was allein zureicht, sein Leben exemplarisch zu nennen.

Ein weiterer Unterschied gegenüber den anderen Scharlatanen besteht darin, daß Saint-Germain offenbar stets Geld hatte. Für alle Menschen seiner Art waren ja nicht die großen Städte gefährlich, wo Giacomo Casanova, Cagliostro, Saint-Germain und ihre Kollegen stets mit der Unterstützung einiger Freunde rechnen konnten, sondern die Kleinstädte mit ihrem engen Bürgergeist, wo eine einzige unbezahlte Rechnung, eine außer acht gelassene Bagatelle zu Schuldhaft führen konnte. (So wurde Casanova in relativ kleinen Städten wie Turin, Bologna, Stuttgart u. a. verhaftet, während man ihm anderswo meist nur bedeutete, daß er besser tue, sich aus dem Staub zu machen.)

Als der Graf von Saint-Germain in einem kleinen piemontesischen Nest wegen eines Schwindelgeschäftes festgesetzt werden sollte, brachte er binnen weniger Stunden die ungeheure Summe von 100 000 Talern in erstklassigen Papieren zusammen und bezahlte auf der Stelle, was man verlangte.

Stärker als der Graf von Saint-Germain beschäftigte das Jahrhundert die weitaus pikantere Frage nach dem Geschlecht eines anderen Geheimdiplomaten, des Chevaliers d'Eon, und es ist sehr bezeichnend, daß selbst der Frauenkenner Casanova sich von ihm täuschen ließ:

»Am Tisch des *(französischen)* Gesandten *(in London, des Grafen de Guerchi)* lernte ich den Chevalier d'Eon, seinen Gesandtschaftssekretär, kennen, von dem bald darauf ganz Europa reden sollte. Eon war eine Frau, die Dragonerhauptmann gewesen war, ehe sie sich der diplomatischen Laufbahn zuwandte. Trotz bedeutender diplomatischer Gaben und männlichen Gehabens gelang es mir nicht, d'Eon für einen Mann zu halten ...«

Bald darauf hatte Casanova wieder mit d'Eon zu tun, da dieser ihm helfen sollte, einen jungen Italiener aus der Schuldhaft in London freizubekommen. Casanova unterhielt damals wegen einiger Mädchen von zweifelhafter Tugend gleich drei Familien gleichzeitig, und die Freilassung des Neapolitaners sollte eine der Schönen aufheitern, die sich wegen der Inhaftierung ihres Verlobten als spröde und einfallslose Geliebte erwiesen hatte.

»Ich blieb eine Stunde bei dem Chevalier d'Eon, und er unterhielt mich mit seiner Geschichte. Er hatte seinen Posten bei der Gesandtschaft verlassen, weil das französische Außenministerium ihm die zehntausend Livres nicht bezahlte, die man ihm schuldete und die ihm auch tatsächlich zustanden. Er hatte sich unter den Schutz der britischen Gesetze gestellt, zweitausend Subskribenten zusammengebracht und bereitete nun die Veröffentlichung eines starken Bandes mit der gesamten geheimen Korrespondenz vor, die zwischen ihm und Versailles in den letzten fünf oder sechs Jahren hin und her gegangen war. Zur gleichen Zeit hatte ein Londoner Bankier bei der Staatsbank zwanzigtausend Pfund hinterlegt und bot öffentlich die Wette an, daß der Chevalier d'Eon eine Frau sei. Es fand sich eine Gruppe, die bereit war, die hohe Wette zu halten, aber die Sache konnte nicht entschieden werden, da der Chevalier d'Eon sich weigerte, sich vor Zeugen untersuchen zu lassen. Man hatte ihm dafür nicht weniger als zehntausend Guineen angeboten, aber er hatte die Wetter nur ausgelacht und erklärt, solch eine Untersuchung würde ihn auf jeden Fall beleidigen, ob er nun Mann oder Frau sei. Caraccioli *(der neapolitanische Gesandte, ein bekannter Freigeist)* hielt dem entgegen, daß eine Untersuchung dieser Art wohl nur für eine Frau peinlich sein könne, ich aber war anderer Meinung.«

Die von Casanova erwähnte Wette wurde ebensowenig ausgetragen wie alle anderen, insgesamt Wetten im Betrage von rund 100000 Pfund Sterling. Die daraus erwachsenden Prozesse erregten jedoch so viel Aufsehen, daß man sich für die eigentliche Tätigkeit d'Eons, der einer der geschicktesten Geheimagenten seiner Zeit war, kaum noch interessierte. Er scheute sich nicht, seine eigenen Auftraggeber zu erpressen, und der gegenüber Casanova erwähnte Quartband *Lettres, Mémoires et Négotiations particulières du Chevalier d'Eon* ist als hochbrisante Aktenveröffentlichung in seiner Wirkung nur von wenigen Weißbüchern übertroffen worden.

Durch sein Doppelspiel zwischen den Geschlechtern fand d'Eon so lange Interesse und Nachsicht, bis die Revolution ernstere Probleme auf die Tagesordnung brachte. Die neuen Herren hielten von Geheimdiplomaten des *Ancien Régime* nichts, ob diese nun in Weiberröcken umherliefen oder ihre Dienste als Dragoneroffizier anboten, und so mußte d'Eon das Los der vielen Emigranten teilen und nach London gehen. Da er sich mit einer ganzen Reihe nobler Familien überworfen hatte, kam er nicht in den Genuß der wechselseitigen Hilfe des französischen Adels (für den der Advokatensohn aus der Bourgogne nicht wirklich mitgezählt hatte) und mußte von zweifelhaften Schaustellungen leben. Selbst seine Fechtstunden, die er in weiblicher Kleidung gab, konnten den alten Chevalier nicht vor der Not schützen. Er mußte seine wertvolle Bibliothek verkaufen und besaß nicht einmal die Mittel, die postume Aufdeckung seines Geheimnisses zu verhindern. Die Totenschau, die der Arzt Copeland im Mai 1810 vor Zeugen vornahm, erwies d'Eon als durchaus normal gebauten Mann. Casanova, der in ihm eine Frau gewittert hatte, war von dem schwachen Bartwuchs und der zarten Gestalt getäuscht worden.

Vor zweierlei war Casanova zeit seines Lebens auf der Hut: vor dem Pöbel, den er ganz im Stile des *Ancien Régime* konsequent *la canaille* nennt, und vor den zahlreichen Spitzbuben, die alle Landstraßen und vor allem die Gasthöfe bevölkerten. Casanova sorgte stets dafür, daß er einen Begleiter hatte, wenn er gutgekleidet durch eine größere Stadt gehen mußte; er fürchtete selbst die bloßen Kotwerfer (denen allerdings in den Straßen des achtzehnten Jahrhunderts ein praktisch unbegrenzter Munitionsvorrat zur Verfügung stand) und zog, wo es ging, Sänften oder Wagen einem auch nur kurzen Fußmarsch vor.

Schwieriger war es für einen vielreisenden Menschen, sich von den *fripons* fernzuhalten, jener großen Gruppe mehr oder minder ausgekochter Gelegenheitsgauner, auf die man überall stoßen mußte, sofern man sich nicht wie der weise Graf von Saint-Germain irgendwo auf dem Lande vergrub und sorgfältig bewachen ließ. Meist gelang es dem Menschenkenner Casanova, sich rechtzeitig zurückzuziehen oder nach einem kleinen Spielverlust den Rückzug anzutreten. Hin und wieder aber ließ er sich enger mit Berufsspielern ein, als klug genannt werden kann. Das war der Fall, wenn Casanova verliebt war und sich jeder möglichen Hilfe bediente, um zu seinem Ziel zu kommen, oder wenn er unbedingt Geld brauchte und nicht so vorsichtig zu Werke gehen konnte wie sonst.

Ange Goudar (etwa 1720–1791) steht an der Grenze zwischen dem Abenteurer und dem Gauner, wobei er als Abenteurer eine etwas klägliche Figur macht, wie alle allzu intellektuellen Mitläufer dieser Gruppe, und als Gauner die widerlichste Profession erwählt hat, nämlich die Zuhälterei.

In keinem anderen Jahrhundert hätte sich ein Mann dieser Herkunft, Bildung und Geistesgaben nach nicht unbeträchtlichen Anfangserfolgen als Publizist so vollständig gehenlassen und nur noch von den Frauen und vom Spiel gelebt. Es war die öffentliche Meinung einer verspielten Zeit, in der man den erfolgreichen Betrüger beifällig belachte wie einen geschickten Akteur auf der Bühne, die solch ein Abgleiten möglich machte. Ein Leben lang scheint niemand Goudar korrigiert zu haben: Solange es ihm gutging, fand man alles in Ordnung, ganz gleich, woher das Geld nun stammte; und als er gegen Ende seines Lebens durch Krankheit ins Elend geriet, interessierte man sich erst recht nicht für ihn. Denn so endeten in jener Zeit allzu viele Lebensläufe.

Goudar kam als Sohn eines hohen französischen Beamten in Montpellier zur Welt und war vielleicht Chevalier. Sein Vater hatte in Marseille gearbeitet, und diese Stadt, in der sich alle Nationen des westlichen Mittelmeers zusammenfanden, machte Goudar früh mit dem italienischen Element vertraut. Italien hat Goudars Temperament zunächst stark angezogen. Er widmete dem Theater und der Musik des zerrissenen Landes eine Reihe kleinerer Schriften. Politisch interessierte er sich mehr für Frankreich. Nach Art der unverbindlich philosophierenden Schöngeister jener Zeit entwarf er einen allgemein-europäischen Friedensplan (1757) und im gleichen Jahr ein Pamphlet mit Ratschlägen darüber, wo das eigentliche politische Interesse Frankreichs läge.

Zehn Jahre später schätzte er Frankreichs Interessen jedoch schon ganz anders ein und bemühte sich, seine schöne Frau Sara zur Mätresse Ludwig XV. zu machen. Er hatte das Pech, daß er auf besonders starke Konkurrenz stieß, auf den hochverschuldeten Grafen Jean Baptiste du Barry, dessen letzte Rettung vor dem Gefängnis ein junges, aber schon stadtbekanntes Freudenmädchen von frecher Schönheit war. Man weiß, wie es ausgegangen ist: Jeanne Bécu wurde »die Dubarry«, und die schöne Sara Goudar, eine Irin aus einem Londoner Gasthaus, mußte mit ihrem Mann nach Italien weiterziehen. Ludwig XV. war unbeirrbar gewesen;

kaum je hatte er sich so entschieden zu einer Eroberung bekannt und ihr von vornherein alles verziehen wie im Falle der Dubarry. Die Herren, die sein Vertrauen genossen, versuchten vergeblich, ihn davon abzubringen, als erster Lebel, der fürchtete, sein König könne sich eine galante Krankheit holen, aber auch Höhergestellte wie der Herzog von Ayen.

Ludwig hatte gehört, daß Sainte-Foix vor ihm der Liebhaber der Dubarry gewesen sei und sagte scherzend zu d'Ayen: »›Es scheint, daß ich in diesem Fall der Nachfolger von Sainte-Foix bin?‹

›Gewiß, Majestät‹, antwortete der Herzog, ›aber nur in dem Sinn, wie Eure Majestät ein Nachfolger Ramses II. sind ...‹«

Die unerklärliche Vorliebe Ludwigs für Jeanne Dubarry erklärte der gleiche d'Ayen bündig, aber zutreffend durch das Wort: »Alles kam nur daher, daß der König nie zuvor mit einer Professionellen geschlafen hatte.«

Der große Coup, die Verbindung zu Ludwig XV., war zwar fehlgeschlagen, aber Goudar zog trotzdem noch beträchtlichen Gewinn aus seiner schönen Frau, die ihn fortan überallhin begleitete. Nach dem alten Hochstapler-Rezept mußte die schöne und Liebeshändeln durchaus nicht abgeneigte Sara dem Salon ihren Glanz verleihen, in dem dann Goudar zum Glücksspiel einlud. London, Paris und Wien verschlossen sich zwar diesem durchsichtigen, allzuoft praktizierten Spiel, aber in Neapel entfalteten die beiden Goudar eine äußerst ertragreiche Tätigkeit.

Casanova war als Cicerone einer Gruppe britischer Adeliger einige Zeit nach den Goudars in Neapel eingetroffen, hatte den exzentrischen Lord Baltimore mit seinem weiblichen Anhang gut untergebracht und sah sich plötzlich dem intimsten Vertrauten seiner Londoner Affären gegenüber: Ange Goudar. Dieser konnte auf so reiches Spielerpublikum, wie es die Engländer waren, natürlich nicht verzichten und machte dem Lord, kaum daß dieser eingetroffen war, seinen Besuch.

»Er lud uns alle für den übernächsten Tag zum Diner«, schreibt Casanova im elften Band seiner Memoiren, »Sara Goudar war nicht überrascht, mich zu sehen, denn ihr Gatte hatte sie natürlich vorbereitet. Um so betroffener war jedoch ich. Sie war in die vollkommene Eleganz einer Dame von Welt gekleidet, so, wie eine Italienerin oder Französin der ersten Gesellschaft sich tragen würde. Dabei gab sie sich unbefangen und natürlich, repräsentierte ausgezeichnet und sprach das Italienische mit der ungesuchten Lebhaftigkeit der Neapolitanerinnen. Sie war so hübsch, daß ich in echte Verzückung geriet und nicht davon ablassen konnte, sie zu betrachten. Sie bemerkte, daß ich sie in Gedanken mit der jungen Kellnerin aus dem Londoner Gasthaus verglich, die sie gewesen war, und lachte aus vollem Herzen ...«

Seltsam an Goudars Lage war nur, daß zwar die besten Kreise bei ihm verkehrten, daß Sara jedoch nirgends eingeladen wurde.

Um so prompter lief König Ferrante IV. in die Falle, die Goudar ihm stellte: Die schöne Sara erwarb sich schnell die allerhöchste Gunst. Ferrante, der in seinem Herzen und in seinen Neigungen seltsam bäuerlich geblieben und darum beim Volk auch sehr beliebt war, hatte in Sara die Kellnerin erkannt, und während er die vornehmen Hofdamen, die sich um ihn bemühten, auf die entlegensten Schlösser verbannte, trat er im Schweiße seines Angesichts sogar in einen zärtlichen Briefwechsel mit Sara Goudar. In welchen Geisteshöhen dieser sich abspielte, enthüllt ein Billett, das die schöne Königin Maria Karoline in einer Tasche eines königlichen Anzugs fand:

»Ich erwarte Sie morgen an derselben Stelle, zur selben Stunde und mit derselben Ungeduld, wie eine Kuh ihren Stier erwartet – S.«

Die Königin war empört, und obwohl ihr einige Historiker unter Hinweis auf ihre eigenen, nicht eben seltenen Liebesaffären das Recht zu dieser Empörung abstreiten, vermögen wir sie doch ein wenig zu verstehen. Sie war eine Tochter Maria Theresias, von einer weniger und von einer mehr gebildeten Hofdame erzogen und sehr jung dem rüden Ferrante ausgeliefert worden. Schon nach den ersten Tagen ihrer Ehe schrieb sie nach Wien:

»Am ungeduldigsten macht mich, daß er *(Ferrante)* sich für schön und gewandt hält, während er doch weder das eine noch das andere ist. Ich muß es eingestehen, daß ich ihn nur aus Pflichtgefühl liebe.« Das mußte eine Frau schreiben, die bis zur Französischen Revolution als eine der schönsten ihrer Zeit galt und obendrein ihrem Gatten das wenige, was er von Geschichte und Politik verstand, erst selbst beigebracht hatte. In einem ihrer ersten Gespräche hatte er sie nämlich mit der These überrascht, daß vor Christi Geburt die ganze Welt von den Türken beherrscht gewesen sei, und es hatte großer Geduld bedurft, ihn wenigstens soweit zu bringen, daß er dies nicht öffentlich wiederholte.

Maria Karolina war also entrüstet, und sie, die selbst einen hübschen Mann, nämlich den Marineminister John Acton, als Geliebten hatte, gönnte Ferrante seine Irin nicht, sondern drang auf Ausweisung der beiden aus den Gebieten des Königreichs.

Damit begann der Abstieg des Ehepaars Goudar. Nach dem russischen Grafen Buturlin, der reichlich für beide gesorgt hatte, war Ferrante ein allzu großer Bissen gewesen, und der unstete König tat offenbar nur wenig, um Sara und Ange Goudar zu schützen. Im Spätsommer 1774 verließen die beiden Neapel und gingen nach Florenz, wo Goudar aber auch mehr Schwierigkeiten als Freude hatte. Er wurde zeitweise eingesperrt und literarisch besonders heftig von einem Journalisten namens Piazza befehdet, dem unter anderen auch Casanova Material lieferte. Es war eine Rache, wenn auch keine sehr vornehme.

Die Goudar gingen nach Holland und trennten sich. Das letzte Dokument ihrer Zusammenarbeit sind die *Oeuvres mêlées de Madame Sara Goudar, Angloise*, in zwei Oktavbänden 1777 in Amsterdam erschienen. Nach Gugitz stammen sie »natürlich«, nach Childs »wahrscheinlich«, nach anderen »zum Teil« aus der Feder Ange Goudars. Graf Max Lamberg fand die Sammlung immerhin so interessant, daß er Casanova in einem Brief vom 4. August 1787, also zehn Jahre nach dem Erscheinen der Bände, um deren Besorgung bat.

Damals lebten Ange und Sara übrigens nicht mehr. Er war 1786 im Elend in London gestorben, sie schon drei Jahre vorher in der Stadt Paris, die eine schöne Frau bekanntlich nicht ins Elend geraten läßt.

Die Frauen

»*Für gewöhnlich sind die Libertins liebenswerter als andere Menschen, denn sie besitzen mehr Geist, mehr Menschenkenntnis und mehr Herz.* Die Frauen lieben sie, weil sie ja selbst insgeheim ausschweifend sind. Ich bin nicht sicher, ob die Frauen im Ernst mit denen böse sind, die sie erröten machen.« Diese Zeilen schrieb im Jahre 1759 Diderot an Sophie Voland. Zu dieser Zeit weilte Casanova zwar nicht mehr in Paris, aber der große Enzyklopädist mußte die Person des Venezianers noch in frischer Erinnerung haben. Als das Urbild des Libertins war Casanova für die einsichtigen und freisinnigen Naturen unter seinen Zeitgenossen keine negative Erscheinung, sondern eher der Abschluß einer Entwicklung. Im sechzehnten Jahrhundert hatte der *Uomo universale* der Renaissance die anderen Männer überstrahlt; im siebzehnten Jahrhundert ging vom Hofmann der stärkste Glanz aus, und im achtzehnten hatte die Degeneration der Höfe und der Gesellschaft den unabhängigen Außenseiter als halb belachtes und halb bewundertes Spiegelbild des eigenen Niedergangs ausgeschieden und in verschiedenen Formen ausgeprägt: als Abenteurer, als Spieler, als Scharlatan.

Daß solche Männer bei Frauen mehr Erfolge hatten als der ansässige, durch Rücksichten auf Umgebung, Familie und Geschäft gebundene Bürger, wäre auch ohne die Diagnose Diderots klar. Nehmen wir hinzu, daß Casanova viel Zeit und große Bewegungsfreiheit, gutes Auftreten und eine sehr gepflegte Erscheinung hatte, so ergeben sich weitere Gründe für seine oft bestaunten Erfolge beim anderen Geschlecht. Hält man all das zusammen, so erübrigt sich beinahe die immer wieder gestellte Frage nach dem Geheimrezept des Venezianers. Denn wenn er auch an einer Stelle von den tausend Frauen seines Lebens spricht und an einer anderen von einigen Hunderten, so sind unter dieser unbestreitbaren Fülle doch kaum ein Dutzend, die ihm besondere Verführungskünste abnötigten und damit die Behauptung rechtfertigten, daß sie sich einem anderen als Casanova nicht ergeben hätten.

Der Hauptvorzug, den Casanova ins Treffen führen konnte, war seine Grundeinstellung gegenüber Frauen. Obwohl er sich gelegentlich als Gelehrter bezeichnete, war er durchaus kein Intellektueller und verachtete die zu seiner Zeit recht häufige Unbildung der Frauen keineswegs. Er hatte ein feines Organ für den Hausverstand und gab den Frauen stets die Gewißheit, daß sie selbst es seien, um die es gehe, nicht um die Aufmachung, den materiellen oder geistigen Schmuck und andere Accessoires. Aus dieser Einstellung floß auch seine Ritterlichkeit.

Sollte es wirklich daneben noch Bedeutung haben, daß unser Venezianer ein paar kleine Tricks anzuwenden pflegte, wie den, junge Mädchen möglichst mit einer gefügigen Gefährtin zusammenzubringen, damit deren Beispiel enthemmend wirke? Oder daß er, wenn ein Mädchen nicht auf seine Bemühungen einging, vor allem nach den tieferen seelischen Ursachen forschte, wie ein moderner Tiefenpsychologe zunächst geistig-seelische Lockerungsübungen machte und geduldig Laufgraben um Laufgraben aushob, ehe er zum Sturm auf die Festung ansetzte? Da scheint es uns wichtiger, festzuhalten, daß Casanova ein erklärter Feind jeglicher Brutalität war, denn in diesem Punkt mögen sich die Methoden seiner Nachfahren am deutlichsten geändert haben. Widerstand veranlaßte Casanova mehr als einmal, alle Bemühungen abzubrechen und zu gehen. Er war durch solche Zwischenfälle in einer uns kaum mehr verständlichen Weise beleidigt, was nur eine Erklärung zuläßt: Er zürnte in solchen Augenblicken sich selbst, die Situation falsch eingeschätzt und das ersehnte Objekt unzureichend vorbereitet zu haben.

Er war zutiefst überzeugt, daß die Frauen in ihrem innersten Wesen mindestens so ausschweifend seien wie die Männer und daß folglich zum Erfolg seiner Bemühungen nichts weiter nötig sei, als eine Gelegenheit zu schaffen, in der die Umstände keine Hemmungen aufkommen ließen. Zu diesem Zweck nahm er selbst jedes Opfer auf sich und demonstrierte dadurch den Frauen überzeugend, daß man das Glück der Lust mit einiger Energie herbeizwingen könne. Die Überraschten hatten oft keinen Ausweg als den, sich zu ergeben, hatte ihr Ritter doch ihretwegen zehn Stunden in einer kalten Kirche oder vier Stunden in einem Wandschrank zugebracht, wo ihm der Käse vor der Nase lag und Ratten über seine Füße huschten.

Wäre das Rezept also noch immer der Ritter ohne Furcht und Tadel, der zu jedem Minnedienst unerschrocken Bereite? Nicht ganz, wenn wir nach Casanova urteilen, dessen Jahrhundert doch einige feinere Würzen empfahl. Die eine war die Rede. Sie stand dem Schauspieler- und Patriziersproß, dem gelernten Juristen und einstigen Abbé, dem Bürger der alten Handelsrepublik und Schüler des alten Crébillon in einem erstaunlichen Maß zu Gebote und verließ ihn nur, wenn man ihn sehr empfindlich kränkte (dann nämlich sprach er nicht mehr, sondern schrieb, was ihn als einen echten Pamphletisten ausweist). Er wußte seine Sprache zu nuancieren wie wenige andere und selbst aus seinen Fehlern (als er des Französischen noch nicht mächtig war) eine Tugend zu machen und zusätzlichen Charme zu gewinnen. Die Redegabe erst machte ihn zu dem Mann der vielen Masken, unter denen die Annäherung gemeinhin vor sich ging. Man operierte im achtzehnten Jahrhundert nicht gleich mit dem Ultimatum: Ergib dich oder ich verlasse dich. Solche Siege hätten einen Casanova nur über seine eigene Erbärmlichkeit weinen lassen. Und benützte er Geld, dann war damit nie eine Pression verbunden. Alles was er ausgab und aufwendete, sollte nur in dem Pfauenrad glitzern, das er vor der Dame schlug. Er verschwendete, aber nicht, um sie zu bezahlen, sondern um sich großzügig zu zeigen, um sich das immer interessante Air des Verschwenders zu geben, und wenn er schenkte, so geschah dies ohne Kalkül, mit der Absicht, zu verblüffen wie ein Zauberkünstler:

»Ich lag noch im Bett, als mein Kammerdiener mir meldete, eine hübsche Dame bitte um die Ehre, mich zu sprechen. Ich ließ sie eintreten und sah mit Vergnügen, daß es Agatas Mutter war. Ich bat sie, sich neben mein Bett zu setzen, und lud sie ein, eine Tasse Schokolade mit mir zu trinken. Als wir allein waren, zog sie die Ohrgehänge aus der Tasche, die ich ihrer Tochter gegeben hatte, und sagte mir lachend, sie habe sie einem Juwelier gezeigt, der ihr tausend Zechinen dafür geboten habe. Er ist verrückt, rief ich, ebenfalls lachend, Sie hätten sie ihm lassen sollen, denn sie sind keine vier Zechinen wert. Zugleich ergriff ich ihre Hand, zog sie an mich und umarmte sie. Da ich fühlte, daß sie meinen Kuß erwiderte und gefügig war, ließ ich es dabei nicht bewenden, so daß wir schließlich ein paar Stunden damit zubrachten, uns gegenseitig zu beweisen, wie sehr wir einander schätzten. Nach dieser entzückenden Szene sahen wir beide ein bißchen erstaunt aus; die reizende Mutter brach zuerst das Schweigen und fragte lächelnd: Soll ich meiner Tochter erzählen, auf welche Weise Sie mich überzeugt haben, daß Sie sie lieben?«

Eine winzige, aber brillante Szene, die wir uns in ihrer Leichtigkeit nur bei Hofmannsthal oder Feydeau denken können. Ungekünstelt ergibt sich alles von selbst. Die Dame weiß nicht, daß die Ohrgehänge ein Geschenk der alten Marquise d'Urfé an unseren Chevalier sind, aber sie weiß, daß sie echt sind. Casanova tut, als interessiere ihn das nicht. Es ging ja nur um den einen Theatercoup, eine Ballettelevin mit Ohrgehängen ungeheuren Wertes in den Ballsaal zu schicken. Der Baum ist geschüttelt, und statt der einen Frucht fallen gleich zwei. Wollte einer versuchen, diesen Erfolg gleichsam mit System zu erlangen, so fiele ihm statt des Obstsegens höchstens ein Ast auf den Kopf.

Solche Gelöstheit ist naturgemäß besonders dazu angetan, Hemmungen aus dem Weg zu räumen. Darum scheut Casanova sich auch nie, sein Genießertum zu bekennen. Einer jungen Dame, die ihm eben ihre Reize enthüllt hat, versichert er: So schön sie sei, was sie wirklich unwiderstehlich mache, sei die Kombination von

Chambertin und Roquefort, die sie ihm eben vorgesetzt habe. Und als er sich zwischen den kühlen Mauern des Waldsteinschen Schlosses an den Abend erinnert, an dem eine schöne Genfer Theologin und deren taufrische Nichte zugleich seine Beute wurden, da fällt ihm sogleich ein, daß die beiden Damen ihm vorher ein prächtig getrüffeltes Hühnchen mit einer Flasche alten Neuburgers aufgetischt hatten. Das eine gehört zum andern. Es gibt keinen Grund, sich ein gutes Mahl zu versagen, und selbst als die ihrer Wiedergeburt entgegenhoffende Marquise diamantenbehängt neben ihm sitzt und in Gedanken an den Erzzauberer Oromasis nur Fisch zu essen wagt, gibt sich Casanova ungehemmt seinem gesunden Appetit hin (der ihn nicht einmal vor dem Duell mit Branicki verließ).

So unbekümmerter Lebensgenuß schafft Heiterkeit, schafft eine gelöste Atmosphäre. Den Liebesszenen der viertausend Memoiren-Seiten fehlt alles Dumpfe, Schuldhafte, Sündige. Casanova versteht es, seinen Partnerinnen, woher immer sie kommen mögen, stets das eine klarzumachen: daß man mit der wahren inneren Heiterkeit nicht sündigen könne. In dem Augenblick, da sie sich ihm ergeben, beginnt alles von ihnen abzufallen, was ihr Leben verdüsterte: die kleinstädtische Umgebung, die adelige oder kleinbürgerliche Familie, die Aufsicht durch den Pfarrer, die Gemeinschaft mit einem ungeliebten Mann. Das Glück, das sie Casanova geben, ist auch das ihre, und es ist viel mehr als der bloße Genuß in seiner kathartischen Funktion, es ist der intime weibliche Triumph, zu dem er ihnen verhilft, sehr oft als erster, oft als einziger Mann ihres Lebens.

Muß man sich wundern, daß sie alle ihn nicht vergessen? Ja mehr, daß sie in Freude und Dankbarkeit an ihn zurückdenken und durch ihr späteres Leben den Schritt, den sie ohnedies nie wirklich bereut haben, auch noch bestätigt finden? Während andere Herzensbrecher Fluten von Tränen hervorrufen, lächeln die Heldinnen dieser Abenteuer Casanova zu, wenn er sich wieder zeigt, ob es nach zwei oder nach zwanzig Jahren ist. Sie führen ihm ihre Töchter zu mit der Bitte, diese ebenso glücklich zu machen, und sei es nur für eine Nacht. Sie stellen ihm sogar ihre Gatten vor, damit auch diese dem Venezianer danken können, und sie öffnen ihm ihre Schmuckschatulle, um dem gealterten und verarmten Chevalier wenigstens im Materiellen abzugelten, was er für sie getan und ihnen gegeben hat.

»Vor dem Essen nahm Agata mich mit sich in ihr Zimmer, öffnete einen schönen Juwelenkasten und zeigte mir die herrlichen Ohrgehänge und die anderen Schmuckstücke, die ich ihr geschenkt hatte, als ich reich und in sie verliebt gewesen war. Dazu sagte sie: Ich lebe jetzt in guten Verhältnissen und verdanke mein ganzes Glück Ihnen, lieber Freund. Sie würden mir nur Freude bereiten, wenn Sie alles wieder nehmen, was sie mir gegeben haben. Fassen Sie das nicht als Beleidigung auf. Mein Herz ist voller Dankbarkeit, und was ich Ihnen sage, ist heute morgen zwischen meinem guten Mann und mir verabredet worden.

Um meine Bedenken zu zerstreuen, zeigte sie mir den Schmuck, den ihr Mann ihr geschenkt hatte. Es waren Schmucksachen von beträchtlichem Wert, die früher seiner ersten Frau gehört hatten. Voll Bewunderung für ein so edles und zartfühlendes Benehmen konnte ich keine Worte finden, um ihr meine Gefühle auszudrükken; ich ergriff nur ihre Hände, und meine Blicke sagten ihr deutlich genug, was ich in meinem Herzen fühlte.«

Es gibt also wohl kein Geheimrezept, wenn man nicht die Geschichte dieses ganzen Lebens geheimnisvoll finden will, weil die Kräfte, denen es gehorchte, unergründlich sind und bleiben. Mit hoher Intelligenz begabt, war Casanova doch kein Verstandesmensch, was er uns in vielen unsagbar komischen Zornesausbrüchen beweist. Bei den Frauen kam ihm der Reichtum dieses Gefühlslebens sehr zustatten, denn ob das Herz dabei war oder nicht, spürte doch jede. Die Kette der Liebesabenteuer, die Tatsache, daß Casanova immer nur für ein paar Wochen frei von Verliebtheit ist, erklärt sich vom Herzen her. Er nennt sich zwar einen Wüstling, war aber im eigentlichen Wortsinn nur ein Leichtentflammter. Eine glückliche Natur ließ ihn Trennungen schnell verwinden. Die Träne noch im Auge, blinzelte er schon der nächsten zu, nicht aus Oberflächlichkeit, sondern um sich ebenso tief in dieses neue Abenteuer zu stürzen, abermals alles zu geben und freilich auch alles zu nehmen.

Wenn es in seinem Leben etwas gab, was stärker war als der Hang zu den Frauen, dann war es das Verlangen nach Freiheit und Freizügigkeit. Beim Abfassen der Memoiren, als er alle Frauen noch einmal Revue passieren ließ, da waren auch einige darunter, bei denen es ihm sichtlich leid tat, diese trügerische Freiheit des schweifenden Abenteurers nicht in eine Freiheit gemeinsamen Glücks in gesicherten Lebensumständen verwandelt zu haben. Lucrezia, die der junge Abbate Casanova auf dem Weg von Neapel nach Rom mit Verve und Kühnheit erobert hatte, bot die eine Möglichkeit, als Casanova sie nach Jahren wiedersah; die bis heute mit ihrem wahren Namen unbekannte Madame Dubois, Casanovas kluge Haushälterin, eine andere, Esther, die reiche Erbin in den Niederlanden, eine dritte. Aber wenn er auch bereute: Die Erinnerungen an all diese Geliebten waren ihm zu teuer, um an der Schwelle des Alters reich zu heiraten, wozu zweifellos Gelegenheit gewesen wäre, denn auch im achtzehnten Jahrhundert überlebten die Frauen ihre Männer, beerbten sie und suchten mit Hilfe dieses Erbes nach Trost, vor allem aber nach einem Tröster.

Daß Casanova nicht in Versuchung geriet, statt Bibliothekar Schloßherr zu werden, mag daran liegen, daß ihm die Jahre der Abhängigkeit von der wesentlich älteren Marquise d'Urfé gezeigt hatten, wie schwer ein Leben an der Seite einer ungeliebten Frau ihm fallen würde. Aber es scheint doch auch, als sei Casanovas Neigung zum anderen Geschlecht mit zunehmendem Alter immer spezieller geworden. Als er ein junger Abbé oder ein frecher Fähnrich gewesen war, hatten die Offiziersdamen und die hübschen Gattinnen anderer Standespersonen seine Aufmerksamkeit stärker erregt als die Mädchenbeute an Wirtstöchtern, die sich gleichsam nebenher ergab. Doch je älter unser Chevalier wurde, desto jünger waren die Gespielinnen, nach denen ihn verlangte. Indes hatte er immer noch soviel Geschmack und Verantwortungsgefühl, daß es in den Begegnungen mit Dreizehn- oder Vierzehnjährigen tatsächlich meist bei Spielen blieb.

Immerhin wecken diese in den Memoiren offen eingestandenen Neigungen unseren Verdacht, und wir vermögen uns der Behauptung, Casanovas Liebesleben sei frei von allen Perversionen geblieben, nicht ganz anzuschließen. Zwar sind die im engeren Sinn homoerotischen Erlebnisse selten, eines (in der Türkei) vielleicht sogar erfunden und dieser ganze Bereich, als nur aus Neugierde erschlossen, zweifellos auszuklammern. Nachdenklich muß es stimmen, mit welcher Ungeniertheit sich Casanova vor Dritten produziert, ob es sich dabei um versteckte Zuschauer handelt, deren Anwesenheit den Akteuren aber bekannt ist (wie im Falle Bernis) oder um die offene Neugierde des Genfer Syndikus, um die zahllosen *Parties à trois* oder um die Gleichgültigkeit unseres Venezianers, wenn man ihm eingesteht, ihn durch einen Türspalt in voller Aktion bewundert zu haben.

Gegenüber dieser exhibitionistischen Komponente, ohne die vielleicht die Memoiren gar nicht entstanden wären, sind die Voyeurs-Neigungen auf das natürliche Maß beschränkt. Erst, wenn er seine Kräfte nachlassen fühlt, verlangt er seinen Partnerinnen all jene aufreizenden Stellungen ab, die Aretino seinen Lesern suggeriert hat. Eine berühmt gewordene Szene: die stolze und gewinnsüchtige Jüdin Lia, zur Buße aller Kleider beraubt, einen Tag lang also nackt in Casanovas großem Haus in Turin, findet sich, so gut sie sich in die Stimmung dieser Haßliebe fügt, im Originaltext der *Histoire de ma Vie* nicht. Anstelle des Bildes, das somit erst die Bearbeiter vor uns entworfen haben, sagt uns Casanova selbst nur bündig, als ziehe er damit in Gedanken den Schlußstrich: »*Elle ne me refusa rien.*«

Und wenn er uns einmal auch deutlich seinen Abscheu für eine in Rom entfesselte Großorgie vor Augen führt, so ruft er doch bei einer anderen Gelegenheit begeistert aus *Quel orgie!* Vielleicht beruhte seine Abneigung gegen die Monströsität sexueller Massenbegegnungen eher darauf, daß er in diesem Falle nicht mehr der Zeremonienmeister, sondern nur noch einer der Darsteller war, und das war ihm aus Gründen zuwider, die mit den Frauen weit weniger zu tun hatten als mit seiner gesamten Auffassung von seiner eigenen, unverwechselbaren und einzigartigen Persönlichkeit.

Sadistische Neigungen fehlten ihm sympathischerweise so gut wie ganz. Frauen erregten sehr schnell sein Mitleid, Männer noch schneller seine Verachtung, und was danach noch auszuräumen war, das besorgte Casanovas starker Sinn für Komik:

»Ich hatte notgedrungen der Corticelli halb und halb verziehen, und wenn ich rechtzeitig nach Hause kam, aß ich mit Madame d'Urfé und dem törichten Mädchen zu Abend, ehe ich die Nacht mit ihr zubrachte. Die Spitzbübin schlief allein in einer Kammer, die an das Zimmer ihrer Mutter stieß, durch das man mußte, wenn man zu ihr wollte.

Eines Nachts kam ich gegen ein Uhr nach Hause. Zu schlafen hatte ich noch keine Lust, also zog ich meinen Schlafrock an, nahm eine Kerze und besuchte die Schöne. Im Augenblick jedoch, als ich bei ihr eintreten wollte, ergriff ihre Mutter meinen Arm und bat mich, ihre Tochter an diesem Abend zu schonen, sie fühle sich nicht wohl und müsse schlafen.

Was anderes will ich auch nicht! sagte ich und stieß die Alte zurück. Dann trat ich ein und fand das Mädchen mit einem Mann im Bett, der sich unter der Decke versteckte ... An allen Gliedern zitternd, die Augen voller Tränen, ergriff sie meine Hand und rief:

›Ich beschwöre Sie, verzeihen Sie. Es ist ein junger Kavalier, dessen Namen ich nicht kenne.‹

›Nun, so wird er mir seinen Namen selber nennen!‹

Mit diesen Worten ergriff ich eine Pistole und entblößte mit der anderen Hand den Kuckuck, der seine Eier nicht ungestraft in mein Nest gelegt haben sollte. Ich sah einen jungen Mann, den ich nicht kannte. Sein Kopf war mit einem seidenen Tuch bedeckt, das

einem Turban ähnelte, im übrigen aber war er nackt wie ein kleiner Adam und wie die schamlose Corticelli auch. Er kehrte mir
den Rücken zu und angelte nach seinem Hemd, ich packte ihn
jedoch am Arm und hinderte ihn, irgendeine Bewegung zu machen, denn die Mündung meiner Pistole sprach eine unwidersteh-
liche Sprache.

›Wer sind Sie, schöner Fremdling?‹

›Ich bin der Baseler Domherr Graf B'(larer v. Wartensee).

›Halten Sie das, was Sie hier tun, für eine geistliche Verrich-
tung?‹

›Gewiß nicht, mein Herr, verzeihen Sie mir und verzeihen Sie
auch Madame, denn ich bin der einzig Schuldige ...‹

Ich war in guter Stimmung, darum vermochte ich der Corticelli
nicht zu zürnen, sondern konnte mich kaum des Lachens enthalten. Das Gemälde hatte in meinen Augen etwas Anziehendes, weil
es komisch und zugleich wollüstig war. Das Bild der beiden vor mir
kauernden nackten Leiber war äußerst lasziv. Ich betrachtete die
Corticelli und ihren Galan gut eine Viertelstunde lang, ohne ein
Wort zu sagen, und hatte während dieser Zeit Mühe, die Versuchung niederzukämpfen, die ich empfand, nämlich, mich zu ihnen
zu legen ... Die Corticelli, der ein Übergang vom Weinen zum
Lachen keine Mühe machte, würde ihre Rolle entzückend gespielt
haben.«

Diese Stelle ist die einzige des ganzen Memoirenwerks, in der
Casanova, offensichtlich ruhigen und heiteren Gemüts, zartsadisti-
sche Töne anklingen läßt. Und dabei hat selbst dieses Bild eines mit
der Pistole in der Hand Nuditäten betrachtenden Kavaliers nicht
seine volle Beweiskraft. Es stammt aus einem der vier nur in Bear-
beitung erhaltenen Kapitel des achten Buches.

Da wir jedoch Casanovas Leben so vollständig überblicken wie
das sehr wenig anderer Menschen, läßt sich mit Sicherheit sagen,
daß dieses zeitweilige Untertauchen in Abseitigkeiten, am Lauf des
ganzen Lebens gemessen, nur arabeskenhaften Charakter hatte.
Casanova war mit seiner ganzen Natur dem anderen Geschlecht

zugetan; das gilt für seine geistigen Bemühungen, das Wesen der Liebe zu ergründen und ihr bis in die zartesten künstlerischen Ausprägungen bei den antiken Poeten, aber auch bei Ariosto und Petrarca nachzuspüren. Das gilt aber auch für sein Verhalten in dem Augenblick, da er sein Ziel erreicht hatte. Er war, zum Unterschied etwa von den indischen Liebeslehrern, der Meinung, daß der Mann den größeren Genuß habe. Vor allem aber war er überzeugt, daß sein eigener Genuß für das Gelingen des Aktes nicht so wichtig sei wie die Lust der Frau, die er eben in den Armen hielt, und er war in diesem Punkte nur dann eigensüchtig, wenn er aus irgendeinem Grunde die Frau verachtete oder haßte, also in ganz wenigen Fällen.

Darum blieb bei den Frauen und Mädchen, die mit ihm zu tun hatten, nie Erschrecken oder Bedauern zurück. Auch die Scheuesten versuchten, wenn sie eine Nacht mit Casanova verbracht hatten, eine zweite herbeizuführen; keine fühlte sich beraubt, alle wußten sich beschenkt.

Von dem Augenblick an, da sie mit Giacomo Casanova zusammen gewesen waren, haben die vielen Frauen seines Lebens etwas gemeinsam: ihn und das Erlebnis mit ihm, die Begegnung mit einem Mann, der sich, eben weil er kein echter Chevalier war, mit dem Besten seiner Kräfte bemühte, das ritterliche Ideal seiner Zeit zu erreichen. In vielem blieb er dahinter zurück, weil die Ausgangsposition ungünstig war: Es fehlte am rechten Familienhalt, am Besitz, an der wirklichen Erziehung und an einem über dem Menschlichen stehenden, sein Dasein zuverlässig erhellenden Lebensziel. Casanova mag bei den feineren Geistern unter seinen Damen doch auch jenes Mitleid erweckt haben, das wir den Fahrenden trotz ihres Glanzes und ihres sieghaften Lachens immer entgegenbringen. Von seinem Vaterland verstoßen, war er heimatlos; ohne den Schutz seines Staates war er praktisch ein Staatenloser, und seine Reisen durch Europa waren, trotz allen Auftrumpfens, trotz vorgeblicher und wirklicher Studien, ein Irren durch die Länder, bei dem er zwar wie der Venezianer Marco Polo sein Vermögen in

Edelsteinen mit sich führte, uns aber bisweilen tatsächlich an Don Quichote von der Mancha erinnert. Wäre er (woran nicht viel fehlte) tatsächlich zum Gouverneur der Siedlerkolonie ernannt worden, die Spanien mit Schweizer Bauern in der Mancha zu errichten versuchte, so wäre dies eine Heimkehr geworden, die Wiederbegegnung mit der nie geschauten Heimat.

An der tiefen Einsamkeit dieser Lebensreise ist nicht zu zweifeln; bemühte Casanova sich auch immer um Gesellschaft, so unterstreichen die Memoiren doch auch, daß er selten in diesen Zufallsgefährten und -gefährtinnen aufzugehen und mit ihnen wirklich glücklich zu sein vermochte. Ja seine tiefe Abneigung, eine Mahlzeit allein einzunehmen, hat etwas Panisches und läßt uns ahnen, daß ihn schon in der Sonne der Provence vor den kühlen Mauern von Dux fröstelte.

Aus dem Sonnenland im französischen Süden kam die Frau, die als einzige tiefe Seelenverwandtschaft mit Casanova zeigte: Henriette oder, wie man heute weiß, Jeanne-Marie d'Albert de Saint-Hippolyte, die fünf Jahre, ehe Casanova sie kennenlernte, einen Herrn Boyer de Fonscolombe aus einer der ersten Familien von Aix geheiratet hatte. Da sie diesen Gatten aber bald wieder verließ, dürfen wir annehmen, daß ihr mütterliches Erbe stärker in ihr war als die provenzalische Umwelt, das Schloß Luynes an der Loire, das vier dicke Türme über die Baumkronen reckt und das Charles d'Albert hundert Jahre, ehe Henriette geboren wurde, für seine Familie gekauft hatte.

Als Henriette und Casanova einander begegneten, waren sie beide auf der Flucht. Er hatte (klüger als wenige Jahre später) Venedig in dem Augenblick verlassen, als die Inquisitoren sich für ihn zu interessieren begannen; sie war ihrem Schwiegervater ausgerückt, einem an Jahren und Titeln überreichen Herrn, der offenbar die Absicht hatte, die ungebärdige junge Frau in ein Kloster bei Rom zu bringen. Sie floh von einem alten Herrn zu einem andern, einem ritterlichen ungarischen Offizier, der offenbar der erstbeste war, aber zweifellos nicht der Schlechteste. Casanova erzählt uns, daß

Henriette eine Uniform trug und nicht einmal weibliche Wäsche, sondern Hemden des Ungarn, ganz so, als sei sie Herrn Boyer *senior* nackt entsprungen. Der Ungar gab die vom ersten Augenblick an selbständig und entschlossen wirkende junge Französin nur zaudernd weiter; er hatte nie mit ihr sprechen können, da sie nicht Latein verstand, er aber das Französische nicht beherrschte. Aber der Zauber einer geheimnisvollen, still strahlenden Persönlichkeit muß sich ihm doch mitgeteilt haben, denn Casanova macht deutlich, daß der Ungar sie nicht jedem überlassen und daß Henriettes Zustimmung den Ausschlag gegeben hätte.

»Wer immer glaubt, eine Frau genüge nicht, um einen Mann in allen vierundzwanzig Stunden des Tages glücklich zu machen, der hat eben nie eine Henriette besessen. Das Glück, das mich ganz und gar erfüllte – der Ausdruck ist nicht übertrieben – war viel vollkommener, wenn ich mich mit ihr unterhielt, als wenn ich sie in meinen Armen hatte. Sie besaß viel Takt und natürlichen Geschmack und hatte auch viel gelesen; ihr Urteil war sicher und treffend, und ohne jegliche Gelehrsamkeit sprach sie doch oft mit geradezu mathematischer Logik. Dabei kamen all die klugen Worte leichthin und anspruchslos aus ihrem Mund, und ihre natürliche Anmut vermochte jedem Ding Reiz zu verleihen ... Wie mußte ich mich fühlen, der ich eine Henriette besaß? Glücklich, dermaßen glücklich, daß ich mein Glück nicht mehr ermessen konnte!«

Es war ein kurzes Glück, aus dem Casanova uns zudem verhältnismäßig wenig berichtet. Von Cesena, wo sie sich kennengelernt hatten, reisten sie nach Parma. Es war im Herbst 1749; ein Jahr zuvor hatte Maria Theresia Parma an den spanischen Infanten Don Felipe abgetreten, und kurz vor Casanova war der spanische Herzog mit seiner französischen Frau in seiner Residenz eingetroffen. In der kleinen Stadt wimmelte es von Franzosen, und da man sich auf gewissen Plätzen und vor allem im Theater immer wieder traf, mußte Henriette fürchten, erkannt zu werden. Daß Casanova sich eine seinem Wesen durchaus fremde Zurückhaltung auferlegte, keine Besuche empfing und daher auch keine Bekanntschaften machte, spricht dafür, daß Henriette ihm doch mehr gesagt hatte, als er den Memoiren anvertraut. Ja, seine Diskretion in Hinblick auf diese Frau und dieses Erlebnis ist so deutlich und sticht so sehr von dem Ton ab, in dem er andere Erlebnisse schildert, daß dies allein genügen würde, Henriette vor allen anderen Frauen der *Histoire de ma Vie* auszuzeichnen.

Trotz aller Vorsicht kam das Unglück schnell. Einer der vielen jungen französischen Offiziere erkannte Henriette, die auffallend hübsch gewesen sein muß. Er war ein Verwandter, kannte ihre Verhältnisse und die Geschichte ihrer Flucht und führte die Verhandlungen, die schließlich ihre Rückkehr nach Frankreich bewirkten. Casanova durfte sie noch bis Genf bringen.

»Bei Einbruch der Nacht reisten wir von Parma ab und hielten uns nur in Turin zwei Stunden auf, um einen Bedienten anzunehmen, der uns bis Genf begleiten sollte. Am nächsten Tag überschritten wir den Mont Cenis in Sänften, zu Tal fuhren wir im Bergschlitten. Am fünften Tag kamen wir in Genf an und stiegen im Gasthof zur Waage ab. Tags darauf gab Henriette mir einen Brief an den Bankier Tronchin, der, sobald er ihn gelesen hatte, mir sagte, er werde mir persönlich tausend Louis d'Or bringen.«

Die Summe wird für einen Gedächtnisfehler Casanovas gehalten. Vermutlich waren es tausend Livres, eine weitaus geringere Summe. Jedenfalls teilte sie Henriette, gab Casanova (der sich beinahe bis auf den letzten Heller für sie verausgabt hatte) die eine Hälfte, von der anderen ließ sie Wagen und Lakaien besorgen. Die Flucht war zu Ende, eine adelige Dame kehrte in der Form, die sich dafür empfahl, nach Hause zurück.

»Henriette suchte mir mit keiner neuen Hoffnung zu schmeicheln, um meine Qual zu mildern, im Gegenteil. Ich mußte ihr versprechen, mich niemals nach ihr zu erkundigen und, sollte ich ihr zufällig begegnen, so zu tun, als kenne ich sie nicht …

Mit Tagesanbruch reiste sie ab; sie hatte bei sich ihre Gesellschaftsdame, ein Lakai saß auf dem Bock, ein anderer ritt als Kurier voran. Ich folgte ihr mit den Augen, solange ich den Wagen sehen konnte, und blieb noch lange, nachdem sie verschwunden war, auf demselben Fleck stehen, denn alle Gedanken galten nur dem teuren Wesen, das ich verlor, und die ganze Welt war in meinen Augen nichts mehr wert.«

Casanova war vierundzwanzig, Henriette einunddreißig Jahre alt. Daß sie ihm überlegen war und dennoch von ihm geliebt wurde, steht in seinem ganzen Leben einmalig da. Vielleicht gab ihm seine Jugend im Verein mit ihrer völligen Mittellosigkeit bei der Begegnung jenes Überlegenheitsgefühl, das er stets brauchte, um einer Frau näherkommen zu können, und vielleicht machte er nur darum keinen Versuch, sie zurückzuhalten, weil er in jenem Alter noch klar sah, daß er der Welt, die sie verkörperte, nie würde angehören können. Über den wenigen Monaten, die er mit Henriette zubrachte, liegt darum auch etwas Unwirkliches wie über einem *Conte de Fées*, und Casanova konnte diese Bezauberung sein Leben lang weder vergessen noch von sich werfen.

Bei zwei zufälligen Begegnungen in den Jahren 1763 und 1769 zeigte Henriette sich dem einst Geliebten nicht mehr, vielleicht, weil sie inzwischen gealtert war, vielleicht auch, weil sie ihn nicht in die wiedergefundene Sicherheit ihres familiären Lebens einführen wollte. Seit 1769 aber standen Henriette und Casanova in einem Briefwechsel, der uns durch ein bedauernswertes Mißverständnis nicht erhalten geblieben ist.

Casanova wußte, als er in Dux seine Memoiren niederschrieb, daß Henriette noch lebte, was ihn zur vollen Diskretion verpflichtete. Wegen der Revolutionskriege und der in ganz Europa ausgebrochenen Unruhe erfuhr er nicht mehr, daß sie im Jahr 1795 gestorben war und verbrannte, als Ritter ohne Tadel, ihre Briefe an ihn, als er selbst den Tod herannahen fühlte. Darum fehlen die Zeilen, die vielleicht seine allzuknappe Schilderung hätten ergänzen können, es fehlen uns die Zeugnisse, die uns den eigentümlich starken und selbständigen Geist dieser Frau deutlich gemacht hätten, die im Herzen zweifellos eine Abenteuerin war. Denn als sie ihren Mann verließ, hatte sie diesem schon zwei Kinder geboren, und die Zeit der Jugendstreiche lag schon hinter ihr, und was sie tat, war die Folge ihrer eigensten Natur, war das Ergebnis einer Überlegung, hinter der nun der ganze Mensch stand.

»Da ich von Genf erst am nächsten Tag abreisen konnte, verbrachte ich auf meinem Zimmer einen der traurigsten Tage meines Lebens. Ich entdeckte auf einer der Fensterscheiben folgende Worte, die sie mit der Spitze eines Diamanten eingeritzt hatte: *Du wirst auch Henrietten vergessen* ... Nein, ich habe sie nicht vergessen, denn noch jetzt, da mein Kopf mit weißen Haaren bedeckt ist, empfinde ich ihr Andenken als wahren Balsam für mein Herz. Wenn ich bedenke, daß mich jetzt, in meinen alten Tagen, nur noch die Erinnerung glücklich macht, so finde ich, daß mein langes Leben doch mehr glücklich als unglücklich gewesen sein muß, und ich wünsche mir Glück, mir selber gestehen zu können, daß das Leben ein Gut ist ...«

Solche Stellen und Erlebnisse sind es, die Casanovas Memoiren zu einem unsterblichen Buch gemacht haben, nicht die mitunter recht detaillierten Beschreibungen erotischer Szenen, die sich ja überreichlich in weniger bedeutenden Erzählungen dieses galanten Jahrhunderts und in der Geheimpornographie der folgenden Jahrzehnte finden. Casanovas echte Ergriffenheit und Leidensfähigkeit versöhnen auch kritische Gemüter mit seiner erotischen Besessenheit, denn das tiefe Gefühl rechtfertigt vieles.

Abschied vom Süden

Casanova lebte achtzehn Jahre als Verbannter,
nicht nur aus der Stadt Venedig, wie wir sie heute kennen, sondern auch
aus den damals sehr ausgedehnten venezianischen Territorien, der soge-
nannten Terra ferma, *dem heutigen Venetien im Norden der Adria,*
und weiten Landstrichen in Dalmatien, der Insel Korfu und anderen
venezianischen Kolonien. Er konnte also nicht, wie andere berühmte
Verbannte – etwa Madame de Staël – in eine ruhigere Gegend der
Heimat ausweichen, dort Freunde empfangen und seßhaft werden,
wie es sich in der Mitte des Lebens empfiehlt, wie es unser Le-
bensrhythmus uns in Hinblick auf das Alter nahelegt. Casanova ist,
nach Enttäuschungen, Krankheiten und in einer finanziellen
Dauermisere, längst ruhebedürftig, aber er reist immer noch, als
wäre er jung und elastisch und hoffnungsvoll, durch Europa, so daß
man seine Erinnerungen auf weiten Strecken auch als Reiseerzäh-
lung verstehen kann. Wer immer sich mit der technischen und
sozialen Seite des Reisens in früheren Jahrhunderten beschäftigt,
findet in Casanovas Memoiren eine anderswo nicht übertroffene
Fülle charakteristischer Einzelheiten.

Als er sich nach der Ruhephase in Südfrankreich noch einmal
nach Italien aufmacht, weil er in Rom einen Bruder und die Familie
Mengs weiß und in Neapel hochreichende Verbindungen hat, beginnt das Abenteuer schon damit, daß sich ihm eine junge Engländerin anschließt (er reist ja noch immer mit der eigenen Kutsche),
der er trotz warnender Vorgefühle den freien Platz an seiner Seite
nicht verweigert, weil sie eben hübsch ist. Natürlich kommt es zu
Turbulenzen, denn die Schöne wird ihrem vorbestimmten Gatten,
der zu Pferd reist, abspenstig gemacht und durch ihren Verführer
alsbald Casanova angeboten. Gemeinsam mit dem wiedergefunde-

nen Verlobten macht Casanova dann Jagd auf den Zuhälter, der sich Comte d'Etiolles nennt (fatalerweise also den Familiennamen der Marquise de Pompadour gebraucht). Der Venezianer präsentiert sich also, trotz der Liebesfreuden, die ihm das wankelmütige Hascherl unterwegs gewährt hat, als Ehrenmann.

Das für uns interessante an dieser Episode um Sir B. Miller und die junge Lady sind die damals mit Emphase durch Italien reisenden Briten, die ihre Schlechtwetterheimat für Monate und Jahre verlassen und sich dank beträchtlicher Geldmittel fern von den Urteilen Fieldings und den Sittengesetzen des georgianischen London ein höchst angenehmes Leben machen. Dabei lernen sie sogar noch ein schönes Land, seine Menschen und seine Kunstschätze kennen. Eine der bekanntesten Erscheinungen dieser Spezies ist Sir William Hamilton, ein ernsthafter Altertumsforscher, der die Klatschspalten des alten Europa nur dank einer wunderschönen Frau zierte, der Kellnerin Emma Harte, die Sir William in einem Londoner Voyeurskabinett entdeckt und geheiratet hat. Unter den berühmten Büchern, in denen von ihr die Rede ist, findet sich auch Goethes Italienische Reise. Weniger an alten Kunstwerken als an jungen Schönheiten war Frederick Calvert interessiert, der letzte Lord Baltimore, der mit einem Gefolge von einem Dutzend Personen reiste, unter denen sich bis zu sieben Frauen befanden. 1771, also kurz nachdem er in Rom mit Casanova und Sir B. Miller zusammentraf, starb er, erst vierzig Jahre alt. Mit ihm erlosch die Gründerdynastie der Kolonie Maryland, deren Name in der amerikanischen Stadt Baltimore weiterlebt.

Die Deutschen bevölkerten Rom und das übrige Italien noch nicht in dem Maß, hatten auch nicht die großen Mittel des britischen Adels, aber sie eroberten sich das Land und seine Werte durch Anverwandlung und Kongenialität. Raphaël Mengs hatte in Rom (wie nach ihm Feuerbach, Marées und andere) ein einfaches Mädchen von großer Schönheit entdeckt, zu seinem Modell und zu seiner Frau gemacht; auch Casanova war von dem Reiz und der Anmut der Margherita geborenen Guazzi tief beeindruckt. Aber nicht nur Casanova, sondern sogar der Homoerotiker Winckelmann ...

Die Großfamilie Mengs war schon seit den Tagen des Ismael Mengs, der ein Halbdutzend begabter Kinder gehabt hatte, in Rom ansässig. Als dann Raphaël sich schon sehr früh der finanziell ersprießlichen Gunst des sächsisch-polnischen Königshofes erfreuen konnte, führte die Sippe ein großes Haus. Schon 1760 hatte Giacomo Casanova hier herzliche Aufnahme gefunden, weil sein jüngerer Bruder Giovanni seit 1758 mit Raphaël Mengs eng und vielfach zusammenarbeitete und, wenn Meister Mengs gerade in Spanien weilte, den römischen Haushalt weiterbetreute. Es war kein vornehmes Haus, denn Margherita kam aus sehr einfachen Verhältnissen, und wer bei ihr zu Gast war, bekam in erster Linie Ravioli in verschiedenen Variationen vorgesetzt (wie sich ja auch die berühmte Küche Casanovas selbst vorwiegend um Nudelgerichte bewegte). Margherita war entdeckt worden, als Dresden ein Madonnenbild bei Mengs bestellt hatte; Aktmodell wurde sie erst später. Die Verwechslung rührt daher, daß Mengs wiederholt die *Accademia del Nudo* leitete.

Von den vielen Kindern, die Mengs mit der schönen Margherita hatte, starb etwa die Hälfte, und da Mengs ein Leben lang kränkelte, mußte er sich gestehen, daß Margherita gewisse Ansprüche hatte, denen er nicht mehr gerecht werden konnte. In einer Aufwallung von Großzügigkeit gestattete er ihr darum den Umgang mit den stets im Hause Mengs anwesenden anderen Künstlern, erschrak dann aber bald über sich selbst und schränkte die seltsame Erlaubnis auf Johann Joachim Winckelmann ein, dessen homoerotische Neigungen ihm bekannt waren. Womit er nicht gerechnet hatte, das war der übermächtige Schönheitssinn des Genies aus Stendal. Winckelmann wohnte mit Margherita, während Mengs in Madrid weilte, in Castel Gandolfo, im Sommerhaus seines Gönners, des Kardinals Albani, in »einer Vertraulichkeit ... die, den letzten Genuß ausgenommen, nicht größer seyn konnte, so daß wir außer(halb) Roms mehr als einmal auf eben dem Bette Mittags-

Ruhe hielten« (aus einem Brief des Jahres 1764 an den Sammler von Muzel-Stosch, zitiert nach der Winckelmann-Biographie von Wolfgang Leppmann).

Giovanni Battista Casanova (1730–1795), genannt Zanetto, war nicht nur einer der begabtesten Schüler von Raphaël Mengs, sondern zu jener Zeit auch einer der besten Zeichner in ganz Rom (Leppmann). Durch ihn sollte Winckelmann das Problem der Illustrationen seiner sich wissenschaftlich mit dem Altertum, vor allem aber mit den Etruskern beschäftigenden Bücher lösen; nur war Zanetto, später wohlbestallter Akademiedirektor in Dresden, in seiner römischen Zeit kaum weniger leichtfertig als sein älterer Bruder. Er hatte – angesichts des Beisammenwohnens im Hause Mengs kaum vermeidbar – den deutschen Gelehrten im allzu vertrauten Zusammensein mit einem jungen Römer ertappt, und seither hatte Winckelmann bei Zanetto nicht mehr jene Autorität, die zu genauer Zusammenarbeit erforderlich gewesen wäre. Der geschickte Zeichner langweilte sich beim bloßen Abbilden der echten Vorlagen und erfand etruskische Altertümer, die Winckelmann zu seinem Unglück in der feinen und täuschenden Zeichnung nicht als Pastiches erkannte. »Winckelmanns Unvermögen, diese Fälschungen als solche zu erkennen, ist um so peinlicher, als er selber einige Jahre zuvor an der Entlarvung des Venezianers Giuseppe Guerra beteiligt gewesen war.« (Leppmann)

Als Casanova 1770 nach Rom kam, war Zanetto schon fünf Jahre lang mit Teresa Roland verheiratet, in deren Elternhaus der Venezianer um so lieber abstieg, als seine Börse den Kosten guter Gasthöfe nicht mehr gewachsen war. Sir B. Miller hatte zwar einiges von den Auslagen erstattet, die Casanova für Sicherheit und Ehre der jungen Engländerin aufgewendet hatte; aber Bragadino war tot, in Neapel erwies sich, daß auch der Herzog von Matalona nicht mehr lebte, und unter den zahlreichen Bekannten, Freunden und Freundinnen, die Casanova in dieser Stadt seines Glückes antraf, waren auch mindestens zwei Herren, denen er vielfaches Mißgeschick zu verdanken hatte. Ange Goudar, dem er immer wieder begegnete, haben wir mit seiner inzwischen zu einer sensationellen Schönheit aufgeblühten Sara in das Kapitel über die Herren Kollegen verbannt; den Grafen Medini tragen wir hier nach, weil Casanova ihm weit seltener begegnete, und das war gut so, denn dabei wurden jedesmal die Degen gezogen.

Barthold gesteht freimütig, daß Medini ihm unbekannt sei; da er die *Henriade* von Voltaire auf eine vielbewunderte Weise ins Italienische übertragen hatte, wäre es nur natürlich gewesen, daß Orieux in seinen zwei dicken Bänden über das Leben Voltaires von ihm spricht – er tut es ebensowenig wie Manfred Hardt in seiner dickleibigen italienischen Literaturgeschichte. Es ist darum – Rives-Childs betont dies mit Recht – ein Verdienst Casanovas, uns die seltsame Gestalt dieses hochbegabten Literaten vor Augen zu führen und damit vor dem Vergessenwerden zu retten, die Gestalt eines Mannes, der an Universitäten Ehre eingelegt hätte, sein Glück aber ausschließlich als Falschspieler suchte. Casanova hatte den Lebensweg des armen Grafen hinreichend verfolgt, um ihm eines Tages zu raten, auf seinen vielen Reisen England zu meiden. Angeblich reizte genau dies Medini, sich auf die Insel zu wagen, wo er 1788 in einem Gefängnis starb.

Angenehmer war die Gesellschaft der reisenden Engländer und Sachsen, der sich Casanova in Neapel nützlich erweisen konnte. Sir William Hamilton tritt wiederholt in Erscheinung, und Lord Baltimore unterhielt die staunenden Sachsen mit seinen Erlebnissen in Wien: Dort war er 1769 mit acht Damen, zwei Schwarzen, einem Arzt und zwei Leibwächtern erschienen; als Graf Schrattenbach ihn fragte, welche der Damen seine Gemahlin sei, soll Baltimore – wie Barthold berichtet – ihm einen Faustkampf angetragen haben. Diese Form der Auseinandersetzung, für die Maryland-Familie möglicherweise natürlich, mochte dem Statthalter von Wien und Niederösterreich damals noch ziemlich exotisch erschienen sein.

Da sich das Genie des Grafen Medini naturgemäß auch am Spieltisch auswirkte, war Casanova die Möglichkeit genommen, sich mittels einer Pharaobank kleine Einnahmen zu verschaffen.

Das war kein Falschspiel, und wäre Casanova Falschspieler gewesen, so hätte er zweifellos nicht so oft und so viel verloren: Die Bank war, da die Spieler gegeneinander setzten, in einer günstigen Position, es sei denn, sie hatte es mit einem Medini zu tun. Casanova weigerte sich stets an den Spieltisch zu gehen, wenn der virtuose Graf beteiligt war, und als ihm Goudar einmal diese Beteiligung zu spät eingestand und Casanova zweihundert Unzen (Goldstücke aus Messina) verlor, kam es zum Eklat. Casanova war zu arm, um den Betrag zu verschmerzen und ging mit zwei geladenen Pistolen zu Goudar, um sein Geld einzufordern. Es wäre wohl Blut geflossen, wäre nicht – gewiß nicht zum erstenmal in dieser Rolle – plötzlich die schöne Sara Goudar aus einer Nebentüre getreten, im wallenden Morgenkleid und nichts darunter, und hätte dem durch derlei immer noch zu verwirrenden Venezianer einen wertvollen Ring überreicht. Auf diesen erhielt Casanova schließlich die zweihundert Unzen, Sara löste später den Ring aus, und der Friede war für eine Weile gesichert. Ich gebe diesem an sich geringfügigen Zwischenfall Raum, weil er zeigt, daß vom Spiel und den Spielschulden her auch die Geldwirtschaft und die Verleihgewohnheiten beeinflußt waren: Ein Advokat war damals sofort bereit gewesen, den Ring zu beleihen, obwohl das ja wohl kein Rechtsgeschäft war; bei einer anderen ähnlichen Gelegenheit lernte Casanova einen jüdischen Hehler kennen, der ihm nach zwei oder drei harmlosen Kontakten Riesengeschäfte mit gestohlenen Waren anbot, die Casanova mit gesträubten Haaren ablehnte, für Verbrechen dieser Art wurde man nämlich auch in Neapel gehängt.

Indessen besserte sich die Finanzlage des Venezianers bald auf sehr kuriose Art. Da die alten Bekanntschaften einander in Neapel die Klinke in die Hand gaben und Casanovas Notlage offensichtlich war, boten ihm zwei- oder dreimal frühere Freundinnen, manchmal mit Billigung ihrer Ehemänner, manchmal auch heimlich, Geld und Schmuck an, da sie in Casanovas Glanzzeiten von ihm reichlich bedacht worden waren, ja da er oft jene Heiraten vermittelt hatte, mit denen die Schönen von einst nun sehr zufrieden sein durften. In einem Fall konnte sich Casanova sogar für die großzügige Geldspende revanchieren: Der Marchese della C. aus Salerno, ein gichtgeplagter Herr von sechzig Jahren, war mit Leonilda, einer Tochter Casanovas aus einer seiner vielen freien Beziehungen verheiratet. Leonilda, jung, schön und für ihren Vater vorbehaltslos eingenommen, konnte dem unbeweglichen, wenn auch reichen Gatten keinen Erben schenken, der aus verschiedensten Gründen für die altadelige Familie wichtig gewesen wäre. Casanova, der mit Leonilda sich schnell intensivierende Zärtlichkeiten ausgetauscht hatte, zeigte nicht die geringste Hemmung, als es darum ging, den eigenen Enkel zu zeugen. Es wurde sogar ein männlicher Erbe, er kam pünktlich 1771 zur Welt, der alte Marquese starb nach 1792. Obwohl Salerno nicht groß ist und die Zahl der Markgrafen naturgemäß begrenzt, hat sich der Buchstabe C allen weiteren Deutungen verweigert; hier hat Casanova besonders geschickt verdunkelt, um gegebenenfalls den ganzen Inzest als frei erfunden hinstellen zu können. Daß er sich dazu bereit fand, daß er seine Tochter mit Emphase als eine junge Geliebte begrüßte und behandelte, wird für den einsichtigen Beurteiler durch die ganze Atmosphäre am neapolitanischen Hof und in seiner Aura gemildert, wenn auch natürlich nicht entschuldbar.

Unter den eingereisten Briten war zum Beispiel jene Lady Chudleigh, jetzige Herzogin (!) von Kingston, die schon in London ihrer überaus gewagten Toiletten wegen als ›Nackter Engel‹ bezeichnet worden war. Bei einer Veranstaltung im Freien war ihr hauchdünnes Kleid völlig durchnäßt und durchsichtig geworden, so daß Casanova sie mit seinem Mantel vor einem Skandal bewahren mußte.

Gegen die Herzogin war in ihrer Heimat die Anklage der Bigamie erhoben worden; Lord Baltimore reiste mit einem Dutzend willfähriger Damen und Herren seinem Malariatod entgegen, die schöne Sara Goudar schrieb ihrem Geliebten, König Ferrante, obszöne Briefe, und Marie Carolina, eine Tochter Maria Theresias, stand gegenüber Ferrante nicht zurück. Da solche Sitten auch in Spanien bekannt waren, hatte man einen Granden, dem man seines Ranges wegen auf der iberischen Halbinsel wenig anhaben konnte, zu milder Verbannung in das Königreich Neapel abgeschoben. Es war Michele Imperiali, Fürst von Montena und Francavilla, Marquese d'Oria, einer jener Herren, die in Gegenwart des Königs bedeckt bleiben durften und *Majordomo maior* des Königs von Neapel. Er war mit einer Prinzessin Borghese verheiratet, aber homosexuell, ausschweifend und, als Casanova mit seinen englischen und sächsichen Freunden an den Orgien des großen Herrn teilnehmen durfte, etwa fünfunddreißig Jahre alt.

Obwohl wieder einmal von einer Vierzehnjährigen bezaubert, der lieblich-zaudernden Callimene, lehnte Casanova die eindeutigen Einladungen des Granden nicht ab, sondern genoß eine ausgezeichnete Mahlzeit, nach der Francavilla, offenbar für die Herzogin von Kingston, ein besonderes Schauspiel veranstaltete: »Er ließ vor ihr alle seine Pagen nackt in einem Becken schwimmen, hübsche Burschen von fünfzehn, sechzehn und siebzehn Jahren, die allesamt Mignons dieses liebenswerten Fürsten waren ... Die Briten fragten danach Francavilla, ob er ihnen am nächsten Abend das gleiche Schauspiel mit jungen Mädchen geben könne. Er versprach es und lud uns in sein Haus in der Nähe von Portici ein, weil dieses an einem hübschen Teich lag, umgeben von einem Garten ... Tatsächlich fanden wir nach dem Diner des nächsten Tages jenen kleinen See von zehn oder zwölf nackten Mädchen vom Lande bevölkert, die in unserer Gegenwart bis zum Abend darin herumschwammen. Lady Chudleigh und zwei andere Damen fanden dieses Schauspiel so ärgerlich, wie sie die Darbietungen vom Abend zuvor genossen hatten.«

Die Schicksale Neapels unter den spanischen Bourbonen sind eines der vergessenen Kapitel europäischer Geschichte, ganz so, als handle es sich um Podolien, Masowien oder die Dobrudscha. Selbst der Superminister, der für den neunjährigen Ferrante IV. zu regieren begann und sich von der Habsburgerin Carolina das Heft erst aus der Hand nehmen ließ, als er achtzig Jahre alt war, selbst dieser das Jahrhundert beherrschende Marchese Tanucci ist heute so vergessen, daß die tüchtigsten Nachschlagewerke – der alte *Meyer* oder die *Encyclopaedia Britannica* – ihn nicht mehr aufführen. Einzig der alte *Larousse* rettet die Ehre der Lexikographie, und nur der ohnedies allwissende Italienkenner Reumont widmet Bernardo Tanucci (1698–1783), dem Rechtsgelehrten aus der Toscana und Professor zu Pisa, in seinem Werk über die Carafa von Maddaloni zwei Seiten. Dabei ist Tanucci mit Beccaria, mit dem in der Toscana regierenden Habsburger-Großherzog Leopold, dem portugiesischen Marquese de Pombal und dem spanischen Grafen Aranda unter die großen Reformer des Jahrhunderts zu zählen und zu den besten Köpfen, die gemeinsam den harten Kampf gegen den Jesuitenorden und für seine Abschaffung führten. Tanucci mußte zudem, um das schwierige Land regierbar zu machen, die Vorrechte der Kirche im allgemeinen und die Machtpositionen des Adels einschränken. Überdies hatte er die Aufgabe, aus dem wilden Knaben Ferrante einen Herrscher zu machen.

Da die Hauptquelle über die neapolitanischen Verhältnisse, die Memoiren von Giuseppe Gorani (1740–1819) vor allem in ihren als geheim bezeichneten Ergänzungen nicht durchwegs glaubwürdig sind, weil Maria Carolina in ihnen als ausschweifend, herrschsüchtig, korrupt und gelegentlich sogar grausam geschildert wird, kommen den Seiten, die Casanova Neapel widmet, besondere Bedeutung zu. Er zitiert zum Beispiel den Anfang eines Briefes, den Ferrante an seinen königlichen Vater nach Madrid geschrieben hat, in dem der junge König naiv aber überzeugend sich Fragen stellt: Wenn die Jesuiten so reich waren, wieso hat man bei Aufhebung des Ordens nirgends Geld gefunden? Warum sind unter meinen Beamten jene die reichsten, die gar kein Gehalt beziehen? Wieso werden alle jungen Frauen, die junge Gatten haben, früher oder später zu Müttern, die meine aber nicht? (Er bekam dann aber doch siebzehn Kinder, von denen die Hälfte sehr früh starb.) Und schließlich, als vierte Frage: Ein jeder stirbt, wenn man genug von ihm hat, ausgenommen Tanucci, der lebt wohl bis ans Ende der Zeiten!

Große Männer, vor allem, wenn sie sich um Reformen bemühen, sind für junge Fürsten naturgemäß unbequem und haben die Chance, sich verhaßt zu machen, das haben selbst Richelieu und Mazarin erleben müssen und erst recht Fleury, von dem der junge Ludwig XV. leise sagte, er habe die Hoffnung längst aufgegeben, daß der Kardinal und Staatsminister sterblich sei. Casanova, der die Brüder Galiani und eine ganze Reihe einflußreicher anderer Neapolitaner kannte, beurteilt Ferrante keineswegs so negativ; er führt den oben erwähnten Brief an, um uns den Hausverstand des jungen Monarchen zu beweisen. Casanova erfährt eine Bestätigung für seine Urteile aus dem Verhalten der Karoline, die zwar gegen Tanucci auch nichts vermochte, aber kaum daß sie ihn zum Rücktritt genötigt hatte mit der größten Rücksichtslosigkeit gegen alle liberalen Tendenzen vorging. Daß sie sich tatsächlich von Emma Harte, verehelichte Hamilton stark beeinflussen ließ, ist angesichts des eher schlichten Geistes der schönen Britin nicht sehr wahrscheinlich, wenn es sich nicht, wie im Fall von Queen Anne, um eine lesbische Verbindung handelte. Hingegen machte Sir John Francis Acton, ein britischer Baronet, sogleich starken Eindruck auf Maria Carolina, als er 1775 in der gemeinsamen toskanisch-neapolitanischen Flottenaktion gegen die Seeräuberstadt Algier eine Fregatte kommandierte. Seit 1779 und bis zur Flucht der Königin 1798 war er der große Mann in Neapel, aber eben darum auch für das Gewaltregime verantwortlich, das auf die revolutionäre Parthenopäische Republik folgte. Casanova muß von ihm gewußt haben, erwähnt ihn aber nicht.

Als Giacomo Casanova von Neapel wieder aufbrach, hatte er also Geld; kleine Spielgewinne, große Spenden alter Freunde, dazu Schmuck, in jenen Zeiten eine Art zweiter Währung, weil Gold und edle Steine sich zuverlässiger bewerten ließen als die vielen umlaufenden Währungen und die zeitweise heimlich verschlechterten Münzen einiger Staaten. Casanova reiste aus guten Gründen lieber mit Kreditbriefen, die auf seinen Namen lauteten, als mit großen Summen baren Geldes; selbst ein dickes Paket Pfundnoten, das er in seinem Wert zunächst unterschätzt, dann aber sehr zufrieden als Gewinn registriert hatte, zahlte er gegen eine Anweisung auf römische Bankiers ein, denn das Königreich Neapel und der im Norden daran angrenzende Kirchenstaat waren die unsichersten Gegenden Italiens, während in der Toskana, in Venetien und in der Lombardei die Habsburger, aber auch die Serenissima mit hartem Vorgehen für Sicherheit gesorgt hatten. Die aus einer einzigen Großfamilie rekrutierte Räuberbande der Villari hatte Neapel dreißig Jahre lang tyrannisiert und auch auf Sizilien ihr Unwesen getrieben, und auch noch in der zweiten Hälfte des achtzehnten Jahrhunderts war es für gutgekleidete Reisende nicht ratsam, in den Straßen von Neapel, Messina oder Palermo zu Fuß zu gehen.

Die vergleichsweise beruhigende Vermögenslage veranlaßte Casanova wie schon oft zu einer Art Einkehr und zu guten Vorsätzen, denn am Spieltisch konnte das ganze Glück an einem Abend zerrinnen. Mied er hingegen das Spiel und kostspielige Damen, so hatte er ein halbes Jahr durchaus angenehmen Lebens vor sich. Er mußte nach Rom, denn nur dort hatte er eine echte Chance, die Vergebung seiner Heimatstadt Venedig und die Erlaubnis zur Rückkehr zu erlangen. Raphaël Mengs hatte in Rom auf die örtlichen Behörden und Kunstkreise größten Einfluß, und Pierre Graf von Bernis war ungeachtet all seiner Sünden, Intrigen und Ausschweifungen Kardinal (!) geworden und vertrat Frankreich beim Heiligen Stuhl seit dem hitzigen Konklave von 1769. Da man die Wahl Klemens XIV. vor allem der Geschicklichkeit des Kardinals Bernis zuschrieb, hatte er mehr Einfluß auf den Heiligen Vater als alle anderen Diplomaten und konnte Casanova entscheidend helfen – falls er sich der früheren Intimitäten zu erinnern oder sie zu honorieren wünschte.

Casanova taktierte bei seinem Eintreffen in Rom eben darum sehr vorsichtig und besuchte eine Reihe von Familien, in denen auch Bernis verkehrte, schob die Vorsprache bei Bernis selbst aber so lange auf, bis er über Dritte dazu aufgefordert wurde. Bernis empfing ihn heiter, gelöst, sichtlich unbefangen und ohne jede Sorge hinsichtlich seiner Vergangenheit. Er saß so fest im Sattel wie nie zuvor und hatte eine schöne junge Freundin fürstlichen Geblütes, der er auf die eleganteste Weise – nämlich durch ein harmloses Kartenspiel – allmonatlich 180 Zechinen zukommen ließ, eine sehr auskömmliche Apanage, die auch ihr Gemahl, der Principe di Santa Croce, durchaus zu schätzen wußte. Casanova, zur Sparsamkeit entschlossen, begnügte sich zunächst mit einer Wirtstochter, die einäugig war, was ihn so lange störte, bis er den zufällig in Rom anwesenden englischen Augenarzt Taylor für die Anfertigung eines gut aussehenden Emailauges gewann. (Taylor war in diesen Dingen geschickter als in der eigentlichen Medizin, hatte aber z. B. in der Toscana auch Heilerfolge.) Da diese Einäugige, sie hieß Margherita, auch hübsche Freundinnen hatte, die jedoch in einem klosterähnlichen Mädchenheim schmachteten, erreichte Casanova über Bernis und dessen Freundin, daß dieses Heim von Grund auf reformiert, besser ausgestattet und liberaler geführt wurde. Es war eine sehr bezeichnende Aktion, mit der Casanova zunächst nur zwei willfährige Mädchen gewinnen wollte (was ihm auch gelang), aus der aber dank des guten Verhältnisses zwischen Bernis und dem Papst eine Gesamtreform der römischen Bewahranstalten folgte!

Auch Mengs kam freundlich auf Casanova zu, erbat Verständnis für seine Feigheit in Spanien und lud Casanova zu Tisch, vermochte aber das Urteil des Venezianers über seine Persönlichkeit und seine Kunst nicht mehr zu ändern, ein Urteil übrigens, das trotz seiner Schärfe von der Kunstkritik inzwischen im vollen Umfang bestätigt wurde: Casanova stellt fest, daß Mengs alles könne, daß es ihm aber an Erfindungskraft fehle; er amüsiert sich darüber, daß Mengs vier Sprachen sprach, aber keine einzige auch nur einigermaßen fehlerfrei. Und er erkannte in Mengs den geizigen Kleinbürger, der den vielen Ehren, mit denen eine dem Klassischen verfallene Kunstaristokratie ihn überhäufte, keineswegs gewachsen war.

Das große Geschehen, das Casanova nur streift, weil er voraussetzt, daß seine Leser ohnedies Bescheid wüßten, war der geschlossene Kampf der katholischen Mächte gegen den Jesuitenorden, der nach bedeutenden Verdiensten im Schulwesen seine Aktivitäten in der Politik so intensiviert hatte, daß sich die Ministerien und die Monarchen gegen dieses internationale Netz hochgebildeter, scharfsinniger und bedenkenloser Geheimagenten nicht mehr anders wehren konnten. Es war ein harter Kampf, der mit Ultimaten der katholischen Mächte im Jahr 1769 begann und seinen Höhepunkt erreichte, als auch Maria Theresia den Jesuiten ihre Gunst entzog. Das berühmte Breve *Dominus ac Redemptor noster* vom 16. 8. 1773 verfügte schließlich die vollständige Auflösung des Jesuitenordens, ein erster großer Triumph der Aufklärung, den Casanova, ein Leben lang von den Jesuiten verfolgt, angeschwärzt und denunziert, als persönlichen Sieg feierte und der das Klima der geistigen Auseinandersetzung im ganzen Bereich zwischen Lissabon und Krakau entscheidend veränderte. (Für die Missionsarbeit in Übersee entstand allerdings ein nicht mehr gut zu machender Schaden, nicht nur in dem bekanntesten Fall des Heiligen Experiments mit dem Jesuitenstaat im heutigen Paraguay.)

Mit einiger Energie hätte Casanova diese Konstellation nutzen können, um die Gnade der Serenissima zu erreichen, aber wie immer, wenn er lange an einem Ort weilte, häuften sich die Liebesabenteuer, die Intrigen und die komplizierten Fürsorge-Aktionen für die ihn umgebende Weiblichkeit, was den letzten römischen Aufenthalt schließlich so enden ließ wie alle anderen vorher: Er unterhält eine Gesellschaft, die sich insgeheim über ihn lustig macht; er registriert nicht mehr, daß sich seine Chancen von Jahr zu Jahr vermindern, vielleicht, weil er sich durch Studien betäubt, wie immer in den geheimen und offenen Krisen seines Lebens. Er hat Zugang zu der berühmten Bibliothek der Jesuiten, er wird in eine Akademie aufgenommen, nachdem er hochgelobte Vorträge gehalten hat (mindestens einen über sein Lieblingsthema Horaz). Im Juli 1771 verläßt er, bedrängt durch eine bis heute unaufgeklärte Affäre, in großer Eile Rom und reist nach Florenz, in der Hoffnung, beim Großherzog Leopold, dem durch seinen Musterstaat damals hochberühmten Monarchen, Verwendung zu finden.

Die Unterwerfung

Warum Casanova im Juli 1771 Rom verließ, ver-schweigt er uns; daß er das Gebiet des Kirchenstaates mit größter Eile durchmaß, geht daraus hervor, daß er die Strecke nach Florenz in nur zwei Tagen zurücklegte. Die Wahl dieser Stadt begründet er damit, daß er dort seine Homer-Studien in aller Ruhe fortsetzen könne, da er dort so gut wie niemanden kenne. In dieser Überlegung schwingt auch die Hoffnung mit, daß die nun von einem Habsburger regierte Toscana ihm die penetranten Kollegen vom Leib halten werde, den ganzen Klüngel an Falschspielern, Wechselbetrügern und reisen-den Zuhältern, der sich in der Rechtsunsicherheit so manchen an-deren Staates Casanova auf gefährliche Weise hatte nähern kön-nen. Bewegender sind die anderen Gründe, die Casanova für diese späte Rückkehr zu einer Gelehrtenexistenz anführt: »Ich hatte den Eindruck, ich sei gealtert. Es widerfuhr mir, den Liebesgenuß nicht mehr so lebhaft zu empfinden, als weniger erstrebenswert, als es mir vor dem Akt erschienen war, und meine Potenz verminderte sich langsam, aber deutlich seit nun schon acht Jahren ... Davon abgesehen mußte ich feststellen, daß ich das schöne Geschlecht nicht mehr *à vue*, also im ersten Augenblick, zu interessieren vermochte, ich mußte eine Menge reden; man zog mir Mitbewer-ber vor und machte aus der Gunst, die man mir gewährte, eine Gnade ... Aus all diesen Gründen mußte ich in den Augenblicken der Einkehr die Überzeugung gewinnen, daß es Zeit sei, an einen angenehmen Ruhestand zu denken, vor allem, da ich ja bald, nach dem Verzehr meiner augenblicklichen Besitztümer, vor dem Nichts stehen würde. Alle Freunde, die mir ihre Börsen geöffnet hatten, waren tot. Barbaro, in diesem Jahr an der Schwindsucht gestorben, hatte mir nicht mehr hinterlassen können als sechs elende Zechinen im Monat, und Dandolo, der einzige, der noch lebte, konnte mir auch nur sechs Zechinen aussetzen, und war außerdem zwanzig Jahre älter als ich.« (In Rom hatte Casanova für Wohnen, Vollpension und einen Bedienten zehn Zechinen im Monat aufwenden müssen, in einem Privatquartier ohne jeden Luxus.)

Es sind solche Partien der Memoiren, die uns mit den Rodomontaden früherer Lebenabschnitte versöhnen und unsere Anteilnahme am Schicksal des Venezianers wachhalten. In dieser Stimmung etabliert er sich auch in Florenz, nimmt eine bescheidene Wohnung, stellt den Wagen in die Postremise und sieht, wie er sagt »nur alte oder häßliche Frauen, um ruhig leben zu können, fern aller Verführungen«. Wir erfahren auch, wie ein Mann sich benimmt, der arm an Mitteln aber in voller Kenntnis der Umgangsformen in einer fremden Stadt auftaucht: Er kleidet sich schwarz, ohne Schmuck, nur mit dem Degen des Chevaliers, ein Rang, auf den er dank jenes päpstlichen Ordens nun Anspruch hat, und begibt sich zur Audienz beim Großfürsten, der jung und leutselig jeden empfängt, der sich in die Audienzenliste eintragen läßt. Offensichtlich will Casanova damit Nachstellungen der florentinischen Polizei vermeiden, andererseits erfährt auf diese Weise jeder, den es interessiert, daß der Venezianer in der Arnostadt eingetroffen ist.

Leopold scheint einiges von Casanova zu wissen; er empfängt ihn kühl mit etwa den Worten, die auch Aranda gebrauchte: Die Toscana habe ihre Gesetze, wer sie achte, werde in Ruhe gelassen.

Nur halb beruhigt begibt sich Casanova in eine Buchhandlung, erwirbt die Bücher über Homer, griechische Literatur und Altertum, die ihm bei seinen Studien nützlich sein können, und macht dabei die Bekanntschaft eines anderen Gräzisten, des Everard dei Medici, den er beinahe täglich sehen wird, so lange er in Florenz weilt. Weit weniger erfreulich als diese anregende Verbindung unter Wissenden ist die Wiederbegegnung mit dem unvermeidlichen Medini (möglicherweise aus ähnlichen Gründen wie Casanova aus Rom verschwunden) und zwei Größen der Pharao-Szene, des venezianischen Nobile Alvise Zen und des Premislas Zanovitsch, ebenfalls adeliger Herkunft, wenn auch gewiß kein Graf, aus Budna im damals noch venezianischen Süddalmatien (Epirus).

Zen war das schwarze Schaf einer bedeutenden Familie, Neffe eines hohen venezianischen Diplomaten und außer in Gerichtsakten nicht notorisch geworden. Die Brüder Zanovitsch – Casanova nennt außer Primislaus noch den jüngeren Stiepan (Stefano) – sind die eindrucksvollsten und erfolgreichsten Abenteurer der zweiten Jahrhunderthälfte und werden in der Überlieferung zu Unrecht durch den Grafen von Saint-Germain und Cagliostro in den Schatten gestellt. Da aber alles, was Casanova über sie zu wissen gibt, von Milo Dor orts- und sachkundig ausgebreitet wurde, zitiere ich die Kurzfassung der Geschicke, mit der uns Barthold die Brüder vorstellt, der sie allerdings für Kossovo-Albaner hält. Sie hätten, in Venedig zu Glücksrittern herangebildet, keine Lust gehabt, »in ihre rauhe Heimat zurückzugehen, sondern mit genialer Frechheit an den erleuchtetsten Höfen Europas mit Erfolg ihr Spiel getrieben. Premislas versuchte sein Glück im Süden, Stefan beutete den superklugen Norden aus. Nach glänzendem Auftritt in vielen Hauptstädten kam Stefano im April 1776 nach Potsdam. Vorher hatte er sich schon mit Voltaire und d'Alembert in Verbindung gesetzt, beide wechselten Briefe mit ihm ... Der Gauner kündigte sich als Hospodar (Fürst) von Albanien an ... man ehrte ihn in Berlin als Skanderbegs Enkel. Als die Zeitungen endlich seine Streiche erzählten, verwies man den Unverschämten im Januar 1777 aus der Hauptstadt«. Nachdem es zwischen den Niederlanden und Venedig wegen 300 000 Gulden, die Stefano Amsterdamer Bankiers abgeschwindelt hatte, zu einem Wirtschaftskrieg gekommen war, in dem Josef II. vermitteln mußte, starb Stefano, der auch literarisch tätig gewesen war, im Schuldgefängnis von Amsterdam.

Als Premislas in Florenz auftauchte, hatte Medini schon die Anwesenheit Casanovas erfahren und belagerte ihn händeringend: Er reiste mit zwei Dienern, seiner Geliebten, deren Mutter und einer jüngeren Schwester; sein Kutscher, aber auch die Bedienten wollten ihn ins Schuldgefängnis werfen lassen. Als Beweis dafür, daß er ein Bruder im Geiste und keineswegs nur ein kleiner Gauner sei, zeigte er Casanova seine Übertragungen der *Henriade* von Voltaire in italienische Stanzen, Verse, die Casanova eines Tasso würdig erschienen. Schließlich befreite Premislav Zanovitsch Medini aus seiner Bedrängnis, indem er alle seine Schulden bezahlte. Premislav trat prächtig auf, hatte trotz seiner relativen Jugend eine brillante Technik, sich beliebt zu machen, Interesse zu erwecken und überall akzeptiert zu werden und verstand es schließlich, gemeinsam mit Zen einem reichen Engländer 12000 Guineen abzugewinnen. Es handelte sich um Henry Fiennes Clinton, den zweiten Herzog von Newcastle, bis 1768 ein Earl Lincoln, weswegen der Vorgang als Lincoln-Affäre in die florentinische Sittengeschichte eingegangen ist. Vermutlich auf Anraten des welterfahrenen Grafen Orsini ließ Großherzog Leopold am 28. Dezember dieses Jahres nicht nur den beiden Betrügern die Ausreise-Order zustellen, sondern auch Medini, der wütend gewesen war, daß man ihn an dem Raubzug nicht beteiligt hatte, und auch Casanova, der gar nicht anwesend gewesen war.

Diese von allen Chronisten als ungerecht bezeichnete Ausweisung ist die Ursache für die Urteile, die sich in den Memoiren über Leopold finden: Er fingiere nur sein künstlerisches Interesse, in Wahrheit sei ihm nur an Geld und an Frauen gelegen – wie man weiß, eine Unterstellung, da Leopold nur eine Mätresse und von ihr ein Kind hatte, eine junge Schauspielerin, die selbst die Sympathie der Großherzogin genoß, und das über Leopolds frühen Tod hinaus.

Casanova schrieb zwei seiner großsprecherischen Briefe, einen demütigen noch von Florenz aus, einen wütenden, als er die Grenzen der Toscana überschritten hatte, konnte im übrigen aber zufrieden sein: Er hatte in den fünf Monaten in Florenz nur hundert Zechinen ausgegeben, also ausgesprochen sparsam gelebt ...

Sein nächstes Ziel war die nahe Stadt Bologna, wo er einen Kumpan seiner Ausschweifungen aus glücklicheren Zeiten antraf, einen Kardinal (!) namens Brancaforte, der, aus der fürstlichen Familie der Scordia stammend, offensichtlich keine Kritik zu fürchten brauchte. Er empfing Casanova mit der Versicherung, daß er ihn schon erwartet habe, erkundigte sich, wieviel von den 12000 Zechinen auf den Venezianer entfallen seien und sang im übrigen das Lob der Universitätsstadt Bologna. Es dauerte nicht lange, da trafen auch die übrigen Verbannten ein – Zen und Zanovitsch getrennt, weil sie bei der Teilung der Beute Streit bekommen hatten, Medini bankrott, aber mit dreifachem weiblichen Anhang wie stets. Als Casanova in einer Buchhandlung zwei gegeneinander gerichtete gynäkologische Abhandlungen in die Hände fielen, verfaßte er ein Pamphlet gegen beide, in dem er Zusammenhänge zwischen Uterus und Gehirn strikt leugnete, verkaufte die 500 in Venedig gedruckten Exemplare mit Hilfe eines Buchhändlers und hatte damit hundert Zechinen verdient. Besseres gynäkologisches Urteil verriet er, als er in Bologna die Primadonna Nina Bergonci aus Barcelona traf, die auf der Promenade einen dicken Bauch spazierentrug und alle Welt von ihrer Schwangerschaft sosehr überzeugte, daß Graf Ricla bereits einen Sondergesandten nach Bologna abgeordnet hatte, der für die sofortige Anerkennung des Kindes sorgen sollte:

Kardinal Brancaforte (bei Hübscher: Branciforte) erkundigte sich bei Casanova, von dessen spanischen Abenteuern er natürlich wußte, was er von der Bergonci halte, worauf Casanova das seither geflügelte Wort produzierte: »Ich wette, diese schamlose Nina ist so wenig schwanger wie Eure Eminenz!« – ein Satz, der sich im französischen Original der Memoiren nicht findet und somit als geglückte Erfindung eines frühen Bearbeiters gelten muß. Wenig später konnte Casanova von seinem Fenster aus der Auspeitschung der an dem Betrug beteiligten Hebamme beiwohnen, eine Strafe, die Skandal machte, weil die Hebamme in einer Anzahl großer Familien der Stadt gut bekannt war. Der Erzbischof, der sie verhängt hatte, verteidigte sich gegenüber den Patriziern durch die Aufdeckung des ganzen Verbrechens: Kindesraub, Kindesunterschiebung zur Erlangung großer Zuwendungen vom Grafen Ricla und andere Straftaten, für die jene Hebamme dreimal den Galgen verdient hätte. Bei einem regelrechten Prozeß wäre jedoch unweigerlich zur Sprache gekommen, was sie im Lauf der Jahre an ähnlichen Täuschungen bewerkstelligt hatte, und mancher junge Bologneser hätte sich mit unangenehmen Rätseln um seine Geburt konfrontiert gesehen.

Von den vielen Tänzerinnen, Sängerinnen und galanten Damen, die Casanova nicht mehr umschwärmten, die er aber als alter Bekannter auch in Bologna aufsuchte, ist die *Viscioletta* erwähnenswert, eine der bekanntesten Kurtisanen Italiens. Sie hieß Margherita Gibetti, war bei ihrer Ankunft in Bologna achtundzwanzig Jahre alt, bezeichnete sich als Sängerin und gewährte ihre Gunst nur großen Herren wie dem reichen Marchese Giuseppe Davia, Senator im Rat der Vierzig von Bologna, oder dem noch nicht dreißigjährigen Monsignore Buoncompagni, päpstlicher Vizelegat in Bologna, der schon drei Jahre später, also noch sehr jung, Kardinal wurde. Die Viscioletta führte die auf das Laster hindeutende Vorsilbe nicht von ungefähr in ihrem *Nom de Guerre*; ihr Ruf war auch in Rom so bedeutend, daß selbst der arme Winckelmann, obwohl in kirchlichen Diensten stehend und obendrein *strictement* homosexuell, bemüht wurde, die Verbindung mit ihr herzustellen (Leppmann p. 204). Ob Casanova in Bologna bei ihr zum Zug kam, lassen die Memoiren offen; immerhin standen die beiden sehr gut miteinander und Casanova überließ ihr seinen prächtigen Reisewagen um dreihundert römische Taler, nachdem er von ihrem geistlichen Liebhaber zuvor dreihundertfünfzig verlangt hatte. Seither grübelte der Prälat darüber, was seine Geliebte dem Venezianer für die beachtliche Differenz an Leistungen geboten hatte.

Das einzig wichtige Ergebnis des Aufenthaltes in Bologna bestand darin, daß die seit den römischen Monaten laufenden Bemühungen um eine Versöhnung mit der Serenissima nun Gestalt annahmen. Ein alter Freund aus großer Familie, nämlich Dandolo, und ein Bekannter jüngeren Datums namens Pietro Zaguri, über seine Mutter mit einer Dogenfamilie verwandt, wollten sich gemeinschaftlich bemühen, für den einstigen Bleikammern-Häftling, der sich den Fünfzigern näherte, den Generalpardon der Republik zu erlangen; auch der venezianische Patrizier Girolamo Zuliani, ein Inquisitor (!), hatte seine Hilfe zugesagt.

Die an den Grenzen Venetiens liegende Stadt, die Casanova als Warte-Exil wählte, hat seither in der zentraleuropäischen Geistesgeschichte einen besonderen Rang erklommen: Es war Triest, seit 1382 österreichisch, seit 1719 als Freihafen eine starke Konkurrenz für Venedig. In der Errichtung des Freihafens sieht Claudio Magris »die Voraussetzung für den Übergang von einer trägen, verschlafenen Wirtschaftsform und einer geschlossenen Gesellschaft zu größerer ökonomischer Dynamik und beweglicheren und offeneren sozialen Beziehungen«. Bei Triest könne man nicht von einem Hafen sprechen, der sich ein Hinterland hinzugewonnen hätte, sondern umgekehrt von einer Hafenentstehung aufgrund der politisch-ökonomischen Entwicklung in seinem Hinterland. Zu der »etwas verblaßten, aber im Kern intakten Italianität« (Magris) kamen nun Griechen, Levantiner, Deutsche aus Österreich, Illyrer, Italiener und Juden. »Mit dem Zustrom der Fremden, die in Triest Arbeit und Wohlstand suchen, entstehen die Realität und zugleich der Mythos der kosmopolitischen Stadt.«

Nach rastlosen Europa-Wanderungen strandet der Venezianer Casanova in der Stadt, die seiner Heimat, seiner geliebten Erzfeindin, mehr Schaden zufügen wird als die Verlagerung des Westhandels nach der Entdeckung der Neuen Welt, weil die Republik Venedig am Ende ist, Österreich aber noch immer im Aufstieg nach dem imperialen Schwung der Türkensiege. Triest war also die Verheißung für jeden, der einen neuen Lebensabschnitt beginnen wollte, und sei es auch der letzte; aber die Stadt lag so, daß sie von Bologna aus nur über die Festlandgebiete der Republik Venedig zu erreichen war. Also brach Casanova quer durch Italien an die adriatische Küste auf, um sich in Ancona nach Triest einzuschiffen, und diese Vorsicht, dazu das Fehlen einer willigen Montgolfière, bescheren uns das letzte seiner Liebesabenteuer in den Memoiren, die Begegnung mit der schönen Jüdin Lia.

»Es war in Sinigallia, drei Poststationen vor Ancona, daß mein Kutscher in dem Augenblick, da ich zu Bett gehen wollte, mit der Frage auftauchte, ob ich ihm erlauben würde, einen Juden in den Wagen aufzunehmen, der ebenfalls nach Ancona wollte. Ich antwortete ihm verärgert, daß ich niemanden dabei haben wolle und schon gar nicht einen Juden (*et encore moins un juif*). Der Kutscher ging, aber just in diesem Augenblick war mir, als sollte ich diesen Juden doch mitnehmen, trotz des wohlbegründeten Widerwillens (*malgré la repugnance raisonnée*).« Heinrich Conrad, der seine Übersetzung von 1907 bis 1911 fertigte, läßt ahnungsvoll das ›wohlbegründet‹ weg, und begnügt sich wie ich oben mit ›Widerwillen‹, obwohl *répugnance* viel stärker ist, beinahe ein Zurückweichen vor Abscheu, weswegen der große Langenscheidt auch das Synonym *dégout* anführt. Der Jude, der schließlich zu Casanova in den Wagen steigt, ist sehr reich und zweifellos anständig gekleidet und gepflegt; daß er, wie wir erfahren werden, Wucherzinsen nimmt und gegen seine Schuldner mit großer Härte vorgeht, kann Casanova auch im engsten Kutschwagen nicht riechen. Wieso dann *répugnance*? Es ist ein Antisemitismus zweihundert Jahre vor Hitler, bei einem Italiener, der sich sonst über eine ganze Menge anderer Vorurteile hinwegsetzt. Lia, die schöne Tochter des Wucherers Mordechai (alle Namen sind erfunden und rätselhaft geblieben), die raffinierte Lia wird in vielen Tagen und Nächten in Ancona ihren Vater rächen.

Als ahnte Casanova voraus, daß eine Vielzahl seiner Leser mangels anderer Interessen und aus maskuliner Beschränktheit in seinem Erinnerungswerk nur die erotischen Szenen aufsuchen würden, hat er seine Erlebnisse mit Lia mit einer Detailgenauigkeit geschildert, die zwar nicht singulär, aber in dem Riesenwerk doch eher selten ist. Lia wird zum Anlaß, daß Casanova bei Mordechai Wohnung und Verpflegung nimmt, bis sich eine Schiffsgelegenheit von Ancona nach Triest ergibt. Lia bringt dem Gast den Kakao ans Bett, wobei sie zunächst nur ein großzügiges Dekolleté zeigt, später dann im allertiefsten Negligé erscheint, jegliche Berührung jedoch verweigert.

Casanova, wiewohl beinahe am Ende seiner Geldmittel, verschafft dem Haushalt hitzende Süßweine, die Mordechai gerne trinkt, da er sie als koscher ansieht, und die auch Lia nach und nach in Stimmung bringen. Er zeigt ihr erotische Zeichnungen und galante Kupferstiche und liefert ihr Erklärungen zu Positionen, die sie noch nicht kennt. Und eines Nachts, als er von einer Abendeinladung spät heimkehrt, sieht er durch einen Türspalt, wie Lia diese Anregungen umsetzt: »Ich erblickte Lia völlig nackt mit einem jungen Mann im gleichen Zustand auf dem Bett, auf dem sie sich gemeinsam um verschiedene Stellungen bemühten. Sie befanden sich nur zwei Schritte von der Türe, so daß ich alles ganz genau sehen konnte, und alle fünf Minuten zeigten sie mir ein neues Tableau. Dieser Wechsel der Stellungen ließ mich alle Reize Lias in jeder Hinsicht genau sehen, ein Vergnügen, das meine Wut dämpfte, vor allem, da alles, was ich mitansehen durfte, nichts anderes war als die Umsetzung der Figuren des Aretino, die sie aus meinen Stichen kennengelernt hatte.«

Die jungen Leute mochten sich offensichtlich sehr gern, begnügten sich aber mit dem *Coitus interruptus*, wofür Lia den Freund dann in zärtlicher Mundarbeit entschädigte – die unnahbare Lia, die Casanova so standhaft jede Zärtlichkeit verweigert hatte!

Außerstande, seine Niederlage als guter Verlierer hinzunehmen, rannte Casanova anderntags zum Hafen, sicherte sich die erste beste Überfahrt nach Dalmatien, auch wenn das kleine Schiff nur in die Nähe von Triest wollte, und hätte Lia als eine zweite Charpillon im Gedächtnis behalten, wären ihm nicht die Elemente zu Hilfe gekommen: Ein Sturm zwang den kleinen Segler zur Rückkehr nach Ancona, worin auch Lia einen Fingerzeig von oben gesehen zu haben scheint. Eines Nachts erschien sie in Casanovas Zimmer, verriegelte von innen, ließ das Röckchen fallen und zog das

Hemd über den Kopf und versöhnte den Venezianer so überzeugend, daß er eine Schiffsgelegenheit buchte, die erst einen Monat später fällig wurde. »Lia hatte mich getäuscht, gedemütigt und verachtet, ich hatte also Grund gehabt, sie zu verurteilen. Ich hatte durch Zufall entdeckt, daß sie heuchlerisch gehandelt hatte, in Wahrheit aber schamlos war, und das im höchsten Grad.« Nun aber setzte er sich über alles hinweg; er akzeptierte es, daß Mordechai es ihn bezahlen ließ, wenn Lia mit ihm aß und daß Mordechai den kostbaren süßen Wein trank, den Casanova für ganz andere Zwecke herangeschafft hatte.

»Wieviele Beweise ihrer Dankbarkeit gab sie mir nun, sie verdoppelte ihre Zärtlichkeiten als ich ihr sagte, ich werde noch einen Monat bei ihr bleiben, wie dankte sie dem Himmel für das schlechte Wetter, das mein Schiff auf dem Weg nach Fiume umkehren ließ! Wir schliefen in jeder Nacht miteinander, selbst in jenen, in denen das jüdische Recht (Leviticus 15, 19) die Frau, die sich der Liebe hingibt, mit Strafe bedroht.«

Casanova sagt noch, daß er Lia später wiedergesehen hat, verheiratet, in Pesaro, aber niemand vermochte ihre Identität zu enthüllen, und es ist auch gut so. In Ancona lebten damals mehr als tausend jüdische Familien, ein Viertel der Bevölkerung. Casanovas Ahnungsvermögen hatte ihn in das Haus einer letzten stürmischen Liebe geführt.

Mitte November 1772, also nach dem Ende der eigentlichen Schiffahrts-Saison, trifft Casanova in Triest ein, nicht ahnend, daß diese Stadt ihn mit kleinen Unterbrechungen an die zwei Jahre beherbergen wird. Mordechai hat ihm einen Brief an einen der vielen Levis von Triest mitgegeben mit der Bitte, dem Venezianer auf Wunsch bis zu hundert Zechinen auszubezahlen; der reiche Geldverdiener von Ancona hatte also doch noch Gewissensbisse bekommen, vielleicht auch auf Bitten seiner schönen Tochter so gehandelt oder ganz einfach die vielen Fiaschi guten Weines damit bezahlen wollen.

Weniger herzlich als von Levi wird Casanova vom örtlichen

Polizeichef empfangen, einem Baron Pittoni, der an sich gute Beziehungen zu Casanovas venezianischen Freunden unterhält, doch ändert sich das bald und Pittoni wird zu einem der Alters-Freunde des Venezianers, wie uns viele Briefe beweisen. Wichtiger als der Polizeichef sind in dieser noch ruhigen Stadt die großen Herren, die Maria Theresia und Joseph II. in den Süden schicken, um der Monarchie ein Tor zum Meer zu öffnen; zunächst ein Graf Auersperg, der bald wieder abberufen und große Karriere in Böhmen machen wird, und nach ihm ein Graf Wagensperg (1724–1773), Erbgroßmarschall des Herzogtums Kärnten. Es ist die Zeit, da die neue Konkurrenz an der oberen Adria für Venedig schon unbequem wird; erste Reibereien um österreichische Postlinien in Richtung Udine lassen dies ebenso erkennen wie der Plan, einen Pendelverkehr quer über die Adria nach Italien einzurichten, um die hohen Durchfuhrzölle zu vermeiden, die Venedig verlangt.

Wagensperg gibt in für ihn durchaus gefährlicher Weise Casanova die Möglichkeit, beide Fragen in einer für die Serenissima günstigen Weise zu beeinflussen; zweimal erhält der einstige Staatsfeind Casanova dafür hohe Geldbeträge aus der Stadt, die er seine grausame Stiefmutter nennt. (Was die Frage eröffnet: Welche Stadt bezeichnet er als seine Mutter? Das Rätsel löst sich, wenn man die zweite Bedeutung von *Marâtre* für die Übersetzung wählt, sie lautet Rabenmutter!)

Casanova ist nicht weise geworden, jede auftauchende Schönheit, und stamme sie auch aus einem Kuhdorf in Krain oder sei sie eine Witwe von einem obskuren Pachthof, verdreht ihm den Kopf; einzig daß er die großen Damen, die glanzvollen Schönheiten nicht mehr so selbstsicher anspricht, daß er vorher seine Chancen und möglichen Niederlagen abschätzt, kennzeichnet seine neue Position gegenüber der Weiblichkeit. Auch seine persönliche Lage lädt nicht zu Illusionen ein. Als vertrauenswürdige Freunde aus Venedig, darunter der ihn verehrende Zaguri, einen Ausflug auf ein im Hafen liegendes venezianisches Kriegsschiff vorschlagen, weigert sich Casanova standhaft auf die Gefahr hin, die Freunde zu kränken. Allerdings sagt ihm Graf Wagensperg nachher, er hätte die Galeere notfalls im Hafen festgehalten. Nach der Rabenmutter Venedig kündigt sich also die große Mutter Österreich als neue Heimat an, und man gewinnt von dem Adel, der in Triest und Görz für die Monarchie tätig ist, ein von Spanien wie Italien wohltuend abstechendes Bild (auch wenn Wagensperg schon mit 49 Jahren an einer schlecht behandelten Syphilis stirbt).

Ein paar Monate verbringt Casanova, zweifellos, um seine Geldmittel zu schonen, auf einem Landgut des Grafen Luigi Torriano di Valsassina, eine unerfreuliche Episode, die nur Erwähnung verdient, weil sie Situationen vorausnimmt, die in Dux alltäglich sein werden: Casanova muß meistens allein frühstücken, mitunter auch allein zu Mittag essen; es gibt keinen Bedienten für ihn persönlich, geschweige denn einen Friseur. An seiner Geschichte der Polnischen Unruhen muß er bei einem Talglicht arbeiten, während der Graf Wachskerzen brennt. Es sind nicht krasse Fakten, die Casanova den Übergang in eine bescheidene Altersexistenz erschweren, sondern die ihm vertrauten Grundsätze eines ritterlichen Lebens. Wir tun unrecht, sie zu belächeln, denn sie sind das Skelett, das Casanova aufrecht hält, das ihn hindert, in eine Existenz à la Medini abzugleiten. Erst als es um ein Haar zu einem Duell kommt, wird der junge Graf höflich, genau wie seinerzeit Branicki: Mit der Waffe in der Hand sind die beiden Herren ebenbürtig, kaum ist die Waffe im Spiel, gelten die ritterlichen Rituale, die man damals noch als unentbehrlich, ja als die wahren Tugenden versteht.

An sich ist Casanova in Triest schon beinahe in Wien, und wie man ihm entgegenkommt, wie ihn durchaus große Herren unter Gefährdung ihrer eigenen Position in seinem Kampf um die Rückkehr nach Venedig unterstützen, das mußte ihm zeigen, wo er jene Toleranz finden kann, die der alte Mensch braucht, um zu überleben. Aber da ist das Heimweh! Er schreibt eine ganz kleine wütende Studie über das Heimweh bei verschiedenen Völkern und verwünscht es, weil es ihm die schweren und wenig ehrenhaften neun Jahre von 1774 bis 1783 einträgt, nach der Begnadigung und Rückkehr-Erlaubnis vom 14. September 1774. Die behauptete Spitzel-Existenz für die Inquisitoren, mit der er sich in Venedig über Wasser hält, ist schlecht belegt, und was als Spionage gilt, haben wir in Triest kennengelernt: Einwirkung auf wirtschaftliche Entwicklungen, Arbeit an Verkehrsverbindungen, Informationen aus dem weiteren Feld der Handels- und Schiffahrts-Rivalitäten. Die fünfzig Spitzelberichte, die aus den venezianischen Archiven ausgegraben wurden, bemänteln – nach Rives Childs – durch sehr viele Worte die Wertlosigkeit ihrer Inhalte, weswegen Casanova auch nur etwa ein Jahr lang ein festes Gehalt erhält und im übrigen nur fallweise honoriert wird. Seine Haupttätigkeit ist und bleibt die Schriftstellerei: Die *Istoria delle Turbolenze della Polonia* erscheint 1774 in Görz in drei Bänden mit zusammen an die 900 Seiten. 1778 erscheint in Venedig seine Versübertragung der homerischen Ilias, ein Jahr darauf seine Auseinandersetzung mit Voltaire auf beinahe hundert Seiten. Schließlich veröffentlicht er im August 1782 das Werk, mit dem er sich endlich von Venedig befreit, die Satire *Ne Amori, ne Donne ovvero la Stalla ripulita* (Etwa: Von der Liebe, von den Damen oder aber vom neugereinigten Stall).

Wie sollte man es nicht verstehen, daß der Ekel vor den eigenen Zuträgerdiensten dem alten Ritter den Mund aufreißt, nachdem er ihm das Herz zerfressen hat? Mit einem Mal ist alle Vernunft weg; das gesicherte Alter an der Lagune gilt nicht mehr, die Rabenmutter hat die Seele ihres Sprößlings nicht gewinnen können. Nur wer letztlich gegen sich selbst wütet, läßt so widervernünftig alle Rücksichten fahren und legt sich mit jenen an, deren Brot er ißt. Die alten Familien, die Patrizier, die in ihren Palästen am Canal Grande seit Generationen nach den Gesetzen einer in ganz Europa einzigartigen Kaste leben, unter den Ahnenbildern, hinter den Pfählen mit den Wappenfarben, an denen die Gondeln vertäut sind, sie hatten zunächst nicht einmal die Brauen gehoben ob dieser Angriffe eines längst nicht mehr ernstgenommenen alten Pamphletisten. Casanova hatte darum geglaubt, nach ein paar Monaten im sicheren Triest, wenn alle Stürme sich gelegt hatten, in die Republik zurückkehren zu können. Aber es gab informierte Freunde, es gab das alte Wissen von der Gnadenlosigkeit, wie sie gegenüber rückfälligen Übeltätern waltet, und Casanova hielt man obendrein noch für einen Undankbaren. Mit einer zweiten Vergebung war nicht zu rechnen, umsoweniger, als ein anonymer Kenner der Verhältnisse zu Casanovas mythischen Gleichnissen einen Anhang geliefert hatte, der alles entschlüsselte. (Ein ausführlicherer Schlüssel fand sich unter Casanovas Papieren in Dux.) Es wurde schnell bekannt, daß ein Grimani, ein Carletti, der Kardinal de Giraud (Liebhaber einer Carletti-Schwester), Graf Alemanno Gambara und der Patrizier Andreas Memmo mit grellen Farben portraitiert seien, mit einer erdrückenden Fülle zum Teil schlimmster Anekdoten und unter Aufdeckung intimster Familiengeheimnisse. Ja Casanova schreckte nicht davor zurück, seine wenige Jahre zuvor verstorbene Mutter als Geliebte des Patriziers Grimani darzustellen und sich selbst als den Bastard aus dieser Verbindung. Lorenzo Morosini, Prokurator von San Marco, gab darum Casanova den dringenden Rat, Venedig für immer zu verlassen.

Eine letzte wirre und verzweifelte Reise beginnt. Casanova geht auf die Sechzig zu, als er am 17. Januar 1783 seine Heimat verläßt, nach anderen schon am 13. Januar. Im Juni riskiert er ein paar Stunden in der Lagunenstadt, da es ja noch keinen Haftbefehl gibt wegen seiner literarischen Frechheit. Wien erscheint als eine akzeptable Alternative, so sehr Casanova sich innerlich sträubt, von Paris träumt, von Rom spricht, ja sogar in Dresden, Berlin und Prag sein Glück versucht.

In diesem Umkreis schließlich, im reichen Böhmen, das sich nach der Kaiserstadt ausrichtet, wachsen langsam die Chancen. Die Botschaft der Republik Venedig in Wien sieht keine Veranlassung, sich an dem eher privaten Ächtungsverfahren gegen Casanova zu beteiligen, um so mehr, als Marco Foscarini, der Botschafter, einen reichlich ungebärdigen Sohn namens Giacomo hat, den allenfalls ein Casanova bändigen könnte, sonst niemand. Erst als Foscarini,

von dem Übel des Jahrhunderts entkräftet, in den Armen Casanovas stirbt, ein Opfer der Gicht wie viele vor ihm, weil man von
der Krankheit so gut wie gar nichts wußte, erst nach jenem April
1785, nun wirklich ein Sechziger, ahnt Casanova, daß das Waldsteinsche Schloß in den böhmischen Wäldern sein Schicksal sein
wird. Genau genommen muß er sich noch glücklich schätzen, daß
die Freunde seines Alters, die wichtigsten und urteilsfähigsten Herren in der gar nicht so kleinen Schar seiner Verehrer, ihm solch ein
Retiro bereitet haben: Graf Lamberg, der Fürst von Ligne und der
junge Graf Waldstein, Männer von Geist und Charme, die seit
Jahren wissen, wie es um Casanova steht.

Ein anderer Gefährte dieser Zeit des Zauderns und Hoffens, der
Literat Lorenzo da Ponte (1749–1838) ist nicht als Freund zu bezeichnen. Als Jude und entlaufener Priester ist er ein Außenseiter
wie Casanova und gehört zur Neidgemeinschaft dieser intelligenten, nach allen Richtungen schreibenden Abenteurer. Wenige
Jahre nach Casanovas Einzug in Dux wird man da Ponte als lästigen Intriganten aus Wien verbannen, ja er wird über London nach
New York gehen und dort sterben.

Aber diese antipathische, beinahe schon dem nächsten Jahrhundert zugehörende Existenz ist eine unserer Hauptquellen für die
Zeit, die Casanova in seinen Memoiren nicht mehr darstellt. Diese
nämlich enden ziemlich folgerichtig mit der Begnadigung und der
Rückkehr an die Lagune, und es machte dem ritterlichen Selbstver-
ständnis des Venezianers wohl auch kein Vergnügen, über seine
Intrigen und Zwischenträgereien zugunsten der Inquisitoren zu berichten. Da Ponte aber führte Tagebücher und publizierte Memoiren; sie sind so unaufrichtig wie die des Grafen Bernis, aber manches erhellen sie doch: eine erfolglose Audienz Casanovas bei Josef
II., seine Geldknappheit auch in Wien, und den Wiener Italiener-
kreis, in dem Metastasio und der Abbate Casti den Ton angaben,
aber aus dem ein Abglanz auch auf Casanova und auf Mozarts
Librettisten da Ponte fällt.

Neben dem Feind-Freund Conegliano, der sich da Ponte

nannte, lassen die Briefe Einzelheiten aufleuchten, und eine ist so kurios, daß sie den Abgang des Venezianers aus Wien mehrdeutig erscheinen läßt, so, als sei neben der Existenzangst auch noch eine Liebesaffäre Anlaß oder gar tiefere Ursache gewesen. Wir besitzen dazu einen zweifellos echten Brief einer bis heute unbekannten Dame mit dem originellen Vornamen Caton, und wir wissen, daß Casanova, der sie französisch und italienisch bedichtet hat, sie sein Brauseköpfchen nennt. In den Briefen eines anderen Freundes erscheint sie als *La Contessina*, was die Geheimnistuerei erklären würde. Jedenfalls hätte Casanova, der diese junge Gräfin seit 1785 kennt, nicht übel Lust gehabt, ihretwegen mit seiner lebenslangen, leidenschaftlich verteidigten Junggesellenexistenz zu brechen, woraus dann doch nichts wurde. Immerhin hat sie das Verdienst, durch eiskalte Intrigen, Falschauskünfte und Briefunterschlagung Casanova davor bewahrt zu haben, daß er ein Nebenbuhler Josefs II. wurde (der zwar kein Mithridates war, aber gewiß Möglichkeiten gefunden hätte, Casanova aus den österreichischen Ländern und damit auch aus Dux zu verbannen). Gegenstand der gemeinsamen Neigung zweier so verschiedener Männer war ›die kleine Kaspar‹, eine Schönheit aus dem Wiener Bürgertum, die Casanova entdeckt und für sich eingenommen hatte und die so sehr an ihm hing, daß sie sich an die Comtesse Caton M. wandte, um die Anschrift des Geliebten zu erfahren, der seit dem September 1785 in Dux weilte und damit für die Wienerin unauffindbar war. Caton M. nennt ›die junge, kleine Kaspar‹ höhnisch den anbetungswürdigen Gegenstand von Casanovas Wünschen und spricht dann weiter von jenem Mädchen, »für das sich der Kaiser selbst interessiert, denn man muß wissen, daß es ist, der sie, seit ihrer Abreise aus Wien, das Französische und die Musik lernen läßt. Es ist klar, daß er sich auch die Mühe gibt, sie selbst zu unterrichten, denn sie geht sehr oft zu ihm, um ihm für seine Güte zu danken ... aber ich kenne nicht die Art, wie sie (diesen Dank) zum Ausdruck bringt« (16. 7. 1786 aus Gugitz/Rava, Frauenbriefe an Casanova).

›Die junge, kleine Kaspar‹ – wo hat man das schon gelesen?

Sollte es eine Familie Kaspar in Wien geben, deren amouröse Tradition von Josef II. bis zu jenem unglücklichen Erzherzog Rudolf reicht, der seine Mitzi Kaspar vergebens bat, mit ihm in den Tod zu gehen, weswegen dann die kleine Baronesse Vetsera zur Sterbensgefährtin wurde? An der Authentizität des Briefwechsels und seiner Aussagen ist jedenfalls nicht zu zweifeln. Hingegen ist eine belletristische Arabeske, die Franz Gräffer zu diesen späten Jahren Casanovas beisteuert, nur zum geringsten Teil Wahrheit. Gräffers *Kleine Wiener Memoiren und Dosenstücke* (München 1918) enthalten eine breit und mit Dialogen ausgeführte Fluchtgeschichte, die den seines Exils überdrüssigen Casanova mit berühmten Akteuren der Französischen Revolution in Verbindung bringt. Dies ist erfunden. Casanova reiste zwar tatsächlich im Herbst 1795 ›plötzlich und heimlich‹ (Gugitz) von Dux ab, kehrte aber nach manchen Mißhelligkeiten bald wieder hinter die Schloßmauern zurück.

Casanova in Dux

*Drei hochadelige Protektoren hatte der alte Casa-
nova, den Grafen Lamberg, den Fürsten von Ligne und den Grafen
Waldstein.* Aber nicht bei Lamberg verbrachte er seinen Lebensabend, bei einem Polyhistor und dilettierenden Philosophen, der
gut zu ihm gepaßt hätte, auch nicht bei dem geistvollen Feldmarschall aus höchstem flandrischen Adel, der auf dem Kahlenberg
oberhalb von Wien residierte, sondern bei einem dreißig Jahre jüngeren Tunichtgut, der sein Leben größtenteils fern von Dux verbrachte, Casanova dort dem Neid der Angestellten auslieferte und,
wenn er heimkehrte, den gekränkten Schloßbibliothekar lachend
mit einer Umarmung versöhnen zu können meinte.

In der Phantasie mancher Autoren, die sich mit dem Venezianer
beschäftigt haben, avancierte das Waldsteinsche Schloß zu einer
die Felsen krönenden Dracula-Zwingburg in Wäldern von trans-
sylvanischer Undurchdringlichkeit. Indessen nennt schon der *Nou-
veau Dictionnaire Universel* aus dem Jahr XII der Revolution (1804)
Dusk (sic!) *une petite ville de Bohème.* Die Einwohnerschaft bestand
in den glücklichen österreichischen Zeiten aus »12001 meist deutschen Einwohnern« (Meyers Lexikon), denen heute 8000 zum geringsten Teil deutsche Einwohner gegenüberstehen. Das Waldsteinsche Schloß lag nie auf einem Felsen, sondern stets mitten im
Städtchen, die Umgebung ist nicht wildromantisch, sondern idyl-
lisch-hügelig, und an den berühmtesten Insassen des Schlosses
erinnert kein Grab, sondern eine Gedenktafel an der Wand der
Sankt Barbara-Kapelle, die freundlich von Bäumen umgeben ist
wie manche englische Dorfkirche.

Es hätte alles schön und angenehm sein können. Casanova hatte
zwei Zimmer, er bezog ein Taschengeld, er konnte in die nicht

sonderlich weit entfernten wunderschönen Städte Prag oder Dresden reisen und mit alten und neuen Freunden und Freundinnen ausgiebig korrespondieren. In einem Berliner Bierlokal steht an der Wand der Spruch ›Wer Neider hat, hat Brot / Wer keine hat, hat Not‹. Casanova hatte Brot, ein Dach über dem Kopf und gesundheitliche Probleme erst kurz vor seinem Tod, aber die österreichische Lieblingssünde, den Neid, die hat ja zweifellos nicht Thomas Bernhard entdeckt, die regierte von Triest bis ins nördliche Böhmen auch in den schönsten Schlössern. Im Jahr 1790 oder 1791 (er hat an diesem Datum mehrfach herumgebessert) schrieb Casanova die bitteren Zeilen: »Ich fühle mich mir selbst gegenüber verpflichtet, die Geschichte meines Lebens bis zum Ende aufzuschreiben, obwohl ich der Meinung bin, der Reue und Einkehr schon genug getan zu haben. Ich schreibe in der Hoffnung, daß diese Memoiren nie das Licht der Welt erblicken werden, und bilde mir ein, daß ich, wenn meine Todeskrankheit auf mich zukommt, weise genug sein werde, um alle meine Aufzeichnungen verbrennen zu lassen und das zu überwachen. Sollte es nicht dazu kommen, so werde ich die Vergebung meiner Leser verdienen, denn diese Erinnerungen sind das einzige Heilmittel, das mir zu Gebote stand, um nicht verrückt zu werden oder vor Kummer zu sterben, der Verfolgungen wegen, die ich von einigen Kreaturen des Grafen Waldstein in seinem Schloß zu erdulden habe. Indem ich täglich zehn bis zwölf Stunden schreibe, hindere ich die schwarze Trauer daran, mich umzubringen oder des Verstandes zu berauben.«

Die Kreaturen, Casanova nennt sie *Coquins* (Schufte) waren: Feldkirchner, Haushofmeister des Grafen, der die Sinekure eines Bibliothekars gerne für sich oder einen Protegé gehabt hätte, ein Inspektor Stelzel und ein Botenläufer namens Wiederholt, zu denen sich noch andere Diener gesellten, sich über Casanovas provokante Allüren lustig machten und ihn von morgens bis abends ärgerten, ja einmal sogar außerhalb des Schlosses verprügelten. Erst im Juli 1793 glaubte der Graf den Beschwerden Casanovas und entließ die *coquins*. Es waren also nicht die verschiedenen literarischen Arbeiten, die Casanova in dieser Krise halfen, nicht das Buch über seine Flucht aus den Bleikammern (1787), nicht der große utopische Roman *Icosameron*, sondern die Möglichkeit, sich über das eigene Leben zu beugen und die Zeiten des Glücks im Geist noch einmal zu erleben. Zu Hilfe kam ihm dabei ein ausgezeichnetes Gedächtnis, geschult durch die damals noch häufigen Rezitationen, er vermochte ja lange Versepen auswendig herzusagen und beherrschte eine Reihe von Rollen in zu jener Zeit berühmten Schauspielen wie etwa des Voltaire. Weniger erklärlich sind die Notizen, Tagebuchseiten und Briefschaften, die bei der Abfassung der Memoiren unzweifelhaft herangezogen werden, ja in wörtlichen Abschriften auftauchen, denn Casanova hat in seinem bewegten Leben, den wiederholten Fluchten und Ausweisungen sein Gepäck nicht immer retten können, etwa, als er in Stuttgart über die Stadtmauern eskaladierte. Aber als weltläufiger Routinier auch prekärer Situationen scheint er selbst für solche Fälle Lösungen gefunden zu haben und hatte wohl auch bei Freunden Aufzeichnungen, Manuskripte und andere persönliche Habe langfristig deponiert. Daß dies alles nun gesammelt werden konnte und wieder zum Vorschein kam, weil das Schloß in Dux ein Hort der Sicherheit geworden war, ist einer der Glücksfälle dieses so überaus bewegten Lebens.

Man nimmt an, daß die eigentliche Niederschrift der Memoiren 1790 begann, was daraus hervorgeht, daß er gelegentlich Bemerkungen über die große französische Revolution von 1789 einstreut, und daß das Gesamtwerk, von Nachbesserungen und der Schlußredaktion abgesehen, im Jahr 1792 abgeschlossen war – je nach Satzspiegel 4400–5000 Buchseiten, eine Gewaltleistung für einen Siebziger und als Positivum die Erfüllung seiner letzten Jahre. Denn wenn er auch zeitweise die Absicht gehabt haben mag, alles zu verbrennen, so ahnte er doch, je weiter er in seinem Kosmos voranschritt, daß er mit seinen Memoiren weit mehr gegeben hatte als eine höchst private Lebensgeschichte: Das Jahr 1789 hatte ihm, dem Denker und Weltmann, klar gemacht, daß er einer hinabgegangenen Epoche ihr lebendigstes, farbigstes Denkmal gesetzt hatte, ein im besten Sinn unvergängliches Werk.

Heute ist klar, daß Casanova tatsächlich, wie Zweig es nannte, »hinter dieser mumiendürren Haut ... hinter beinerner Schale ein geniales Gedächtnis« am Leben erhalten hatte, was auch sonst abgestorben sein mochte inmitten der Duxer Einsamkeit. Es hat sich aber herausgestellt, daß »Casanova von Tag zu Tag schrieb, seine Notizen aufbewahrte und sammelte ... so daß sein Memoirenwerk zwar eine Anschaulichkeit der Schilderung aufweist, wie sie dem bloßen Tagebuch niemals eigen ist, daß es andererseits aber auf eine Entstehungszeit von etwa vierzig Jahren zurückblicken kann. Wäre es anders, wie ließe sich seine Zuverlässigkeit in tausend Einzelheiten, sein ungeheurer Reichtum an lebensvollem Detail erklären?«

Diese Worte, die der italienische Casanova-Spezialist Ademollo am Ende eines skeptischen Jahrhunderts schrieb, haben sich heute, nach weiteren Jahrzehnten emsiger Prüfung und Forschung und nach unerwarteten Dokumentenfunden bestätigt. Casanova war kein Hexenmeister; das haben ihm wohl nur der alte Bragadino und die Marquise d'Urfé geglaubt. Er beschäftigte Sekretäre, um ihnen seine Erlebnisse zu diktieren (einer von ihnen, nämlich Costa, bestahl seinen Herrn sogar um 50000 Taler, ließ aber glücklicherweise die Manuskripte zurück). Casanova schrieb selbst in einem fort und überall, er verfertigte gewohnheitsmäßig Abschriften seiner Briefe, was zu jener Zeit noch recht mühsam war, und bewahrte alle Briefe auf, die er erhielt. Das alles tat er ein Leben lang und auch in glücklichsten Zeiten, als er noch nicht ahnen konnte (oder ahnte er's doch?), daß diese verstreuten Bruchstücke seiner großen Konfession einmal die Kälte der Duxer Schloßmauern besiegen, seinen Lebensabend durchwärmen und erhellen würden.

Was immer aber vor ihm lag, als er zu schreiben begann, kann nur als Rohmaterial angesehen werden, als Stütze für ein phänomenales Gedächtnis, das dadurch in seiner Leistung nicht verkleinert wird, als Funke für die erstaunliche Kraft der Imagination, der wohl die von Casanova selbst erwähnten letzten ungestillten Begierden dieses glühenden Lebens zu Hilfe kamen. Im Juli 1793 schreibt er an den treuen Opiz: »Was meine Memoiren anbelangt, so glaube ich, daß ich sie sein lassen werde, denn von meinem fünfzigsten Jahr ab kann ich nur noch Trauriges darbieten, und das würde wiederum mich traurig machen. Ich habe sie nur geschrieben, um mich mit meinen Lesern zu unterhalten; von nun an würde ich sie jedoch betrüben, und das ist nicht der Mühe wert.«

Nach allem, was wir bisher wissen, ist dieser Entschluß nicht umgestoßen worden. Von den sagenhaften weiteren Manuskripten, die ausgerechnet der großzügige und humorvolle Graf Waldstein verbrannt haben soll, weil er schlecht darin wegkam, hat sich in Korrespondenzen und in den Erinnerungen von Casanovas Freunden keine Spur gefunden; hingegen bestätigt ein köstlicher Brief des Fürsten de Ligne, daß die Memoiren im Dezember 1794 als abgeschlossen anzusehen und publikationsreif waren:

»... Sie sind bisher doch ganz gut gefahren, ohne kastriert worden zu sein; warum also wollen Sie Ihren Erinnerungen dieses Schicksal bereiten? Lassen Sie die Geschichte Ihres Lebens wie sie ist. Zwischen heute und dem Zeitpunkt ihres Erscheinens werden auch noch die paar Menschen sterben, die unter allen Helden Ihrer Anekdoten noch am Leben sind ... Wir besäßen nicht die *Histoire amoureuse des Gaules* wenn Bussy, wie Sie, den Wunsch gehegt hätte, seine Memoiren zu verbrennen. Halten Sie es doch wie ich: Verkaufen Sie sich noch zu Lebzeiten. Reisen Sie mit Ihrem Manuskript zu den Brüdern Walther nach Dresden; lassen Sie sich von ihnen eine jährliche Zahlung von mindestens hundert Dukaten zusichern ... und wenn Sie dann, in zwanzig Jahren, von der Bühne des Lebens abtreten, so wird das Manuskript der Memoiren einen buchhändlerischen Wert von mindestens vier- bis fünftausend Dukaten haben. Allen anderen Leuten sagen Sie, daß Sie das Manuskript verbrannt haben. Legen Sie sich zu Bett, schicken Sie nach einem Kapuziner und lassen Sie ihn ein paar Stöße beschriebenen Papiers ins Feuer werfen, wobei Sie erklären, Sie opferten Ihre

Werke der Jungfrau Maria. Mein lieber Neffe (d. h. der Graf Waldstein) wird zwar untröstlich sein, wenn er auf eine glückliche Speku-
lation mit dem Manuskript gehofft haben sollte, aber Walther wird
Ihr Geheimnis sicherlich hüten ...«

Erst 1797 scheint Casanova zu der Ansicht de Lignes bekehrt,
daß die Memoiren nicht verbrannt und auch nicht mit Feigenblät-
tern versehen werden sollten. Dem geistvollen Feldmarschall und
Fürsten kommt das Verdienst zu, durch seine Komplimente Casanovas literarischen Ehrgeiz noch einmal angestachelt und damit
das Manuskript gerettet zu haben. Denn was konnte dem vereinsamten und verlachten, von täppischem Dienstbotenklatsch umge-
benen alten Herrn angenehmer in den Ohren klingen als die Brief-
zeile: »Sind Sie auch bisweilen ein Petronius, so sind Sie doch auch
sehr oft Horaz, Montesquieu und Jean-Jacques ...«

Nicht zu unterschätzen ist aber auch der Zuspruch aus einer
ganz anderen Generation, nämlich aus der Feder und dem Munde
eines de Ligne-Enkels (wir zitieren an anderer Stelle eine verständ-
nisvolle Briefstelle von ihm), des Grafen und späteren Fürsten
Charles de Clary-Aldringen, 1777 in Wien geboren, wo seine Mutter, eine Tochter des Feldmarschalls de Ligne lebte, »eine hervorragende Frau, fröhlich, liebenswürdig, mit Charme, Esprit und
Phantasie«. (Oskar Mitis) Charles, der junge Verehrer Casanovas,
heiratete 1802 eine Gräfin Chotek und wurde 1810 als Vorkom-
mando der Erzherzogin Marie Louise an den Hof Napoleons nach
Paris entsandt. Vielleicht durch das Vorbild Casanovas angeregt,
schrieb er sein Leben lang, doch erschienen die Erinnerungen an
die drei bewegten Pariser Monate erst nach seinem Tod aus den
Beständen des Wiener Haus-Hof-und Staatsarchivs (Plon-Nourrit
& Co. 1914).

Die Altersexistenz Casanovas in Dux findet ihren Niederschlag
in den Memoiren nur zwischen den Zeilen, in den eingestreuten
Reflexionen und Gewissenserforschungen, die man gerne hin-
nimmt, weil so ein Leben doch nicht unreflektiert festgehalten werden kann und darf und weil uns die schrankenlose Selbstbeweihräu-

cherung à la Bernis in diesem Fall nicht nur enttäuscht, sondern auch angeödet hätte. Im übrigen aber sollte man damit zufrieden sein, daß die fortlaufende Erzählung der Begebenheiten mit der Amnestie von Venedig, mit der Rückkehr aus Triest an die Lagune endet. Wir sind nicht wirklich glücklich darüber, daß uns Casanova in Dux von so vielen Seiten, von echten und falschen Freunden in der natürlichen Verfallssituation des Alters geschildert wird, die vor zweihundert Jahren noch um einiges erbärmlicher war als heute, da die Geriatrie doch einige Fortschritte gemacht hat. Zwischen dem Grafen Lamberg, einem schreibenden Konzeptsbeamten namens Opiz, zwischen dem Fürsten von Ligne und seinem Neffen, dem Grafen Waldstein, gehen Briefe hin und her, in denen bei aller Zärtlichkeit und Fürsorge gegenüber Casanova dieser selbst doch zum Popanz wird, ganz einfach, weil seine Zeit vorüber ist und er eine neue Zeit zumindest in ihren Äußerlichkeiten nicht akzeptieren will. Auch die vielbewunderte Spätcharakteristik, die de Ligne von Casanova gibt, ist grausam und eines Freundes nicht würdig, ist mokant und überheblich, da sie von einem Mann kommt, der zwar persönliches Leid hinnehmen, nie aber seine Barschaft zählen mußte: »Mit herkulischer Körperkraft begabt, mit gelbem, fast afrikanischem Teint, ein schöner Mann, wäre er nicht häßlich gewesen. Wahrhaftigkeit strahlt aus seinen Augen, sehr oft jedoch funkeln Empfindlichkeit, Angst und Rachsucht darin. Wegen eines Nichts schon explodiert er ... Halb Harlekin, halb Figaro, halb schwerfällig, halb quecksilbern ... Er ist ein unerschöpfliches Bergwerk des Wissens, aber er zitiert so lange Homer und Horaz, bis die Zuhörer gähnen ... Wenn er etwas zu erzählen hat, so ist Echtheit, Einfachheit, dramatische Kunst darin, mehr als in vielen Werken der Unsterblichen ... Er liebt und begehrt alles – darin ähnelt er Potemkin – und nachdem er alles besessen hat, weiß er auf alles zu verzichten ... Die Enttäuschung macht ihn zum schlechtesten Weggenossen. Kein Tag (vergeht in Dux), an dem er nicht wegen seines Kaffees, wegen seiner Makkaroni einen Skandal hervorriefe. Der Koch hat seine Polenta verdorben, der Stallmeister hat ihm einen schlechten Kutscher gegeben, die Hunde haben in der Nacht gebellt, er hat am Katzentisch essen müssen, weil mehr Freunde gekommen waren, als Waldstein erwartet hatte ... Er verbeugt sich, wenn er eintritt, wie ein alter Tanzmeister vor sechzig Jahren; hoheitsvoll schreitet er zum Menuett, angetan mit einem weißen Dreispitz, mit einer Weste aus schwarzem Samt, mit Bändern über gerollten Seidenstrümpfen ... und immer von neuem wird der arme Malvolio untergetaucht unter kalten Brausen des Gelächters und immer wütender antwortet seine Eitelkeit. Wie ein Kabarettist des Montmartre (!) das feine Publikum, so behandelt auch er die Grafen und Fürsten als Kanaillen.«

Warum auch nicht, er hatte schließlich genug von ihnen kennengelernt, und die echten Fürsten und Grafen wie Medini oder Pocchini waren nicht besser als die falschen wie Cagliostro oder Saint Germain, schon weil diese alten Geschlechter sich im Lauf der Generationen unendlich verzweigt hatten, teilweise verarmt waren und unter den Scharen von Brüdern mit großen Namen eben ihre schwarzen Schafe hatten. Einer dieser Verirrten aus dem Geschlecht der Clary-Aldringen taucht in den Memoiren mehrfach auf, einen anderen, sympathischeren, hat Rives Childs für uns erschlossen, Charles-Joseph Comte de Clary-Aldringen, Enkel des Fürsten von Ligne, der ungleich mehr Verständnis für den alten Venezianer aufbringt als de Ligne, der Gleichaltrige: »Wir fanden Casanova genau so vor, wie wir ihn im letzten Jahr verließen: liebenswürdig, lebhaft, großartig erzählend, kaum jemals langweilig. Ich fragte ihn, womit Waldstein sich den ganzen Winter über beschäftigt habe. Mit etwas Unbegreiflichem, sagte er: mit gar nichts.« (zitiert nach Rives Childs)

Nach den Urteilen der freundlichen oder weniger freundlichen Zeitgenossen über Casanova bleibt der Tod des Venezianers erstaunlich unbemerkt. Im Februar 1798 erkrankt er schwer an Blasensteinen, vielleicht auch an einem Blasenkrebs, kann nur noch flüssige Nahrung zu sich nehmen und wird so schnell schwächer, daß er am 4. Juni desselben Jahres stirbt. Bei ihm war der Schwiegersohn seiner Schwester Maria Magdalena, ein junger Mann namens Carlo Angiolini, der das Manuskript der *Histoire de ma Vie* erbte (alle Rechte an den Arbeiten vor 1789 hatte Casanova dem Grafen Waldstein verkauft).

Ein Vierteljahrhundert war es still um Casanova, das Papierbündel mit den Memoiren ruhte verschnürt in einem Regal des Verlages Brockhaus in Leipzig, und als sich dieser Verleger von Arthur Schopenhauers Schriften entschloß, das suspekte Manuskript der Öffentlichkeit zu übergeben, geschah dies in einer vorsichtig-bearbeitenden Übersetzung von Wilhelm von Schütz, die mit der Jahreszahl 1822 schon 1821 zu erscheinen begann und 1828 vollständig vorlag. (Gugitz und andere glaubten an den Verlust von Schluß-Bänden, wofür sich bis heute sichere Anhaltspunkte nicht ergeben haben.)

Zu den ersten Lesern gehörten Heinrich Heine, Wilhelm Tieck und Hippolyte Taine, sie wurden auch die ersten Bewunderer des Werkes. Der Ruhm eines Unbekannten wirkte unglaubwürdig, und Ugo Foscolo, vom Vater her Venezianer, verwandte noch seine letzten Lebensjahre darauf, nicht nur die Wahrhaftigkeit des Inhalts anzuzweifeln, sondern auch, daß sie überhaupt von einem zu identifizierenden Einzelnen verfaßt worden seien. Ins Gegenteil verfiel Paul Lacroix, der dreißig Jahre später nachzuweisen versuchte, die 4000 Seiten seien von keinem geringeren als Stendhal verfaßt worden, die größte Ehre, die dem Autor Casanova jemals zuteil wurde.

Je länger verschiedene Forscher aus romanischen, angelsächsischen und deutschen Ländern sich mit dem Erinnerungswerk selbst beschäftigten, desto deutlicher wurde, daß Casanova zwar mit großem Einfallsreichtum zumindest die Damen und die betrogenen Gatten mit Falschnamen versehen oder anderswie gegen Entdeckung gesichert hatte, daß er sich im übrigen aber auf viertausend Seiten nur in Unwesentlichem geirrt, einmal eine Abfolge verwechselt oder ein falsches Jahr genannt hatte. Den glanzvollen Abschluß dieser nachprüfenden Bemühungen bildeten die verschiedenen Arbeiten von Alessandro d'Ancona, Félicien Marceau, J. Rives Childs, Charles Samaran und anderen, unter denen die gedrängte, aber alles Wesentliche geordnet darbietende Biographie von Rives Childs als die Quadratur des Kreises gelten kann: Viertausend Seiten und die zugehörigen Erhellungen, verdichtet auf einen Band von 352 Seiten. Rives Childs und andere Casanova-Kenner und Verehrer weisen jedoch in allen ihren Arbeiten immer wieder darauf hin, daß jede Beschäftigung mit Casanova als obersten Zweck die Hinführung zum Memoirenwerk selbst haben sollte, eines verkannten, in Auszügen maltraitierten, im Ganzen jedoch als Wunderwerk unantastbaren Geniestreiches des einzigen großen Abenteurers unter den Schriftstellern, des einzigen großen Schriftstellers unter den Abenteurern.

Ein Autorenteam um Irving und Amy Wallace hat ermittelt, daß Casanova in den Memoiren intimen Umgang mit 132 Frauen erwähnt, nicht gerechnet die Bordellbesuche. Die Liebesakte hätten mindestens fünfzehn Minuten gedauert, im Maximum aber sieben Stunden (wir erinnern uns: das war bei der Bürgermeistersfrau in Köln), es habe 31 Entjungferungen gegeben usw. So kann man es auch sehen, ja so geht noch heute mancher Leser an die Memoiren heran und ist enttäuscht, weil sie unendlich viel mehr sind, als eine Leporello-Liste: »Casanovas Lebensgeschichte ist in kulturhistorischer Hinsicht von einer schier unerschöpflichen Ergiebigkeit; sie liefert ein Kolossalgemälde des politischen und gesellschaftlichen Lebens des Jahrhunderts, das der Französischen Revolution vorausging.« (Richard Mellein in Kindlers Literaturlexikon) Dieses Kolossalgemälde ist aber wegen der vielen kaum bekannten Details, wegen der deutlichen Farben und der ungeschminkten Charaktere mindestens ebenso unterhaltsam wie die Eroberungen, die Liebesnächte und die Ehrenhändel.

In keine Sprache sind die Memoiren häufiger übersetzt worden als ins Deutsche. 1907 begann Heinrich Conrad eine vollständige Übersetzung, die sich nicht erheblich von der späteren Übersetzung Heinz von Sauters auf Grund der inzwischen bei Plon publizierten französischen Originaltexte unterscheidet und Casanova ein wenig näher kommt, weil sie eben achtzig Jahre älter ist. Den vollen Genuß der Casanova-Lektüre aber vermittelt nur die sechsbändige Gemeinschaftsedition des französischen Textes, veranstaltet von Brockhaus und Plon, herausgegeben (1960 ff.), Kapitel für Kapitel mit Anmerkungen versehen und um ein unschätzbares Personenregister bereichert von ›le Docteur et Madame Arthur Hübscher de Munich‹, wie die französische Vorrede sagt, wobei Vorarbeiten von Lothar Tobias von Wert waren.

Diese Ausgabe ist es wert, für sie Französisch zu lernen. Sie erschließt nicht nur ein Werk, sondern ein Jahrhundert. Man kann mit ihren sechs mal 750 Seiten leben, jahrelang, wie mit den Tagebüchern der Goncourts, den Memoiren des Herzogs von Saint-Simon, den *Historiettes* des Tallement des Réaux oder dem *Diary* von Samuel Pepys. Wer aber die Distanz der zweihundert Jahre fürchtet, wer sich Casanova auf die allerbequemste, wenn auch nicht ganz verläßliche Weise nähern will, der kann an einer Reihe Dichtungen der Jahrhundertwende ablesen, wie sehr Casanova hundert Jahre nach seinem einsamen Sterben in Dux bereits zum Mythos geworden war, für Hofmannsthal, der sich als sein Geistesverwandter gerierte, für Arthur Schnitzler, der ihn liebevoll plagiierte, für Stefan Zweig, der nirgends besser schrieb als in seinem Casanova-Essay.

Zum Unterschied von Don Juan fehlt Casanova in allen Behandlungen die Aura des Dämonischen, und die Facetten entstammen so gut wie ausschließlich seinem Spiegelbild in den verschiedenen Geliebten, die teils unter ihm leiden, teils ihn leiden lassen. Eine unleugbare Vertiefung setzt nur bei jenen Autoren ein, die sich mit der tragikomischen Existenz des alten Verführers in Dux beschäftigen. »Die Tragödie des Alterns, die aus Casanovas Aufzeichnungen spürbar wird und sich aus den ergänzenden Fakten von Casanovas Leben rekonstruieren läßt, hob den (Casanova-)Stoff jedoch über das bloß Abenteuerliche – Lustspielhafte hinaus und machte den Verführer häufig zum letztlich Unterlegenen.« (Elisabeth Frenzel)

Während sich männliche Autoren der Gestalt des großen Venezianers begreiflicherweise nie ganz unbefangen nähern, haben sich in jüngster Zeit auch gerade Literaturhistorikerinnen mit diagnostischem Ingenium des großen Verführers angenommen: »Es ist ... wichtig zu begreifen, daß Casanova sich selbst durch literarische Mittel generalisiert und typisiert hat. Er machte aus sich eine Romanfigur, die wie andere literarische Mythengestalten Anlaß zu beinahe unendlicher Interpretierbarkeit bot. Die Leser und Autoren, die ihn nachdichteten, haben sich weitgehend von der von Casanova inszenierten Selbstdarstellung leiten lassen ... Von der größten Wirkung war es dabei, daß Casanova in den Memoiren das Bild des sensiblen Liebhabers von sich schuf, dem keineswegs nur an bloßer Sexualität gelegen war. Berühmt geworden ist in diesem Zusammenhang seine Weigerung, mit der gefeierten englischen Prostituierten Kitty Fisher zu schlafen, weil diese nur Englisch sprach, das er nicht verstand ... Meist ist er in der Tat verliebt oder er bildet sich zumindest ein, verliebt zu sein.« (Carina Lehnen in *Das Lob des Verführers*, Paderborn 1995)

Casanova in Literatur und Film

Seit Casanova etwa um die Jahrhundertwende zum Begriff und schließlich zu einer Art Mythos geworden ist, sind die literarischen Behandlungen seiner Persönlichkeit und seiner Abenteuer kaum noch zu überblicken. J. Rives Childs hat unter dem Titel *Casanoviana* und mit Hilfe von Sponsoren aus dem Buchhandel wie Heinrich Hugendubel oder Christian M. Nebehay eine beinahe 400 Seiten starke Bibliographie herausgegeben, die vor allem zu Casanovas eigenen Werken unschätzbare Inhaltsangaben und Kommentare liefert – denn zum Unterschied von den oft aufgelegten Memoiren sind die Arbeiten, an denen ihm besonders lag, heute so gut wie unauffindbare Schätze einiger großer Bibliotheken. In einem Anhang beschäftigten sich die *Casanoviana* mit dem literarischen Echo auf Casanova, eine Liste von vielen Seiten, aus denen wir die heute noch bekannten Namen zitieren, weil bei ihnen eine gewisse Chance besteht, die Bücher kennenzulernen und sich Casanova auf diese Weise zu nähern: Guillaume Apollinaire, Raoul Auernheimer, Octave Aubry, Otto Julius Bierbaum, Franz Blei, Egmont Colerus, Herbert Eulenberg, Anatole France (in der *Rôtisserie de la Reine Pédauque*), Horst Wolfram Geissler, Maria Grengg, Hugo von Hofmannsthal (in verschiedenen Werken), Pierre Louys (in *La Femme et le Pantin* über die Charpillon-Episode), Henri de Régnier, Oscar A. H. Schmitz, Arthur Schnitzler (in verschiedenen Werken), Carl Sternheim, Eugène Sue, William Makepeace Thackeray (in *Barry Lyndon*), Emile Zola (*Une Nuit d'Amour* über Casanova in Madrid) und schließlich Stefan Zweigs berühmter Essay in *Drei Dichter ihres Lebens*, wo Zweig den Venezianer neben Stendhal und Leo Tolstoi (!) stellt und manche bessere Einsicht einer Pointe opfert.

Der Film hat sich seit seiner Stummfilm-Ära mit dem großen

Venezianer beschäftigt, und der erste Darsteller der Casanova-Rolle, von dem wir wissen, war Iwan Mosjukin (1889–1939), 1919 auf abenteuerliche Weise aus Rußland geflohen, nach dem Aufkommen des Tonfilms verarmt und vergessen in einer Klinik von Neuilly gestorben. Er ging so guten Casanova-Darstellern wie Tony Curtis und Marcello Mastroianni voraus, in dem man trotz des Fehlens jeglicher Ähnlichkeit Casanova viel lieber verkörpert sah als in Donald Sutherland, den Fellini für sein Filmpamphlet gegen den Mythos Casanova auswählte. Julien Green schreibt darüber unter dem 19. April 1977 in seinem Journal: »Man wirft mir vor, nicht genug auszugehen, und so nehmen Freunde mich mit in einen Film, über den alle Welt redet: *Casanova* von Fellini. Gräßliche Szenen, worauf ich gefaßt war, doch spürbar auch die Mißbilligung des Autors, sein Abscheu vor der herrschenden Sexwelle. Viele wunderschöne Bilder: Venedig, Paris, London, Bern, Dresden im 18. Jahrhundert. Das merkwürdigste vielleicht zeigt Schloß Dux in Böhmen ... Eine der Schlußszenen zeigt Casanova in einem Theater, wo nach Ende der Vorstellung Lakaien mit riesigen Fächern die Kronleuchter löschen ... Andere Szenen ganz anderer Art verblüffen ebenfalls; vergangene Pracht beispielsweise auf jener abscheulichen, wüsten Kirmes in London. Einzelheiten von zynischer Grausamkeit ... Der Darsteller des Casanova (d. i. D. Sutherland) ist ausnehmend häßlich ... er wirkt nicht gerade intelligent, doch zufrieden mit seinen Glupschaugen und seinem langen, unschönen Gesicht.« (Julien Green)

Als Positivum auch weniger gelungener oder gar antipathischer Casanova-Filme bleiben meist die farbig dargebotenen Schauplätze, deren Szenerien (Venedig, Solothurn, die Seine-Partien von Paris, Prag) sich oft nicht nennenswert gegenüber jenen Zeiten verändert haben, in denen Casanova dort weilte; und daß die Casanova-Filme naturgemäß um schöne Darstellerinnen bemüht sind, gestattet uns eine Welt nachzuerleben, die man verlorengeben muß. Daß die Palette der Casanova-Deutungen durch den Film bereichert wurde, muß bezweifelt werden.

Zeittafel

1725, 2. April	Casanova in Venedig geboren. Mutter: Zanetta Casanova, Vater vermutlich der Patrizier Michele Grimani (Rives Childs u. a. Forscher)
1733	Tod Augusts des Starken von Sachsen und Polen.
1738	Österreich verliert Neapel-Sizilien an die spanischen Bourbonen.
1739/40	Casanova legt in Padua die letzten jurist. Examina ab.
1740–1780	Maria Theresia (Regierungszeit)
1740–1786	Friedrich II. von Preußen (Regierungszeit)
1743, Dezember	Casanova und Bischof de Bernardis treffen in Martorano ein.
1754–1755	Casanova, Bernis und die schönen Nonnen von Venedig.
1756, 1. November	Casanova flieht aus dem Kerker unter den Bleidächern.
1756–1763	Siebenjähriger Krieg (Involviert England, Frankreich, Rußland, Hauptgegner sind Preußen und Österreich wegen Schlesien).
1757, Juni	Graf Bernis wird frz. Außenminister.
1760, Februar	Casanova in Köln. Die schöne Bürgermeistersfrau.
1760, April-Juli	Casanova in der Schweiz (Haller, Voltaire, die Dubois).
1762 – 1796	Katharina II. Zarin
1763, Juni – 1764, März	Casanova in London
1764, September	Casanova in Berlin (Keith, Friedrich II., Boswell)
1764, Dez. – 1765, Okt.	Casanova in St. Petersburg und Moskau
1766, 5. März	Duell mit Branicki in Warschau

1766, Dez. — 1767, Feb.	Casanova in Wien (Schrattenbach, Kaunitz) 1767, Nov. — 1768, Dez.Casanova in Madrid und Barcelona
1770, Juni–September	Casanova in Neapel
1772, Nov. – 1774, Sept.	Casanova in Triest und Görz
1774, 3. September	Begnadigung durch die Inquisitoren von Venedig, Beginn seiner Tätigkeit für diese Institution.
1777	Casanova lernt Lorenzo da Ponte kennen, mit dem er u. a. am Libretto von Mozarts *Don Giovanni* zusammenarbeiten wird.
1780–1790	Josef II. Kaiser
1783	Casanova reist über Paris und Prag nach Wien, wo er bis Juli 1785 bleibt (Arbeit in der venezian. Botschaft).
1785, September	Casanova akzeptiert die Waldsteinsche Einladung nach Dux.
1789, Juli	Beginn der Frz. Revolution
1790–1792	Niederschrift der Memoiren in Dux
1798, 4. Juni	Casanova stirbt in Dux und wird dort begraben.
1821	Die erste Ausgabe der Memoiren beginnt zu erscheinen.

Literaturverzeichnis

(Angesichts der Überfülle der Casanova-Literatur kann es sich hier nur um eine kleine Auswahl handeln.)

Die Memoiren

Jacques Casanova de Seingalt, Vénitien: Histoire de ma Vie. Edition intégrale. F. A. Brockhaus, Wiesbaden/Librairie Plon, Paris, 1962 (12 Teile in 6 Bänden). Die maßgebende, vorbildlich erschlossene Gesamtausgabe.

Vollständige deutsche Übersetzungen nach dem Stand der Textüberlieferung erschienen 1908–13 von Heinrich Conrad (Langen/Müller in München) und von Heinz von Sauter (Propyläen-Verlag, Berlin 1964). Aus dieser Ausgabe ist eine umfangreiche Auswahl lieferbar; die vollständigen Ausgaben finden sich nur noch im Antiquariat.

Die anderen Werke Casanovas

sind am vollständigsten verzeichnet in der leider nur bis 1956 reichenden Bibliographie CASANOVIANA von J. Rives Childs, Wien (Nebehay) 1956, in engl. Sprache. Darin auch ein verläßlicher Überblick über Briefauswahlen von und an Casanova und, auf insgesamt annähernd 400 Seiten, der wissenschaftlichen und belletristischen Beschäftigung mit dem Venezianer. Vgl. dazu auch das Schlußkapitel dieses Buches und: Schmidt-Pauli (Hrsg.): Der andere Casanova. Unveröffentlichte Dokumente aus dem Duxer Archiv. Berlin (Vlg. f. Kulturpolitik) 1930

Casanova-Literatur (zur Person, zur Zeit, zu den Zeitgenossen)

Barthold, F. W.: Die geschichtlichen Persönlichkeiten in Jacob Casanova's (sic!) Memoiren. Berlin, Alexander Duncker 1846, 2 Bde.

Benedikt, Heinrich: Der Pascha Graf Alexander von Bonneval, Graz und Wien (Böhlau) 1959

Braubach, Max: Geschichte und Abenteuer. Gestalten um den Prinzen Eugen (darin pp. 275–353 über Bonneval) München (Bruckmann) 1950

De Brosses: Des Präsidenten de Brosses vertrauliche Briefe aus Italien. München (Georg Müller) 1918, 2 Bde.

Childs, J. Rives.: Casanova. Die große Biographie. München (Blanvalet) 1977

Clary-et-Aldringen, Prince Charles: Trois Mois à Paris. Paris (Plon) 1914

Conrad, Heinrich (Hrsg.): Erinnerungen und Briefe vom Kardinal Bernis. München und Leipzig (Georg Müller) 1917

Dor, Milo: Alle meine Brüder (Roman über die Brüder Zanovitsch) München (Langen/Müller) 1978

Franzoi, Umberto und Smith, Mark: Der Canal Grande. München (Hirmer) 1994

Georgelin, Jean: Venice au Siècle des Lumières. Paris (maschinenschriftlich) 1976

Gugitz, Gustav: Giacomo Casanova und sein Lebensraum. Historische Studien zu seinen Memoiren. Wien/Prag (Ed. Strache) (1921)

Hunecke, Wolfgang: Der venezianische Adel am Ende der Republik 1646–1797. Tübingen (Niemeyer) 1995

Lehnen, Carina: Das Lob des Verführers. Über die Mythisierung der Casanova-Figur usw. Paderborn (Igel-Vlg.) 1995

Ligne, K. J. Fürst von: Erinnerungen und Brief. Wien (Manz) 1920

Neue Briefe. Wien (Manz) 1924

Souvenirs et Portraits. Paris (Presses des l'Opéra) o. J.

Monnier, Philippe: Venedig im achtzehnten Jahrhundert. München (Georg Müller) 1928

Perugia, Paul de: Louis XV. Paris (Editions Albatros) 1976

Sansovino, Francesco: Venetia, Città nobilissima et singolare. Reprint der Ausgabe von 1663 bei Filippi Editore, Venedig 1968, 2 Bde.

Schreiber, Hermann: Paris, Biographie einer Weltstadt. München (Piper) 1967
Das Schiff aus Stein. Venedig und die Venezianer. München (List) 1979
Florenz. Eine Stadt und ihre Menschen. München (List) 1994

Tassini, Giuseppe: Curiosità veneziane. Filippi Editore, Venedig (1964)

Zorzi, Alvise: Canal Grande. Biographie einer Wasserstraße. Hildesheim (Claassen) 1993

Österreichs Venedig. Düsseldorf (Claassen) 1990

Zweig, Stefan: Drei Dichter ihres Lebens. Casanova, Stendhal, Tolstoi. Leipzig (Insel-Vlg.) 1928, heute bei S. Fischer

Außer den bekannten Nachschlagewerken erwies sich als besonders hilfreich: Dictionnaire des Lettres Françaises, Le XVIIIe Siècle, Paris (Fayard) 1960, 2 Bde. Darin ein ausführlicher Casanova-Artikel mit Bibliographie (Charles Samaran).

Register